KB088764

우리가 구할 수 있는 모든 것

우리가
구할 수 있는
모든 것

All We Can Save

기후위기 앞의 진실, 용기 그리고 해법

아야나 엘리자베스 존슨AYANA ELIZABETH JOHNSON,
캐서린 K. 윌킨슨KATHARINE K. WILKINSON 엮음

김현우 · 민정희 · 박미숙 · 신혜정 · 최선형 옮김

나름북스

우리의 어머니, 자매, 그리고 지구를 위하여

내가 구할 수 없는 모든 것을 생각하면 가슴이 아프다
너무나 많은 것이 파괴됐다

나는 이들과 운명을 같이해야 한다
세대를 거듭하면서 고집스럽게

대단한 힘은 없지만
세계를 재구성할 이들과 함께

— 에이드리언 리치ADRIENNE RICH

차례

3. 프레임 바꾸기

4. 재구성하기

5. 지속하기

6. 느끼기

7. 양분 주기

8. 일어나기

이 책을 엮으며

이 책에는 몇 가지 중요한 통계(*)와 우리가 가슴 아프게 느낀 통찰(고딕체)을 보여주는 부호들이 있다. 몇몇 주요 용어와 기후 관련 일을 하는 여성들의 이름은 밑줄로 강조했다. 그리고 아이브람 X. 켄디 Ibram X. Kendi 박사를 따라서 모든 필자의 이름을 대문자로 표기했다.

레이첼 카슨 Rachel Carson의 『침묵의 봄 Silent Spring』 한 구절을 빌리자면, "나는 각주로 본문에 부담을 주고 싶지 않았지만, 많은 독자가 논의된 일부 주제를 계속 논의하고 싶을 거라는 생각이 들었다. 그래서 책 뒤쪽에 주요 참고 문헌을 넣었다." 우리도 그렇게 했다. 여기에 공유된 자료 외에도, www.allwecansave. earth에서 전체 참고 문헌을 찾아볼 수 있다.

우리 두 사람을 함께하게 만든 것은 기후 해법 커뮤니티를 건설하려는 공동의 노력이었다. 기후운동이 우리 사이의 관계망만큼이나 강력할 뿐 아니라, 더욱 강해져야 한다고 믿는다. 이 책이 정의롭고 살만한 미래를 위해 일어서는 강력한 "우리" 속에서, 연결하고, 함께 배우고, 결의를 다지고, 즐거이 우리 자리를 찾는 불꽃이 되기를 희망한다. 집단적 독서 모임을 위한 자료는 우리 웹사이트에서 볼 수 있다. www.allwecansave.earth/circles

우리가 산파가 되어 세상에 나오게 한 『우리가 구할 수 있는 모든 것』은 책 한 권이상의 의미가 있음이 분명해졌다. 그래서 우리는 이 책의 페이지마다 담았던 임무를 The All We Can Save Project라는 비영리 프로젝트를 통해 계속하려 한다. 더 자세한 정보와 함께하는 방법은 www.allwecansave.earth에서 찾을 수 있다.

상상이 되나요?   서로를 신뢰하고

공동의 집을 위해   함께 일하는 우리가

시작하기

시작하기

아야나 엘리자베스 존슨 AYANA ELIZABETH JOHNSON,

캐서린 K. 윌킨슨 KATHARINE K. WILKINSON

유니스 뉴턴 푸트Eunice Newton Foote는 좀처럼 인정받지 못한다. 1856년 그녀는 대기 중 이산화탄소의 변화가 지구의 온도에 영향을 미친다는 이론을 제시했다. 푸트는 기후과학을 연구한 최초의 여성이지만, 불과 몇 년 전까지만 해도 역사는 그녀에게 관심을 기울이지 않았다.

푸트는 실험을 통해 획기적인 아이디어를 얻었다. 공기 펌프 1대, 유리 실린더 2개, 온도계 4개를 이용해 '일반 공기'와 '탄산가스'(당시 이산화탄소를 가리키는 용어)의 영향을 비교하는 실험을 했다. 그리고 이산화탄소가 든 실린더를 햇볕에 뒀을 때 더 많은 열을 가두고, 더 오래 뜨겁게 유지되는 것을 발견했다.

간단한 실험을 통해 그녀는 중대한 결론을 끌어냈다. "이산화탄소가 있는 대기는 지구의 온도를 더 높일 것이다. 그리고 일부의 주장처럼, 역사의 한 시기에 공기가 현재보다 더 많은 비율로 이산화탄소와 섞였다면 온도가 상승했을 것이다. … 이는 필연적인 결과다." 즉 푸트는 이산화탄소와 지구온난화 사이를 점으로 연결했는데, 이는 무려 160여 년 전의 일이었다.

푸트의 논문 「태양광선의 기온상승에 영향을 미치는 환경」은 1856년 8월 미국과학진흥협회 회의에서 발표된 후 출판됐다. 이유는 알려지지 않았지만, 이 논문은 푸트가 아닌 스미스소니언 Smithsonian의 사무총장 조지프 헨리Joseph Henry가 낭독했다. 아일랜드 물리학자 존 틴달John Tyndall이 열을 가둔 기체에 대해 더 자세한 연구—기후과학의 토대로 여겨지는—를 발표하기 3년 전의 일이었다.

틴달이 푸트의 연구에 대해 알고 있었는지는 불분명하다. 비록 색맹에 대한 그의 논문이 1856년 『미국 과학 저널American Journal of Science and Arts』에 푸트의 논문과 함께 게재됐지만 말이다. 어쨌든 우리는 푸트를 비롯한 수많은 여성이 "야, 내가 진짜 그랬다니까"라고 발언하는 걸 본 적이 있는지 궁금해해야 한다.

푸트는 과학자로만 살지 않았다. 그녀는 초기 여권운동에도 관여했다. 1848년 세니커폴스 "감정 선언Declaration of Sentiments", 즉 미국에서 첫 여성 인권대회가 열리는 동안 작성된 선언문의 서명자 가운데 여성 참정권자 엘리자베스 캐디 스탠턴Elizabeth Cady Stanton 바로 밑에 푸트의 이름이 보인다. 푸트의 남편 엘리샤Elisha와 노예제 폐지론자이자 철학자였던 프레더릭 더글러스Frederick Douglass 도 "신사gentlemen" 항목 아래에 서명했다. (흥미로운 점은 존 틴달이 여성 참정권을 반대했다는 것이다.) 푸트는 아마도 기후 페미니스트였을 것이다.

소녀, 여성, 논바이너리non-binary1를 억압하고 착취하면서 소년과 남성을 억누르고 왜곡하는 가부장적인 권력구조는 자연세계 또한 파괴한다. 지배, 우위, 폭력, 착취, 이기주의, 탐욕, 냉혹한 경쟁과 같은 가부장제의 특징은 불평등뿐만 아니라 기후위기를 부채질하며, 그 과정에서 인종차별을 계략으로 사용한다. 가부장제는 침묵하게 만들고, 경멸을 조장하며, 파괴적인 자본주의에 연료를 공급하고, 제로섬 게임을 벌인다. 가부장제의 해악은 만성적이고 점점 더 증가하며, 기본적으로 세계 어디에나 있다.

그리고 이 구조들이 적극적으로 뒤집히고 있다. 민중 기후행진과 여성행진, 기후와 미투#MeToo 운동을 위한 결석시위. 멸종에 대한 저항과 때가 됐다는 선언. 이런 현상들은 동시에 발생한 것이 아니며, 그들이 변화하려 한 시스템과 이를 안내한 가치를 통해 연결된다.

기후위기는 젠더 중립적이지 않다. 기후변화는 강력하게 "위협을 증가시키는 요인"으로 기존의 취약성과 부정의를 더욱 악화시킨다. 특히 빈곤한 여성과 소녀들은 극한의 기상재해로 인해 이주나 죽음이라는 더 큰 위험에 맞닥뜨린다. 조혼과 성 노동(때로는 최후의 생존 전략)은 가뭄 및 홍수와 관련이 있다. 기후변화와 성폭력, 가정폭력, 강제 매춘 등 젠더 기반 폭력과의 연관성에 대

---

1 (※ 이하 본문의 모든 각주는 역자의 것이다.) 남성 또는 여성이라는 이분법적 젠더 체계를 거부하는 이들을 일컫는다.

한 증거가 점차 늘어나고 있다. 물을 기르고 장작을 모으거나 식량을 재배하는 등 생존에 핵심적인 일들이 대다수 국가에서 여성의 몫이다. 이는 힘들고 많은 시간이 소요되는 활동이다. 기후변화로 인해 이런 부담이 더 커질 수 있으며, 여성들은 건강과 교육, 재정적 안정을 위해 분투하게 된다.

급속히 변화하는 기후로 인한 해로운 영향은 특히 유색인종 소녀와 여성들, 남반구 사람들, 농촌 사람들, 선주민에게 광범위하게 나타난다. 기후위기는 매우 현실적인 방식으로 여성과 소녀, 논바이너리의 권리와 기회를 침해한다. 이러한 현실은 기후 회복력과 적응을 위한 성 인지 전략이 중요하며, 성평등과 정의를 향한 우리의 열망에 과감한 기후행동이 결정적임을 의미한다.

하지만 이 이야기는 "피해자"라는 꼬리표로 끝나지 않으며, 끝나서도 안 된다. 문제에 근접하면 반드시 해법에도 가까워진다.

전 세계적으로 여성과 소녀들은 기후행동에 막대한 기여를 하고 있다. 연구 수행, 해법 개발, 캠페인 전략 수립, 예술전시 기획, 정책 수립, 문학작품 저술 등 여러 분야에서 여성들의 역할을 볼 수 있다. 주위를 둘러보면, 열정, 연결, 창의성, 협력에 뿌리를 둔 더욱 여성적이고 여성주의에 충실한 기후 리더십이 부상하고 있음을 보게 될 것이다. 기후운동에 르네상스가 꽃피고 있는데, 여기에는 몇 가지 중요한 특징이 있다.

첫째, 단지 일을 담당하기보다 변화를 만드는 데 초점을 둔다. (다른 곳과 마찬가지로) 기후 영역에도 자존심, 경쟁, 통제 등 활동을 방해하는 요소가 만연한데, 이를 넘어서는 여성과 소녀들이 존재한다. 그들은 현명한 리더십의 등장을 즐거이 따르고, 그대로 되풀이하는 대신 참여하며, 서로의 공을 인정하고, 자원을 나누고, 마이크를 건네고, 서로의 성공을 축하한다. 이것이 현실에서 작동하는 '샤인 이론Shine Theory'2이다.

둘째, 시스템 전체의 부정의를 심화시키지 않고 치유하는 방식으로 기후위기에 헌신적으로 대응한다. 여성과 소녀들은 정의, 포용, 최전선 공동체를 중심으로 단기적 필요와 장기적 목표를 동시에 효과적으로 다룰 수 있음을 인식하고 있다. 몇몇 사람이 주장하는 것처럼, 형평성은 생존을 위해 부차적인 것이 아니다. 그것은 생존의 문제다.

셋째, 머리 중심이 아닌 가슴 중심의 리더십의 가치를 이해한다. 여성과 소녀들은 두려움과 슬픔, 격렬한 용기, 불확실성에 대한 괴로움 등 자신의 전부를 이 운동에 쏟으며, 변화에 선행하곤 하는 내면 작업을 수행한다. 기후위기에는 피할 수 없는 심리적이고 영적인 차원이 있다. 머리와 가슴이 통합될 때의 강점은 무엇인가? 과학적 엄격함과 도덕적 명료함, 분석과 공감, 전략과 상상력이 만난다는 것이다. 이 만남으로 우리는 과감한 포부를 지속할 수 있고, 편의적이고 "실용적인" 것보다는 필요한 행동을 강력하게 주장할 수 있게 된다.

---

2 특히 여성이 부러움이나 질투에 굴복하고 경쟁하기보다 재능 있는 동료와 협력하려 노력함으로써 훨씬 더 많은 이익을 얻는다는 개념이다. 권력구조에서 낮은 지위의 여성들이 고위직 여성의 자리가 제한적이라 믿음으로써 성공을 위해 협력보다 경쟁이 필요하다고 생각하는 경향이 있기 때문에, 이 이론이 유용하게 받아들여진다. 실제로 버락 오바마 대통령 시절 백악관에서 근무한 여성들이 샤인 이론을 활용해 성공을 거뒀다고 한다.

넷째, 그리고 어쩌면 가장 중요한 것으로, 공동체 구축이 더 나은 세상을 만드는 데 필수적인 토대라는 인식이 있다. 여성과 소녀들은 진지한 관계를 맺고, 협력하고 지지하는 방식으로 참여하면서 필요한 시간을 갖고, 필요한 공간을 만들며, 우리 사이의 날줄과 씨줄을 엮어가고 있다. 우리가 함께라는 것, 우리 운명이 서로 얽혀 있다는 것은 명백하다. 그리고 여러 면에서 성공하기 위해 가장 크고 강한 팀을 만들어야 한다.

이 행성을 위한 변화의 중요한 목소리이자 주체임에도 불구하고, 여성과 소녀들은 너무 자주 소외되거나 의사결정 테이블에서 배제된다. 여성들의 대표성은 정부와 기업, 공학과 금융 영역에서 여전히 부족한 형편이다. 환경단체의 집행부, UN의 기후협상, 위기에 대한 언론 보도, 변화를 만들고 지원하는 법률 체계에서도 마찬가지다. 기후문제에 앞장서는 소녀와 여성들은 재정적 지원도 충분히 받지 못하며, 제대로 인정받지도 못한다. 게다가 이러한 소외가 특히 남반구 여성, 농촌 여성, 선주민 여성, 유색인종 여성에게 현저하다는 것은 놀랍지도 않다. 기후위기에 관한 지배적인 대중적 목소리와 권한을 부여받은 "결정권자"들은 여전히 백인 남성들이다.

편견 문제 이상으로, 전 세계의 지성과 변화를 주도하는 힘의 절반을 차지하는 여성과 소녀들의 기후 리더십과 참여를 억누른다면, 우리는 실패하기 딱 좋다. 연구에 따르면, 지구에 관해서라면 여성이 남성보다 강점을 지니고 있다. 여성은 환경과 기후변화에 관심을 두고 그에 따라 행동한다. 큰 위험을 감수하거나 다른 사람에게 강요하는 것(자료에 따르면, 백인 남성이 특히 그렇게 하는 경향이 있다)을 꺼린다. 이런 강점은 정치와 정책 결정에서도 작동한다. 여성 의원들은 더 강력한 환경법과 더 엄격한 법률을 지지한다. 의회에서 여성의 대표성이 커지면, 여성 의원들이 환경 조약을 비준할 가능성도 높아진다. 국가적 차원에서 여성이 남성과 동등하게 참여한다면, 더욱 효과적으로 기후정책에 개입할 수 있다. 여성의 정치 사회적 지위가 높아지면, 탄소 배출이 줄고 보호받는 땅이 더 늘어나는 경향이 있다. 이는 단지 여성에 관한 것이 아니라, 여성이 모든 영역에 확실하게 포함되고 주도하게 해야 한다는 것이다.

기후 비상 상황을 해결하기 위해서는 사회를 신속하게 근본적으로 재편해야 한다. 우리는 모든 해법과 해결사가 필요하다. 모든 것을 바꾸려면 모두가 필요하다는 속담처럼, 이 순간 필요한 것은 목소리를 모으는 것, 즉 우리가 상황을 반전시킬 수 있는 모든 범위의 아이디어와 통찰력을 모으는 것이다.

기후위기는 리더십의 위기다. 너무 오랫동안 수많은 지도자가 이윤, 권력, 명성에 집중해왔다. 그리고 변화를 위해 노력했던 대다수가 무력했다. 기후위기는 이미 많은 것을 가진 이들이 더 이익을 얻도록 심하게 편향된 사회, 정치, 경제 시스템의 결과다. 또 통제되지 않는 경제성장, 채굴 자본주의, 소수의 손아귀에 부와 권력이 집중된 결과다. 이들은 많은 것을 알지만 신경 쓰지 않고 변화를 위한 노력을 가로막고 있다. 인류는 현 상태로는 생존할 수 없으며, 다른 수많은 종과 생태계도 마찬가지다.

과학이 우리 앞에 제시한 분명한 과제로서, 앞으로 10년 이내에 사회를 전환하기 위해서는 변혁적 리더십이 필요하다. 남녀노소 누구나 폭넓게 참여할 수 있는 여성적이고 여성주의적인 기후 리더십이 필요하다. 우리가 위기에서 벗어나 모두의 생명을 지키는 미래로 나아갈 가능성이 여기에 있다.

———

유니스 뉴턴 푸트가 존 틴달과 같은 교육과 자원, 기반과 권력을 가졌다면 무엇을 이룰 수 있었을까? 우리는 상상만 할 수 있다. 우리가 과거를 바꿀 수는 없지만, 오늘날 기후 페미니스트의 이야기에 귀를 기울이며 지지할 수는 있다.

이 책은 에이드리언 리치가 쓴 것처럼 "세상을 재구성하기 위해" 기후로 가는 길을 열고 다양한 재능을 활용하는 여성들의 마음과 가슴에 관해 이야기한다. 그들은 이 시대에 나타나 부서진 세상의 조각들을 모으고 고치는 거대한 공동체의 작은 부분집합이다.

기후위기는 불가피하게도 전 세계적으로 나타나지만, 이 책은 기후위기에 가장 큰 책임이 있고 할 일이 많은 미국에 초점을 맞춘다. 너무나 오랫동안 미국인들은 기후변화를 먼 곳의 가난한 사람들에게 영향을 미치는 것, 즉 매우 나쁘지만 자기 문제는 아닌 것으로 여겨왔다. 하지만 그러한 환상은 이렇게 무너졌다. 멕시코만과 카리브해와 미 동부해안에는 허리케인이, 미 서부해안에는 산불이, 미 중서부에는 홍수가, 여기에는 가뭄이, 저기에는 대홍수가, 그리고 어디서든 폭염이 발생하고 있다. 질병이 확산하고, 곤충과 새가 사라지고, 해수면이 상승하고, 변덕스러운 날씨가 식량 생산을 더 어렵게 만들고 있다. 주로 여성과 유색인종으로 이뤄진 많은 선구자가 우리에게 경고했을 뿐 아니라, 앞으로 나아갈 길을 밝혀주고 있다.

애초에 이 책은 두 가지 목표가 있었다. 하나는 그런 선구자들을 조명하고, 미국에서 기후문제를 주도하는 수십 명의 다양한 여성—세대와 지역, 인종을 망라한 과학자, 언론인, 농부, 변호사, 교사, 활동가, 혁신가, 건축가, 기획자—의 전문성과 목소리를 드높이는 것이다. 또 하나는 더 다양한 그룹을 대표하는 사람들이 미묘한 차이를 드러내면서, 기후변화 해법을 찾는 공적 대화를 진전시키는 것이다. 시와 그림, 에세이를 함께 묶은 이 책은 서로의 미래를 절대 포기하지 않겠다는 결의의 합창인 동시에, 세상에 어떤 일이 일어났는지 깨달으면서 느낀 엄청나게 복잡한 감정을 위로할 가이드다.

이 책의 글들은 다음과 같이 커다란 질문들을 해결하려는 의지로 묶여 있다. 우리는 어떻게 이런 혼란 속에 들어선 걸까? 무엇이 위태로운가? 이 위기를 심리적·정신적으로 어떻게 이해할 수 있을까? 개인부터 국가적 차원까지 어떤 해법이 존재할까? 정의가 혁신에 단단히 자리 잡게 하려면 어떻게 해야 할까? 시민과 문화에 어떤 변화가 있어야 상황을 바꾸는 데 도움이 될까? 우리는 무엇을 해야 할까? 우리는 무엇이 되어야 할까? 가능한 미래는 어떤 모습일까? 어떻게 우리가 함께 그 미래에 이를 수 있을까? 물론 필요한 탐구, 아이디어, 해결책을 이 책에 다 담을 수는 없다. 여기서 공유된 해답들은 광범위하지만, 당연히 이게 전부는 아니다.

이 책은 8개 장으로 펼쳐지는데, 핵심적인 내용은 아래와 같다.

뿌리
불러들이기, 환영, 발 디딜 장소
선주민 지혜의 토대
지구의 생존 시스템에 관한 지혜
상호연결, 창발, 정의, 재생

애드보커시[3]
전략, 참여, 공동선
입법과 소송의 도구
권력자에게 책임을 지우는 방법
모든 사람을 염두에 두고 규칙 (다시) 쓰기

프레임 바꾸기
언어와 이야기, 독창성과 문화

---

3 애드보커시는 주창과 옹호 활동으로도 번역되며, 누군가를 위해 목소리를 내거나 목소리를 내도록 돕는 일을 가리킨다. 여기에서는 개인 혹은 단체가 특정한 사회문제를 해결하기 위해 영향력을 행사하는 사회운동을 포괄적으로 지칭한다.

이해를 위한 수단
진실 말하기—확장하기, 뒤집기, 불붙이기
우리의 인간성 상상하기, 발전시키기, 지키기

재구성하기
외형에 내재한 문제들
도시, 교통, 기반시설, 자본주의
인간과 자연이 만나는 인프라와 환경
재고하고, 부수고, 뒤집고, 다시 만들 많은 것

지속하기
젠장, 못할 일은 아니지만, 고약해지고 있군
최전선에서, 뱃속에서 불붙는 행동주의
정의, 건강, 신성함을 위해 일어서기
혼자 할 필요는 없다

느끼기
깨어나기, 자각하기, 적절히 대응하기
가슴이 아프고, 영혼은 불안으로 흔들린다
이것을 건너뛸 수 없다: 분투하기, 슬퍼하기, 화내기, 치유하기
우리가 집이라 부르는 행성에 대한 맹렬한 사랑

양분 주기

떼려야 뗄 수 없는 토양, 식량, 물, 하늘

우리 생존의 기반

자연과 협력하고 지원하기

미생물, 농부, 광합성

일어나기

세대—성장하기, 부여하기, 모이기

공동체 육성과 전환

우리 모두를 지탱하는 미래를 위해

이것은 우리가 평생 해야 할 일이다

———

이 책은 영웅에 관한 이야기가 아니다. 우리가 해야 할 일의 범위와 최선을 다해 기여해야 할 공동의 노력을 다룬다. 따라서 기후운동의 베테랑이든, 옆에서 지켜보는 구경꾼이든, 이 대화에 처음 참여하는 사람이든, 이 책에서 자신을 발견하기를 바란다. 우리는 전문용어를 배제하면서도 기본적인 정보를 수록했고, 복잡성을 잃지 않으면서도 단순함을 만들어냈다. 이 책은 우리 공동의 미래를 걱정하는 모든 이를 위한 것이기 때문이다. 즉 새로운 관점과 과감한 아이디어를 찾는 모든 *사람*, 우리 시대의 긴급한 문제에 대한 다양한 목소리를 가치 있게 여기는 사람들, 이미 참여하고 있는 이들과 자신들의 역할을 여전히 찾고 있는 사람들을 위한 것이다.

이 책은 상황이 얼마나 나쁜지를 회피하지 않고 정면을 주시한다. 운동이 이렇게 말한다면 역사를 바꾸지 못하기 때문이다. *우리가 성공하지 못하면 어쩌지?… 어떤 것들은 절대 바뀌지 않을 텐데… 역경이 정말 긴 것 같아… 어쩌면 우린 투표할 권리도, 결혼할 권리도, 자유로울 권리도 갖지 못할지 몰라…* 결과를 알 순 없더라도, 어쨌든 우리는 노력해야 한다. 단 하나의 보장이 없더라도, 우리는 모습을 드러내야 한다. 그래서 우리가 어디에 있는지, 앞으로 어떻게 나아가야 할지에 중점을 둔다. 자막이 올라갈 무렵, 우리는 진실, 용기 그리고 해법을 불러내야 한다. 이 세 단어로 우리는 고통스러운 불확실성을 통과해 앞으로 나아갈 수 있다.

에이드리엔 마리 브라운은 "우리가 관심을 기울이는 것은 성장하기 때문에, 모두가 상상하는 것을 티핑 포인트가 될 만큼 크고 견고하게 키우는 방법을 고민하고 있다"고 말했다. 우리가 전념하고자 하는 것은 공동체, 돌봄, 수리, 재건이다. 우리는 삶을 향해 조언하고 싶다. 일부 생태적 피해는 회복이 불가능하고, 일부 생물종은 이미 멸종했으며, 얼음은 이미 녹았고, 생명은 이미 사라졌다. 모든 것을 구하기에는 너무 늦었다. 그러나 나머지를 포기하기에는 너무 이르다. 그러니 우리가 구할 수 있는 모든 것을 향한 길로 이 여성들, 이 선구자들이 당신을 인도하게 하자.

모든 것의 가슴 속에 있는 노래

1. 뿌리

불러들이기

시예 바스티다 XIYE BASTIDA

나는 멕시코시티와 인접한 톨루카 외곽의 산 페드로 툴테펙San Pedro Tultepec이라는 작은 마을에서 나고 자랐다. 2011년부터 2013년까지 2년 동안, 우리 마을은 70년 만에 멕시코 최악의 가뭄을 겪었다. 2015년에는 폭우로 레르마강이 범람해 가난한 지역 공동체가 침수됐고 최악의 피해를 낳았다. 기후위기의 영향과 그것이 얼마나 부당한지 처음으로 알게 된 때였다.

이후 가족과 함께 뉴욕시로 이주했을 때 슈퍼폭풍 샌디가 롱아일랜드와 해안 지역을 덮치는 걸 보고 모두 *같은 문제*임을 깨달았다.

기후위기는 때때로 정말 복잡해서, 대항할 수 없는 것으로 여겨질 수 있다. 탄소 배출량이 계속 증가하고, 공기, 물, 토양의 오염은 우리를 병들게 한다. 어떤 사람들은 이 모든 것에 귀를 닫고, 또 어떤 사람들은 기후위기를 둘러싼 과학적 합의를 받아들이지 않는다. 대다수가 UN 기후변화에 관한 정부 간 협의체IPCC의 보고서를 읽어본 적이 없고, 온실효과가 어떻게 작용하는지 이해하지 못한다는 것도 놀랍지 않다. 어떤 이들은 기후위기에 관해 이야기하거나 무언가를 하기 전에 과학을 철저히 알아야 한다고 생각한다. 하지만 내가 깨달은 것은 다음과 같다. *해결책의 일부가 되기 위해 과학의 세부사항을 다 알 필요는 없다.* 그리고 모든 걸 알 때까지 기다린다면, 그 어떤 것도 하기에 너무 늦을 것이다. 이에 기후운동을 주도하는 우리 청년들은 기후위기를 *비상 상황*이라 부른다.

지금 많은 사람이 청년들이 기후운동의 주역이라고 치켜세운다. 하지만 청년들은 우리가 맨 먼저 기후운동을 시작한 게 아님을 알고 있다. 또 우리는 환경 의식이 레이첼 카슨의 『침묵의 봄』이 나온 1962년이나 지구의 날이 시작된 1970년에 시작된 게 아니라는 것도 안다. 우리는 시간이 촉박하다는 걸 깨달았기에 긴급한 부분을 제기하는 것이다. 2018년 IPCC는 우리에게 최종 시한을 주었다. *지구 온도를 산업혁명 이전 대비 1.5℃ 이하로 유지하려면, 10년 안에 전 세계 탄소 배출량을 절반으로 줄여야 한다는 것이다.

청년들은 대중적인 언어를 통해 과학, 사실, 정책, 해법, 희망의 전달자가 되어야 한다는 걸 깨달았다. 우리는 기후위기에 대해 알고 있는 것과 그것이 왜 중요한지를 세상에 알리기 위해 전통미디어에서 밈meme에 이르기까지 가능한 모든 도구를 사용해야 한다.

기성세대는 기후 난민과 극심한 기후재해에 대한 걱정 없이 원하는 모든 걸 즐길 수 있었다. 하지만 지금 우리를 둘러싼 세상은 자연 회복의 단계를 넘어 더욱 나빠지고 있으며, 자연이 건강과 균형을 이루는 세상에서 더는 살 수 없을 것이다. 이는 인간뿐 아니라 생태계에도 불공평한 일이다. 그것이 우리가 일어서는 이유다.

우리 세대는 금전적 이득, 혹은 땅, 숲, 강, 바다, 사람으로부터 이윤을 얻는 새로운 방식을 따를 생각이 없다. 우리는 생태계와 평화로운 사회를 지속할 합리적이고 현명한 해법이라는 완전한 돌파구를 추진하고 있다. 이를 위해 인간 문명은 가치 체계를 과감히 바꾸며 성숙해져야 한다.

내 선조인 오토미-톨텍Otomi-Toltec족은 이 중대한 시기에 요구되는 지침과 원칙을 가지고 있다. 나는 지구가 우리를 보살피기에 우리가 지구를 보살핀다는 선조들의 철학과 더불어 자라났다. 선주민들은 수천 년간 그렇게 해왔다. 그것이 그들의 문화이자 생활방식이다. 지구의 재생을 위해 일하는 기후정의 활동가나 환경운동가가 되려면 끊임없는 헌신이 필요하다. 그것은 취미가 될 수 없으며, 문화와 사고방식의 변화여야 한다.

우리는 사람들이 기후위기를 깨닫기 위해 기후재난을 경험하는 걸 원하지 않는다. 많은 청년이 부문과 세대에 걸쳐 협력하고, 대화를 해법으로 바꾸는 힘을 발견하기를 바란다. 모든 공동체가 화석연료 이후 시대에 적응하는 데 필요한 도덕성과 지혜를 발휘하기를 희망한다. 더 많은 사람이 무슨 일이 일어나고 있는지 알게 된다면, 급진적인 결정을 내리고 급진적인 행동을 할 것이다.

지구를 돌보는 것이 우리의 문화가 되도록 전반적인 변화가 필요하다. 이를 위해서는 지구가 우리를 어떻게 보살피고, 우리가 지구를 어떻게 보살필 수 있는지에 대한 스토리텔링이 필요하다.

그중 일부는 경쟁이 아닌 협력의 원칙에 따라 일하는 법을 배우는 것이다. 개인주의나 개인의 성공을 위해 노력하는 것은 우리가 배운 것과는 너무나 다르다. 내가 만들고 있는 운동에서, 우리는 합의를 통해 모든 결정을 내린다. 위계질서 따위는 없다. 우리는 세상을 바꾸기 위한 서로의 시간, 에너지, 추진력에 감사한다.

어린 시절 나는 기업들이 뚫을 수 없는 회색 벽으로 둘러싸여 있다고 상상했다. 그래서 그곳에 접근할 수 없으니 변화시킬 수 없으며, 그들 역시 변화를 *원하지* 않는다고 여겼다. 그러나 이제 청년들은 기업이 *사람*들로 이뤄져 있음을 깨달았다. 2019년 처음으로 대규모 글로벌 청년기후파업이 일어나자, 일부 기업이 매장을 닫고 홈페이지를 폐쇄하는 등 공개적으로 파업을 지지했다. 노동자들 또한 연대의 목소리를 높였는데, 수천 명의 아마존 노동자가 기후정의를 위해 파업에 돌입하기도 했다. 우리는 기업의 탐욕에 관한 서사를 바꾸고, 지구와의 공존을 위해 기업이 화석연료 투자를 철회하게 만들 수 있음을 깨달았다. 젊은 소비자로서 우리의 접근 방식은 "당신의 기업이 더 나은 방향으로 변화한다면, 당신을 더 지지하겠다"고 말하는 것이다.

기후파업 운동이 청년 중심으로 조직되고 주도되는 것은 사실이지만, 모든 부문과 산업에 영향력을 미치려면 세대를 뛰어넘어야 한다. 우리 주변 어른들이 망각 속에 사는 동안 나를 비롯한 많은 청년은 자각에 뿌리를 두고 있는 것처럼 느껴진다. 여기에서 운동의 세대 간 단절을 묘사하는 "오케이, 부머Okay, Boomer"4가 유래했다. 하지만 이는 옳지 않다. 첫째, 세상은 *괜찮지가 않다*not okay. 그러니 우리는 부머를 흔들어 자신의 안락한 지위를 떨쳐내도록 해야 한다. 선진국이나 대도시 사람들은 너무나도 안락하다. 아무렇지 않은 상태에서는 어떤 변화도 일어나지 않는다. 제도를 바꾸기 위해서는 그 제도가 불편해야 한다. 이에 청년들은 기후위기에 주목하여 불안감에 따른 행동을 이끌어내려 한다. 둘째, "오케이, 부머" 같은 말로 우리를 갈라놓을 수 없다. 화석연료 산업은 기후정의 활동을 약화시키기 위해 우리가 분열되기를 원한다. 그러나 이러한 시도가 우리 목표에 영향을 미치도록 내버려두지 않을 것이다.

기후정의를 위한 운동을 단지 청년만이 주도하는 것은 아니다. 전 세계 모든 인종과 민족의 청년이 이끌고 있다. 서구의 미디어는 청년운동이 그레타 툰베리Greta Thunberg와 함께 유럽에서 시작됐다는 내러티브를 만들어냈다. 그래서 사람들은 대체로 이 운동을 백인 운동이라고 이해한다. 하지만 기후위기로 인해 불평등하게 영향받는 유색인종 청소년 또한 이 운동의 맨 앞에 있다. 전 세계적으로 극한의 날씨에 취약한 "자연재해 지역" 최전선에는 크고 작은 환경정의 이니셔티브와 조직이 있다. 그들은 채광, 벌목, 댐 건설, 가스 및 석유 추출, 기타 채굴 활동을 제한하거나 중단시키는 법안을 통과시켜 자신들의 권리 증진과 생태계 회복

---

4   2차대전 이후 태어난 베이비 붐 세대의 태도와 사고방식을 무시하는 맥락으로 사용되는 젊은 이들의 유행어. "꼰대 양반, 됐거든요" 정도로 해석할 수 있다.

을 위해 싸우고 있다.

백인 위주의 주류 환경운동은 최전선에 있는 모든 선주민, 흑인, 황인종의 공동체를 인정하기 시작했다. 이러한 노력이 건설적인 방식으로 결합해 운동을 더욱 강력하게 만들 것이다.

우리는 기후행동에 대한 요구에서 기후정의의 필요성으로 내러티브를 전환하도록 힘썼다. 그리고 당신이 우리와 함께하길 원한다면, 기후정의 운동가가 되기 위한 10가지 팁이 여기 있다.

1. 맨땅에서 시작하지 마라. 당신이 참여할 수 있는 수백 개의 이니셔티브가 이미 있다.

2. 동료 및 협력관계를 맺은 단체와 원활한 소통을 유지하라.

3. 자신과 다른 이들을 잘 돌보라.

4. 당신의 운동을 사회의 다양한 주체와 연결하라. 당신의 의사결정에 모든 이해관계자를 포함하되, 딱지 붙이지는 마라.

5. 단지 "효율적으로" 빨리 일하기 위해 가부장적, 인종차별적, 소모적 방식이나 소외된 목소리를 배제하는 방식으로 하지 마라.

6. 당신이 주관하는 행사에 선주민을 초청해 땅에 대한 감사를 표하고, 선주민의 지식이 기후위기 해결의 토대가 된다는 점을 기억하라.

7. 개인의 변화와 구조의 변화 모두가 필수불가결하다는 것을 늘 전달하라.

8. 사람들이 있는 곳에서 그들을 만나라. 모든 이가 기후위기

를 속속들이 아는 것은 아니다. 기후위기와 현재의 해결책을 설명하라.

9. 이해하기 쉬운 언어를 사용하라. 모든 사람이 ppm(100만분의 1)이나 IPCC를 아는 건 아니다.

10. 그린워싱greenwashing5, 환경 인종주의, 그린 젠트리피케이션 green gentrification(나는 그린트리피케이션greentrification이라 부른다), 그리고 <u>정의로운 전환</u>이 의미하는 바에 관해 이야기하라.

청년으로서 우리는 기후위기 해결이 모두의 생존 문제라는 사실에 동의한다. 기후변화는 대상을 가리지 않지만, 기후재난에 대응하는 능력은 차이가 있다. 예를 들면, 캘리포니아 산불은 고급주택을 피해가지 않는다. 폭설, 우박을 동반한 폭풍과 토네이도 또한 마찬가지다. 하지만 유색인종 사회와 선주민 보호구역, 작은 농촌 마을과 전통적인 어촌 공동체는 갈수록 부자연스러워지는 재난에서 완전히 회복하는 것이 매우 어렵거나 거의 불가능하다.

지역 대표자들은 우리 공동체와 생태계를 위험에 빠뜨리는 정책과 경제 상황을 되돌릴 모든 기회에 주목해야 한다. 이것이 청년들이 지역 차원에서 로비를 벌이는 이유다. 당신도 할 수 있다. 당신의 지역 대표들에게 이렇게 말하라. "기후위기는 우리가 관심을 갖는 문제이며, 당신은 이를 정책에 반영해야 한다." 그들

---

5 환경유해물질을 배출하는 기업이 광고 등을 통해 친환경적 이미지로 포장하는 행위.

이 우리의 주요 관심사가 기후위기임을 안다면, 그들도 아이가 있고 국민의 필요를 위해 일하는 공직자이기에 행동해야 한다는 의무감이 생길 것이다.

이제 해결책을 실행하는 방향으로 우리의 사고방식을 바꿀 때다. 활기차고 공정하며 재생가능한 미래는 수천 명이 기후정의 운동을 완벽하게 할 때가 아니라, 수백만 명이 최선을 다할 때 가능하다.

서로 돕는 관계

제닌 베니어스 JANINE BENYUS

산림학 학위 과정을 밟을 때 나는 뉴저지 시험림에서 "반출 벌목" 대상의 나무를 스프레이 페인트로 표시하곤 했다. 오렌지색 사선이 그어진 것은 수확용 목재에 방해가 되는 나무이니 베거나 독으로 죽이거나 묶으라고 벌목꾼에게 일러준다. 우리는 참나무와 호두나무를 가지치기 하면, 더 많은 물과 빛, 영양분을 섭취하는 데 도움이 된다고 배웠다. 이 수업을 듣는 많은 학생이 숲의 "개방"을 가장 좋아했다. 내게는 매우 괴롭지만 선택의 여지가 없는 일이었다.

나는 우리 시험림 바로 옆의 200년 동안 벌목되지 않은 유서 깊은 숲이 계속 생각났다. 그곳에는 2그루, 3그루, 4그루씩 무리를 이룬 상층의 거대한 나무, 활엽수와 침엽수로 이뤄진 중간층 나무, 발밑의 연령초, 돌돌 말린 새잎, 가랑잎 퇴적물에서 별안간 나타난 적갈색의 발풍금새towhee가 있다. 누구도 이 나무들을 경쟁에서 벗어나게 하지 않았지만, 모두 잘 지내는 것처럼 보였다.

나는 교수에게 물었다. "오래된 숲은 개방하지도 않고 엄격하게 관리하지도 않는데, 더 건강해 보여요. 나무들이 무리를 이루는 이유가 있나요? 어떤 방식으로든 나무들이 서로 도움을 주고받을 수 있을까요?"

그는 조금 놀란 듯 고개를 저으며 말했다. "그렇게 클레먼츠주의자Clementsian가 되진 말게. 그럼 자네는 대학원에 진학하지 못할거야." 그가 언급한 사람은 1900년대 초 생태학 역사상 가장 중요한 논쟁에서 이겼다가 패배한 생태학자 프레더릭 에드워드 클레먼츠Frederick Edward Clements였다. 클레먼츠와 비교되는 것은 잘 알려진 훈계로, 세상 물정을 모른다는 걸 의미했다.

그때가 1977년이었고, 생태학자들은 우리의 실험, 야생에 관한 이야기, 그리고 가장 강력하게는 삼림, 목장, 농장 관리 원칙에 영향을 미친 패러다임 전환에 30년 동안 깊이 빠져 있었다. 나무도 경쟁이라는 다툼에서 벗어날 필요가 있다는 가르침은 프레더릭 클레먼츠와 동시대 사람인 헨리 글리슨Henry Gleason 간 논쟁의 결실이었다. 그들은 식물 군집을 구성하는 것이 무엇인지, 식물이 함께 자라는 방식을 결정하는 것과 그 이유가 무엇인지를 매우 다른 방식으로 설명했다.

클레먼츠는 지류, 덤불, 활엽수림, 초원을 연구하며, 토양뿐아니라 서로에게 반응하는 독특한 식물 군집을 발견했다. 그는 식물들이 경쟁자이면서 협력자이고, 유익한 방식으로 서로 돕는다고 주장했다. 캐노피 나무는 나뭇가지 아래의 어린나무를 "소중히 다루며", 식물이 식물을 돕는 촉진이라는 과정에서 더 안전하고 영양분이 풍부한 조건을 만든다. 이 나무들은 수분을 앗아 가는 햇빛이 어린나무에 닿지 않도록 그늘을 만들고 바람을 막아 주며, 자신들의 잎으로 토양을 기름지게 했다. 시간이 흐르면서 한 식물 군집은 다른 식물들을 위한 길을 마련했다. 일년생 식물 은 다년생 관목을 위해 토양을 만들었고, 그 관목들은 묘목에 양 분을 공급해 숲으로 자라나게 했다. 클레먼츠는 자신이 살펴본 모든 곳에서 빽빽하게 서로 얽힌 군집을 발견했는데, 이런 군집을 유기체라 불렀다.

글리슨의 생각은 달랐다. 클레먼츠가 군집이라 부른 것은 우연 의 일치로, 우연히 흩어진 무작위적인 개체가 물, 빛, 토양에 적 응하는 방식에 따라 자리한 것으로 보았다. 식물의 상호 지원은 없으며, 투쟁으로 공간을 차지하기 위해 경쟁할 뿐이라는 것이 다. 즉 서로 연결되고 상호의존하는 식물 군집이 존재한다는 것 은 환상이며, 전체가 아닌 부분을 연구하면 된다고 주장했다.

20세기의 첫 반세기 동안에는 클레먼츠의 관점이 우세했다. 생태학 문헌은 촉진에 대한 연구로 가득했다. 당시 글리슨의 연 구는 사실상 잊혔는데, 1947년 소수의 연구자가 글리슨의 개체 주의 관점을 되살려 클레먼츠의 전체론과 대립했다. "물리학 선 망physics envy"을 겪는 생태학자들은 식물에 관한 글리슨의 견해가 깔끔한 통계적 정밀함으로 개체를 원자처럼 연구하게 해준다는 점을 좋아했다.

불과 12년 만에 클레먼츠의 협력적 군집 이론cooperative-community theory은 과학 문헌에서 거의 사라졌고, 대다수 생태학자가 군집

조성의 동인으로서 긍정적 상호작용이라는 개념을 거부했다. 대학원생들은 클레먼츠의 견해가 갖는 "비과학적 아우라"에서 벗어나 경쟁과 포식관계와 같은 대립적 상호작용에 관한 연구에 집중했다. 시대를 감안하면 놀랄 일도 아니다. 트루먼 독트린이 발표된 후 냉전의 시작과 함께 클레먼츠는 영광에서 나락으로 떨어졌다. 수십 년간 공산주의는 가능한 한 피해야 할 논란거리였는데, 심지어 식물에 대해 말할 때조차 그래야 했다.

그러나 내가 과학적인 방법을 좋아하는 것이 이런 부분이다. 문화가 과학에 스며들어 때로는 영향을 미치기도 하지만, 구체적인 진실에 대한 끊임없는 탐색을 막을 수는 없다. 미국인이든 아니든 계산은 맞아야 한다. 50년간의 경쟁에 관한 종합적인 연구에도 결론이 나지 않자, 연구자들은 다른 무언가가 작용하고 있는지 찾기 위해 현장으로 돌아갔다.

내가 목재용 나무 한 그루를 살려둔 그해에 생태학자 레이 캘러웨이Ray Callaway는 시에라 네바다 산기슭에서 잘못된 관행으로부터 블루오크를 지켜냈다. 글리슨이 남긴 선물이자 널리 알려진 지식에 따르면, 풀들이 경쟁에서 벗어나도록 캘리포니아 곳곳에 흩어져 있는 오크나무를 벌목해야 했다. 수천 에이커의 블루오크가 땔감용으로 톱에 잘려 나가는 모습에 캘러웨이는 경악했다.

그는 영겁의 시간 동안 풀이 블루오크와 함께 무성했다는 사실에 고민했다. 대체 오크나무가 얼마나 해롭다는 것인가? 2년 반 동안 그는 오크나무와 초지의 상호작용을 연구했다. 그리고 잎과 잔가지, 줄기, 우거진 오크나무로부터 흘러내린 영양분이 풍부한 빗물을 받은 냄비와 양동이를 측정했다. 그는 논문에서 오크나무 아래의 양분 총량이 나무 없이 펼쳐진 초지보다 사실상 50~60배 많다는 사실을 보여줬다. 캘리포니아 풍경에 아름답게 들어선 그 나무들은 땅속 깊은 곳에서 미네랄을 퍼 올려 1년 내내 잎사귀에 뿌려주는 영양 펌프다. 흙 속을 파고드는 원뿌리는 흙의 밀도를 낮추고, 큰 가지 아래에 물 저장량을 늘려 많은 식물을 번성하게 한다. 오늘날 전문가들은 이러한 '비옥한 섬islands of fertility'을 잘라 내지 말고 보호할 것을 권유한다.

이후 캘러웨이는 촉진 연구의 선도적 인물이 되었다. 그는 저서 『식물 군집의 긍정적 상호작용과 상호의존성』에서 식물이 주변 식물의 성장, 생존, 번식을 돕고 향상시키는 방법에 대해 1,000개 이상의 연구를 검토했다. 이를 통해 생명체가 이 힘든 지구에서 어떻게 진화했는지, 자연 공동체가 그 역경을 어떻게 치유하고 극복했는지에 관한 설명을 찾아볼 수 있다. 이는 기후 변화 세계에서 필수적으로 읽어야 할 매뉴얼이다.

앞으로 수년 내에 가뭄이 심해질 것이므로, 식물 군집에서 어떤 식물이 보호자 역할을 하는지 알아내야 것이다. 예를 들어, 아마존 열대우림은 어떻게, 그리고 왜 건기에도 구름을 생성할까? 아마존 연간 강우량의 10%는 특정 나무와 관목이 흡수하는 것으로 드러났다. 나무의 곁뿌리는 빗물을 흡수하고, 깊이 박힌 원뿌리는 둔덕 속으로 깊이 뿌리를 내린다. 비가 내리지 않는 달에는 물이 원뿌리까지 차올라서 숲 전체로 흩어져 퍼진다. 전 세계 많은 식물종이 이렇게 물을 "끌어올려서" 우거진 숲 아래의 많은 식물에 물을 공급한다.

스트레스가 많은 환경일수록 식물이 서로의 생존을 위해 협력하는 모습을 볼 가능성이 높다. 칠레의 산봉우리에서 유해한 자외선과 차갑고 건조한 바람에 맞서 옹기종기 모여 있는 식물에 관한 연구는 복잡한 상호작용을 보여준다. 단 6피트(약 1.82m) 너비의 야레타yareta, 즉 방석식물의 나이는 수천 년일지도 모르는데, 초록색 방석에 알록달록한 핀이 꽂힌 것처럼 다양한 꽃을 피우는 10여 종에 보금자리를 제공한다.

비탈길 아래 눈물 모양의 "나무 섬tree islands"들은 협력이 어떻게 군집에 도움이 되는 환경을 만들 수 있는지를 보여준다. 나무가 어렵사리 낙석에 자리를 잡으면 바람이 잠잠해지는 곳을 만들고, 눈은 묘목에 내리며 쌓여 물이 된다. 썩어가는 나뭇잎과 바늘 모양의 이파리는 습기를 모았다가 더운 한여름에 내뿜는 유기체적 스펀지를 만든다. 점점 커지는 나무 섬에서 쉬는 새들과 몸을 피신한 포유동물들은 자신들의 배설물로 양분과 씨앗을 공급한다. 수 세기 동안 이 나무 섬들은 이동했는데, 바람이 불어오는 쪽의 초병들은 무릎을 꿇는 반면 뒤쪽 대열은 뒤로 행진해간다. 연구에 따르면, 나무 섬들은 움직이는 토양 제조기처럼 역할하며 앞뒤로 움직이면서 산비탈 전체를 비옥하게 만든다.

그늘을 만들거나 보호하고, 영양분을 공급하거나 방어하는 협력의 방식으로 식물은 자라기 어려웠던 곳에서 자기 자리를 확장하며 자랄 수 있게 된다. 조경사, 농부, 산림학자들은 이를 모방해 나무를 심어 바람 차단, 토양 보유, 급수, 혼합된 양분 촉진을 기대한다. 식물이 생장구역을 이동함에 따라 이러한 촉진 파트너가 모든 것을 변화시킬 수 있다.

나는 우리의 경쟁 편향과 경제 이론이 시사하는 바와 달리, 식물이 결핍 상황에서 촉진 작용을 증가시킨다고 상상하는 것이 직관적이지 않음을 인정한다. 수년 동안 신중한 실험자들은 이를 예외 사례로 설명하려 애썼고, 투쟁을 찾는 과정에서 상호 지원을 놓쳤다. 하지만 이제 우리는 식물만이 서로 돕는 게 아님을 알고 있다. 상호주의, 선의의 복합적인 교환이 땅 위와 아래에서 특별한 방식으로 전개되고 있다.

캘러웨이가 캘리포니아의 오크나무를 연구하던 시기에 전문 산림학자 수잔 시마드Suzanne Simard는 브리티시 컬럼비아의 대규모 벌목을 보고 당황했다. 그녀가 보기에 미송과 함께 자란 자작나무를 제거하는 관리 프로토콜은 너무나 기이했다. 두 나무는 굉장히 오랜 기간 동반자였다. 그들이 어떤 식으로든 서로를 돕는 게 아닐까?

시마드는 성장 중인 묘목에 두 가지 이산화탄소를 주입하는 연구에 성공했다. 자작나무에는 방사성 탄소-14를, 미송에는 안정적인 탄소-13을 주입했다. 두 묘목은 이산화탄소를 흡수해 당분으로 전환했다. 시마드는 어떤 것이 교환됐는지 알아내기 위해 탄소를 추적했다. 첫 번째 결과는 1시간 후에 나왔다. 그녀는 가이거 계수기가 튀어 딸깍 소리를 낼 때 행복에 가까운 경이로움을 느꼈다. 탄소-14가 자작나무에서 미송으로 이동하고, 미송의 탄소-13이 자작나무로 이동한 것이었다.

어떻게 된 걸까? 숲에서 가랑잎 퇴적물을 살펴보면, 뿌리에 붙어 있는 하얀 거미줄 모양의 실을 발견할 수 있다. 이 실은 탄소를 땅으로 보내고, 땅속에서 나무에 인을 전달하는 특별한 균류의 일부다. 한때 교과서에는 이 교환을 한 그루의 나무와 하나의 균 사이의 배타적인 교환으로 설명했지만, 데이터는 다른 결과를 말했다. 시마드의 연구는 한 그루의 나무뿌리에서 나온 균류가 친족뿐 아니라 완전히 다른 종인 수십여 그루의 나무와 관목을 연결한다는 것을 최초로 증명한 연구 중 하나다. 이 "우드 와이드 웹wood-wide web"은 물, 탄소, 질소, 인, 심지어 방어 화합물을 통해 교환되는 땅속 인터넷이다. 해충이 나무를 괴롭히면 경고 화학물질이 나무의 균을 통해 네트워크의 다른 구성원에게 이동하여 방어를 강화할 시간을 준다. 시마드와 같은 연구자들 덕분에 이제 산림학자들은 어린나무들이 네트워크에 빠르게 연결되도록 자작나무와 중심이 되는 큰 나무를 숲에 남겨두도록 장려한다.

상호주의로 연결된 자연의 발견은 온난화되는 세계에서 산림 관리, 보존, 농업에 엄청난 시사점을 던진다. *전체 육상식물의 80%가 근균과 협력하며 자라는 뿌리를 가지고 있음에도, 농지에서는 번성하는 근균 네트워크를 발견하기 어렵다. 경운耕耘은 거미줄 네트워크를 손상시키며, 매년 인공 질소와 인 비료를 추가하는 것은 박테리아와 균 조력자들에게 물 운송이나 해충 방어, 또는 우리 몸이 원하는 미량 영양분을 흡수하는 데 그들이 더 이상 필요하지 않다고 말하는 것과 같다. 이제 우드 와이드 웹을 농지로 가져올 때다.

식물 군집이 이산화탄소를 흡수해 당분으로 만들어 근균 네트워크에 공급하면, 식물 군집은 수백 년간 땅속 깊숙이 탄소를 격리할 수 있다. 하지만 그러기 위해서는 군집이 건강하고 다양해야 하며, 충분히 협력해야 한다. *야생의 작업 환경에서 대기로 날아간 탄소의 50~70%를 토양으로 돌려보내기 위해 우리는 농지 경운, 비료 투입, 제거할 묘목 표시 등을 중단할 것이다. 또한 식물 사이의 중요한 대화를 방해하지 않을 것이다.

인간이 지구온난화를 되돌리기 위해서는 새로운 방식으로 탄소 순환의 흐름에 참여하여 과도한 이산화탄소 배출을 중단하고, 숨이 찬 지구 생태계가 치유되는 동안 긴 호흡을 하도록 장려해야 한다. 그것은 매일 탄소를 생명체로 전환하는 연금술사인 미생물, 식물, 동물 등의 조력자로부터 배우는 것을 의미한다. 이러한 상호공생의 역할과 상호주의 실천은 생태계가 실제로 어떻게 작동하는지에 대한 섬세한 이해를 요구한다. 좋은 소식은 우리가 개별자로서의 식물every-plant-for-itself 패러다임 속에서 수년간 헤맨 끝에 마침내 유기체에 관한 감정을 발전시키고 있다는 것이다.

우리가 50년간 경쟁에 초점을 둔 결과, 적어도 우리 자신을 비롯한 모든 유기체를 소비자이자 경쟁자로 바라보게 됐다. 그리고 이렇게 이해하게 된 지도 이제 수십 년이 되었다. 마침내 공유와 보살핌이 보편적으로 존재함을 인식하고, 공동체적 특질이 매우 자연스러운 것임을 인정하면, 우리 자신을 새롭게 바라볼 수 있다. 협력적 치유라는 이 지구적인 이야기에서 우리는 조력자와 양육자의 역할로 돌아갈 수 있다.

빅 픽처

엘런 바스ELLEN BASS

가능한 큰 그림을 보려 해
갓 난 새끼에 열중하는 엄마처럼 우리를 핥는
태양, 격렬한 혀는

저절로 닳아 없어질 거야
모든 건 영원하지 않아
유성을 생각해봐

공룡을 멸종시켰지
그리고 그전에는, 페름기의
화산들 — 모든 타 버린 양치류

그리고 파충류, 상어와 경골어 —
대규모의 멸종은
도박장에서의 운수 나쁜 날 정도로 느껴질 만큼 작게 만들어

어쩌면 인간은 상승할 예정인지도 모르지
일종의 지성이 통하는 곳으로
육신도, 깨끗한 물도, 심지어 공기도 필요하지 않은 곳으로

하지만 간절함을 떨칠 수가 없어
지난 600년간 살아온
긴 술이 달린 귀를 지닌 이베리아 스라소니에 대한,

눈으로 수면 위를 정확히 응시하며
아직도 4%가 생존하여 해저를 가르는
브라질 가래상어에 대한,

새로 태어난 모든 유대 동물에 대한, —
붉은 캥거루, 꿀벌 크기의 새끼 캥거루 —
무지개송어, 강돌고래,

축축하고 투과성 있는
세포막을 통해 숨쉬는
수많은 개구리종에 대한,

오늘 버스에서 한 여자가
홍관조의 색조와 똑같은 진홍색의 스웨터를 입었는데
같은 색 브래지어 끈이

창백한 어깨 위로 드러나 나를 아프게 했지
흰 눈에 반사되어 밝게 번쩍이는 섬광이
크림색과 호박색의 북극곰을 떠오르게 해서

길고, 속이 텅 빈
햇빛을 통과시키는 털이
검은 피부 속으로 삼켜졌어. 내가 집에 도착하니

아들이 머리가 아프대. 그는,
이제 다 자랐지만 노래를 불러달라네
우리는 울퉁불퉁한 소파에 나란히 누워

나는 불안정한 고음으로 오래된 뮤지컬곡, "밤과 낮Night and Day"…
"그들은 내게서 그걸 빼앗을 수 없어They Can't Take That Away from Me"…를 부르지
싸구려 은빛 사슬이 아들 목에서 반짝이며

맥박에 따라 오르락내리락 해. 그 외 애초부터
다른 건 없었지. 우리가 사랑하는
평범한 이 생명체들 말고는

선주민의 예언과
어머니 지구

셰리 미첼 웨나 하무 크와셋 SHERRI MITCHELL—WEH'NA HA'MU KWASSET

나는 사무실 벽에 만평 이미지를 걸어두곤 했다. 클립보드를 들고 미로 위에 서 있는 두 과학자의 모습이다. 미로 속에는 성공적으로 미로 끝에 도달해 치즈를 찾은 쥐 한 마리가 있다. 설명글은 이랬다. "쥐는 치즈를 다시 찾았다. 그는 미로 속 치즈를 좋아한다."

나는 역사적으로 이런 편향된 과학이 선주민과 우리의 존재 및 인식 방식을 왜곡하는 데 이용됐음을 상기하기 위해 그 만평을 보관했다. 인종적으로 편향된 과학은 과학 탐구의 초기부터 더 큰 사회의 시각에서 선주민을 비인간화하고 축소하는 데 사용됐다.

연구자의 편견과 믿음이 늘 연구에 영향을 미치지만, 관찰자와 피관찰자 사이에 상당한 문화적 차이가 있을 때 특히 그렇다. 자신의 문화와 크게 다른 문화를 연구할 때 과학적 중립성을 가정한다는 것은 아무리 좋게 봐도 순진하다. 그리고 하나의 문화가 다른 문화보다 우월함을 증명할 목적으로 이러한 연구가 시작될 때 중립성에 대한 희망은 점점 더 멀어진다. 안타깝게도 역사는 문화와 인종에 대한 과학적 연구에 영향을 미친 것은 편견만이 아니라 더 직접적이고 비도덕적인 것임을 보여줬다. 1899년 12월 27일 영국의 로널드 로스Ronald Ross 소령은 리버풀 상공회의소 회원들에게 "자기 개발에 지겨워진 강대국들이 그들의 소유권과 문명을 전 세계로 확장하기 위해 안간힘을 쓰고 있다"며, 제국주의의 성공이 과학적 성공에 달렸다고 말했다. 선주민 학자 린다 투히와이 스미스Linda Tuhiwai Smith는 자신의 저서 『방법론의 탈식민화Decolonizing Methodologies』에서 이렇게 주장했다. "과도하고 최악의 식민주의 행위에 과학적 연구가 연루된 방식은 역사에 강렬하게 남아 있다…. 제국주의에 대한 이러한 집단적인 기억은 선주민에 관한 지식이 수집, 분류, 표현되는 방식을 통해 영속됐다."

인종차별적 이데올로기는 선주민 착취로 이어진 비정상적인 사회 인식에 원인을 제공하는 데 그치지 않았다. 인종적으로 배타적인 프레임을 만들어 식민주의 학문을 강화하고, 토착 지식Indigenous knowledge을 불명료한 것으로 분류하게 만든 단초도 제공했다. 주류 정부, 학계, 과학자들은 의도적으로 토착 지식을 폄하하며 우리 지성에 대한 왜곡된 견해를 형성했고, 우리의 지식과 존재 방식에 대한 고정관념을 만들어냈다. 선주민은 토지 소유권에 대한 유럽적 개념을 공유하지 않는다는 이유로 원시적이라 여겼다. 또 생존의 원천("자연자원")을 상업의 흐름에 맡기지 않으려 한다는 이유로 무지하다고 판단했다. 그리고 우리의 가치 체계가 화폐가 아닌 관계에 토대를 두었기에 '문명화된' 삶을 살 능력이 부족하다고 믿었다. 아이러니하게도, 유럽 식민주의자들이 원시적이고 미개하다고 본 선주민의 지식과 존재 방식은 현재 멸종위기에 처한 환경과 인류를 구하기 위해 적극적으로 탐구되고 있다.

토착 지식은 창조의 모든 시스템에 존재하는 복잡한 관계에 대한 유구한 연구를 기반으로 한다. 그것은 토착식물학, 기후학, 생태학, 생물학, 고고학, 심리학, 사회학, 토착수학 등 폭넓은 과학 분야와 종교를 포괄한다. 토착 지식의 수호자들은 약초의 특성, 생물다양성, 이동 패턴, 기후변화, 천체 현상, 양자물리학에 관한 수천 년의 데이터를 가지고 있다. 그것들은 인류 역사 가운데 수많은 시대의 이야기를 담고 있으며, 이는 어머니 지구에서 인간의 생명이 시작될 때까지 거슬러 올라간다. 또한 우리의 물리적 경험과 주관적 경험의 격차를 줄여 우리의 내적 의식이 세상을 바라보고 경험하는 방식에 어떻게 영향을 미치는지 알게 해준다.

최근 몇 년간 많은 과학자가 선주민이 오랫동안 알고 있던 것을 이제야 "발견하고 있음"을 깨달았다. 예를 들어, 고고학자와 환경과학자들은 유럽 식민지 시대 이전의 선주민 해양 관리 유적지를 발견했다. 선주민이 남긴 증거에도 불구하고, 과학자들은 해양 관리가 유럽의 영향을 받은 이후에야 생겼다고 믿었다. 이제 과학자들은 일부 해안 지역의 선주민들로부터 지역 생태계 변화와 관련된 귀중한 정보를 얻으며 새로운 관리 계획을 수립하고 있다. 또한 선주민의 입으로 전해 내려오는 이야기들이 미국 역사상 주요 사건들에 관한 부정확하거나 오해의 소지가 있는 설명을 바로잡았다. 이러한 선주민의 이야기는 부상당한 장소부터 제복 색상에 이르기까지 모든 것을 연대순으로 상세히 담은 전투

지역 그림을 비롯해 미국 기병대와 여러 선주민 부족 간의 상호 관계를 완벽하고 정확하게 표현했다.

과학에 내재한 편견의 한계 너머를 이해함으로써 위계적, 환원주의적, 구획적 사고를 극복하고, 모든 피조물에 존재하는 전체적인 패턴을 바라보는 것은 언제나 어려운 도전이었다. 선주민의 고유한 눈을 통해 세상을 보려면, 세계를 중심에 두는 관점이 필요하다. 이 관점은 모든 생물계 사이에 존재하는 관계, 그리고 이러한 관계가 끊임없이 조화와 균형을 향해 움직이는 여러 방식을 인식하는 것을 말한다. 안타깝게도 중요한 토착 지식의 상당 부분이 질서정연한 서구 사상의 범주 밖에 있기 때문에, 세계를 파편화된 조각으로 바라보도록 훈련된 사람들은 전체를 통찰하는 선주민 지식의 개념을 이해하기 어렵다. 우리 사회와 환경을 분열시키는 핵심이 바로 이러한 파편화된 관점이다.

주류 과학은 자연세계의 존재를 포함하는 선주민의 친족 체계를 신기한 사고방식에 불과하다고 여긴다. 여러 과학 출판물을 저술한 영국군 의사 A. S. 톰슨A. S. Thomson은 선주민에 관해 다음과 같이 썼다. "터무니없는 미신을 믿으며 미친 듯이 날뛰도록 선주민들을 내버려뒀지만, 그들 사이에서 상상력은 강하게 발전하지 않았다." 그렇게 생각한 것은 톰슨만이 아니었다. 수백 년 동안 식민주의 과학자들은 선주민의 확장된 친족 관계를 미신처럼 불합리한 것으로 여겼고, 식민 정부의 가부장적 관행을 정당화하는 데 인용하곤 했다. 하지만 2015년에 중요한 변화가 일어났다. 그해 9월, 11개 연구기관 과학자들이 「미국 국립과학원회보 PNAS」에 생명의 열린 가계도 프로젝트Open Tree of Life Project 초고를 발표했다. 전미과학재단의 후원으로 작성된 이 계통도는 230만 종의 생명 관계를 보여준다. 친족에 대한 우리의 가르침이 허구 이상의 것임을 과학이 인정한 첫 순간이었다. 오늘날 과학계에서 토착 지식에 대한 관심이 높아지면서, 발전하는 다수의 과학 이론을 토착지식이 정확히 설명한다는 인식이 증가하고 있다.

토착 지식은 자연세계 구성 요소의 개별적 특성을 인정하고, 전통적인 가족의 친족 모델을 발판으로 개별 요소가 더 큰 전체와 어떻게 관련되는지 인식한다. 그것은 개별적인 가치를 제거하거나 일반적인 법칙과 이론이라는 더 큰 부분에 포함하도록 강요하지 않는다. 토착 지식은 단순히 가족관계를 인식하고, 모든 생명이 자주적이고 상호의존적이며, (인간을 포함한) 창조물의 각 요소가 더 큰 생명 체계 내에서 공존할 권리와 책임이 있음을 인정한다. 우리 시대의 위기를 해결하기 위해 토착 지식을 서구 사상과 조화시키기를 진정으로 바란다면, 주류 사상가들은 과거에 토착 지식의 진전을 가로막은 장벽에 도전할 만큼 용감해야 하고, 시야를 더욱 확장해야 할 것이다. 그리고 모든 과학적 발견이 앞선 이들의 도움으로 가능한 것인 만큼, 수치스러운 과거를 인정하고 그 기반을 형성하는 편향된 인종주의적 표현을 되돌아봐야 한다.

오늘날 우리는 생명을 유지하는 데 필요한 핵심적 생태계를 포함해 여러 시스템이 붕괴 직전에 있음을 목도하고 있다. UN, 과학계, 정부 기구, 환경단체 전문가들은 선주민을 기후변화 해결의 열쇠로 지목한다. 한때 선주민 문제가 부수적이거나 쓸데없다고 주장했던 이들이 이제 선주민의 권리 보호가 생태적으로 필수임을 인정하고 있다.

*선주민은 전 세계 인구의 약 5%에 불과하지만, 우리의 땅은 세계 생물종다양성의 약 80%, 전 세계에 남아 있는 보호구역의 약 40~50%를 차지한다. 또한 우리는 지구상에서 온실가스를 가장 적게 배출하고, 세계에서 가장 큰 탄소 저장고를 보유하고 있다. 이는 우리의 땅, 삶의 방식과 함께 선주민의 권리를 보호해야만 지구의 안녕을 꾀할 수 있다는 것이며, 기후변화를 해결하기 위한 경쟁에서 벗어나 협력하도록 만든다. 하지만 그러한 협력관계를 분별해야 한다. 선주민의 권리가 지속적인 개발을 방해한다는 이유로 선주민과 협력하려는 사람들이 너무나 많기 때문이다.

우리는 또한 기후변화가 더 큰 문제의 한 가지 증상일 뿐임을 인식해야 한다. 인간은 생명체와의 조화에서 벗어나 버렸다. 인간의 신념과 존재 방식은 선조들의 그것과는 엄청나게 바뀌어 생존의 근원에서 점점 더 멀어지고 있다. 그 결과 사람들은 다른 창조물과의 관계 속에서 살아가는 법을 잊어버렸다. 인간이 당도하기 오래전에 어머니 지구에 번성했던 수백만의 생물종과 나무, 물과 토양 등 자연세계의 연장자에 대한 존중도 잃었다. 따라서 이 시기에 선주민이 할 수 있는 가장 큰 공헌은 오래된 지혜에 뿌리를 두고 지구상의 모든 관계와 조화롭게 살아가는 지속가능한 삶의 모델을 세계에 알려주는 것이다. 이를 위해서는 우리의 땅, 물, 삶의 방식이 정부와 산업의 침입에 더 이상 침식당하지 않도록 비선주민이 함께해야 한다.

이곳 북동부 삼림지대의 전통적인 와바나키^{Wabanaki} 부족은 스케지나웨 바무사와콘skejinawe bamousawakon이라 불리는 신성한 삶의 방식과 문화적 가치를 고수한다. 이 기본적인 가르침은 우리의 삶을 구축할 견고한 틀을 제공한다. 그 핵심은 신성함과 세속성의 깊은 상호연관성을 이해하는 것이다. 우리의 전통사회는 창조물의 모든 측면에서 불가침성을 인정하는 하나의 현실에 뿌리를 둔다. 의례와 일상적인 행보 사이의 구분은 존재하지 않는다. 모든 것은 서로 연결되어 있으며, 생명의 그물 속에서 그 신성한 위상을 인정받는다. 우주가 끌어당기는 거대한 힘은 창조주와 조화롭게 살아가려는 욕망이며, 이는 나머지 창조물과 조화롭게 살아감으로써 우리 삶에서 가장 효과적으로 표현된다.

또한 우리는 그동안 묘사되어온 시간이 환상임을 잘 알고 있다. 우리에게 시간은 선형의 개별 시대처럼 존재하는 것이 아니라, 모든 방향으로 동시에 펼쳐지는 하나의 움직임이다. 우리 모두가 이 한순간에 함께 존재하기에, 우리보다 앞선 이들이나 뒤에 올 이들과 분리될 수 없음을 깨닫는다. 선조들이 경험한 해로움은 오늘날 우리 몸에서도 느껴지고, 우리가 만들어낸 해로움은 미래 세대가 겪게 될 것이다. 우리는 시간을 가로질러 이렇게 공유한 경험을 통해 밀접하게 연결되어 있다. 이러한 인식에는 미래 세대에 대한 우리의 책임감이 반영되어 있다. 우리가 1만 년이 넘도록 지역 생태계와 균형 잡힌 관계로 존재할 수 있었던 것이 바로 이런 삶의 방식 때문이다. 그리고 이 신성한 삶의 방식은 지구상에서 인류의 생존뿐 아니라 다른 모든 생명과의 관계를 개선하는 미래를 맞이하게 해준다. 이 과정의 첫걸음은 우리 인식의 핵심을 변화하는 것이다.

여러 세대에 걸쳐 주류 이데올로기를 지배해온 인간 중심적 신념과 철학은 현재의 곤경에서 벗어나는 데 필요한 전체론적 시각을 수용할 수 없다. 나는『신성한 가르침: 살아 있는 정신에 기반한 변화를 위한 선주민의 지혜Sacred Instructions: Indigenous Wisdom for Living Spirit-Based Change』에서 이렇게 적었다.

지금까지 이어온 인간 생명은 우리 각자 안에 존재하며, 창조주의 손까지 거슬러 올라간다. 우리 몸에는 선조들의 피와 미래 세대의 씨앗이 있다. 우리는 모든 생명으로 연결되는 살아 있는 통로다.

이는 인간의 생명뿐 아니라 어머니 지구에 존재했던 모든 생명을 의미한다. 우리 선주민의 모든 창조에 관한 이야기는 우리가 우주의 생명을 구성하는 동일한 기본 원소들에서 나왔다고 가르친다. 한 이야기에서는 클리스캅Kluskap6이 물푸레나무에 화살을 쏴 만든 구멍을 통해 우리가 세상에 나온다. 물푸레나무는 뿌리에서 나온 생명의 에너지를 인간에게 주며 이 세계로 들어올 통행권을 제공한다. 또 다른 이야기에 따르면, 첫 번째 인간은 어머니 지구의 흙으로 만들어진다. 이때 가장 먼저 눈이 생긴다. 일단 눈이 만들어지면, 첫 번째 인간은 팔과 다리가 주어지기 전까지 흙 속에 머물며 나머지 창조가 어떻게 진행되는지 지켜본다.

---

6   선, 지혜, 창조의 신.

스카이 우먼Sky Woman 이야기에 따르면, 모든 생명체의 어머니가 내려다본 지구는 물로 가득 차 있어서 자신의 아이들이 살아갈 땅이 없었다. 그래서 별에서 내려와 거북이 등에 땅덩어리를 빚어 현재 거북섬으로 알려진 땅을 만든다. 이 이야기에서 스카이 우먼은 아이들이 태어나면 키울 땅을 만들기 위해 동물들의 도움을 받아 대양 바닥의 흙을 모으기로 한다. 한 동물이 흙을 가져오기 위해 물속으로 들어간다. 이후 동물들이 차례대로 수면으로 돌아와 물이 너무 깊다고 똑같이 이야기한다. 그들은 대양 바닥에 도달할 수 없었다. 이때 겸손한 키호스(사향뒤쥐)가 앞으로 나와 흙을 모으기 위해 노력하자고 제안한다. 물에 들어간 그가 한참 동안 나오지 않자, 다른 동물들이 키호스의 안위를 크게 걱정한다. 결국 키호스의 사체가 수면으로 떠오르자, 동물들이 그를 거북이 등에 올려놓는다. 그들이 친구의 죽음을 슬퍼하고 있을 때 누군가 키호스의 주먹이 뭔가를 꽉 쥐고 있음을 알아차린다. 스카이 우먼이 키호스의 손을 펴자 땅을 만드는 데 필요한 흙이 들어 있다. 그녀는 키호스의 희생에 너무나 감동하여 생명을 불어넣어 되살려준다. 그때부터 키호스는 땅과 물이 만나는 곳에 집을 지었다. 스카이 우먼은 거북섬을 만들고, 북아메리카 선주민을 낳았다.

이 이야기들에 따르면, 자연세계의 요소는 인간의 생명을 창조하는 데 중요한 역할을 한다. 그리고 어머니 지구에서 우리의 생명은 자연세계 존재들에 의해 유지된다는 것을 가르쳐준다. 또한 이 존재들이 우리보다 세상에 먼저 나온 선조임을 상기시킨다. 이런 이야기를 통해 자연세계 존재들은 우리의 할머니, 할아버지, 이모, 삼촌인 은들나바먹N'dilnabamuk7이 되었다. 즉 그들은 우리의 친척이 되었다.

마침내 과학은 인간이 모든 살아 있는 유기체와 유전자를 공유하고 있음을 확인했다. 현대 과학이 이 진실을 발견하기 오래전부터 우리는 이런 이야기를 지니고 있었고, 자연세계의 친척에게 친밀감과 책임감을 느꼈다. 이 가르침은 선주민이 수만 년간 지역 생태계와 균형 있게 조화해온 지속가능한 삶의 방식의 핵심이었다. 친족관계는 우리가 서로 관계 맺는 방식을 정의한다. 또 사회구조에 누구와 무엇을 포함할지, 우리가 책임감을 느낄 대상이 누구와 무엇인지 정한다. 오늘날 사회를 살펴보면, 누구와 무엇이 배제됐는지, 이런 배제가 사회와 세계에 얼마나 큰 대가를 치르게 했는지가 매우 분명하다.

식민화와 강제 흡수가 미친 해로운 영향 중 하나가 사회의 균질화homogenization다. 식민 지배하에서 사회 변두리나 식민 체제 밖에 사는 이들의 목소리는 묵살되거나 무시당했다. 이런 체제에서는 매우 제한적인 사회 인구(부유한 백인 남성)에 권력과 권위가 집중되어 지식의 세계와 새로운 생각 및 관점에 대한 접근이 더욱 제한됐다. 이처럼 편협한 대표성에서 비롯되는 창의적 사고와 비판적 분석의 억압은 사회 전체의 지성을 침식한다. 이런 제한적 체제는 대안적으로 살 기회를 주지 않는다. 그리고 존재의 문화적 방식은 한 세대에서 다음 세대로 전해지기에, 우리를 집단

---

7 미국 원주민 부족이 '나의 모든 친지all my relations'라는 의미로 쓰는 말.

적 위기로 이끈 파괴적인 패턴은 거의 변화하지 않았다. 전반적으로 다양성이 부족한 가부장적 식민 패러다임은 창조적 지성을 질식시키고 사회에 파괴적인 영향을 미쳤다.

다양성은 사회적 응집력을 촉진해 더 안정적이고 조화로운 관계망을 만들며, 이는 더 안정적이고 조화로운 사회로 이어진다. 또한 그룹이나 공동체가 다양할수록 더 훌륭한 관점과 혁신이 만들어지고 모두의 성공 확률도 높아진다. 생물다양성이 생태계에 중요한 것처럼 인간의 다양성도 사회에 중요하다. 그것 없이는 건강한 기능을 할 수 없다. 주류 체제와 구조 내의 다양성 상실은 우리 사회에 균열을 남겼다. 이제 사회적 대화에 자연세계의 목소리를 비롯한 다양한 목소리를 의도적이고 체계적으로 포함함으로써 치유해야 한다.

버니 크라우스Bernie Krause는 "모든 [자연의] 소리는 … 자신만의 독특한 음조를 생성하는데, 그것은 놀랄 만큼 많은 정보를 담고 있다"며, 자세히 귀 기울이면 그 소리는 "생명체의 전체 범위에 걸쳐 서식지의 건강을 평가하는 놀랍도록 귀중한 도구를 제공한다"고 말했다. 생태계가 인간의 행위로 불안정해지면, 자연세계의 소리가 우리에게 이를 알린다. 수천 년 동안 우리 영토 내 자연세계의 소리에 귀 기울여온 선주민은 늘 알고 있던 사실이었다. 자연세계 존재들의 개별 특징을 알게 되면, 그들이 우리에게 가르쳐줄 소중한 것을 지녔음을 깨닫게 된다. 우리 중 가장 오래된 바위에는 40억 년의 이야기가 담겨 있다. 그것은 엄청난 양의 정보와 관점을 가지고 있기에, 우리는 바위를 할아버지라고 부른다. 모든 식물, 나무, 동물은 자기만의 독특한 지혜로 어머니 지구와 조화롭게 사는 방법을 가르쳐줄 수 있다. 우리가 친족관계에 대한 시야를 인간 중심적 관점을 넘어 확장한다면, 완전히 새로운 지식의 세계가 제공될 것이다.

친족 중심 인식의 또 다른 이점은 우리의 책임과 의무를 알려준다는 것이다. 우리가 다른 이들과 친족관계를 맺을 때 그들을 돌보는 방식에 영향을 미친다. 건강한 체계 안에서 우리는 더 세심한 주의를 기울여 친족을 보살피며, 그들에게 온화함과 배려의 마음을 표현하곤 한다. 우리가 사랑할 때 역시 연인을 존경과 존중으로 대한다. 이러한 믿음에 따라 살아가는 선주민들은 수천 년 동안 자연세계 존재들과 사랑하는 관계를 유지하며 살아왔다.

선주민의 친족 체계는 상호돌봄의 모델을 제공한다. 우리는 지구를 돌보고, 지구는 우리를 돌본다.

우리 언어에는 이 관계에 필요한 균형을 떠올리는 데 도움이 되는 단어들이 있다. 그중 하나가 마마베주mamabezu다. "그 혹은 그녀가 충분히 가지고 있다"는 뜻이다. 이는 개인이 안전과 존엄성을 느끼며 삶을 살아가는 데 필요한 것을 지니고 있음을 인정하는 것이다. 알라베주alabezu는 "모든 이가 충분히 가지고 있다"는 뜻으로, 여기서 "모든 이"는 자연세계의 모든 존재를 말한다. 우리가 "충분히"의 가치를 고민할 때, 생명의 균형을 지키기 위해서는 마마베주가 언제나 알라베주와 비교해 가치 평가되어야 한다.

생존하기 위해서는 우리가 인간으로서 개인적 삶의 이익과 발전만을 위해 존재하는 것이 아님을 깨달아야 한다. 오히려 인간으로서 우리 역할은 조화와 균형을 향해 끊임없이 움직이는 우주적 흐름에 함께할 수 있도록 다른 생명체와 상호작용하는 상태로 발전하는 것이다. 이는 어머니 지구의 생명체가 미래에도 생존할 수 있는 유일한 길이다.

거북섬 전역의 선주민에게는 우리가 살아가는 시대에 들어맞는 여러 예언이 있다. 이 예언들은 어머니 지구를 함부로 대하면 뒤따를 필연적인 위험에 관해 이야기한다. 이는 결정된 미래의 예고라기보다는 어머니 지구 위의 우리 발걸음을 개선하라는 신성한 지침이다. 이 시대의 문제를 극복하고 미래의 생존에 필요한 지침을 제시함으로써 선조들의 사랑의 메아리를 전한다. 바로 이 오래된 예언들이 이 시대를 위해 우리를 준비시키고, 주변에서 펼쳐지는 진실을 간과할 때 겪을 끔찍한 결과를 일깨워준다. 이런 토착 지식을 가진 선주민은 지구에 대한 산업적 파괴의 해악을 멈추기 위해 목숨을 바쳐왔다. 그 길이 우리 삶의 방식을 불가피하게 바꿀 것이기 때문이다. 그대로 놔두면 어머니 지구에는 생명체가 존재할 수 없을 것이다.

오늘날 우리 주변에서 예언이 실현되고 있다. 우리는 모두 관찰자이자 참여자다. 선조들은 백인과 처음 만난 이후 7세대에 걸쳐 인간 활동으로 인해 지구가 병들게 될 시대를 말했다. 그들은 나무가 위에서 아래로 죽어가고, 물은 검게 오염되어 흐르며, 곤충이 사라져 토양이 식량을 제공하지 못할 것이라고 예언했다. 1970년 호트빌라 마을의 한 호피족 노인이 우리가 직면할 미래를 다음과 같이 말했다.

자연은 바람이라는 강력한 숨결로 우리에게 말할 겁니다. 거대한 재앙을 불러올 지진과 홍수가 일어나고, 계절과 날씨가 바뀌며, 야생동물이 사라지고, 갖가지 형태의 기근이 일어날 거예요. 전 세계 지도자와 국민 사이에 점점 더 부패와 혼란이 닥치고, 전쟁이 강풍과 같이 일어날 겁니다.

이 모든 일이 예견됐고, 모두 현실로 다가왔다. 지금 시대에 관한 예언이 모두 그렇게 참담한 것만은 아니라는 점은 다행이다. 통합과 치유의 시대를 이야기하는 예언도 많다. 1877년 크레이지 호스Crazy Horse는 시팅 불Sitting Bull과 함께 의식을 진행한 뒤 강력한 예언을 전했다.[8] 이 의식이 열린 곳은 2016년 물의 수호자들이 다코타 액세스 파이프라인 공사를 막기 위해 모였던 스탠딩 락Standing Rock과 매우 가까웠다. 당시 라코타 부족은 신성한 물을 보호함으로써 생명을 지킨다는 단호한 입장을 취했다. 행사가 열리는 동안 지구 곳곳에서 온 사람들이 "모든 생명체의 통합에 대한 지식과 이해"를 추구하며 라코타족을 지지했다. 그 결과, 이제 전 세계 청년이 라코타족이 전해준 이해의 씨앗을 전달하고 있다. 크레이지 호스는 무려 140년 전에 다음과 같이 이야기했다.

고난이 오고 또다시 와도 레드 네이션Red Nation은 다시 일어날 것

---

8 크레이지 호스는 오갈라 수Ogala Sioux족의 추장이며, 시팅 불은 수 부족을 통일한 추장이다.

이다. 그것은 병든 세상을 위한 축복이다. 깨어진 약속, 이기심, 분열로 가득한 세상, 다시 빛을 열망하는 세상. 모든 인종이 신성한 생명의 나무 아래 모이고, 온 지구가 다시 하나의 원이 되는 7세대의 시대가 보인다. 그날 라코타 부족 가운데 모든 생명체의 통합에 대한 지식과 이해를 지닌 사람들이 나타날 것이며, 젊은 백인들이 나의 부족에게 와서 지혜를 구할 것이다. 나는 온 우주가 담긴 당신 눈 속의 빛에 경의를 표한다. 당신이 당신 안의 중심에 있고, 내가 내 안의 그곳에 있을 때 우리는 하나가 될 것이다.

오늘날 세계 곳곳의 사람들이 세상에 닥친 병폐를 해결하려 모이기 시작했고, 이 과정에서 선주민이 인도해주기를 기대한다.

7개의 불에 대한 아니시나베Anishinaabe 부족의 예언은 이 중요한 시기의 비선주민에게 분명한 지침을 준다. 이 예언은 선주민이 바다 건너에서 온 밝은 피부의 사람들과 만난 7개의 시대를 조명하며, 각각의 시대에 대한 조언과 경고를 제시한다. 오지브웨이-아니시나베 부족의 원로이자 지혜의 수호자 짐 뒤몽Jim Dumont은 우리가 7번째 불의 시대에 있다고 예언한다.

새로운 사람들이 순환 방식을 신뢰하는 법을 배우고, 내면의 목소리를 들을 수 있도록 스스로 단련한다면, 자고 깨는 꿈속에서 지혜가 그들에게 돌아올 것이며, 신성한 불이 다시 켜질 것이다. 그러면 밝은 피부의 사람들에게 두 가지 길이 주어질 것이다. 그들이 옳은 길을 선택한다면, 7번째 불은 8번째 불을 밝히는 데 사용될 것이며, 이것은 꺼지지 않는 통합과 평화의 불이 될 것이다. 만약 그들이 잘못된 길을 택해 낡은 마음가짐에 갇힌다면, 그들이 저지른 파괴가 되돌아와 그들을 파멸시키고, 지구의 모든 사람이 커다란 고통과 죽음을 경험하게 될 것이다.

우리는 선택의 기로에 이르렀다. 이제 밝은 피부의 사람들은 통합과 평화의 길을 택할지, 현재의 길에 머물며 자신을 비롯해 함께하는 수많은 다른 이를 파괴할지 선택해야 한다. 나는 7가지 불의 예언 중 이 부분을 들을 때마다 펠릭스 코언Felix Cohen9의 말이 떠오른다. 그것 역시 어느 정도는 예언적이다.

광부의 카나리아처럼, 선주민은 우리의 정치 환경에서 신선한 공기가 독가스로 변하는 것을 알려준다. 그리고 다른 소수자에 대한 우리의 대우 못지않게 선주민에 대한 대우는 우리 민주주의 신념의 흥망성쇠를 반영한다.

코언이 동시대인에게 선주민이 정치적 분위기 속에서 광부의 카나리아라고 경고한 것은 지금의 환경 재앙으로 쉽게 확장될 수 있다. 선주민 부족들은 수백 년 동안 경고해왔다. 20세기 초

---

9   미국의 법률가로, 선주민 정부를 강화하고 중앙정부의 지배를 약화하기 위한 인디언 뉴딜 Indian New Deal 정책을 설계했다.

오갈라 라코타 추장 존 홀로 혼John Hollow Horn은 미국 정부에 이렇게 말했다. "언젠가는 지구가 피눈물을 흘리며 울 겁니다. 자신의 생명을 구해달라고요. 지구를 도울 건지, 아니면 죽게 내버려둘 건지 당신이 선택해야 합니다. 지구가 죽게 되면 당신 또한 죽을 겁니다." 100년 전, 나의 조상 와바나키 부족, 즉 파사마쿼디 네이션Passamaquoddy Nation 대표인 디콘 소카바신Deacon Sockabasin과 조셉 스타니슬라우스Joseph Stanislaus가 메인주 의회 앞에서 강과 숲의 파괴를 중단하라고 요구했다. 현재 미국 전역에서 선주민 부족들이 지구의 파괴를 막기 위해 희생하고 있다. 대체 언제쯤에야 세상이 우리 이야기를 듣게 될까? 주류에 속한 사람들은 언제쯤에야 선주민 부족의 멸종이 곧 인류의 멸종임을 깨닫게 될까? 어머니 지구와 탯줄로 연결된 수호자들이 멸종하면 인류가 계속 살아갈 수 있을까? 우리가 사라지면 누가 그 연결고리를 키울까?

선주민의 삶의 방식은 인류를 생명으로 돌아가도록 이끄는 길이다. 이 길은 다른 창조물과 조화롭고 균형있게 존재하는 방식을 알려준다. 그것은 인류를 생존의 원천과 인류애의 중심으로 다시 연결한다. 이러한 삶의 방식은 선조들이 우리에게 준 선물이다. 함께 걸어갈 용기가 있다면, 그것은 우리가 미래에 선사하는 선물이 될 수 있다. 귀를 기울이면 이 길을 따르라고 격려하는 선조들의 목소리를 들을 수 있을 것이다. 작가 린다 호건Linda Hogan은 이렇게 상상한다.

가만히 있으라고 그들은 말한다. 보고 들으라고. 당신은 수천 명의 사랑의 결실이다.

그 수천 명의 선조 가운데는 우리를 이 세상으로 인도하기 위해 아낌없이 생명을 바친 물푸레나무가 있다. 최초의 인간이 만들어질 때 우리를 사랑스럽게 품어준 대지의 흙, 이기심을 버리고 자신을 희생하여 우리를 이 땅에서 살아가게 해준 겸손한 사향뒤쥐도 있다. 이 친척들을 친족 네트워크 안에서 정당한 위치로 복원하면, 모든 생명의 계보가 우리를 만나기 위해 솟아오르고, 우리는 우주의 흐름에 균형을 맞추며 지구를 새로이 하기 위해 움직이기 시작할 것이다. 프실드 은들나바먹Psilde N'dilnabamuk10, 내 모든 친지를 위하여For all my relations.

---

10 미국 원주민 부족이 기도 말미에 '아멘'과 같이 쓰는 표현이다.

영혼과 땅은 분리되지 않는다.
바람과 영혼도, 물과 눈물도 마찬가지다.
내 앞에 펼쳐진 붉은 바위 풍경처럼 깎여나가는 동시에 진화하고 있다.
우리의 슬픔은 우리의 사랑이다.
공격이 앞으로 나아가는 길이라고 말하는 가부장 정신의
집단적 광기에서 조용히 벗어날 때 우리의 사랑은 복원될 것이다.

— 테리 템페스트 윌리엄스 TERRY TEMPEST WILLIAMS

한 줌의 먼지

케이트 마블KATE MARVEL

아마존에는 나무가 원해서 비가 내린다. 대륙을 둘러싼 바다에는
수분이 풍부하지만, 땅에도 숨겨진 저수지가 있어서 하늘을 향해
흐르는 보이지 않는 강에 물을 대준다. 토양이 머금은 물은 나무
몸통을 타고 위로 올라가 잎 표면을 통해 대기 중으로 사라진다.
하늘은 습기를 빨아올려서 장맛비의 도착을 준비한다. 이는 매년
멀어졌다 가까워지는 태양광의 움직임에 따라 생성되는 것이다.
기후과학자 알렉스 홀Alex Hall이 말하듯이, 나무는 몬순이 더 빨리
오도록 하늘과 협력한다.

　미래의 어느 날 밤, 제트기 한 대가 아마존 깊은 적도 지방의
어두컴컴한 활주로를 이륙한다. 세계의 부자들을 위해 군소리 없
이 일하는 평범한 걸프스트림Gulfstream 제트기다. 그러나 오늘날
에는 승객을 태우지 않고 비밀만 실어 나른다. 조종사는 제트기
창문으로 아래의 숲을 볼 수 없으며, 짙어지다가 흐릿해지면서
녹색과 갈색의 흔적을 감추는 하얀 조각들 사이로 파란 하늘만을
본다. 그러나 조종사가 구하려는 것은 그 숲과 그곳에 사는 사람

들, 산소를 들이마실 수 있는 먼 곳의 사람들이다.

화석연료, 쇠고기, 돈에 대한 끊임없는 수요로 인해 숲은 사방에서 공격받으며 죽어가고 있다. 인간은 불을 지른다. 기온이 따뜻해지면 모든 계절이 화재의 계절이 된다. 대기가 이산화탄소로 가득 차 있기 때문에 아마존의 식물은 필요한 가스를 흡수하기 위해 잎의 기공을 많이 열 필요가 없다. 이렇게 수축된 기공은 더 적은 양의 물을 대기로 내뿜는다. 나무는 몬순을 불러오는 능력을 잃어가고 있으며, 주변 공기와 서서히 분리되어 숲이 먼지로 분해된다.

지상에서 수 마일 위에 있는 이 제트기는 실려 있던 햇빛 차단 광물질을 소용돌이치는 기류에 주입한다. 이 작은 입자는 성층권에 스며들어 에어로졸 방어막이 되고 지구를 데울 약간의 햇빛만 차단할 것이다. 태양을 차단해 지구를 식히려는 최후의 노력이자 필사적인 시도다. 그들은 그것을 지구공학geoengineering이라 부른다. geo는 그리스어로 "지구"를 의미하고, 중세 영어에서 온 engineer는 "고안하다, 기만하다, 고문하다"라는 뜻이다. 좋은 아이디어가 아니지만, 이런 일은 전에도 일어났다.

먼저 임무를 마친 제트기가 어두운 활주로로 들어서고, 다른 제트기들이 속속 돌아오면서 활주로가 점점 밝아진다. 다음 날 아침, 붉은 태양이 눈부시게 떠오른다. 누구나 기억할 수 있는 가장 아름다운 일출이다. 몇 분 지나면 다시 비가 내릴 것이다.

그해는 1816년이고, 여름은 없을 것이다. 뉴잉글랜드와 캐나다에서는 5월의 혹독한 서리로 농작물이 죽는다. 한 주부는 일기장에 "날씨가 거꾸로 간다"고 간단히 적는다. 일반적으로 따뜻한 여름 기온에 의해 유발되는 인도양 몬순은 몇 달이나 지연된다. 마침내 몬순이 육지에 이르면, 폭우가 내려 경작지와 일하는 사람들이 물에 잠기고, 더러운 물웅덩이를 남긴다. 콜레라는 모스크바까지 퍼진다. 나폴레옹 전쟁으로 황폐해진 북유럽에서는 수확을 거두지 못한다. 절망적이고 굶주린 군중이 도시에 모여들면서 스위스는 폭력으로 시달린다.

그해 북반구 전역으로 확산한 아수라장에서 역사가 가장 많이 기억하는 것은 운이 나쁜 휴가의 여파다. 제네바 호수 위 대저택에서 지루함을 느낀 영국인 관광객 일행이 서로 유령 이야기를 쓰자고 제안한다. 춥다. 6월과 7월에 거의 매일 비가 내렸다. 어쩌면 아편 남용과 성적 긴장으로 무뎌진 우울감이 바이런Byron 경과 그의 주치의이자 친구이며 경쟁자인 존 윌리엄 폴리도리John William Polidori에게 영감을 주어 이후 『드라큘라』가 될 뱀파이어 이야기의 윤곽을 그리게 했다. 그러나 후세에 가장 많이 알려진 것은 참을 수 없는 이 남자들과 함께 갇힌 10대 소녀가 쓴 소설이다. 습하고 혹독한 날씨는 메리 셸리Mary Shelley의 『프랑켄슈타인』과 그의 비극적이고 폭력적이며 오해받는 괴물을 만들어냈다.

이런 오만과 허영에 대한 묘사에 영원히 시달린 우리 과학자들이 그것이 생겨난 상황을 궁금해하는 건 이상한 일이 아닐 것이다.

여름을 억누르고 비를 부르는 주범인 야만의 뮤즈는 당시 네덜란드 동인도였으며, 현재는 인도네시아인 소순다 제도의 숨바와에서 찾을 수 있다. 상가Sanggar 반도의 캐슈 농장과 흩어져 있는 몇몇 작은 마을에서 한때 완벽하게 형성된 화산 원뿔의 유적을 볼 수 있다. *1815년 4월 탐보라 화산이 분출하여 성층권까지 가스와 먼지를 내뿜었고, 1만 명 이상의 섬 주민이 사망했다. 인류 역사상 가장 파괴적인 폭발이었다.

이 폭발에 대해 아는 유럽인은 거의 없었을 것이다. 초기 산업화 시대에는 정보가 느리게 전파됐고, 외딴 식민지를 날려버린 벽지의 화산 소식은 일반적으로 관심을 끌지 못했을 것이다. 그러나 맹렬한 폭발과 열대성 위치로 인해 화산 분출물이 매우 효과적으로 대기 상층부에 주입됐다. 그곳에서 성층권 바람이 불어와 화산 가스와 먼지로 이뤄진 안개가 먼 하늘로 흩어졌다.

———

프랑켄슈타인은 과학자였다. 이 괴물에게는 이름이 없었다. 호기심이 오만과 비극으로 바뀐다는 비유 외에는, 이 괴물은 결코 존재하지 않았다. 햇빛 차단제를 뿌리는 제트기로 지구를 식히려는 절망적인 시도가 벌어지는 미래는 지금으로선 어쩌면 상상에 불과하다.

하지만 오늘날 기후를 통제하는 안전한 사무실에서 과학자들은 다중적 탐보라를 작동시킬 수 있다. 몇 줄의 코드만 넣으면,

화산의 규모가 두 배로 늘거나 지구 반 바퀴를 돌게 된다. 우리는 수백만 년 전이나 다음 10년 안에 화산을 폭발시킬 수 있다. 우리는 슈퍼컴퓨터의 기후 모델로 장난감 행성을 만들었으며, 악의적인 신처럼 그것들을 조작할 수 있다. 지구 전체에 대해 실험하고, 무언가를 찾아낼 때까지 반복할 수도 있다.

그리고 이런 모델 속 화산을 작동시킴으로써 또 다른 것을 알아냈다. 탐보라는 특별하지 않았다는 것 말이다. 지구의 평균 온도 변화를 점으로 찍어보면, 그래프의 상승선이 때때로 급격한 하향을 만난다. 1883년 크라카토아, 20세기 산타 마리아, 아궁, 엘 치촌, 그리고 마지막으로 1991년 피나투보에서 폭발이 일어났다. 탐보라 이후 다섯 번의 폭발은 성층권에까지 가스와 화산재를 뿌릴 정도로 거셌다. 태양을 차단하는 효과는 강력했고, 피나투보는 지구를 1도 정도 냉각시켰으나 오래가지 못했다. 결국 대기는 스스로 정화됐고, 미립자의 보호막은 분해되어 땅으로 떨어졌다.

그러나 화산이 몇 년에 한 번씩 시계장치처럼 폭발해 성층권 높은 곳까지 정기적으로 가스와 먼지를 분출한다고 상상해보라. 화산과 분화구도 필요 없고, 아래 농경지로 용암이 흐를 필요도 없는 통제된 폭발을 상상해보라. 간단히 말해, *우리가 화산이라고 상상해보라.*

용기란 해피엔딩의 확신 없이도 잘 해내겠다는 각오다. 하지만 절망적인 상황에서도 용감한 것과 어리석은 것 사이에는 차이가 있다. 우리는 *무언가*를 해야 한다. 그렇다고 해서 그저 *아무거나* 시도해도 된다는 건 아니다.

———

모든 것은 복잡하게 연결되어 있다. 우리는 단일한 변수에 지배되는 행성에 살고 있는 게 아니다. 우리를 먹여 살리는 농작물, 갈증을 풀어주는 저수지, 물건을 실어 나르는 강은 강우량과 시기에 의존한다. 탁월풍prevailing wind 11의 속도와 방향은 풍력 터빈의 위치부터 대서양 횡단 제트기의 이동 경로까지 모든 것을 좌우한다. 지구는 신기하고 놀라운 방식으로 연결되어 있고, 우리는 여전히 이 복잡한 연결고리를 제한적으로만 이해하고 있다.

기후는 늘 변화한다고 한다. 우리도 이를 알고 있다. 화산 폭발은 여름을 없애고, 포도나무의 조생 열매를 얼린다. 태양에서 나오는 출력은 조금씩 변화한다. 지구 궤도의 흔들림은 빙하기와 해빙을 촉진한다. 탐보라, 피나투보, 2만 년 전 유럽과 북미 대부분을 덮었던 빙하 등 이전에 일어난 변화는 지구의 취약성과 함께 변화의 능력을 보여준다. 이러한 변화는 우리가 지금 영향을 미치는 변화와는 달라도 우리에게 시사하는 바가 있으며, 우리는 지금도 그 결과를 안고 살아간다.

한때 사하라 사막에는 숲이 있었다. 아마존만큼은 아니더라도 무성한 열대림이었고, 당시 지구상에서 가장 큰 담수호 주변에 밀집해 있었다. 호수는 이제 거의 사라졌는데, 수백 년 사이에 없

———

11 일정 지역에서 거의 일정한 방향으로 부는 바람.

어진 것이다. 그 자리엔 먼지 외에 아무것도 없다. 지구의 궤도가 약간 흔들려서 아프리카 서부의 몬순 강우를 약화시킨 탓에 그 곳은 이제 건조하다. 식물은 토양에서 수분을 빨아들였고, 수분 은 더 이상 보충되지 않았다. 식물이 죽었고, 더는 수증기가 대기 로 유입되지 않았다. 죽음과 건조해짐의 악순환은 오늘날 우리가 알고 있는, 사람이 살지 않는 사막으로 이어졌다. 기후는 변했지 만, 인간의 잘못이 아니었다. 그러나 과거에 기후변화가 있었다고 해 서 우리가 현재의 기후변화에 책임이 없다는 건 아니다. 늘 평온하고 자 연스러운 죽음들이 있었지만, 그렇다고 해도 살인은 다른 문제다.

생명이 없으면 죽음도 없다. 열대지방이 없으면 사막도 없다. 동쪽에서 불어오는 사하라 사막 상공의 바람은 지구가 공기 아래 에서 회전하기 때문에 밀도가 높고 가라앉으며 비스듬히 분다. 사하라 사막의 모래는 대서양을 가로질러 운반되어 카리브해 해 변을 넓히고, 낮은 각도의 햇빛을 눈부신 보라색과 주황색 노을 에 흩뿌린 뒤 아마존 숲에 살며시 내려앉는다. 열대지방으로부터 사하라 사막 상공에 도착한 공기는 상승하여 극지방으로 향하는 여정에서 수증기를 흘린다. 공기가 더 멀리 갈 수 없게 되면 차가 워진 뒤 가라앉고, 건조해진 공기의 무게가 아래의 바짝 마른 대 지 위를 누른다.

사막은 받은 것을 열대지방에 되돌려준다. 아마존 열대우림은 너무 무성하여 스스로 비옥해질 수 없다. 양분은 굶주린 초목에 의해 점유되고, 토양으로 침출되기 전에 식물의 몸에 갇힌다. 그 러나 숲은 사하라 사막의 죽은 호수에 의해 *비옥해지고* 생명을 얻는다. 오래된 호수 바닥에는 인이 있는데, 탁월풍에 휩쓸려 올라가 대서양을 가로지른다. 사하라 사막의 말라버린 호수는 예전의 화학적 기억을 간직하고 있다. 그리고 이것이 아마존이 만들어지는 데 도움을 준다.

———

살아 있는 지구는 미묘한 균형의 총합이며, 40억 년이 넘는 믿을 수 없는 우연의 일치와 기회주의적 동맹의 역사가 축적된 것이다. 인간은 과잉 배출로 대기의 화학적 성질을 변화시켜 이 시스템을 교란했다. 그리고 성층권 햇빛 차단제를 실은 제트기가 보존하려는 것이 바로 이 기적의 패치워크다. 그것을 지구공학, 태양 복사 관리, 인공 화산 활동 등 어떻게 부르든 간에, 그들은 탄소가 추동한 기후변화를 의도대로 관리되는 기후변화로 대처하면서 순진하게도 모든 것이 취소되기를 바란다.

성층권에서 입자들이 촉발할 수 있는 참사를 상상하기는 쉽지만, 수치로 나타내기는 어렵다. 인도 아대륙에는 몬순이 늦게 오거나 아예 오지 않는다. 한 가난한 나라에서는 강물이 말라가고, 또 다른 나라에서는 강물이 둑을 터뜨린다. 제트기류는 변덕스러워지고 예측 불가능해진다. 영국의 날씨는 시베리아 날씨로 변한다. 캐나다에서는 동토가 녹는다.

과학자들이 미래 기후를 구체적으로 예측할 때 제기하는 모든 경고와 망설임은 우리의 예측 능력을 넘어서는 것이 여전히 많기 때문이다. 해법이라는 게 덜하기는커녕 *더 많은* 인위적인 기후변화일 수 있을까? 그리고 우리가 만든 괴물이 더 많다는 것이 지구공학의 전제다. 도미노는 급격하게 가속되는 연쇄 속에서 무너지겠지만, 그것이 얼마나 중요하고 어디에 있을지는 미스터리다. 첫 번째 도미노를 건드리지 않았더라면 더 안전했을 테지만.

왜냐하면 우주는 무질서한 경향이 있기 때문이다. 만물은 산산이 부서진다. 공기 중에 뿌려진 향수, 술집의 담배 연기, 붐비는 지하철에 뿌려진 독극물. 버튼이 눌린 순간 돌이킬 수 없는 무언가가 작동하기 시작한다. 작고 무작위적인 행동의 결과가 전 세계로 울려 퍼진다. 제트기는 성층권 전체에 햇빛 차단제를 분사할 수 있지만, 일단 배출된 모든 입자를 다시 포획할 정도로 크거나 정교한 비행단은 없다. 대체 모드 같은 건 없으며, 공기가 스스로 정화될 때까지 기다리는 것 말고는 할 일이 없다. 햇빛을 관리하는 것이 끔찍한 실수라면, 그 행위가 기아나 전쟁 또는 붕괴의 원인이 된다면, 그것은 돌이킬 수 없는 일이다.

우리가 모든 걸 알진 못하지만, 아무것도 모르는 건 아니다. 불확실성 속에서도 명확한 실마리를 찾아낼 수 있다. 우리는 아이들을 낯선 행성에서 살도록 떠나보낼 수밖에 없다. 그러나 미래에 햇빛 차단 입자로 대응하느라 온실가스를 감축하지 못한다면, 우리가 숙취를 속이고 계속해서 술을 마신다면, 우리가 알던 세상의 더 많은 걸 잃게 될 것이다. 상상해 보자. 바다는 계속해서 이산화탄소에 질식하여 산성으로 변할 것이다. 산호와 바다생물이 사라질 것이다. 식물이 자라는 데 사용할 햇빛이 줄어들 것이다. 성층권의 이산화황은 오존층에 새로운 구멍을 뚫어 그나마 느린 회복 과정마저

무효화할 것이다. 이 보호층이 없으면 자외선이 피부에 도달하여 더 많은 암을 유발할 것이다. 분출된 먼지와 입자, 가스는 황혼의 희미한 빛을 막고 산란할 것이다. 우리는 이 모든 것을 확실히 알고 있다.

우리는 멋진 일몰을 보게 될 것이다. 그러나 낮에는 빛이 약하고 흐릿하게 보일 것이다. 우리는 둘 중 하나만을 가질 수 있다. 즉 다시 파란 하늘을 볼 수 있을지는 우리의 선택에 달려 있다.

11월

리나 오델LYNNA ODEL

내가 우리를 구할 수 없다면

내 품에서
행복하고 안전한 당신을
느끼고 싶어요

이곳이 침몰하거나 불에 탄다면
별빛을 마시고
나무 아래에서 낮잠을 자고
해변에서 노래할까요?

매일 서둘러 다가오는 아침은
무엇을 위한 것이었을까요?

우리가 죽어가고 있다면

나는 사랑을 찢어 열어서
흘러내리게 하고
쏟아부어 쓰겠어요
보세요, 얼마나 사랑이
많은지

인색한 이에게 보상이라니
그건 또 무엇일까요?

이 생이 끝나가고 있다면

다시 시작하려고요
새로운 생을

창발적인 전략

에이드리엔 마리 브라운ADRIENNE MAREE BROWN

"창발emergence12은 다수의 비교적 단순한 상호작용에서 복잡한 시스템과 패턴이 일어나는 방식이다." 닉 오볼렌스키Nick Obolensky의 이 말은 내가 접한 창발을 가장 명확히 표현한 것이다. 창발의 틀에서 전체는 부분의 거울이다. 존재는 프랙털fractal13이다. 세포가 건강하다는 것은 생물종과 지구가 건강하다는 뜻이다.

모든 곳에 창발의 사례가 있다.

새들은 이동할 계획을 세우지 않으며, 여행 자금을 위해 자원을 모으거나 부족한 시간을 대비해 짐을 꾸리고 정차할 곳을 지도에 표시하지 않는다. 새들은 가야 한다는 신호를 몸으로 느껴 따라가고, 서로 응답하면서 각자 적응한다.

무리를 짓는 데에는 기술이 있다. 서로 붐비지 않을 정도로 떨

---

12 기존에 없던 것이 생겨나는 걸 의미하며, 카오스 이론, 복잡계 이론, 프랙털에서 사용되는 개념이다.

13 미국의 수학자 망델브로Mandelbrot가 제시한 것으로, 임의의 한 부분이 전체의 형태와 닮은 도형. 자연계에서는 구름 모양이나 해안선 등에서 볼 수 있다.

어져 있고, 공유하는 방향을 유지할 만큼 정렬되어 있으며, 항상 서로를 향해 움직일 만큼 응집력을 유지한다(운명에 함께 화답하면서). 운명이란 아름다운 여정을 만드는 소명이다.

창발은 부분들의 총합으로는 상상조차 할 수 없는 그 이상의 것이다.

애벌레나 유충의 무리는 미래에 비행할 것이라는 걸 모르겠지만, 비행은 필연적이다. 그것이 운명이다.

떡갈나무는 다음 폭풍우가 올 때 서로의 말을 더 잘 듣거나 서로를 꼭 붙잡자고 합의하지 않는다. 땅속에서 늘 서로에게 다가가고 뿌리가 얽히도록 자라면서 허리케인이 있는 날이나 화창한 날에도 회복력이 있는 강력한 체계를 만들어낸다.

민들레는 자신들이 잡초인지, 빛나는 존재인지 모른다. 하지만 씨앗 하나하나가 민들레 들판을 만들 수 있다. 우리는 이처럼 많은 개체를 퍼트리도록 만들어졌다. 그리고 우리 주변 토양의 비옥함을 위해 되돌아간다.

세포는 문명이 가능하다는 걸 모를 수도 있다. 그들은 같은 것으로 확인될 만큼 많은 단위를 축적하지 않는다. 아니다. 세포는 분열하고 성장하면서 복잡해진다. 그런 다음 상호작용하고 만나면서 자신들의 존재 이유를 발견한다. *나는 폐 세포야! 나는 혀 세포야!* 세포는 그것으로 기능한다. 그리고 죽는다. 이러한 순환으로부터 창발되어 나오는 것이 복잡한 유기체, 시스템, 움직임, 사회다.

아무것도 낭비되거나 실패하지 않는다. 창발은 상호작용 과정의 모든 것을 활용하는 시스템이다. 그것은 모두 데이터다.

옥타비아 버틀러Octavia Butler는 이렇게 말한다. "지성이 개인과 갖는 관계는 문명이 집단과 갖는 관계와 같다. 문명이란 지속적인 집단적 적응을 위해 많은 이의 지성을 결합하는 수단이다."

그녀는 또한 이렇게 말했다. "당신은 당신이 만지는 모든 것을 변화시킨다. / 당신이 변화시키는 모든 것이 당신을 변화시킨다." 우리는 서로, 우리 자신, 친밀한 사람, 낯선 사람으로서 우리 문명에 끊임없이 영향을 미치고 변화시킨다. 그리고 우리는 본질적으로 끊임없이 변화 상태에 있는 세상을 바꾸기 위해 노력하고 있다.

생체모방biomimicry 연구자 제닌 베니어스는 다음과 같이 말한다. 자연/생명은 항상 "생명체에 도움이 되는 조건을 만들고자 한다." 자연 선택이 개별적인 것이 아닌 상호적이라는 것, 즉 생물종은 공동체를 이루는 법을 배워야만 살아남을 수 있음을 깨달은 급진적 과학자들에게 그녀가 한 말이다.

미래의 조상인 우리는 어떻게 하나의 종으로서 가장 회복력 있는 창발의 실행에 우리를 일치시킬 수 있을까?

우리 중 대다수는 끊임없는 성장, 폭력적인 경쟁, 임계 질량이 변화를 만드는 방법이라고 이해하도록 사회화됐다. 그러나 창발은 적응과 진화가 지원과 회복력을 위해 끌어당길 수 있는 핵심적이고 깊고 진정한 연결에 더 많이 의존함을 보여준다. 패턴에서 마디 사이를 연결하는 속성 말이다.

감히 나는 사랑을 말한다.

그리고 우리가 연결하는 방법을 알고 있고, 그것을 바라고 있다는 것도.

불타고 있다

나오미 클라인NAOMI KLEIN

정부와 과학자들이 기후 붕괴의 위험을 피하기 위해 온실가스 배
출량을 줄여야 할 필요성을 논의하는 공식 회의를 시작한 지 30
년이 넘었다. 그사이 우리는 '자녀', '손자 손녀', '미래 세대'가 관
련된 행동에 대한 수많은 호소를 들었다. 그들 덕분에 신속하게
움직이고 변화를 수용하게 됐다고 한다. 우리가 그들을 보호해야
할 가장 신성한 의무를 다하지 못하고 있다고 경고한다. 우리가
그들을 위해 행동하지 않으면, 그들이 우리를 가혹하게 평가할
것이라고 예견한다.

하지만 그 어떤 감정적 호소도 전혀 설득력이 없었다. 적어도
현재 모두가 겪고 있는 기후 파괴를 막을 과감한 조치를 할 수도
있었을 정치인과 기업을 설득할 수 없었다. *대신, 1988년 정부
간 회의가 시작된 이후 전 세계 이산화탄소 배출량이 40% 이상
증가했고, 지금도 계속해서 증가하고 있다. *우리가 산업적 규
모로 석탄을 태우기 시작한 이래 지구는 1℃ 정도 따뜻해졌으며,
금세기가 끝나기 전에 평균 기온은 4배나 상승할 것이다. *마지

막으로, 대기 중에 이렇게 많은 이산화탄소가 있었을 때 인간은 존재하지 않았다.

영문도 모른 채 이런 상황에 처한 아이들과 손자 손녀들과 미래 세대는 어떤가? 그들은 더 이상 단순한 수사적 장치가 아니다. 이제 그들은 스스로를 위해 말하고, 비명을 지르며, 파업을 하고 있다. 또한 새로운 국제운동의 일원으로 서로를 대변하며, 자신들이 그토록 깊은 사랑에 빠졌으나 모두 사라져가고 있는 흥미로운 동물과 자연의 경이로움을 포함한 전 지구적 창조물을 대변하고 있다.

그리고 이미 말한 대로, 이 아이들은 자신이 물려받을 위험하고 고갈된 세계에 대해 알고 있음에도 행동하지 않는 사람들과 기관에 도덕적 판결을 내릴 준비가 되어 있다.

아이들은 8살도 쉽게 이해할 정도의 기초 과학을 부정하고 무시하면서 지구를 불태우는 미국의 도널드 트럼프, 브라질의 자이르 보우소나루, 오스트레일리아의 스콧 모리슨 등 모든 지도자에 대해 분명한 관점이 있다. 파리 기후협정을 존중하고 "지구를 다시 위대하게 만들" 필요성에 대해 열정적이고 감동적인 연설을 해놓고, 생태 파괴를 주도하는 화석연료 및 농업 관련 대기업에 보조금과 기부금, 라이센스를 퍼준 지도자(프랑스의 에마뉘엘 마크롱, 캐나다의 저스틴 트뤼도 등)에 대해서도 단호하게 비판한다.

전 세계 청년이 기후위기의 심장을 열어젖히고 응당 누려야 할 미래에의 갈망을 이야기했지만, 위급한 현실에도 어른들이 행동하지 않는 현재와 함께 미래가 사라지고 있다.

이것이 바로 청년 기후운동의 힘이다. 권위 있는 대다수 어른과 달리, 청년들은 아직 요식적이거나 복잡한 언어로 우리 시대의 헤아릴 수 없는 위험을 숨기도록 훈련받지 않았다. 청년들은 완전한 삶을 살아갈 기본적인 권리를 위해 싸우고 있다. 14세의 기후운동가 알렉산드리아 빌라세뇨르Alexandria Villaseñor의 표현처럼, 그들은 "재난으로부터 도망치지 않는" 삶을 살고 있다.

*2019년 3월 15일 최초의 전 세계 청년 기후파업 주최 측은 125개국에서 거의 2,100건의 파업이 있었으며, 160만 명의 청년이 참가한 것으로 추산한다. 스웨덴 스톡홀름의 15세 소녀 그레타 툰베리와 함께 불과 8개월 전에 시작된 운동치고는 상당한 성과다.

―――

일상적이고 비상 상황이 아닐 때 합리화하고 구획화하며 쉽게 산만해지는 인간의 정신력은 중요한 대처 기제다. 이 세 가지 정신적인 요령은 우리가 하루를 버틸 수 있도록 돕는다. 또한 어떻게 느끼고 행동해야 할지 알아내기 위해 무의식적으로 동료와 롤모델을 바라보는 것도 매우 도움이 된다. 이러한 사회적 단서social cue14는 우리가 우정을 형성하고 응집력 있는 공동체를 구축하는 방법이다.

---

14 얼굴, 몸, 목소리, 동작 등을 통해 표현되는 언어적 또는 비언어적 신호로서, 타인에 대한 우리의 느낌과 반응에 영향을 주어 대화와 기타 사회적 소통을 안내한다.

그러나 기후 붕괴 대처에 관한 한 이러한 특질은 우리의 집단적 실패 원인으로 드러나고 있다. 이는 우리가 안심해선 안 될 때 우리를 안심시키고, 산만해선 안 될 때 우리를 산만하게 한다. 그리고 우리 양심이 느슨해지면 안 될 때 우리 양심을 느슨하게 한다.

부분적으로 그 이유는 우리가 기후 붕괴를 심각하게 받아들이기로 결심하면 우리 경제의 거의 모든 측면이 바뀌어야 하고, 현재 상황에 안주하려는 강력한 이해관계가 많기 때문이다. 지구온난화 현실에 관한 잘못된 정보로 혼란을 주고 거짓을 말해온 캠페인에 수십 년간 자금을 지원한 화석연료 기업들이 특히 그렇다.

그 결과, 우리의 심장과 머리가 기후 붕괴에 관해 말하는 것을 확인하고자 주위를 둘러보면, 온갖 종류의 모순된 신호에 봉착하게 된다. 즉 걱정하지 말라고, 그것은 과장이라고, 집중해야 할 더 중요한 문제가 많다고, 어차피 달라질 건 없다고 한다. 게다가 우리 시대의 가장 명민한 사람들이 다시 한번 도파민 분비를 바라며 우리를 디지털 쳇바퀴에서 빠져나오지 못하도록 더욱 기발한 도구를 고안하는 데 막대한 에너지를 쏟아붓는 이때, 이런 문명적 위기를 헤매고 다니는 것은 도움이 안 된다.

이는 기후위기가 대중의 상상 속에서, 심지어 기후 붕괴를 두려워하는 우리 사이에서도 자리하는 기묘한 공백을 설명해줄 수 있을지도 모른다. 우리는 곤충의 종말에 관한 기사와 해빙 감소로 서식지를 잃고 절벽에서 떨어진 바다코끼리 영상을 공유하다가도 온라인 쇼핑을 하거나 트위터와 인스타그램을 스크롤하며 의도적으로 스위스 치즈에 관심을 돌린다. 또는 우리의 공포를 오락으로 바꾸는 좀비 묵시록의 넷플릭스 드라마를 즐기면서 미래가 어쨌든 붕괴로 끝난다는 것을 암묵적으로 확인한다. 그런데 이 불가피한 것을 막으려 애쓰는 이유가 무엇일까? 또한 이는 진지한 사람들이 우리가 돌이킬 수 없는 임계점에 얼마나 가까이 와 있는지 알면서도 이를 비상 상황으로 대응할 것을 요구하는 유일한 사람들을 비현실적이라고 간주하는 방식을 설명할 수도 있다.

툰베리는 "여러 면에서 우리 자폐아들이 정상이고, 나머지 사람들은 상당히 이상하다고 생각합니다"라며, 자폐가 쉽게 산만해지거나 합리화에 안심하지 않는 데 도움이 된다고 덧붙였다. "왜냐하면 배출이 중단되어야 한다면, 우리는 그렇게 해야 하기 때문입니다. 제게는 둘 중 하나의 문제입니다. 생존의 문제에서 회색지대는 없습니다. 우리는 문명을 지속하거나, 아니면 지속할 수 없습니다. 우리는 변화해야 합니다." 자폐증을 안고 산다는 것은 결코 쉬운 일이 아니다. 대다수에게 이는 "학교, 직장, 괴롭힘과의 끝없는 싸움이다. 그러나 적절한 상황에서 적당히 조정한다면, 강력한 힘이 될 수 있다."

2019년 3월 혜성처럼 불쑥 나타난 청년들의 집회 물결은 한 소녀와 그가 세상을 바라보는 독특한 방식이 낳은 결과만은 아니다. 그레타는 자신들의 미래를 지키기 위해 다른 종류의 실패에 맞서 일어난 또 다른 10대 집단인 플로리다 파크랜드 학생들로부터 영감을 받았음을 인정했다. 파크랜드 학생들은 2018년 2월 학교에서 17명이 살해당한 후 총기 소유에 대한 강력한 통제를 요구하며 전국적인 결석 시위의 물결을 이끌었다.

또한 툰베리는 엄청난 도덕적 명료함을 갖고 기후위기에 대해 "불이야!"라고 외친 최초의 사람도 아니다. 그런 일은 지난 수십 년간 여러 차례 있었다. 실제로, 매년 열리는 UN 기후변화 회의에서 반복적으로 목격된다. 그러나 어쩌면 이러한 앞선 목소리들이 필리핀, 마셜제도, 남수단 출신의 갈색 또는 검은색 피부를 가진 이들의 것이었기에, 분명한 메시지에도 불구하고 금방 잊히고 말았다. 또한 툰베리는 기후파업에 대해 수천 명의 다양한 학생 지도자, 선생님, 그리고 오랫동안 기후 위기를 경고한 많은 지원 단체의 활동이 가져온 성과였다고 지적한다.

영국 기후파업 참가자들이 선언문에서 말하듯, "그레타 툰베리가 불꽃이었다면, 우리는 들불이다."

―――

우리의 위기가 깊어지는 만큼 똑같이 깊은 무언가가 놀랄 정도로 빠르게 변화하고 있다. 이 글을 쓰는 지금 불타고 있는 건 우리 행성만이 아니다. 민중의 비상 상황을 선포하기 위해 아래로부터 사회운동이 일어나고 있다. 학생들의 기후파업이라는 들불 말고도, 런던 중심부를 봉쇄하고 비폭력 직접행동과 시민 불복종의 물결을 일으킨 멸종반란Extinction Rebellion도 등장했다. 멸종반란은 각국 정부에 기후변화를 비상 상황으로 다루고, 기후과학에 따라 100% 재생에너지로 신속하게 전환하며, 시민의회citizen's assemblies를 통해 구체적인 전환 계획을 민주적으로 발전시킬 것을 요구한다. 2019년 4월 가장 극적인 행동을 벌인 지 며칠 만에 웨일스와 스코틀랜드 모두 기후 비상climate emergency을 선포했고, 영국 의회도 야당의 압력을 받아 신속히 이를 따랐다.

같은 시기 미국에서는 선라이즈 무브먼트Sunrise Movement가 급부상했다. 이 조직은 민주당에서 가장 영향력 있는 낸시 펠로시Nancy Pelosi의 워싱턴 D.C 사무실을 점거하면서 정치 무대에 등장했는데, 2018년 중간선거에서 민주당이 하원을 탈환한 지 일주일 만에 벌어진 일이었다. 선라이즈는 이에 만족하지 않고, 민주당이 기후 비상 상황에 대응할 계획이 없다고 비난했다. 그들은 상원이 신속한 탈탄소화 프레임워크를 즉시 채택할 것을 촉구했다. 프랭클린 D. 루스벨트 대통령의 뉴딜만큼 속도와 규모 면에서 야심 찬 이 프레임워크는, 대공황의 빈곤과 모래폭풍Dust Bowl15이라는 생태적 붕괴에 맞서기 위해 고안된 전면적인 정책 패키지다.

오늘날 우리가 보고 있는 행동주의는 이러한 역사를 기반으로 하면서 공식 또한 완전히 바꾸고 있다. 앞서 설명한 많은 노력이 거대하긴 하지만, 여전히 자칭 환경운동가와 기후운동가가 주로 참여한 것이었다. 하지만 그것이 한 번의 행진이나 파이프라인 반대 투쟁 이상으로 지속한 경우는 거의 없다. 기후운동 바깥에서는 지구의 위기가 몇 달 동안이나 잊혔고, 중요한 선거 캠페인 기간에도 살짝 언급되는 데 그쳤다.

우리의 현재 순간은 확연히 다른데, 그 이유는 두 가지다. 하나는 점

---

15 1930년대 미국과 캐나다의 프레리에서 발생한 극심한 모래폭풍.

점 커져가는 위기감. 다른 하나는 전망에 대한 새롭고 낯선 인식과 관련
이 있다.

——

선라이즈가 곧 하원 의장이 될 낸시 펠로시의 사무실을 점거하
기 1개월 전, IPCC는 노벨평화상을 수상한 단체의 31년 역사에
서 어떤 문헌보다 큰 영향을 미치게 될 보고서를 발표했다.

이 보고서는 지구온난화의 증가 폭을 1.5℃ 이하로 유지하는
것의 함의를 검토했다. *그리고 1℃의 온난화로 인해 재난이 악
화하고 있음을 감안하면, 온도를 1.5℃ 기준점 아래로 유지하는
것이 재앙적인 파탄을 피할 최상의 기회임을 알렸다.

그러나 그렇게 하기는 매우 어려울 것이다. *세계기상기구WMO
에 따르면, 우리는 세기말까지 3℃에서 5℃까지 온도를 상승시
키는 길을 가고 있다. IPCC 저자들은 온난화를 1.5℃ 이하로 유
지하기 위해 우리의 경제호economic ship를 제때 돌리려면, 2030년
까지 전 세계 배출량을 약 절반으로 줄이고, 2050년까지 이산화
탄소 배출량이 순 제로에 도달해야 한다고 밝혔다. 한 국가뿐 아
니라 모든 주요 경제에서 그렇게 해야 한다. 대기 중 이산화탄소
는 이미 안전한 수준을 크게 넘어섰다. 따라서 입증되지 않은 값
비싼 탄소 포집 기술을 통해서든, 숲과 기타 생태계를 복원하고
토양을 재생하며 농사짓는 것과 같은 전통적인 방식을 통해서든,
엄청난 양의 이산화탄소를 줄여야 한다.

보고서는 이처럼 빠른 속도로 오염을 줄여가는 데 탄소세와 같

은 수단이 부분적으로 역할을 하겠지만, 단일한 기술관료적 접근만으로는 불가능하다는 점을 분명히 한다. 오히려 우리 사회가 에너지 생산 방식, 식량 재배 방식, 이동 방식, 건축 방식을 전면적이고 즉각적으로 바꿔야 한다. 보고서의 첫 문장이 말하듯, "사회의 모든 측면에서 빠르고 광범위하며 전례 없는 변화"가 필요하다.

이것은 어떤 의미에서든 우리를 두렵게 만든 최초의 기후 보고서가 아니었고, 존경받는 과학자들이 처음으로 급격한 배출 감축을 분명하게 요청한 것도 아니었다. 내 책꽂이는 이러한 발견을 보고하는 자료로 가득 차 있다. 그러나 그레타 툰베리의 연설처럼 IPCC가 근본적인 사회 변화를 가감 없이 요구하고, 그 변화를 실현하기에 시간이 부족하다고 진술한 것은 전례 없이 대중의 마음을 움직였다.

2019년의 대규모 전투적 기후 집회는 이런 배경에서 펼쳐졌다. 우리는 파업과 시위에서 "우리에게 주어진 시간은 단 12년"이라는 말을 여러 차례 들을 수 있었다. IPCC의 확실한 명료성 덕분에, 그리고 전례 없는 기상 현상에 대한 직접적이고 반복적인 경험 덕분에 이 위기에 대한 우리 개념이 바뀌고 있다. 더 많은 사람이 이 싸움은 "지구"라고 불리는 추상을 위한 것이 아님을 이해하기 시작했다. 우리는 우리 생명을 위해 싸우고 있다.

———

IPCC 보고서만큼 강력한 동기 부여 요소로서 어쩌면 훨씬 더 중요한 것은 미국과 전 세계 정부가 전면적인 그린 뉴딜로 기후위기에 대응해야 한다는 요청과 관련이 있다. 그린 뉴딜의 아이디어는 간단하다. 과학자들이 요구하는 속도와 규모로 우리 사회의 경제 기반을 전환하는 과정에서, 인류는 다양한 전선의 대다수 사람을 실패하게 하는 경제 모델을 수정하는 100년에 한 번 있을 기회를 대면하고 있다. 지구를 파괴하는 요인은 임금 정체부터 늘어나는 불평등, 무너지는 서비스, 사회적 결속 붕괴에 이르기까지 다양한 방식으로 삶의 질을 파괴하기 때문이다. 이처럼 기저의 힘에 도전하는 것은 여러 가지 서로 맞물린 위기를 한꺼번에 해결할 기회다.

그린 뉴딜 방식의 전환을 위해 출현한 다양한 계획은 낭비성 소비의 포기 등 어려운 전환 작업이 소화해야 할 미래를 대비한다. 그러나 그 대가로 노동자들의 일상적인 삶은 다양한 방식으로 개선되고, 여가와 예술을 위한 시간이 더 많아지며, 저렴하고 쉽게 이용할 수 있는 대중교통과 주택이 제공되고, 인종과 성별에 따른 부의 격차가 마침내 해소되고, 교통, 소음, 오염과 끝없이 싸우지 않아도 되는 도시 생활이 가능해질 것이다.

IPCC의 1.5도 보고서가 나오기 훨씬 전부터 기후운동은 정치인이 행동하지 않을 경우 우리가 직면할 위험한 미래에 관심을 기울였다. 우리는 무시무시한 최신 과학 지식을 많은 사람에게 알리고 공유했다. 또 새로운 송유관, 가스전, 탄광에 반대했다. 이러한 프로젝트 뒤에 있는 기업에 기금과 연금을 투자하는 대학, 지방정부, 노동조합에 그러지 말라고 경고했다. 기후변화를 부정하는 정치인과 옳은 말을 하면서도 잘못된 일을 하는 정치인을 반대했다. 이 모든 일이 중요했고, 여전히 그렇다. 그러나 우리가 경보를 울리는 동안 비교적 작은 "기후정의 운동" 진영만이 우리가 원하는 경제와 사회에 대해 관심을 집중시켰다.

그것은 바로 그린 뉴딜의 판도를 바꾸는 일이었고, 2018년 11월 그린 뉴딜은 정치적 논쟁으로 점화됐다. 2018년 중간 선거 직후 수백 명의 선라이즈 무브먼트 청년이 상원 건물 복도에서 "우리는 좋은 일자리와 살기 좋은 미래에 대한 권리가 있다"라고 적힌 셔츠를 입고 그린 뉴딜을 외쳤다. 마침내 기후운동의 수많은 "아니야no"와 짝을 이루는, 크고 대담한 "맞아yes"가 거기 있었다. 그 "맞아"는 우리가 근본적인 전환을 받아들인 후의 세상이 어떤 모습일지, 그리고 어떻게 거기에 도달할지에 대한 계획이었다.

IPCC 보고서가 세계의 이목을 끈 요란한 화재경보였다면, 그린 뉴딜은 타오르는 불에 물총을 조준하는 식의 과거 우리가 수없이 목격한 단편적인 접근이 아니라 화재 안전과 예방을 위한 계획, 실제로 화재를 진압하기 위한 포괄적이고 총체적인 계획의 시작이다. 특히 이런 아이디어가 전 세계로 확산한다면 말이다. 그리고 그런 일이 이미 일어나기 시작했다.

우리 가운데 이런 종류의 변혁적 전환을 옹호하는 이들은 기후위기보다 앞선 사회주의나 반자본주의 의제를 진전시키기 위해 기후위기를 이용한다는 비난을 받곤 한다. 내 대답은 간단하다. 나는 평생 현재의 경제 체제가 무자비하게 이윤을 추구하며 인간의 삶과 자연환경을 파괴하는 온갖 방식에 맞서는 운동에 참여했다. 2000년에 출판된 나의 첫 번째 책 『노 로고No Logo』는 인도네시아의 노동착취 공장에서 니제르 델타의 유전에 이르기까지 기업의 세계화가 가져온 인적 및 생태적 비용을 기록했다. 나는 10대 소녀들이 기계를 만들기 위해 기계처럼 취급되는 걸 보았고, 산과 숲 아래에 있는 석유, 석탄, 금속을 캐내느라 쓰레기 더미로 변하는 걸 목격했다.

이러한 행위의 고통스럽고 치명적인 영향은 부인할 수 없었다. 그것은 단순히 막대한 부를 창출하는 시스템의 필수 비용이며, 그 이익이 결국 지구상 모든 사람의 삶을 개선하는 낙수효과를 가져올 것이라고 이야기됐다. 대신, 생명에 대한 무관심이 공장에서 노동자를 착취하고, 수많은 산과 강이 지구 전체를 황폐화시킬 정도로 파괴되고, 비옥한 땅이 소금밭으로 변하고, 아름다운 섬에 잔해가 가득하고, 한때 생기 넘치던 산호초의 생명과 색깔이 사라졌다.

기후위기는 내가 수년간 기록한 국지적인 시장의 위기와 분리할 수 없다. 현재 인류의 유일한 집이 예측 불허의 상황이라는 점에서, 비극의 강도와 범위는 비할 바가 아니다. 더 인간적인 경제 모델로 시급하게 전환해야 한다. 그러나 지금의 긴급함은 질적으로 다르다. 진로를 바꾸는 것은 상상할 수 없는 규모로 생명을 구할 수 있을지 없을지를 가늠할 마지막 순간에 우리 모두가 살고 있음을 뜻하기 때문이다.

이 중 어느 것도 모든 기후정책이 자본주의를 해체해야 한다거나, 또는 그렇지 못하면 (일부 비평가가 터무니없이 주장한 것처럼) 기각되어야 한다는 걸 의미하지 않는다. 바로 지금 배출량을 줄이기 위해 가능한 모든 조치가 필요하다. 그러나 IPCC가 분명히 확인했듯이, 우리가 체계적인 경제 및 사회 변화를 기꺼이 수용하지 않는 한 그것은 불가능할 것이다.

그렇다고 해서 단순히 녹색으로 칠해진 뉴딜이나 태양광 패널을 갖춘 마셜 플랜이면 된다는 의미는 아니다. 다른 질과 성격의 변화가 필요하다. 뉴딜 시절의 고도로 중앙집권적이고 독점적인 하천 수력발전과 화석연료가 아니라, 가능한 한 공동체가 소유하는 풍력과 태양광 발전이 필요하다. 전후시대에 제멋대로 뻗어나간 백인의 교외와 인종적으로 분리된 도시 주택 프로젝트가 아니라, 유색인종 공동체의 민주적 의견을 바탕으로 아름답게 디자인되고 인종적으로 통합된 탄소 제로 도시 주택이 필요하다. 뉴딜의 시민 보전단Civilian Conservation Corps이 주로 했던 것처럼, 보존 통제권을 군대와 연방기관에 넘기는 대신 선주민 공동체, 소규모 자작농, 목장주, 지속가능한 어업을 하는 이들에게 권력과 자원을 분배하여 수십 억 그루의 나무 심기, 습지 복원, 토양 재생 과정을 이끌 수 있도록 해야 한다.

그리고 비상 상황을 비상 상황으로 불러야 한다고 주장하는 것으로 끝나서도 안 된다. 강력한 기업들이 대중의 공포와 패닉을 이용하여 힘들게 쟁취한 권리를 무로 돌리고 수익을 내는 잘못된 해법을 도출하는 예외 상태가 되지 않도록 끊임없이 경계해야 한다.[16]

---

16   이 부분은 나오미 클라인이 자신의 책 제목이기도 한 "쇼크 독트린"이라는 용어를 통해 개진
     하는 핵심 주장이기도 하다.

학교 파업이 주는 메시지는 많은 청년이 이런 종류의 깊은 변화에 준비되어 있다는 것이다. 그들은 6번째 대멸종이 그들이 물려받은 유일한 위기가 아님을 너무나 잘 알고 있다. 그들은 또한 시장다행증market euphoria17의 잔해 속에서 성장하고 있는데, 여기서 생활수준의 끝없는 상승이라는 꿈은 만연한 긴축과 경제적 불안정으로 좌절된다. 그리고 무한한 연결과 공동체의 미래를 상상했던 테크노 유토피아는 질서, 기업의 자의적 감시, 증가하는 온라인 여성혐오와 백인 우월주의의 알고리즘에 대한 중독으로 변질됐다.

그레타 툰베리는 말한다. "숙제를 마치면, 새로운 정치가 필요하다는 걸 깨닫게 돼요. 모든 것이 급감하고 극도로 제한된 탄소 예산에 기반한 새로운 경제가 필요하죠. 하지만 그것만으론 부족해요. 완전히 새로운 사고방식이 필요해요. … 우리는 서로 경쟁하는 걸 멈춰야 해요. 이 지구에 남은 자원을 공정한 방식으로 공유하고, 협력하기 시작해야 합니다."

우리 집에 불이 났으니 놀랄 일도 아니다. 거짓된 약속, 무시된 미래, 사람들의 희생 위에 세워진 집은 처음부터 부서지도록 만들어졌다. 모든 것을 구하기에는 너무 늦었다. 하지만 우리는 여전히 서로를 비롯해 다른 많은 생명을 구할 수 있다. 불을 끄고 그 자리에 다른 것을 지어보자. 조금 덜 화려해도, 쉼터와 보살핌

---

17   시장의 현실과 상관없이 성급하게 안도하거나 만족하는 심리.

이 필요한 모든 사람을 위한 공간을.

이번에는, 모두를 위한 글로벌 그린 뉴딜을 만들자.

2. 애드보커시

위기 시대의 소송

애비게일 딜런 ABIGAIL DILLEN

기후변화의 진행을 지켜보는 것은 마치 달려야 하는데 반사신경이 사라진 꿈속에서 사는 것과 같다. 삶이 익숙한 방식으로 흘러가도 익숙한 것은 신뢰할 수 없게 됐다. 그것은 내 고향 캘리포니아주의 새로운 화재 시즌과 함께 오는 급박한 경보가 아니다. 안전하고 따뜻한 침대에서 아들과 함께 소리 내어 책을 읽으며, 화창한 오후에 다림질하는 평화로움을 회상하고 그리워할 것이라는 게 매일의 감정이다. 구름 한 점 없는 날에는 잔잔한 만으로 헤엄쳐 나가 반짝이는 표면 아래 바다가 죽어가고 있을지도 모른다고 느낀다.

돌아가신 어머니가 루게릭병으로 고통받던 9개월 동안, 어머니와 함께한 모든 시간은 매 순간이 마지막일 수 있다는 그림자 인식의 특징을 보였다. 대체로 그랬다. 어머니가 세상을 떠난 지 2년이 넘었지만, 나는 여전히 어머니 없이 사는 법을 배우고 있다. 나이가 들수록 사랑하는 사람을 잃은 누적된 상실감이 나를 짓누르지만, 나는 그들의 부재를 견딜 수 있다. 하지만 우리의 기후 비상 상황은 다르다. 전 세계에 걸친 이 근심과 슬픔을 우리가 어떻게 감당할 수 있을까? 그보다 우선, 행동하고 피해를 제한할 힘을 어떻게 찾을 수 있을까?

당신이 지금까지 그랬던 것처럼 살아 있다고 느끼면서도 끊임없이 불안하고 평화롭지 않다면 내 느낌도 다르지 않다.

———

기후변화에 직면해 있으나 행동하지 않는다는 비극적인 실패에 대해 다양한 설명이 있지만, 이 비극은 운명이 아니라 우리 자신의 인간적 결함 때문에 무너지게 된다는 의미에서 고대 그리스의 비극에 가깝다. 설령 마지막 무대라도 우리는 재난과 싸워 이길 수 있다. 청정에너지, 배출제로 운송 및 건물, 기후 친화적 농업은 모두 그럴듯하며, 현재 진행 중인 해법이다. 우리가 2020년대에 필요한 규모로 투자한다면, 최악의 기후변화를 피할 수 있을 뿐 아니라 우리의 삶도 훨씬 더 나아질 수 있다. 세계에서 가장 부유한 미국에 살면서 평등과 행복이 꾸준히 감소하는 걸 지켜봤기에, 우리가 더 잘할 수 있다는 걸 안다.

그럼에도 불구하고 우리는 실패할 수밖에 없는 많은 이유를 늘 어놓는다. 그중 기후 해법의 비용이 너무 비싸서 미국은 행동하더라도 다른 국가는 그렇지 못한다는 게 가장 일반적이다. 청정전기가 화석연료보다 비용 면에서 점점 유리해지고 있다는 사실을 제쳐두더라도, 세계에서 가장 인구가 많은 도시의 홍수, 심각한 식량과 물 부족, 대량 이주, 여섯 번째 멸종을 고려할 때 "너무 비싸다"는 건 대체 무슨 의미일까? 실존적 위협에 직면했을 때 비록 결함이 있기는 하지만 미국 리더십의 내러티브가, 특히 이 내러티브에 가장 영향을 받을 나라들 사이에서 무력한 이유가 무엇일까? 모든 정부는 기후변화에 대처해야 할 동일한 의무가 있으며, 최근 역사는 미국의 참여와 노력이 전 세계적으로 열의를 높이고 행동을 촉진하는 데 중요하다는 것을 확인시켜 준다.

더 설득력 있는 사실은 사람들이 느리게 진행되는 재난을 막는 일에 다급하지 않다는 것이다. 이 문제의 범위와 규모는 점진적인 변화를 만들도록 구축된 정치 시스템에 비해 너무 압도적이다. 정치 자금과 부가 극소수에 집중된 탓에 정부는 공공의 이익을 위해 기능할 수 없는 형편이다. 나는 이 문제를 간과하지 않는데, 마지막 문제가 특히 그렇다. 그러나 나는 게으른 숙명론을 거부한다. 위기를 해결할 막대한 자원이 있음에도 문제가 존재한다는 것을 인정하지 않는 미국의 독특한 입장도 잘 알고 있다. 그리고 백인의 특권이 기후 부정의와 정치적 무관심을 부추기고, 참여를 가로막아 문제를 해결할 수 없게 한다는 것도 안다.

물론 기후행동에 대한 지지는 평등주의적 가치뿐 아니라 기후 위험에 대한 인식과도 관련이 있다. 백인, 특히 백인 남성은 기후 위험을 가장 적게 인식한다. 지금까지 편안하게 지내온 대다수가 기후변화와 같이 파괴적인 것을 받아들이는 건 불가능해 보인다. 그들은 기후변화가 거짓hoax18이거나, 상황이 계속 괜찮을 것으로 생각한다. 반대되는 모든 증거가 있음에도, 우리가 그대로 살 수 있다

---

18 이 단어는 특히 트럼프 전 대통령이 기후변화를 부인하며 즐겨 사용한 것이기도 하다.

고 믿는 건 일종의 엄청난 특권이다.

나 또한 이러한 비판에서 면제될 수 없다. 나는 늦게야 권력과 사회 변화의 역학에 관심을 가졌다. 미국 예외주의의 신화를 믿으며 자란 나는 진보가 어떻게든 저절로 이뤄지며, 우리 시스템이 인권, 깨끗한 공기와 물, 행복 추구와 같은 기본 원칙을 본질적으로 보장한다고 생각했다. 또 구조적 인종차별주의와 힘들이지 않고도 누릴 수 있었던 구조적 이점을 고민하지 않았다. 내가 할 일은 신뢰할 수 있는 시스템 안에서 내 강점을 연마하고 모든 이를 위해 일하는 것이라고 생각했다. 기득권의 보루로 남아 있는 학교에 갈 기회가 주어졌을 때 나는 19세기의 기술과 자원, 그리고 이른바 서구 전통에 흠뻑 젖은 세계관과 함께 출발했다. 미국의 진짜 역사를 생각하기까지 너무 오랜 시간이 걸렸고, 지칠 줄 모르는 투쟁의 결과 덕분에 정의를 향해 나아가고 있음을 깨닫는 데도 너무 오래 걸렸다.

하지만 투쟁은 후발주자를 환영한다. 위기의 시대에 민주주의와 기후를 위해 살아간다는 것은 마음을 열어 새로운 이해를 위한 공간을 만드는 것이다. 역사의 무게를 어깨에 짊어지고 있어도 지금 이 순간은 가능성과 함께 살아 있다.

———

기후 붕괴의 데드라인이 다가오고 더 많이 일해야 한다고 느낄 때면, 법리를 다루는 데 능숙하고 공동체 건설에 지칠 줄 몰랐던 능력 있는 어머니가 생각난다.

어머니는 여성 법조인이 드물었던 시절에 법정 변호사였다. 경력 초기에는 실크 드레스를 입고 법정에 서곤 했는데, 여성이 가냘플 것이라는 예상에 대한 저항의 표시였다. 어머니는 의뢰인이 피해를 당한 이유를 이해하기 위해 깊이 파고들었고, 회피하는 범법자에게 분노했다. 진실에 관심이 많았으며, 자신이 만족할 때까지 밀고 나가는 외골수였다. 저녁 식탁에서 사건의 전말을 끄집어내어 나중에 중요해질 사실과 사람들을 강조하고, 고르게 쌓인 증거라는 벽돌과 진정한 도덕적 분노라는 모르타르로 자기주장을 견고히 쌓는 걸 즐겼다. 어머니는 이렇게 특별한 재능을 지녔다.

11~12살 때 어머니의 최후 변론을 들었다. 당시에는 자세한 내용을 알았지만, 무슨 사건인지는 기억나지 않는다. 생생하게 기억하는 것은 배심원단의 표정과 자세, 관심의 정도, 배심원들이 얼마나 단호하고 열성적으로 어머니에게 동의했는가 하는 것이다. 돌이켜보면, 나는 늘 불공정에 대한 어머니의 가감 없는 이야기를 당연하게 여겼다. 정의를 실현할 수 있고, 그것을 실현할 누군가와 함께하고 있다고 느꼈다.

법정 드라마가 늘 인기 있는 이유가 있다. 법원과 법률이 불공정할 수 있지만, 우리 사회에는 권력보다 진실을 우선시하도록 설계된 제도가 없다. 어머니는 법의 권력을 이용해 인간의 삶을 더 나은 방향으로 바꾸기 위해 쉼 없이 일했다. 법정 밖에서도 사람들과 문제 해결에 몰두했다. 어머니는 여성을 돕는 것으로, 아동과 그들의 복지로, 법원에 대한 접근과 교육으로, 지역 공동체에 대한 개인적 헌신의 범위와 영향력을 확대했다. 의식하지는 않았겠지만, 어머니는 포용을 키웠다. 화요일 아침, 급하게 준비한 어머니 추모식에는 1,000명 이상이 찾아와 조의를 표할 자리가 없을 정도였다.

———

내가 로스쿨 진학을 결정한 배경엔 어머니가 있었다. 그때는 그저 다른 길에 대한 상상력이 부족해서일 거라고 여겼다. 로스쿨이 내 삶의 목표를 알려주진 않았지만, 어스저스티스Earthjustice에서의 여름 인턴십 경험은 달랐다. 21년 뒤 몬태나에서의 그 여름을 돌아보며, 그것이 진정한 힘을 가진 첫 경험이었음을 깨달았다.

기후 비상 상황이 우리를 새롭게 가르친 것처럼, 우리의 건강과 부, 정의를 위한 투쟁, 지구상의 생명 그물 등 모든 것이 우리가 "환경"이라 부르는 것에 의존한다. 하지만 환경문제는 미국의 허다한 "이슈" 중 하나일 뿐이었고, 내 인생의 대부분 동안 부차적이었다. 그러나 나는 의식과 입법이 엄청나게 분출하는 시기에 태어났고, 기초가 탄탄한 환경 법률을 타고난 권리로써 누리게 되었다.

1960년대 말 환경은 정치적 대응을 촉발할 만큼 열악했다. 쿠야호가 강에 불이 났고,[19] 뉴욕은 치명적인 스모그로 가득 찼으며, 산타바바라 해안이 석유 유출로 황폐해졌다. 레이첼 카슨의

---

19 1880년대부터 미국 오하이오주 클리블랜드의 쿠야호가강에 공장이 화학폐기물을 무단 투기했고, 이렇게 기름으로 가득 찬 강에서 화재가 일어났다. 1969년 6월 13번째 화재가 일어나 언론에 보도되면서 사람들의 관심이 집중되기 시작했다. 그 영향으로 1970년 4월 22일 최초의 '지구의 날'이 선포됐다.

『침묵의 봄』은 대중적 상상력을 제대로 사로잡았다. (하지만 이는 화학산업을 자극해 거짓 캠페인으로 반격하게 만들었고, 이런 로비는 미국의 환경 정책 토론에서 통과된 것을 계속해서 왜곡했다.) *1970년 지구의 날에 2,000만 명이 거리로 나와 목소리를 높였다. 이는 널리 퍼진 대중의 분노가 겉으로 드러난 것이었다. 리처드 닉슨은 "1970년대는 미국이 공기와 물, 우리의 생활환경을 복구함으로써 과거에 진 빚을 갚는 시대여야 합니다. 말 그대로 지금이 아니면 절대 안 됩니다"라고 말했다. 1960년대 후반 실질적인 위협이 대중의 인식을 관통한 뒤, 1970년대 초반에는 정치적 탄력을 받아 법 제정이 매우 활발해졌다.

*1973년 말 상원은 환경보호국을 설립하고 대기오염방지법을 개정했으며, 수질오염방지법과 멸종위기생물종보호법을 통과시켰다. 그리고 마찬가지로 중요한 국가환경정책법NEPA을 제정했는데, 연방정부가 사업을 진행하기 전에 그것이 가져올 환경 영향을 공개해야 하고, 국민이 의사결정에 목소리를 낼 수 있도록 보장하는 내용이었다. 의회에서 그렇게 많은 일이 이뤄진다는 걸 생각하면 가슴이 벅차다. 전면적인 환경위기가 많은 사람의 마음을 한꺼번에 집중시킬 수 있었다는 사실은 기억할 만하다.

1970년대에 통과된 기본법들은 강력한 환경보호 의무를 부과했고, 심지어 더욱 창의적으로 우리에게 강제 사항을 주장할 권리를 주었다. 그리고 정치적 의지와 정부 자원이 너무 자주 부족하다는 걸 알게 해줬다. 일반적으로 정부는 소송을 피하려 하지만, 막강한 미국 정부가 책임을 다하지 못해 피해를 본 사람은 누구나 법정으로 갈 수 있다. 또 가장 강력한 다국적 기업을 포함한 오염 기업들이 법을 위반하면, 정부가 법 집행을 거부하더라도 정부 입장에 서서 민간 검찰관처럼 행동할 수 있다. 완벽하지는 않아도 법은 날카로운 이빨을 가졌으며, 이 이빨은 우리의 것이다. 고위 공직자와 산업계 대표들을 위해 차려진 식탁에 우리는 호랑이처럼 뛰어오를 수 있다.

———

고속도로를 빨리 달리는 일상에서도 죽음이 갑작스럽게 다가올까 봐 겁이 난다. 21세기의 첫 몇 년은 그렇게 느껴졌다. 당시 내가 살던 몬태나에서는 따뜻해지는 송어 개울과 죽어가는 백송에서 불길한 징조를 볼 수 있었다. 더 북쪽으로 가면 북극의 얼음과 영구 동토층이 녹고 있었고, 이누이트들은 기후 난민이 되어 갔다. 끔찍한 뉴스가 급증했지만, 과학자들이 절대 도달하지 말라고 경고한 임계점을 향해 우리가 얼마나 빠른 속도로 다가가는지 느낄 수 있었다.

2005년 전국의 동료와 의뢰인이 신규 석탄화력발전소 건설 시도를 알아차렸다. 석탄 수요가 급증하던 절정기에는 160개 이상의 석탄발전소 제안이 있었는데, 모두 건설됐다면 미국의 석탄 의존이 수십 년간 고착화됐을 것이다. 그것은 너무나 처참하고 잘못된 방향이었다. 석탄발전소는 당시 미국에서 가장 큰 탄소 배출원이었으며, 매년 수백만 명을 병들게 하고 사망에 이르게 하는, 이른바 "전통적인" 대기오염과 수질오염에 가장 큰 영향을 미치는 것으로 악명 높았다.

　신규 석탄화력발전소를 막는 거대한 과업은 나를 포함한 많은 이의 인생과 결부됐다. 나의 첫 번째 큰 싸움은 집 가까운 곳에서 벌어졌다. 한 농촌협동조합이 몬태나주 그레이트 폴스 근처에 하이우드 석탄화력발전소 건설을 제안했다. 우리는 그것을 어떻게 막아야 할지 몰랐다. 당시 미국의 번영을 위해서는 저렴한 석탄화력발전이 필수라는 게 상식이었고, 정치권도 우리 편을 들지 않았다. 그때 내 관심사는 공유지와 멸종위기종이었기에 에너지와 관련한 실전 경험이 없었다. 우리는 이 소송의 증거 재판에서 오염물질 배출 허가에 이의를 제기해야 했다. 어머니만이 가졌던 법정 기술이 필요한 일이었다. 나는 연방법원 판사에게 글을 쓰고 변론하는 것은 익숙했지만, 증인을 부르고 반대 심문하는 경험은 부족했다. 그래서 소송이 유발하는 공포에 사로잡혔고, 경험 부족은 그것을 한없이 악화시켰다.

　하지만 기후의 정언명령이 나를 붙들었다. 그리고 몬태나 환경정보센터의 용감한 의뢰인이자 친구인 앤 헤지스Anne Hedges에게 차마 '못한다'고 말할 수 없었다. 그녀는 늘 일이 되게 만드는 사람이었다. 또 그레이트 폴스에서 지역 반대운동을 이끌던 셰릴 라이처트Cheryl Reichert 박사와 제리 테일러Jerry Taylor를 비롯한 놀라운 자원봉사자들로 구성된 자조 조직이 있었고, 그들의 단체인 "청정에너지를 위한 시민Citizens for Clean Energy"도 의뢰인이 되었다. 당시 내 상사인 더그 호놀드Doug Honnold는 "그냥 직진해요"라고 말해줬는데, 임기응변하거나 실수해도 괜찮다는 의미였다. 나는 둘다 했고, 영웅적인 동지이자 멘토인 팀 프레소Tim Preso로부터 용기를 얻었다.

우리는 공식적인 장소보다는 편한 분위기의 식당이나 우리 집 등 모든 종류의 장소에서 전략 회의를 했다. 앤과 나는 이른 아침과 저녁, 그리고 주말 내내 통화했다. 우리는 새로운 법적 요구를 개발하려 노력했고, 안 될 건 없다고 끊임없이 스스로에게 상기시켰다. 그리고 언제부턴가 다른 사람이 나를 대신해줄 거라는 생각을 접고 그저 최선을 다했다. 뛰어난 공동 변호인 제니 하빈 Jenny Harbine도 우리 팀에 합류해 도움을 주었다.

완벽하진 않았지만, 우리가 이길 만큼 소송은 훌륭했다. 또 약간의 행운도 뒤따랐다. 그중에서도 상대측 변호인은 꼼짝달싹할 수 없는 증거물을 뒤집어 우리가 활용할 수 있게 해준 윤리적 인물이었다. 위원회의 노련한 소송 변호사는 우리의 서면을 이용해 증인을 심문하고 필요한 자백을 끌어냈다. 결국 위원회가 우리를 위한 판결을 내렸고, 하이우드의 대기오염물질 배출 허가는 재심의를 위해 돌려보내졌다.

우리가 소송을 제기한 규제 기관 및 사건을 심리한 심의위원회 구성원과 동일한 공동체의 일원이 되는 것이 중요했다. 기후변화의 현실이 모두에게 다가올 때 그것은 짧은 순간의 정치적 기회였다. 나는 청문회에서 개인적이고 직업적인 책임감을 동시에 느꼈다. 청문회 출석은 다른 결과의 가능성을 만들어냈다.

한편, 우리는 이 프로젝트의 재정적 기반을 깊이 파헤쳤다. 그리고 이 프로젝트가 서부 농촌 지역의 전기 공급을 위해 고안된 대공황 시대 대출 프로그램의 연방 자금에 기반해 있음을 발견했다. 좀 더 파헤쳐 보니, 석탄화력발전소 자금 조달이 당시 조지 W. 부시 대통령이 승인한 예산과 상충한다는 사실을 알게 됐고, 연방법의 요구대로 대출 프로그램이 환경에 미치는 영향을 평가해 공개하지 않은 데 이의를 제기하는 소송을 냈다.

정부의 답변은 기후변화 관련 불확실성, 공사비 상승 등을 근거로 대출 프로그램을 중단하라는 것이었다. 하이우드와 추가로 제안된 5개의 석탄화력발전소에 대한 13억 달러 이상의 자금이 증발하면서, 석탄발전소가 위험한 투자라는 내러티브를 더 설득력 있게 만들었다. 결국 하이우드 석탄화력발전소 계획이 폐기됐고, 이는 석탄이 위기에 처했다는 증거로 널리 보도됐다. 물론 이것은 우리처럼 석탄화력발전소 제안에 맞서 싸우는 사람들 덕분이다.

변화를 만들기 위한 모든 성공적인 노력에는 맞아떨어지는 운 좋은 상황이 있기 마련이다. 그러나 내 경험상 늘 한 가지 필수 요소가 있다. 출발선에서는 불가능할 정도로 멀어 보이는 목표를 향해 기꺼이 나아가는 단호한 사람들 말이다.

———

시민권과 여성의 권리, 결혼 평등을 위한 투쟁에서 소송의 중요한 역할은 잘 알려져 있다. 이에 비해 더 깨끗한 공기와 물을 제공하고, 생태계를 보존하고 복원하며, 세상을 망치려는 인간의 경향을 저지하는 소송의 역할은 대체로 잘 알려지지 않았다.

"법의 힘"에 호소하는 것은 반드시 명중할 화살을 준비하는 게 아니다. 역사적으로 나처럼 자원이 풍부한 백인 집단조차 반세기 동안 법의 힘을 이용했으나, 환경정의의 정언명령을 주장하거나 전하는 데는 실패했다. 그러나 회복할 수 없는 피해를 대비하고 우리가 직면한 엄청난 도전에 맞서기 위해 노력하면서, 나는 결함은 있으나 비범한 1970년대의 법들을 지지한다.

이런 법들은 화석연료에서 청정에너지로의 전환을 추진하는 힘을 포함하여 우리를 현실의 힘과 연결해준다. 트럼프주의와 권위주의적 야망의 등장과 함께 환경보호를 위한 법적 틀이 무자비하게 공격당하고 있다. 바로 이 법들이 사람들을 그들의 힘과 연결하기 때문이다. 이제 법원과 우리의 근간이 되는 법률을 선거 이슈와 정치적 열정으로 만들어야 할 때다.

———

어머니가 그립다. 가족과 친구들이 어머니는 늘 곁에 있다고 말해도 어머니의 부재를 느낀다. 그러나 나는 놀라운 영향력을 얻기 위해 연결, 실천, 도덕적 용기를 지닌 어머니와 비슷한 능력의 지도자들에게 둘러싸여 있다. 기후 비상 상황은 모든 종류의 거대한 사고방식을 요구하지만, 단 하나의 우아한 해결책이나 살기 좋은 미래를 위한 완벽한 청사진 따위는 존재하지 않는다. 우리는 우리 앞의 문제를 해결하기 위해 자신의 영향력 내에서 행동하는 기여의 힘을 과소평가한다.

수십 년 뒤 비교적 편안하고 안전한 곳에서 돌아본다면, 전례 없는 위험을 보고 외면하지 않았던 수백만 명이 자신의 힘으로 근본적인 변화를 이끌었음을 기억하게 될 것이다. 나는 실제 사람들을 떠올리며 이 글을 쓴다. 린다 가르시아Linda Garcia는 북미에서 제안된 최대 규모의 석유 수출 터미널을 막기 위해 워싱턴주 밴쿠버에서 지역 공동체를 조직하고 있다. 미국 루이지애나주 세인트 제임스 패리시에서 대규모 석유화학공장 증설 저지라는 역사적 노력을 이끄는 샤론 라빈Sharon Lavigne도 있다. 그런 이름을 1,000명도 적을 수 있는데, 나는 여전히 목록의 맨 앞부분을 쓰는 중이다. 현재의 사업을 막아내는 모든 싸움의 배후에는 놀랄 정도로 결단력 있는 소수의 사람이 있다. 그들은 뛰어난 조직화와 미디어 전략, 그리고 법정 안팎에서 모두에게 영향을 끼치는 법의 힘을 시의적절하게 사용하며 자신들의 행운을 만든다. 이런 승리가 체제 변화를 위한 상상력과 정치적 의지에 불을 붙인다.

미래는 우리가 아는 것보다 더 많은 것을 요구할 가능성이 크다. 그리고 우리는 선출된 지도자들이 적절하게 대응하도록 강제할 집단행동을 위해 다양한 장애물을 넘을 것이다. 우리가 서로 길을 찾고 있기에, 나는 결코 평화롭지 않지만 평화를 만들고, 강력한 법과 공정한 법원이 우리 편이 되도록 최선을 다하고 있다.

도움이 되는 존재

마지 피어시 MARGE PIERCY

내가 가장 사랑하는 사람들은
맨 먼저 일에 뛰어들고
개울에서 빈둥거리지 않으며
눈에 보이지 않을 정도의 확실한 영법으로 헤엄친다
마치 그 요소의 정령이 된 것처럼 능수능란하게
반쯤 물에 잠겨 공처럼 튀는
바다표범의 매끈한 검은색 머리처럼

나는 스스로 무거운 수레에 소를 매는 이들을
엄청난 인내심으로 물소처럼 끌어당기는 이들을
전진하기 위해 진흙과 오물 속에서 안간힘을 쓰는 이들을
해야 할 일을 반복, 다시 반복하는 이들을 사랑한다

나는 일에 파묻힌 사람들과
추수하러 밭에 가는 이들과

줄 맞춰 짐을 전달하는 이들과
자리만 꿰찬 게으른 관리 인사가 아닌,
음식이 들어오거나 불을 피워야 할 때
같은 리듬에 맞춰 움직이는 이들과 함께하고 싶다

세상의 일은 진흙처럼 흔하다
엉망이 된 진흙마냥 손에 묻고, 부서져 먼지가 된다
하지만 잘할 가치가 있는 일에는
분명히 만족스럽고 깨끗한 모양이 있다

포도주나 기름을 담았던 그리스식 항아리와
옥수수를 담았던 호피 꽃병은 박물관에 있지만,
쓰이기 위해 만들어졌다는 걸 누구나 안다
물 주전자는 소리 내어 운다, 담을 수 있는 물과
진정한 일을 하는 사람을 찾아

석탄을 넘어

메리 앤 히트MARY ANNE HITT

뉴욕에서 회의로 긴 하루를 보낸 후 웨스트버지니아로 가는 포토 맥강을 따라 구불구불 돌아가는 기차 안에서 300번째 미국 석탄 화력발전소가 10년 안에 영구 폐쇄될 거라는 소식을 들었다. 동료의 메모를 읽는 동안 이 이정표에 도달하기 위해 수년간 노력한 사람들에 대한 감사, 오염이 멈춘 뒤 더 쉽게 숨 쉴 수 있는 지역의 가정들에 대한 안도, 미래를 걱정하는 노동자에 대한 연민, 그리고 또 다른 거대한 온실가스 오염원이 문을 닫겠다는 약속 덕분에 고무되는 기후에 대한 희망 등 감정의 물결이 나를 휩쓸었다.

돌레 힐스Dolet Hills는 기후위기를 부채질하는 대다수 미국 석탄 화력발전소와 마찬가지로 취약한 지역 사회와 가까운 곳에 지어졌고, 더 값싼 청정에너지와 경쟁하느라 고군분투하면서 여전히 그곳에 서 있었다. 루이지애나주 맨스필드의 아프리카계 미국인이 사는 지역에서 몇 마일 떨어진 곳에 위치한 돌레 힐스는 전국의 석탄화력발전소가 저소득 공동체와 유색인종 공동체에 미치는 위해성 등급을 매긴 전미흑인지위향상협회NAACP의 「피로 물든 석탄Coal Blooded」 보고서에서 D등급을 받았다. 이 발전소의 두 주요 소유주 중 하나인 남서부발전사SWEPCO는 최근 규제 기관에 발전소를 2046년까지 가동할 계획이라고 밝혔다. 시에라클럽Sierra Club과 남서부발전사가 합의한 내용은 그보다 20년 빠른 2026년 퇴출이었다.

남서부발전사는 루이지애나, 아칸소, 텍사스에서 운영되는데, 전국 석탄발전 평균 비중이 25%인데 비해 이곳은 전력의 80% 이상을 석탄발전에 의존한다. 이곳은 미국 내 석탄 소비량 2위인 미국전력American Electric Power의 자회사다. 우리는 여러 주에서 7년 넘게 애드보커시 활동을 하면서 돌레 힐스가 루이지애나 전력 부문에서 최악의 오염원으로 악명 높을 뿐 아니라, 매년 고객에게 수백만 달러의 추가 비용을 부담시킨다고 주장했다. 우리는 수년간 이 발전사가 풍력발전 등 더 저렴한 대안이 있음에도 불구하고, 시장 규칙을 회피하고 비싼 석탄전력을 송전망에 강제로 연결하는 교묘한 관행을 저질러왔음을 밝혀냈다. 이러한 속임수가 드러나면서 분노가 일었으나, 대중과 의사결정권자에게 정보를 제공함으로써 변화의 동기부여가 되기도 했다.

합의가 마무리된 후에도 미국 전력망에는 폐쇄 예정이 없는 230개의 석탄화력발전소가 남아 있었다. 다음 날 콜로라도와 뉴멕시코에 있는 발전소 두 곳의 폐쇄가 발표됐다. 이곳은 또 하나의 유명한 석탄 중유 전력회사인 트라이 스테이트Tri-State가 운영하는 곳으로, 수년간 반대운동의 대상이었다. *이 글을 쓰는 지금 315개의 발전소가 문을 닫았고, 215개가 남아 있다.

그렇다면 정치적으로 매우 보수적인 이 지역의 석탄을 사랑하는 전력회사가 발전소를 폐쇄하기로 한 이유가 무엇일까? 이전에 폐쇄된 299개의 석탄발전소와 같은 이유에서다. 국가전력위원회, 기업 이사회, 신문 사설란, 공청회 등 다양한 곳에서 규제 기관, 선출직 공무원, 대중에게 석탄발전소가 위험하고 경제성이 낮으며 시대에 뒤처졌다고 주장하는 정교하고 집요한 애드보커시 운동으로 궁지에 몰렸기 때문이다. 즉 석탄은 21세기에 결코 지속될 수 없다.

이것이 바로 내가 지난 10년간 활동한 "석탄을 넘어" 캠페인이다. 우리는 미국에서 300개 이상의 협력 기관과 함께 200개 이상의 신규 석탄화력발전소 건설을 막았다. 기존 발전소의 절반 이상을 폐쇄하여 온실가스 배출을 줄임으로써 청정전력 시대를 여는 데 도움을 주고 수천 명의 생명을 구했다.

＊이렇게 활동한 결과, 이제 석탄으로 얻는 전력은 미국에서 4분의 1 미만인데, 이는 10년 전 절반에서 더 낮아진 것이다. 기후과학자들은 2030년까지 선진국에서 석탄을 단계적으로 없앨 것을 요구한다. 미국과 유럽에는 동일한 양의 석탄발전소가 남아 있으며, 대서양 건너에서 같은 목표를 위해 활동하는 "석탄을 넘어 유럽Europe Beyond Coal"이라는 자매 캠페인도 있다. 모든 석탄발전을 단계적으로 중단하고 재생에너지로 교체하는 것은 기후위기를 해결하기 위해 지금 당장 취할 수 있는 가장 크고 빠른 조치 중 하나다.

미국의 석탄발전소를 폐기함으로써 우리는 위험한 대기오염과 수질오염의 가장 큰 원인 중 하나를 해결하며 매년 8,000명 이상의 생명을 구하고, 연간 13만 건 이상의 천식 발작을 예방했다. 그동안에도 전등은 꺼지지 않았고, 전기 요금도 오르지 않았다. 이제 우리는 더럽고 비싼 전기와 깨끗하고 저렴한 전기 중에서 선택해야 하는데, 그것은 식은 죽 먹기다. 대부분의 이른바 윈-윈이 실제로는 양자택일이 되는 세상에서, 선택은 가능한 한 현실적이어야 한다.

이런 말을 하는 건 자랑이 아니라 개인, 애드보커시 운동가, 연대 단체의 노력이 때로는 정말 중요한 방식으로 결실을 만든다는 점을 강조하고 싶기 때문이다. 우리가 자랑스러워할 수 있는 방식으로 말이다.

고려해야 할 실질적인 손실이 있더라도, 엄마로서 내 딸에게 최악의 기후변화로부터 안전한 미래를 위해 싸울 기회를 주기 위해서는 이런 활동이 필수적이다. 웨스트버지니아 주민으로서 나는 필요한 속도와 규모로 변화를 만드는 것이 일부 이웃에게는 고통스러운 문제를 초래한다는 것도 알고 있다. 국가와 지역 공동체가 청정에너지 경제로 전환함에 따라 이는 반드시 정면으로 맞서야 할 과제다.

남편의 가계로 보면, 내 딸은 11대째 웨스트버지니아인이며, 본인이 원한다면 이곳에서 12대째를 키울 수 있어야 한다. 기후 위기는 현실이고 두렵다. 내 소망은 기후위기로부터 딸을 보호하는 것이고, 이런 이유로 화석연료에 대한 의존을 끝내려 한다. 하지만 그 결과로 딸의 고향이 빛바랜 영광의 잔해로 가득 찬 유령 도시가 되는 것 또한 원하지 않는다.

높은 산을 오를 때 가짜 정상이라는 게 있다. 아래에서 보면 정상처럼 보이지만, 일단 도착하면 여전히 더 많이 올라야 한다는 걸 알게 되는 곳이다. 지금 이 순간이 내게는 그렇게 느껴진다. 여기가 정상이라 생각하며 앞에 놓인 거대한 등반을 간과한 것이다.

우리가 이루고 있는 모든 진전은 아직 불충분하다. 더 빠른 속도로 더 많은 성공이 필요하다. *이번 10년 동안 경제 전반에 걸쳐 이 성공을 가속하고 재현해야 한다.* 또한 사람들을 배 밖으로 내던지는 게 아니라, 환경적 부정의의 오랜 유산을 해결하는 방식이어야 한다. 그러니 잠시 멈춰 서서 석탄전력망 폐기 활동에서 힘들게 얻은 교훈, 즉 우리의 등반에 도움이 될 교훈을 생각해 보자. 내가 배운 10가지 교훈은 다음과 같다.

전략에 기반한 애드보커시가 필수적이다

지난 10년간 시에라클럽의 석탄 퇴출 예상은 골드만삭스, 에너지정보청EIA 및 여러 전문가의 예측보다 더 공격적이고 정확했다. 우리가 국가 석탄발전 구성 모델에 대한 "애드보커시 다이얼"을 가지고 있어서였다. 2010년 당시 전국 530개 석탄발전소 중 어느 발전소를 첫 목표로 삼을지 정하기 위해 이 모델을 만들었다. 우리에겐 이 모든 걸 한꺼번에 처리할 자원이 없었기 때문이다. 우리는 전국의 모든 석탄 보일러에 대해 얻을 수 있는 수명, 크기, 오염 통제, 경제적 타당성, 정치적 지원, 환경정의 영향 등 모든 정보를 수집했다. 애드보커시 다이얼은 운동가의 렌즈가 되어 각 발전소의 경제적, 정치적 취약점을 식별할 모든 정보를 볼 수 있게 되었다.

석탄은 배터리 저장장치, 풍력, 태양광과의 치열한 경쟁에 직면해 있지만, 그렇다고 해서 전력회사가 재정적인 압박을 느끼는 건 아니다. 전력회사를 관리하는 규칙이 시장의 힘으로부터 이들을 격리시키고 이익을 보장해주기 때문이다. 이에 대다수 전력회사가 시장에서 편안한 독점을 누리고 있다. 경제성 없는 발전소조차 퇴출할 유인책이 거의 없다. 따라서 과학이 요구하는 시한 내에 전력회사가 시장의 요구에 따라 행동하도록 강제하려면 의도적인 애드보커시가 필요하다. 우리는 10년 동안 이 지렛대를 당기는 방법을 배웠다.

내가 배운 중요한 진실 중 하나는, 시장의 힘만으로는 석탄발전소를 퇴출시킬 수 없다는 것이다. "시장이 알아서 할 것"이라는 주장은 끈질기지만 잘못된 주장이다. 그것은 전기 분야의 전환 방법을 파악한 미국인들로부터 행동할 힘을 제거하고, 대신 기후 운명이 의회의 변덕보다 훨씬 더 통제 불능으로 느껴지는 신비한 "시장의 힘"의 변덕에 달려 있다는 주장이기에 특히 더 음흉하다.

그렇다. 시장의 힘과 정치는 절대적으로 중요하지만, 그것이 우리를 실망시킬 때조차 현명한 애드보커시는 행해져야 한다. 이것이 바로 우리가 지난 10년간 해온 것이고, 계속해서 해야 할 일이다. 화석연료 산업은 투쟁 없이는 시장 점유를 포기하지 않을 막강한 현역 기업들로 구성되어 있는데, 시장의 힘이 우리를 위해 그런 일을 해주기를 기대할 수는 없다. 사실상 권력의 고삐를 쥐고 있는 건 우리이며, 우리는 그것들을 이용하기만 하면 된다.

애드보커시 운동가들은 경제를 이해해야 한다

시장의 힘이 석탄으로부터 전환하는 유일한 동인은 아니었지만, 우리는 시장의 힘을 이해하고 활용하기 위해 열심히 노력해왔다. 우리 캠페인의 두 가지 핵심 전략은 경제적인 것이다. 첫 번째 전략은 기본적인 사실에 달려 있다. 석탄 오염 기업들은 석탄재, 수은, 비소, 납, 이산화황 등으로 환경을 오염시키며, 전통적으로 그 비용을 대중에게 전가했다. 경제학자들은 사회에 대한 이러한 비용을 "외부성"이라 불렀다. 깨끗한 대기와 수질 규칙에서 빠져나갈 구멍이 있다는 것은 일반 미국인이 수십 년간 그러한 오염에 대해 미지급된 비용을 충당했음을 의미했고, 심지어 그들의 건강과 생명까지 담보가 되었다.

오바마 대통령 시절 동안 애드보커시, 대중적 압력, 소송을 통해 이러한 허점 대부분을 메우거나 줄였고, 석탄 오염 기업들은 쓰레기를 치우기 위한 비용을 지불해야 했다. 이러한 기준이 강제됨에 따라 석탄회사는 발전소를 청정하게 하거나 폐기하는 것 중 하나를 선택해야 했다. 그리고 폐기는 노후된 석탄발전소에 대해 경제적으로 실행 가능한 유일한 선택지다. 석탄이 오염을 정화해야 한다면 경쟁할 도리가 없기 때문이다.

두 번째 전략은 석탄과 청정에너지 사이에서 일대일 경쟁이 이뤄지도록 하는 것이다. 전력회사들은 대중과 규제 기관에 경제 데이터를 숨기는 게 다반사이며, 그들을 경쟁에서 면제해주는 시장 규칙을 통해 이익을 누린다. 따라서 그러한 정보를 밝혀내고, 석탄발전소가 신재생에너지 등 다른 대안보다 비싸다는 것을 설득하며, 의사결정권자들이 그 정보에 따라 행동하도록 요구하는 것이 애드보커시 운동가의 몫이다.

여기 한 가지 사례가 있다. 워런 버핏의 버크셔 해서웨이 제국에 속한 전력회사 퍼시픽코프는 미 서부지역 기후변화의 가장 큰 원인 제공자 중 하나다. 수년 동안 퍼시픽코프는 석탄발전소에 대한 경제 데이터를 숨겨왔다. 오리건주 규제 당국이 정보를 넘겨달라고 강제했을 때조차 그들은 꿈쩍하지 않았다. 우리는 예상했던 것을 확인하기 위해 법원에 가서 자체 조사를 수행했다. 퍼시픽코프의 석탄발전소 대부분은 풍력이나 태양광보다 사실상 더 비싸고, 고객에게 청정에너지보다 수억 달러나 더 많은 비용을 지불하게 했다. 수년간의 애드보커시 활동 끝에 퍼시픽코프는 결국 수치를 공개했고, 가장 비용이 많이 들고 오염을 유발하는 석탄발전소의 폐기를 포함한 에너지 계획을 발표했다.

우리는 전력망뿐 아니라 교통과 건물 등 다른 경제 부문의 배출을 다루므로, 이러한 경제적 지렛대를 파악하고 활용하는 것이 석탄, 석유, 가스 산업의 지배력을 무너뜨리는 열쇠가 될 것이다. 청정한 대안의 빠른 혁신 속도와 가격 하락을 볼 때, 화석연료 산업의 많은 부분이 매우 위태로운 상황에 놓여 있다. 우리가 적절한 수단, 노하우, 자금력이 있다면, 그 상황이 애도보커시 운동가에게 충분한 기회를 제공할 것이다.

주와 지역의 결정이 상황을 바꾼다

물론 연방정부의 정책과 리더십도 중요하다. 하지만 기후에 중요한 많은 결정은 주와 지역 차원에서 내려진다. 주의 전력회사 위원회는 전력 생산을 관리하며, 주 의회는 청정에너지 목표를 설정한다. 도시 정부는 교통 정책과 건축 법규를 정한다. 채굴, 시추, 프래킹(지하로 가압된 액체를 주입해 암석 지층을 파괴하고 석유와 가스를 추출하는 파괴적 시추 기법) 등의 집행과 구역 지정은 주정부와 지방정부 소관이다.

그중 한 사례는 정치적으로 보수적인 인디애나주 북부에서 찾을 수 있다. 인디애나 북부 공공서비스회사NIPSCO는 수년간 청정에너지 애드보커시 운동가들과 지역 공동체 지도자들에게 압력을 받았다. 2018년 NIPSCO는 오염이 심한 대형 석탄발전소 두 곳을 폐기하고, 풍력, 태양광, 저장장치와 효율화 수단을 조합해 대체함으로써 기존 석탄발전소 운영 비용보다 40억 달러 이상 절약하는 에너지 계획을 완료했다. 또 그들은 석탄발전소에서 생산하는 전력과 동등한 태양광 입찰을 요청했으며, 주와 지역 의사결정권자들이 이 계획의 실행에서 핵심이 될 것이다.

석탄산업을 되살리겠다는 트럼프 행정부의 잘못된 약속에도 불구하고, 우리가 계속해서 석탄발전소를 폐쇄하며 청정에너지를 확충해온 방법은 지역의 결정에 중심을 두고 있다. 하지만 아직 할 일이 더 많다. 애드보커시 운동가들은 모든 의사결정에 이의를 제기할 수 있지만, 자금과 인력 부족으로 대응하지 못하는 문제가 여전히 많다.

지역 오염이 행동을 만들어낸다

그렇다. 화석연료는 지구를 가열하는 것 외에도 지역 하천으로의 석탄재 유출, 해변의 기름띠, 스모그로 인한 아이들의 천식 발작, 어른들의 심장마비와 뇌졸중, 프래킹의 식수 오염, 해산물의 수은 중독 등 수많은 오염문제를 일으켜 사람들을 분노하게 한다. 화석연료로 전기를 만드는 일의 부작용은 실제로 우리 일상생활의 최전선과 중심에 있는 문제다.

우리는 기후행동에 대한 대중의 지지를 확대하기 위한 선행을 계속해야 한다. 그리고 대다수 미국인에게 화석연료의 점진적 퇴출을 설득하는 것은 그리 어렵지 않다. 오염이 자신의 문 앞에 다가와 가족에게 직접적이고 즉각적인 위협이 되고, 더 깨끗한 선택지가 있음을 알게 되면 선택은 명확해진다. 그리고 일단 사람들이 참여하면, 우리에게 필요한 운동을 만들고 강화하는 데 오랜 시간이 걸리지 않는다.

좋은 예가 있다. 10년 전까지 시카고 시내에 있던 피스크 석탄발전소와 크로포드 석탄발전소는 기후변화의 주요 원인이 됐을 뿐 아니라, 발전소 주변을 오염시켜 주로 라틴계인 이 지역 주민을 병들게 했다. 토머스 에디슨과 메리 여왕이 피스크 발전소에 들러 방명록에 서명했을 정도로 두 발전소는 오래됐다. 시에라클럽을 포함한 인근 50개 이상의 환경단체가 수년간 조직하고 애드보커시 활동을 한 끝에, 발전소의 책임을 무시했던 지역 선출직 공직자들의 태도도 수그러들었다. 전력회사는 시장과 함께 고개를 숙여야 했고, 두 석탄발전소는 2012년 가동을 중단했다. 지역 오염과 공중보건에 대한 우려로 진행된 캠페인은 기후에도 큰 승

리를 안겨줬다. 피스크와 크로포드는 미국에서 폐쇄를 선언한 99
번째와 100번째 발전소다.

대담하고 명확한 목표는 오픈소스 캠페인을 가능하게 한다

"석탄을 넘어" 캠페인은 "공개적인 접근이 가능하도록 설계했
기에 사람들이 수정하고 공유할 수 있는" 일종의 오픈소스다. 캠
페인을 시작할 무렵, 석탄산업이 워싱턴을 호령하던 정치적 상황
때문에 우리는 캠페인의 목표를 매우 복잡하게 설명할 수밖에 없
었다. 우리는 책임감 있게 채굴하고, 깨끗하게 태우며, 적절하게
폐기하면 석탄을 반대하지 않는다고 말했는데, 이는 노동자와 지
역 공동체, 환경을 해친 100년의 업계 기록을 볼 때 절대 일어나
지 않을 일이었다.

2010년에는 캠페인 이름을 "석탄을 넘어"로 변경하고, 2030년
까지 모든 석탄을 단계적으로 퇴출하겠다는 분명한 의도를 밝혔
다. 당시 우리의 과감함에 전력회사 간부와 의회 직원은 비웃음
으로 화답했다. 그러나 대담하고 명확한 목표와 함께 캠페인이
시작됐고, 석탄의 수명 주기에 대한 책임을 업계에 묻기 위해 노
력하는 모든 이가 운동에 기여했다.

빠르게 10년이 지나 이제는 이웃 단체부터 대규모 비영리 단
체까지 300개 이상의 미국 단체가 "석탄을 넘어" 네트워크의 일
부가 되어 이 포괄적이면서도 구체적인 목표를 향해 노력하고 있
다. 자연계의 서로 다른 유기체들처럼 "석탄을 넘어" 네트워크는
각각의 조직이 역할을 하는 다양한 생태계다. 여기에는 변호사,

환경정의 지도자, 경제학자, 풀뿌리 조직가, 의사, 미디어 전략가, 데이터 분석가, 지역 공동체 자원봉사자, 캠페인 운동가 등이 포함되어 있다. 이 모두가 우리의 진보를 위해 필수적이다.

환경정의가 중심이 되어야 한다

유색인종과 저소득층 공동체는 화석연료 오염으로 인해 부당한 피해를 입었지만, 그들의 목소리와 리더십은 의사결정권자와 대규모 환경단체의 관심 밖에 있었다. 이제 시에라클럽은 역사를 통해 배우고 더 나은 파트너가 되기 위한 길을 걷고 있으며, 민주적 조직을 위한 헤메스 원칙Jemez Principles for Democratic Organizing[20]은 애드보커시 활동을 다른 방식으로 생각하는 틀을 제공한다. 우리는 완벽하진 않지만, 그 길을 위해 헌신하고 있다.

환경정의 단체들은 거대 오염 기업에 대해 가장 먼저 경각심을 가질 뿐 아니라, 그들에게 책임을 물을 때도 중요한 역할을 한다. 나는 디트로이트 외곽에 있는 미시간주 리버 루즈로의 여행을 잊을 수 없다. 거기엔 마을과 놀이터 옆의 노후된 석탄발전소 두 곳이 "스크러버scrubber"라는 현대적 대기오염 방지 장치 없이 가동되고 있었고, 이는 아프리카계 미국인 공동체를 병들게 했다. 천식 발작으로 아이를 잃은 엄마들, 구급차를 타고 축구장을 떠나

---

20 '경제와 환경정의를 위한 남서네트워크'가 주관하고, 46명의 유색인종과 유럽-아메리칸 대표가 참석한 "세계화와 무역에 대한 워킹그룹 회의"(1996년 12월 8일 뉴멕시코 헤메스)에서 정한 원칙으로, 내용은 다음과 같다.① 포괄적으로 다루기 ② 아래로부터 조직화 ③ 사람들이 스스로 말하게 하기 ④ 상호의존적으로 연대하기 ⑤ 정의로운 관계 구축 ⑥ 자기 변화에 전념하기.

는 어린 학생들, 수십 년간 이 가정들을 보호하지 못한 규제 당국의 이야기에 가슴이 먹먹했다. 지역 주민이 주도한 5년간의 애드보커시 활동 끝에, 이 전력회사는 지역의 천식 발병률을 높인 주요 원인이었던 두 개의 석탄발전소를 폐쇄하겠다고 발표했다.

시에라클럽과 같은 대규모 단체 외에도, 후원자와 조직은 환경 정의 단체, 청년 기후운동, 화석연료 오염의 최전선에 있는 사람들이 주도하는 캠페인을 지속적으로 지원해야 한다. 이 일은 그들의 리더십 없이는 불가능하기 때문이다.

민중을 뒤에 남겨둬선 안 된다

내 고향 웨스트버지니아주처럼, 미국의 많은 지역이 일자리와 지역 경제를 위해 오랫동안 화석연료에 의존해왔다. 우리의 기후 해법은 화석연료 기업이 큰 이익을 챙긴 뒤 파산을 선언하고 손을 뗌으로써 국가 전력 공급을 위해 많은 것을 희생한 가정과 지역 공동체를 내버리는 대신에, 노동자를 지원하고 지역 경제를 다양화하는 공정한 전환을 제공하는 것이다. 또한 오랫동안 화석연료 오염의 직격탄을 맞은 유색인종과 저소득 지역 공동체를 보호하기 위해 자금을 지원해야 한다.

만약 사람들을 뒤에 남겨두고 우리만 나아간다면, 발전은 취약하고 결함이 있을 것이다. 그러나 모두가 함께한다면, 석탄, 석유, 가스 산업이 만들 수 없는 더 나은 미래를 건설할 수 있다. 웨스트버지니아 주민으로서 나는 이러한 전환이 모두에게 쉽지 않다는 걸 알고 있으며, 오랫동안 화석연료에 의존한 지역 경제를 다양화하기 위해 우리가 직면한 도전을 좋게만 말하고 싶진 않다. 그러나 이제 그 가능성이 희미하게 보이기 시작했고, 우리 경제의 탈탄소화는 수백만 명의 미국인을 일하게 할 잠재력이 있다.

*이미 300만 명 이상의 미국인이 청정에너지 산업에 종사하며, 이는 화석연료 종사자 수의 3배가 넘는다. 건물을 개선하고, 교통 대안을 만들고, 재생농업을 확대하고, 광업, 프래킹, 시추 등으로 황폐해진 땅과 물을 복구하는 등 할 일이 너무나 많다. 석탄을 얻기 위해 산을 폭파하는 파괴적인 관습이 여전히 계속되는 이곳 애팔래치아에서는 "산꼭대기 깎기"로 황폐해진 자연경관을 복구하는 데 수년이 걸릴 것이며, 이는 모든 석탄 채굴 지역도 마찬가지다.

그러나 공정한 전환을 설계하는 작업은 자선단체와 시민사회에 너무 큰일이다. 주와 지역의 결정이 에너지 선택의 대부분을 좌우하지만, 공정한 청정에너지로의 전환을 위해서는 연방정부만이 할 수 있는 리더십과 자원이 필요하다. 이는 세계에서 가장 부유한 국가인 미국에서 진즉 해야 했던 일이다.

전력에서 승리하는 것이 핵심이자 촉매다

걷잡을 수 없는 기후변화를 막기 위해서는 자동차, 가정, 산업 등 모든 것을 전기화하고, 100% 청정에너지로 전력을 공급해야 한다. 전기화는 프래킹으로 얻은 가스 없이 집을 난방하고, 휘발유 없이 차에 연료를 공급하며, 석탄을 태우지 않고도 주요 상품을 제조하는 것이다. 이는 전력망의 청정화가 기후오염의 주요 원인인 전력 부문의 문제뿐 아니라, 다른 주요 부문의 개선을 위한 토대 마련에 필수적임을 의미한다. 물론 이 분야가 알아서 해주기를 바라며 기다리면 된다는 뜻은 아니다. 미국이 2030년까지 100% 청정전기를 생산하도록 하는 것이 중요하다.

여기엔 국경을 훨씬 넘어서는 의미가 있다. 전 세계 많은 나라가 기후 목표 달성의 궤도에 올라서지 못하고 있다. 우리는 종종 *중국은 뭐 하는데? 인도는 또 어떻고?*라며 손가락질한다. 하지만 모두가 같은 처지이고, 시간은 부족하다. 과감한 미국의 리더십이야말로 세계의 동학을 바꾸는 데 가장 중요할 수 있다. 세계 기후과학자들은 지구 온도를 임계점 이하로 유지하려면 선진국들이 2030년까지 석탄을 단계적으로 퇴출해야 한다고 주장한다. 지금까지 미국은 그것을 할 수 있는 궤도에 올랐다. 우리가 미국의 문제를 풀어내고, 적절한 가격으로 해결책을 혁신하고, 탈탄소 경제에서도 높은 삶의 질을 누릴 수 있음을 증명한다면, 중국과 인도를 비방하는 것보다 훨씬 큰 일을 성취할 수 있다. 리더십은 행동을 통해 가장 잘 나타난다.

프래킹으로 얻은 가스는 가교 연료가 아니다

수년 동안 일부 기후운동과 내가 속한 시에라클럽은 가스가 청정에너지 미래에 필요한 "가교"라고 믿었다. 그러나 2012년 시에라클럽은 최신 과학과 풀뿌리 운동에 대응하여 가스에 반대하는 확고한 입장을 취했다. 현재 우리는 가스 수출 시설, 새로운 파이프라인과 발전소를 포함해 태평양 북서부에서 플로리다에 이르는 새로운 가스 기반시설과 싸우기 위해 많은 파트너와 협력하고 있다. 그리고 여러 주에서 발전소부터 가정용 난방 및 가전제품에 이르기까지 기존의 가스 이용을 중단하고 청정에너지로 교체하는 작업을 시작하고 있다.

프래킹 가스가 불필요하며 유용하지 않음을 이제 알기 때문이다. *우리의 기후는 프래킹 가스를 기반으로 하는 새로운 시설 건설을 받아들일 여력이 없다. 이런 시설들이 "비산 배출"을 유발하는 메탄을 내보낸다는 점을 고려할 때 특히 그렇다. 메탄은 배출된 후 20년 동안 이산화탄소보다 약 80배 더 많은 열을 잡아둔다. 게다가 식수원 오염, 유독성 대기오염, 농장과 숲의 파괴와 같이 프래킹이 지역에 미치는 영향은 재앙과도 같았다.

프래킹 가스는 가능한 한 빨리 퇴출되어야 하며, 그 일은 실제로 진행 중이다. 미국 내 가스 소비는 전기 생산, 건물(주로 난방과 온수), 철강 및 콘크리트 제조와 같은 산업용 등 세 가지로 나뉜다. 애드보커시 운동가들은 수출되는 미국 가스의 10%와 더불어 이 세 가지 가스에 모두 대응하고 있다.

우리는 전력 부문의 석탄 활동 경험을 가스에도 적용하여 가스의 불안정한 채산성과 청정에너지에 대한 대중의 수요를 활용함으로써 가스 러시를 막기 위해 노력 중이다. 애드보커시 운동가들은 도시들이 신축 건물을 전기화하도록 요구하기 시작했는데, 이는 가스를 건물에서 몰아낼 첫 번째 단계다. 요리와 난방용 가스 사용은 천식 발병률 증가와 관련이 있다. 또 우리는 산업계가 화석 연료를 이용한 플라스틱 생산과 가스 부족 국가로의 수출에서 새로운 시장 창출이라는 강력한 발판을 마련하기 전에 그들의 노력을 차단할 시간이 아직 있다.

충분한 자원 투입이 충분한 성과를 낳는다

우리가 성취한 300개 이상의 석탄발전소 퇴출은 대부분 5년에서 10년 동안 주와 지방, 지역에서의 꾸준한 캠페인을 통해 이뤄졌다. 국가전력위원회와 전력회사처럼 전력에 대한 결정을 내리는 곳에서 석탄발전소나 재생에너지 프로젝트의 운명이 판가름나기까지는 수개월, 혹은 수년이 걸릴 수 있다. 이를 위해 애드보커시 운동가는 수년 동안 사람들을 공청회에 초대해 이처럼 복잡다단한 절차에서 무슨 일이 일어나고 무엇이 문제인지를 지역 사회에 알리고, 규제 당국에 전문가의 주장을 전달하며, 언론에 우리의 메시지를 내보내는 등의 활동을 하고 있다. 할 일은 많지만, 분명 성과는 만들어지고 있다.

주와 지역 활동 외에 연방정부의 애드보커시는 수년간의 지속적인 집중과 지원이 필요한 또 하나의 장기전이다. 여기에는 환경보호청EPA과 같은 기관들에게 깨끗한 대기와 수질 보호 조치의 철저한 시행을 요구하는 것과 더불어, 이 기관들이 공격당할 때 엄호하는 활동이 포함된다.

이러한 규모와 속도로 승리를 거두기 위해서는 후원금도 절실하다. 앞으로 10년 동안 우리 기후에 정말 중요한 수천 개의 결정을 보게 될 것이다. 자선단체들이 변호사, 전문가, 조직가, 활동가 등 애드보커시 운동가에게 필요한 자원을 제공함으로써 모든 경제 부문의 결정에 영향을 미칠 수 있다면, 우리의 진전은 빨라질 것이다.

———

마지막으로, "석탄을 넘어" 캠페인에서 공유하고 싶은 가장 중요한 메시지는 바로 이것이다. *우리는 할 수 있다는 것, 그리고 너무 늦지 않았다는 것.*

불과 10년 만에 우리의 풀뿌리 운동은 불가능한 것을 해냈다. 대다수 미국인이 지구온난화에 관심이 없던 시기에 적대적인 정치·경제 환경에도 불구하고, 세계에서 가장 강력한 화석연료 산업 중 하나를 진부한 것으로 만들었다. 혁신, 경제, 대중의 의지라는 바람이 우리 뒤에 있고, 이제 기후위기를 무시하기란 불가능하다.

우리는 미래의 설계자다. 화석연료 산업이 마음대로 하도록 내버려둘 수 없다. 감상적인 열망이 아니라, 우리가 이미 해왔고 앞으로 성취할 더 많은 것을 알기에 이렇게 말할 수 있다. 기세는 우리 편이다. 기후위기를 피할 수 있는 전환은 앞으로 10년 안에 가능하다. 이를 실현하기 위해 나아가자.

———

우리가 크게 고통받든 혹은 함께 이뤄내든,
그것은 우리의 선택이다.
지금 이 순간이 퇴행으로 이어질지 아니면 진보로 이어질지,
권위주의로 이어질지 또는 더 큰 민주주의로 이어질지,
채굴로 이어질지 또는 보존으로 이어질지 선택해야 한다.
우리의 가장 큰 선택은 과학적 합의에 부응하는
협력과 협동의 세계로 나아가는 것이다.

— 알렉산드리아 오카시오 코르테스*Alexandria Ocasio-Cortez*

콜라드[21]는 케일만큼 좋다

헤더 맥티어 토니 HEATHER MCTEER TONEY

"환경운동가"라고 하면, 많은 사람이 나무를 껴안고 있는 백인의 모습을 떠올릴 것이다. "환경"이라는 단어를 들으면, 집 뒤뜰이 아닌 숲이나 정글이 생각날지도 모른다. 나와 자연세계, 그리고 나와 사람들의 관계는 감사하는 마음과 트라우마, 정서적 연결로 뒤섞여 있다. 미국 남부 시골에 살았던 내 흑인 조상들의 삶은 좋건 나쁘건 간에 대부분 땅과 함께하며 강하게 연결되어 있었다.

흑인들은 늘 자연에 깊은 유대감을 갖고 그 속에서 살아왔다. 우리 조상들이 노예로 일한 땅은 삶의 터전이었다. 어머니들은 힘들게 일하던 들판에서 아이를 낳기도 했다. 역사는 우리가 얼마나 땅과 깊숙이 연결되어 있는지 보여주는데, 그것은 마치 벌과 꽃의 관계와 같다. 하지만 기후 영향과 환경보호를 외치는 흑인의 목소리는 끊임없이 무시되고 있다.

---

21 콜라드collard greens는 십자화과 채소 중 하나로, 케일과 닮았다. 한국에선 접하기 힘들지만, 미국에서는 대중적인 채소다. 미국이 아프리카에서 흑인 노예를 들여올 때 콜라드도 함께 가져왔고, 미국 남부인에게 친숙한 요리 재료이자 소울푸드가 됐다.

우리 조상들은 태평양을 건너와 생전 밟아보지 않은 미지의 땅에서 노예로 일했다. 그들은 상상조차 힘든 조건에서도 자연과 영혼의 지혜로 척박한 땅을 일궜다. 미국의 주류는 노예로서 살아남은 이들이 힘들게 배운 교훈을 간과하지만, 우리 존재를 위협하는 기후위기를 마주한 지금 새로운 환경에 적응하며 살아온 선조들로부터 이 위기를 포용할 지혜를 얻을 수 있을 것이다.

나는 세계에서 가장 비옥한 농촌 중 하나인 미시시피 델타 출신이다. 내 고향 그린빌은 미시시피주 중턱에 있으며, 한쪽 경계는 힘차게 흐르는 미시시피강과 접해 있다. 우리가 알든 모르든 어린 시절 모든 기억은 자연과 함께였다. 우리 집이 사슴 사냥을 하지 않았어도, 일주일 전부터 사냥을 준비하는 이웃들을 보고 사슴의 계절을 알 수 있었다. 목화와 콩을 언제 심는지도 알았는데, 내가 농부여서가 아니라 비행기가 살충제를 뿌리며 만드는 소음 때문이었다. 그리고 짙은 잎채소는 가을, 호박은 봄, 토마토는 여름에 열리는 것도 알았다. 원예학을 공부하진 않았지만, 나의 대모 루버타 어빈Loubirtha Irvin의 부엌 창문으로 계절에 따라 변하는 정원을 보며 자랐기 때문이다. 최근에는 케일에 대한 미국인의 열광을 보고 낄낄대며 웃는다. 어떻게 사람들은 아직까지도 콜라드 그린스가 케일만큼 몸에 좋은 채소인 걸 모를 수 있는지! (내게 묻는다면, 당연히 더 좋다고 답할 것이다.) 집에서 키우는 채소와 피칸을 가을에 수확하는 것부터 겨울이 온화하면 다음해 여름 모기가 극성이라는 것까지, 내가 지나온 모든 곳은 흑인 문화와 가난, 남부의 자연이 한데 섞여 있었다.

사람들은 환경과 기후위기 해결을 이야기할 때 미국 문화의 어두운 단면을 드러내지 않는다. 기후정의는 근본적인 시민권에 대한 사안이지만, 해결되지 않은 문제가 산적한 남부에서는 시민권 의제를 따라잡기 어려운 게 현실이다.

1969년 로스쿨을 졸업한 아버지는 델타 주민의 투표권 확보를 위해 곧바로 미시시피로 왔고, 어머니는 이곳 학교에서 학생들을 가르쳤다. 현재 미시시피에서의 삶은 부모님이 이곳에 도착했을 때와 별반 다르지 않다. 수 세대에 걸쳐 델타 지역은 극심한 빈곤에 시달렸고, 가난한 사람들의 권리가 짓밟혀왔다. 대기업들이 약속한 일자리와 경제적 안정은 수포로 돌아갔고, 델타 지역의 땅과 물만 오염됐다. 땅의 독성이 점점 강해졌고, 식량 불안이 만연해졌다. 어떤 면에서 이 지역은 지난 수십 년간 거의 변하지 않았다. 지역 지도자들은 악화하는 폭풍과 기후 영향으로부터 살아남기 위해 어떻게든 회복력을 만들어야 한다는 걸 알지만, 도로나 하수도와 같은 기반시설 유지만으로도 부족한 자금 때문에 여전히 부차적인 문제로 여겨진다.

환경운동을 해온 내 삶을 돌이켜보면, 혈통, 자연, 믿음, 시민권 등 모든 것이 공동체에 관한 것이었다. 공동체는 환경 논의에서 종종 배제되지만, 진정한 해결책을 찾기 위한 필수 요소다.

우리 공동체는 믿음의 언어를 사용했다. 그것은 언젠가 상황이 나아질 거라고 믿게 해주는 원동력이었다. 예수님이나 직업에 관한 것이든, 혹은 영특하고 모험심 넘치지만 조금은 건방진 어린 흑인 소녀에 관한 것이든, 권능의 순간은 찾아올 것이다. 미시시피 델타에서 흑인 공동체보다 사랑, 복원력, 믿음이 가득한 곳은 없다.

이러한 믿음은 내 유년기를 거쳐 기후활동, 특히 기후정의 활동까지 이어졌다. 자라면서 들은 성경 가운데 절대 잊을 수 없는 구약성서 한 구절이 있다.

믿음은 바라는 것들의 실상이요, 보이지 않는 것들의 증거이니… 믿음으로 모든 세계가 하나님의 말씀으로 지어진 줄을 우리가 아나니 보이는 것은 나타난 것으로 말미암아 된 것이 아니니라.

우리는 매주 일요일마다 아가페 스토어지 크리스천 센터Agape Storge Christian Center에서 이 구절을 반복했다. 이곳은 특정 교파와 관계없는 교회다. 그곳에서 나는 하나님의 은총과 자비, 세상 모든 피조물에 대한 인류의 사랑을 바라는 하나님의 배려를 배웠다. 마치 하나님이 우리를 보살펴주시는 것처럼. 이것만이 기독교 신자로서 내 믿음을 실현하는 방법이었고, 믿음이 있다면 그 어떤 것도 불가능한 일은 없었다.

그러나 우리가 종종 잊어버리는 중요한 성서 구절이 있다.

영혼 없는 몸이 죽은 것 같이 행함이 없는 믿음은 죽은 것이니라.

다시 말해, 목사님 부인이 종종 사랑스럽게 하는 이야기다.

당신은 원하는 모든 것을 기도하고 믿을 수 있지만, 행동 없이는 "아무것도 일어나지 않을 거예요." 그저 주님의 소중한 시간을 낭비할 뿐이죠.

씨앗을 심을 수는 있지만, 정원을 가꾸지 않고 물을 주지 않는다면 아무것도 자라지 않는다. 기후정의와 시민권 의제에 대한 선출직 지도자들의 대처가 얼마나 끔찍한지 말할 수 있지만, 만약 우리가 투표하러 가지 않는다면….

그럼 환경에 대한 우리의 믿음은 어디에 있는가? 어떤 이들은 모르고 있지만, 하나님에 대한 믿음과 기후과학에 대한 현실 인식은 양립할 수 있다. 지난날을 돌아보면, 지구상의 내 자리를 포함해 하나님이 축복하신 모든 것을 기독교 신자로서 돌봐야 한다는 책임감은 믿음으로 점점 더 강해졌다. 우리는 기독교를 지배주의 신학(지구에 대한 지배나 지배권을 신이 우리에게 줬다는 생각)이라고 가르침으로써 환경운동을 어렵게 만들었다. 그것은 피조물에 대한 보살핌(하나님이 우리에게 창조물에 대한 보살핌을 맡겼고, 그 번영은 우리 자신에게 달려 있다는 생각)과는 정반대의 것이었다. 이는 종종 (특히 백인 위주의) 보수적인 복음주의 기독교 신학과 진보적인 흑인 교회의 입장 차이로 해석되기도 한다. 내가 믿는 교리는 우리가 하나님의 피조물을 "보살피고 지키는" 것이다. 구원의 개념은 모든 것을 돌보고, 서로를 더 잘 돌볼 수 있는 책임감을 가진 자유의 사상이다.

———

2004년부터 2012년까지 미시시피 그린빌 시장으로 일하는 동안 나는 어느 때보다 이런 신념을 전면에 내세웠다. 유년시절부터 내 삶의 일부로서 자연환경을 봐왔고, 자연을 보살피고 지켜야 한다는 책임감을 가지며 성장했다. 수년간 흑인 공동체를 괴롭혀온 환경 부정의에 대해 너무나 잘 알고 있었지만, 내 임기 동안 우리 주가 직면할 엄청난 기후 영향을 예측하지는 못했다. 당시 EPA 청장 리사 잭슨Lisa Jackson은 우리 지역을 방문해 내게 EPA 지방정부 자문위원회 의장을 맡아달라고 부탁했다.

내가 의장직을 수락하고 2주 후 BP 기름 유출 사고가 발생했다. 그야말로 고난이었다. 나는 걸프 연안의 지방정부 공무원들을 소집해 지역 관점에서 EPA의 해안 정화 작업에 관해 조언했다. 기후위기의 현실을 받아들일 준비가 안 된 남부 도시와 마을이 점점 그 영향을 체감하고 있었기 때문이다. 8년의 시장 재임 동안, 그린빌에는 두 차례의 기록적인 홍수가 발생했다. 강가 제방이 부서지고, 삶의 터전이 모두 사라졌다. 1927년 대홍수 이후로 우리 마을은 그런 물난리를 본 적이 없었다. 하지만 이런 대홍수가 이전보다 잦아졌다. 우리는 기후위기를 기다리지 않았다. 기후위기가 우리를 찾아온 것이다.

공화당이 "기후변화는 실체가 없다"라고 지껄이든 말든, 사람들은 강의 수면이 높아지는 것 외에도 무언가 잘못되고 있음을 인지했다. 북쪽에 눈이 많아지면서 강물의 흐름도 점점 더 빠르고 강해졌다. (겨울철 강수량의 증가는 지구 온도 상승의 또 다른 결과다.) 시카고, 미니애폴리스, 그리고 다른 중서부 도시들이 혹독한 겨울 폭풍을 겪을 때마다 눈이 녹아 미시시피 델타로까지 흘러들었다. 사슴과 오리의 계절은 예년과 같지 않았다. 면화와 콩의 수확량도 달라졌다. 더위, 가뭄, 홍수의 증가는 더 많은 해충이 생긴다는 걸 의미했다. 하지만 그 누구도 가난한 사람들, 시골 사람들, 남부 사람들의 목소리에 귀를 기울이지 않는 것처럼 느껴졌다.

이후 나는 EPA 남동부 지역의 담당자로 임명됐는데, 여기에는 8개 주와 6개 연방이 승인한 부족이 포함되어 있었다. 지나 매카시Gina McCarthy 청장이 나의 새로운 상사가 되었다. 그녀에겐 수줍어하거나 망설일 시간이 없었고, 지역 사람들의 목소리에 귀 기울일 리더십이 필요했다. 우리는 즉시 시장과 공동체 지도자들을 만나 지역의 가장 어려운 문제를 해결하기 위해 일했다. 쉽진 않았으나 강한 팀을 만들었고, 내 직속 사무소는 4명의 변호사, 2명의 금융 전문가, 3명의 공동체 지도자, 그리고 선주민 공동체에서 대기 중 미세먼지에 이르기까지 모든 분야의 전문가로 구성됐다.

게다가 팀원의 90%가 흑인 여성이었다. 가끔은 사무실을 방문한 손님이 우리가 팀 리더임을 알게 된 순간의 당황하는 표정을 회의실 테이블을 채운 얼굴들과 함께 몰래 찍어두고 싶기도 했다. 우리 팀은 완벽하진 않았으나, 지역 공동체의 목소리를 높이고 힘을 실어주는 것이 우선 과제라는 데 동의했다. 또한 테이블에 그들의 자리를 만들고자 했으며, 필요하다면 우리 자리도 포기할 수 있었다. 환경정의와 기후 해법에 관한 문제가 우리를 사로잡았고, 사소한 문제로 우리가 분열될 여지는 없었다.

2015년 말 나는 첫 아이를 임신했다. 그것이 무엇을 의미하는지 흥분되고 두려웠다. *아이들은 특히 더위, 천식, 알레르기, 해충에 의한 질병에 걸리기 쉬운데, 이 질병들은 극심한 날씨와 온실가스 배출로 인해 더 악화된다. 행동과 건강의 문제는 악화되는 기후와 직접적인 관련이 있다. 심지어 여러 연구에서 기후변화를 폭력 범죄와 연관 짓기도 한다. 더위가 총기 난사 증가와 관련 있다는 증거는 비극적이게도 "그러게, 내가 뭐랬어"라는 한마디로 축약된다.

임신한 뒤로 나는 다른 문제도 민감하게 받아들이게 됐다. 아직 태어나지 않은 아이가 기후변화로 더 악화되는 지카 바이러스와 같은 것에 피해를 볼지 모른다는 생각에 모든 곤충을 적으로 여기게 됐다. 플로리다 농장에서 일하는 엄마들의 이야기에도 귀가 쫑긋해졌다. 그들은 일터의 살충제를 두려워했고, 집에 돌아갈 때 유해물질이 옷에 묻지 않도록 안간힘을 썼다. 그들의 고충은 내게 새로운 의미로 다가왔다. 계속되는 물난리를 겪는 미시간주 플린트의 엄마들 생각에 가슴이 아팠다. 내 환경운동은 더 이상 건전한 과학 정책과 훌륭한 행정을 개발하고 실행하는 것이 아니었다. 그것은 생명을 구하고 미래의 아이들이 지구에서 살아갈 수 있도록 보장하는 것이었다.

나는 내 두려움에 초점을 맞췄다. 그래서 오바마 행정부 말기에 EPA를 떠나 맘스 클린 에어 포스Mom's Clean Air Force에 합류했다. 우리는 도시와 마을을 옮겨다니며 부모들의 참여를 독려했고, 도시 기후행동 계획을 세워 깨끗한 에너지와 녹지공간 구축을 지원하고자 했다. 전국 120만 명 이상의 부모로 구성된 우리 공동체는 대기오염을 줄이고 우리가 직면한 기후위기로부터 모든 아이를 보호하기 위해 노력한다. 우리는 가능한 한 빨리 100% 청정에너지를 사용하고, 더는 오염시키지 말라고 요구하고 있다. 그리고 아이들의 건강을 해치는 가혹한 예산 삭감과 규제 완화에 대항해 싸우고 있다. 2019년 9월 20일에는 미국 전역에서 벌어진 기후행동 행진에 아이들과 함께 참여했다. 또한 모든 노력과 수단을 활용해 점점 더 많은 부모가 참여하도록 격려하고 있다.

내 믿음은 나를 집중하게 한다. 그리고 이 모든 것을 통해 기후위기가 흑인의 삶을 위협한다는 것을 깨달았다.

아프리카계 미국인, 흑인 여성, 특히 남부 흑인 여성에게 환경운동은 낯선 것이 아니다. 흔한 정반대의 고정관념을 믿어선 안 된다. 많은 사람이 공기와 물이 오염된 지역에 살고 있으며, 가정용품부터 미용제품까지 독성 화학물질에 둘러싸인 산업 현장에서 일한다. 우리는 건강에 좋은 음식을 접하기 어려운 식품 사막food deserts22에 살며, 우리가 선택할 수 있는 음식은 행복과는 거리가 먼 살충제와 성장 호르몬으로 가득 찬 경우가 다반사다.

---

22 신선한 음식을 구매하기 어렵거나 매우 비싼 지역.

부르주아 흑인들만 기후변화에 관심을 갖는 건 아니다. 당신은 산업계, 오염 배출기업, 아이들을 해치려는 사람들로부터 우리 공동체를 안전하게 지키기 위해 누가 매일 최전선에서 싸우는지 아는가? 누가 동네 끝에 있는 더러운 소각로, 출근길의 석탄재 더미, 교회 옆 시멘트 공장에 맞서 싸우는지 아는가? 집 앞 놀이터에서 다쳐도 응급실로 달려갈 여유가 없는 아이들을 누가 돌봐야 한다고 생각하는가?

우리는 오염 속에서 살고, 그 주변에서 놀고, 그것을 위해 일하고, 그것을 막기 위해 기도한다. 심지어 노래도 부른다. 흑인 여성들은 일상적인 환경운동가다. 우리는 기후 리더다. 단지 뉴스에 나오지 않을 뿐이다. *백인의 47%, 흑인의 57%가 기후위기를 우려하고 불안해한다. 하지만 국가적 차원에서 기후정책, 녹색 경제, 청정에너지를 이야기할 때 흑인의 목소리는 거의 들을 수 없다. 우리는 플린트시의 물 위기와 같은 환경정의 문제를 공식적으로 언급하는 역할에 그치곤 한다. 또는 포용적이라는 점을 보여주고 싶어 하는 선거 후보자들의 사진 속에 등장하기도 한다. 다행히도 점점 더 많은 유색인종 여성이 앞에 나서서 기후정의에 관한 전문지식과 해법에 기초한 사고능력을 보여주면서 이런 상황이 서서히 변하고 있다.

사회학 교수 베벌리 라이트Beverly Wright는 지난 수십 년간 딥 사우스 환경정의센터Deep South Center for Environmental Justice에서 미국의 유구한 흑인대학HBCU 지도자들을 훈련시켰다. 그녀의 학생들은 허리케인 카트리나의 희생자를 돕고, 취약한 공동체에 기후가 미치는 영향을 연구했다. 또한 파리에서 열린 UN기후변화협약에서도 탁월함을 보였다. 라이트는 환경정의 운동의 진정한 스승이나 다름없다.

캐서린 가르시아 플라워스Catherine Garcia Flowers는 허리케인 카트리나가 발생했을 때 고향 뉴올리언스를 떠나 텍사스주 휴스턴에서 다시 한번 폭풍우를 맞닥뜨렸다. 다른 곳으로 대피하는 대신 그녀는 기후 애드보커시 활동에 참여했다. 캐서린은 2019년 시의회 선거에 출마해 낙선했지만, 그녀의 선거운동은 지역구민 사이에서 기후변화 문제를 이끌어내는 계기가 됐다. 아프리카계 미국인이자 온두라스계의 1세대 여성인 그녀는 맘스 클린 에어 포스 휴스턴 지역팀을 열정적으로 이끌었다. 그리고 내게 "상식은 일반적이지 않다"는 것을 끊임없이 일깨워줬다. 그녀는 "창의적인 문제 해결사"로서 자신의 역할을 규정하고, 소외되고 피해 입은 사람들의 트라우마와 감정을 인정함으로써 가능해지는 문화적 해법을 지도자들이 깨닫도록 돕고 있다.

밀드러드 매클레인Mildred McClain 박사는 내가 환경정의 운동의 대모로 꼽는 사람이다. 알록달록한 치마와 아름다운 천을 걸친 그녀는 힘과 투쟁, 끈기를 보여준다. 그럴만한 이유가 있다. 매클레인은 30여 년간 조지아주 서배너 지역 공동체 전반에 걸쳐 회복력의 목소리를 대변하고 있다. 서배너 항구의 선박 항로가 오염되어 공기가 탁해지자, 그녀는 지역 공동체 회의를 소집했다. 사람들이 이 문제를 해결하는 주체가 되도록 한 것이다. 그리고 지역 공동체의 아프리카계 미국인이 유해 폐기물 제거, 토양 정화, 대기오염 모니터링과 같은 환경 분야에서 자격을 취득하도록 도왔다. 그녀는 환경정의 운동의 리더일 뿐 아니라, 우리의 환경정의 그리오griot23다. 또한 다가올 미래에서 살아남는 법을 가르쳐주는 사람이다.

———

2019년 미시시피주 잭슨에서 열린 침례교 여성 선교단 회의에 참석했다. 맘스 클린 에어 포스 소속의 우리 그룹은 성경, 교훈, 기후 공동체 활성화 방안 등 기후 중심의 지침서를 제작했다. 주일학교 수업의 가벼운 산책에서부터 각자의 생태발자국 계산, 대기오염과 천식에 관한 토론 등 구성원들이 개별적이거나 집단적으로 신도로서 취할 수 있는 행동을 논의했다.

선교단 회의 내용은 만족스러웠지만, 우리는 계산 하나를 틀렸다. 350명이 넘는 흑인 교회 여성 지도자가 회의에 참석한 것이다. 우리가 준비한 50권의 지침서가 금방 바닥이 났다.

"이봐, 이걸 네 브래지어에 넣어." 진지해 보이는 건장한 아가씨가 미소를 머금은 채 동료에게 몸을 숙여 이름과 주소가 적힌 작은 종이를 건넸다. 그게 무슨 뜻인지 알기에 웃을 수밖에 없었다.

흑인 여성은 브래지어에 귀중하고 중요한 물건만 보관한다.

———

23　과거 서아프리카에서 민족의 구비설화를 이야기나 노래로 들려주던 사람.

20달러 지폐든, 특별한 사람의 전화번호든, 복권에 당첨될 숫자든. 지구상에 이보다 안전한 장소는 없을 것이다. 심장에 가까운 브래지어에 넣을 메모를 받는다는 건 무언의 신뢰에 대한 메시지이고, 그녀는 이를 분명히 전달하고 있었다. 이후 내 친구는 종이를 가슴에 꽂고 간 그녀에게 지침서를 전했다.

전국의 모든 유색인종과 종교적 신념을 가진 여성은 기후위기에 대응해 무엇을 해야 할지 말해줄 사람을 기다리지 않는다. 그들은 방향을 제시하고, 행동을 요구하며, 우리가 알고 있는 바로 그 파멸로부터 아이들과 나라를 구하기 위해 전투에 뛰어들고 있다. 만약 온실가스 배출을 감축하지 않아 계속해서 지구 기온이 상승한다면, 파멸은 우리 턱 밑에 와 있을 것이다. 가만히 앉아서 다른 사람의 결정을 기다릴 시간이 없다. 그래서 우리는 공동체에 변화를 가져올 방법을 찾고 있다. 우리는 지속가능성 이사회와 위원회에서 과학을 공부하고, 친구와 이웃에게 활력을 불어넣으며, 주일학교 수업을 한다. 우리의 공동체, 어머니, 딸들이 우리에게 의존하고, 선조들이 지켜보기 때문이다. 우리는 그들 모두를 자랑스럽게 만들 것이다.

다스리는 자를 위한 시

조이 하조 JOY HARJO

첫 번째 질문: 먼저 자신을 다스릴 수 있는가?

두 번째 질문: 당신의 가정은 편안한가?

세 번째 질문: 공동체와 타인을 위한 당신의 행동을 증명할 수 있는가?

네 번째 질문: 당신이 사는 곳의 역사와 법을 아는가?

다섯 번째 질문: 견실하고 정통한 원칙을 따르고 있는가? 동물, 식물, 원소, 그리고 지구상 모든 생명체를 위한 비전을 찾고 있는가?

여섯 번째 질문: 당신의 결정으로 변호사, 은행원, 보험사, 로비스트, 정치인 등 누군가 부당하게 이익을 얻는 건 아닌가?

일곱 번째 질문: 지금 당신이 서 있는 이 땅을 수호하며, 자연의 법칙을 따르는 사람들로부터 권한을 부여받았는가?

정책의 정치학

매기 토머스MAGGIE THOMAS

워런의 선거팀에 기후정책 자문으로 합류했을 때 나는 우선 테레사 랜드럼Theresa Landrum에게 전화를 걸었다. 당시 엘리자베스 워런Elizabeth Warren 상원의원이 디트로이트를 방문할 예정이었는데, 테레사가 워런 의원을 만나 마을을 둘러보는 데 관심이 있을지 궁금해서였다. 워런 의원과 그녀의 팀은 환경정의 계획을 작성하고 있었다. 그들은 디트로이트처럼 정유회사 마라톤의 영향을 받는 최전선의 지역 공동체에 대해 오래도록 환경 인종주의 environmental racism 행태를 일삼아온 연방정부가 어떤 방식으로 대응할지 알고 싶어 했다.

몇 달 전 내가 제이 인즐리Jay Inslee 주지사의 대선운동 기후 자문으로 일할 때, 테레사는 디트로이트 48217(미시간주에서 대기오염이 가장 심하다고 알려진 지역의 우편번호)에서 환경정의를 위해 투쟁하고 있었다. 그녀의 투쟁을 통해 좋은 기후정책이란 반드시 경청하는 문화에 뿌리를 두어야 한다는 것을 배웠다. 인즐리 주지사의 방문을 앞둔 어느 날 디트로이트의 무더위 속에서 테레사를 만났다. 우리는 정유회사의 울타리 경계를 따라 걸었고, 그 길은 지역 공동체의 중심부와 연결되어 있었다. 고속도로 다리 꼭대기에 멈춰 서자, 높은 석유화학 공장 굴뚝들이 연기를 뿜어대는 자동차 도시 디트로이트의 전경이 시야에 들어왔다.

테레사와 나는 한 시간 넘게 이야기를 나눴다. 그녀는 제멋대로 허가를 내주는 지역 관행, 화학공장 확장, 부동산 거래에서의 인종차별, 그리고 그녀의 지역 공동체가 직면한 무수한 부당함을 말했다. 그리고 자신을 포함한 암 생존자와 상실감에 관해 이야기했다. 소아와 성인의 천식이 만연했고, 흑인이 사는 대부분 지역에서 깨끗한 공기를 마실 수 없었다. 이 공동체는 명백하게 독살당하고 있었다. 그녀의 요구는 분명했다. 정책을 수립할 때는 환경 영향을 가장 많이 받는 지역 공동체에 귀를 기울여야 한다. 누구도 그 투쟁의 미묘한 차이나 더 공평한 미래를 이끌 해결책을 당사자들보다 잘 알지 못하기 때문이다. 환경정의는 나중에 생각할 문제가 결코 아니다. 오염을 줄이려는 정부의 시도에도 불구하고, 연구에 따르면 흑인 가정은 백인 가정보다 대기오염이 심한 곳에 살 가능성이 높다. 두 가정의 소득이 같거나 흑인 가정이 더 많은 소득이 있더라도 말이다. 환경 부정의가 미국 전역의 지역 공동체를 괴롭히고 있음을 보여주는 충분한 자료가 있다. 테레사는 주택, 빈곤, 교육, 건강 등 많은 문제의 근원에 환경 인종주의가 있다고 했다. 그리고 이러한 문제가 어떻게 상호 연관되는지 인식해야만 이 사악한 문제를 해결할 수 있다고 덧붙였다.

테레사와 전국의 많은 환경정의 지도자의 의견을 듣고, 우리는 인즐리 주지사의 "지역 공동체 기후정의" 계획을 세웠다. 기후위기와 산업오염으로 가장 큰 영향을 받은 지역 공동체에 대한 연방정부의 노력을 이끌어낼 방법이었다. 연방정부는 미국의 환경 인종차별과 역사적인 투자 중단이라는 유산을 해결해야 했다. 많은 대화를 나눈 뒤 우리는 워런 의원의 "기후위기에 맞서는 동시에 기후정의를 위한 투쟁" 계획을 구상했다. 이는 국가환경정의 자문위원회NEJAC를 통해 테레사를 비롯한 애드보커시 운동가와 백악관을 직접 연결하고 정책 개발과 실행을 추진할 수 있도록 한 것이다. 이 계획은 지역 공동체 지도자들이 정부 최고위급에 직접 검증한 해법을 제시하고, 정책이 의도된 효과를 거두지 못할 경우 위원회가 현 정부에 책임을 물을 수 있게 설계됐다. 또한 구체적인 정책 제안은 지역 공동체 지도자들과의 대화를 통해 그들의 우려나 우선순위와 함께 발전해야 하며, 가장 큰 영향을 받는 사람들이 만든 해법을 포함해야 한다.

———

인즐리 주지사는 대선 출마 당시 기후위기에 초점을 맞춰 미국의 청정에너지 100% 사용에 대한 미래 비전을 제시했는데, 이는 대통령 선거운동에서 처음 있는 일이었다. 그는 전국 토론과 언론 보도에서 기후위기가 미국의 수많은 투쟁과 밀접한 관련이 있다는 현실을 드러냈다. 하지만 선거운동에서의 기후 계획과 정책 제안은 단순히 재생에너지 기술, 전기 자동차, 정부 보조금 및 세금만이 아니라 사람에 관한 것이어야 한다.

2019년 8월 인즐리 주지사가 대통령 경선에서 하차하자, 워런 상원의원은 그의 "미국을 위한 100% 청정에너지" 계획을 즉각 채택하여 자신의 14가지 기후 계획을 내놓았다. 기후정책이 제안자만의 것으로 머물게 해선 안 된다. 서로의 일을 기반으로 협력하고, 인류가 직면한 가장 큰 문제를 해결하기 위해 최고의 아이디어를 발전시켜야 한다. 청정에너지로의 전환으로 전통적 사업 모델과 그 이윤을 위협받는 이들은 청정에너지의 미래를 정의롭고 공정하게 재건할 혁신적인 정책을 요구하지 않는다. 사실, 중요한 해법에 대해 통찰력 있는 사람들의 목소리는 수 세대 동안 억눌려 들리지 않았다.

워런 상원의원이 "새로운 농업 경제"에 대한 계획을 발표한 후 60명이 넘는 흑인 농민과 지지자, 학자들이 선거팀에 편지를 보냈다. 이 계획이 흑인 농민을 위한 정책적 해법을 제시하고는 있지만, 미국 경제와 농무부에 내재된 구조적 인종차별이라는 독특한 유산을 다루지 못한다는 내용이었다. 이 계획은 농민이 기후변화에 맞서 싸우는 데 더 큰 역할을 하도록 장려하고, 농민과 농장 노동자를 옥죄고 토지 생산성을 위태롭게 하는 대기업의 고삐를 끊기 위한 것이었다. 하지만 포괄적인 새로운 농업 경제를 구축하기 위해서는 현재 농업 경제의 구조가 사람들을 고립시킨 이유와 방법을 이해해야 한다. *특히 농무부의 차별 때문에 흑인 농부들은 지난 세기 동안 농지의 80%를 잃었다. 이는 약 3,000만 에이커(약 12만㎢)에 달하며, 수천억 달러의 재산에 해당한다. 선거팀은 이러한 비판을 마음에 새기고, 차별을 경험한 흑인 농부, 그들의 권리를 위해 투쟁한 지지자, 100년간 지속된 차별을 기록한 학자들의 요구를 수용했다. 그리고 편지를 받은 지 3개월 후 "유색인종 농부를 위한 차별 해소와 평등 보장"이라는 계획으로 발전시켰다.

선거운동은 기회주의라고 비난받거나 최악의 경우 우유부단하다고 평가받을 것을 우려해 정책에 대한 입장을 변경하지 않는 경향이 있다. 그러나 이런 종류의 수정이 되풀이됨으로써 더 강력하고 효과적이며 더 평등한 정책이 구축될 수 있다. 선거팀은 변경된 정책에서 뿌리 깊고 구조적인 인종차별을 조명하고, 국가가 고려해야 할 대담한 아이디어를 전면에 내세웠다. 차별 정책의 유산에 가장 큰 영향을 받은 사람들의 목소리를 듣는 것은 흑인 농부들이 오랫동안 주장한 해법을 제시할 수 있다는 걸 의미했다. 예를 들어, 시민이 유색인종 농부를 위한 정의를 요구할 때 이 권리를 다루는 농무부 조직을 근본적으로 재구성하는 것이다. 또 연방정부가 지원하는 토지 신탁을 설립해 은퇴한 농부들로부터 땅을 사들인 뒤 유색인종 농부들에게 무이자로 파는 방법도 있다. 가장 중요한 것은, 경청하고 듣는 행동이 겸손의 실천이며, 정치를 훨씬 더 많이 활용할 수 있게 한다는 점이다.

이러한 경청은 블루 뉴딜Blue New Deal의 창조로 이어졌다. 2019년 9월 CNN 기후위기 타운홀에서 재생 해양농업가 브렌 스미스Bren Smith는 해양이 그린 뉴딜 결의안에서 거의 제외됐다고 지적했다. 그는 워런 상원의원에게 기후 체계와 우리 경제에서 해양의 중요성을 고려한 블루 뉴딜 정책을 지지할 것인지 물었다. 워런은 즉시 이것의 필요성을 깨닫고 "그의 말이 정확히 맞으며, 우리는 블루 뉴딜이 필요하다"고 외쳤다.

*미국인의 거의 40%가 삶과 가정, 기반시설이 위험에 처한 해안 지역에 산다. 기후위기는 해양생물의 이동 패턴을 방해하고, 산호초를 죽이며, 강한 폭풍을 만들고, 해수면 상승을 부추긴다. 이는 모두 정책적 대응이 필요한 문제다. 바다를 고려하지 않으면, 해양 풍력 에너지, 탄소를 흡수하고 폭풍의 영향을 완충하는 해안 생태계 회복, 재생 해양농업과 같은 강력한 기후 해결책을 놓치고 만다. 선거팀은 이 아이디어를 채택하고, 해양생물학자, 해양정책 전문가, 재생에너지 규제 분야의 선두 변호사, 해양에 가장 의존하는 산업을 대표하는 노동조합의 의견을 구했다.

블루 뉴딜은 워런 상원의원의 가장 인기 있는 계획 중 하나가 되었다. 셀피 라인selfie lines24에서 자주 칭찬받았고, 중요한 정책 간극을 메워 다른 후보 지지자들에게 폭넓게 받아들여졌다. 이처럼 그린 뉴딜의 확장은 경청을 통해 가능했다. 이런 기후 공동체 전반에 걸친 조직화와 활동 덕분에, 이번 선거에서 처음으로 기후 관련 프로그램이 전국적으로 TV에 방영되면서 도움을 받을 수 있었다.

우리가 기꺼이 경청한다면, 기후정책은 진화하고 개선되는 아이디어, 즉 살아 있는 문서로 받아들여질 수 있다. 만약 지구가 유동적인 시스템과 순환에 의해 만들어진다면, 지구를 보호하기 위해 시행하는 정책 또

---

24   정치인이 자신에게 투표하기를 바라는 유권자들과 셀카를 찍는 행사.

한 그래야 할 것이다.

2020년 두 대선후보의 선거팀에 함께한 것은 평생의 영광이다. 그들은 백악관에서 기후 리더십으로 무엇을 할 수 있는지에 대해 야심차고 실용적인 비전을 구체화했다. 우리는 서면으로 정책 계획을 세우기 전에 그들의 정의로운 투쟁을 이해하기 위해 모든 형태, 규모, 영향권의 조직과 소통하는 데 오랜 시간을 들였다. 이는 비판적인 피드백을 얻고, 아이디어를 점검하는 전문가 집단을 육성해 그들에게 의지하는 것을 의미했다. 때로는 기후 공동체의 이질적인 견해를 실질적인 정치적 권고안으로 만들기 위해 최선을 다했다. 그 권고안은 지구가 알려주는 진실한 방향을 담은 것이다. 두 후보 모두 민주당 후보 지명을 받지 못했기에 이 선거운동이 전통적인 의미에서는 실패했지만, 기후에 대한 대중 담론의 범위와 뉘앙스를 확장하고, 국가의 새로운 기준을 제시하는 세부 정책안을 구축했다는 점에서 의미가 있다.

2016년 선거 기간 동안 기후변화와 환경문제는 대통령 후보 토론 무대에서 5분 27초밖에 논의되지 못했다. 그러나 2020년 선거 국면이 시작되기 훨씬 전부터 활동가들은 기후위기에 대한 논의를 늘리기 위해 끊임없이 노력했다. 버니 샌더스 상원의원을 비롯한 정치인들은 수년간 이 문제에 대해 목소리를 높여왔다. 넥스트젠 아메리카NextGen America, 시에라클럽, 환경보호 유권자 연맹LCV, 선라이즈 무브먼트와 같은 단체들은 정치인이 기후행동을 무시할 수 없도록 대중의 지지를 불러일으켰다.

2020년이 정치에서 기후의 변곡점이 될 수 있다는 점을 생각해보자.

미국 역사상 거의 모든 주요 후보가 기후 계획을 갖고 임하는 첫 민주당 경선이다. 그리고 이번 선거는 기후가 투표의 우선순위가 되어 민주당 유권자에게 가장 중요한 이슈 중 하나로 자리 잡은 첫 번째 대통령 선거다. 지구의 운명과 미래를 함께하는 많은 젊은 유권자에게는 가장 강력한 기후 계획을 가진 대통령 후보에게 투표하는 것이 중요한 일이다. 비록 과학자들이 수십 년간 온실가스가 지구에 돌이킬 수 없는 피해를 주고 있다고 말했지만, 이 문제는 기후 공동체, 과학 보고서, 그리고 전 세계 청소년이 주도하는 기후파업의 완벽한 폭풍 후에야 전국적인 주목을 받았다. 그리고 처음으로 몇몇 대통령 후보가 기후위기가 우리 시대의 *커다란* 실존적 위기라는 믿음에 바탕을 두고 출마했다. 이는 앞으로 몇 년 동안 기후정책이 어떤 모습을 보일지에 대한 새로운 희망을 준다.

100% 청정에너지와 기후 회복력이 있는 미래를 달성하기 위해서는 기꺼이 경청하는 정책 입안자와 직원들의 기후정책이 선행되어야 한다. 나는 두 번의 선거운동에서 귀를 기울이는 행운을 누렸다. 모든 대화와 전화 통화는 연방정부가 지역 공동체의 기후위기 대처에 어떤 도움을 줄 수 있는지에 대한 진상조사와 같았다. 때로는 연방정부가 물러서고, 때로는 연방정부가 나서야 한다는 의미다. 경청을 통해 나는 테레사 랜드럼과 48217을 만났다. 테레사의 싸움은 내 싸움이 되었고, 인즐리 주지사의 싸움과 워런 상원의원의 싸움이 되었다. 마침내 미국인은 이것이 *우리의* 싸움임을 알게 되었다.

불평등과 기후변화는 우리 시대의 두 가지 과제이며,
더 많은 민주주의가 두 가지 모두에 대한 해답이다.

− 헤더 맥기HEATHER MCGHEE

모두를 위한
그린 뉴딜

리아나 건 라이트 RHIANA GUNN-WRIGHT

사람들은 종종 내게 그린 뉴딜 개발을 돕는 이유를 묻는다. 20대 흑인 여성인 나는 왜 기후위기 같은 거대한 문제를 해결할 정책 개발에 도움을 줄 수 있다고 생각했을까? 그들은 어떤 거창한 이야기를 기대하는 것 같다. 놀라운 용기와 대담함, 드높은 야망, 때로는 혁명을 위한 계획 같은 것들 말이다. 사실 그때 나는 두려웠고, 일자리가 정말 필요했다.

나는 시카고 남쪽 엥글우드의 외할머니 집에서 자랐다. 조부모님이 세 아이를 데리고 이사 온 뒤 손녀인 내가 태어나기까지 30년 동안, 엥글우드는 긴밀하고 조용한 중산층 공동체에서 가장 가난하고 척박한 지역 중 하나로 변했다. 우리 마을에는 빈곤, 실업, 재정 지원이 부족한 학교, 경찰의 만행, 공해, 폭력 등 많은 문제가 있었다. 그리고 이 외에도 드러나지 않은 문제가 더 많았다.

권력을 가진 그 누구도 엥글우드의 문제를 해결하려 하지 않았다. 심지어 그들이 문제를 해결하려 할수록 상황은 더 악화되는 듯했다.

엥글우드에 이런 문제가 많은 이유를 할머니와 어머니에게 묻자, 고속도로가 흑인 주거지역을 가로질러 건설되고, 파괴된 지역 공동체가 재건되지 않은 일을 들려줬다. 주택 당국은 "도시개발"이라는 명목으로 공공주택을 허물어 가족이 뿔뿔이 흩어지게 하고, 시 공무원은 태도를 바꿔 개발업자에게 알짜 부동산을 싼값에 팔아치웠다. 시는 흑인 학교의 재정 지원을 중단한 뒤 "성과가 저조하다"는 이유로 학교를 폐쇄했다. 우리 가족의 일은 아니지만, 바로 우리 이웃에게 일어난 일들이다.

증조 외할머니가 가정부라는 이유로 외할머니 가족은 최소 15년간 사회보장 혜택을 받지 못했다. 루스벨트 대통령의 뉴딜정책은 농업 종사자와 당시 거의 흑인이었던 국내 노동자를 사회보장에서 배제했다. 경제적으로 취약한 흑인을 값싼 노동력으로 고용한 남부 민주당원들로부터 표를 얻기 위해서였다.

할아버지는 한국전쟁 참전용사임에도 불구하고, 제대군인원호법GI Bill25의 도움 없이 우리 집을 사셨다. 어머니는 할아버지를 무척 자랑스러워했지만, 사실 참전용사라는 자부심이 있건 없건 간에 미국 정부는 흑인 참전용사의 주택대출을 체계적으로

25 1944년의 군인재건법The Servicemen's Readjustment Act으로, 제2차 세계대전 참전용사에게 다양한 혜택을 제공한 법이다. 법안은 1956년에 만료됐지만, "GI bill"이라는 용어는 여전히 일부 미군 참전용사를 돕는 프로그램을 지칭하는 데 사용된다.

거부했다. 시카고에서 악명 높은 빨간 줄이 그어졌다는 건 대출 승인을 받지 못함을 의미했다.

나는 극심한 대기 오염원과 가까운 _최전선 지역 공동체_ frontline community에서 자랐다. 대다수 동네 친구처럼 나도 천식을 앓았다. 10대 후반이 될 때까지 거의 뛰지도 못했고, 매년 봄이면 학교를 결석했다. 나는 지금도 폐가 약하다.

앞으로 나아가기 위해 우리의 희생이라는 대가가 뒤따랐다. 그린 뉴딜이 내 인생에 들어왔을 때 나는 또 다른 대가를 치르기 전에 과감하게 뛰어들었다.

———

나는 일생을 권력 체계를 바꾸는 데 바쳤다. 정책은 권력을 창출하고 분배하는 체계가 아니라면 아무것도 아니다. 그렇기에 일반적인 생각과는 달리, 적어도 정책 제안 초기에는 세부 내용이 중요하지 않다. 중요한 것은 정책이 제시하는 _비전_ 과 그것이 말해주는 _이야기_ 다. 자신들을 위해 싸우도록 가장 많은 사람의 마음을 움직일 최고의 정책 제안은, 무엇이 왜 잘못됐는지, 정부가 이를 어떻게 해결할 것인지에 대한 명확한 설명을 제시하는 것이다.

그린 뉴딜은 미국을 빠르게 탄소 제로 경제로 전환하고, 이를 통해 소득 불평등을 크게 줄이며, 제도적 탄압의 유산을 바로잡는 방향으로 경제를 재생 및 재편하기 위해 10년간 경제적 동원을 추진하자는 정책 제안이다. 그린 뉴딜의 5대 목표는 "하원 결의안 109"에 제시되어 있다.

그린 뉴딜을 만드는 것은 연방정부의 의무다.

A. 모든 지역 공동체와 노동자를 위한 공정하고 정의로운 전환을 통해 온실가스 배출 제로를 달성한다.
B. 수백만 개의 좋은 고임금 일자리를 창출하고, 모든 미국인에게 번영과 경제적 안보를 보장한다.
C. 미국의 사회 기반시설과 산업에 투자하여 21세기의 과제를 지속적으로 해결한다.
D. 깨끗한 공기와 물, 기후와 지역 공동체 회복력, 건강한 먹거리, 자연 접근성, 지속가능한 환경을 보장한다.
E. 선주민, 유색인종 공동체, 이주자 공동체, 탈산업화 공동체, 인구가 부족한 농촌 공동체, 빈곤층, 저임금 노동자, 여성, 노인, 무주택자, 장애인, 청년을 포함한 최전선 공동체에 대한 역사적 탄압을 바로잡아 정의와 형평성을 도모한다.

그린 뉴딜은 두 가지 방법으로 이러한 목표를 달성하고자 한다. 첫째, 미국의 탄소 배출을 거의 없앨 수 있는 일련의 프로젝트다. 둘째, 불평등을 줄이고 화석연료를 쓰지 않는 데서 발생할 혼란과 불안정으로부터 미국인, 특히 취약한 미국인을 보호하는 일련의 정책을 통한 방법이다.
어떤 사람들은 첫 번째 프로젝트를 그린 뉴딜의 "그린" 부분으로, 두 번째 정책을 "뉴딜" 부분으로 명명하려 한다. 이는 유용한 수사일 수도 있지만, 그린 뉴딜을 개념화하기엔 위험한 방법이다. 그린 뉴딜의 모든 부분이 탈탄소에 기여한다. 심지어 보편적 의료, 교육 및 훈련과 같은 "사회적" 정책도 마찬가지다. 마찬가지로 "그린" 프로젝트가 그린 뉴딜의 제안대로 설계된다면, 불평등을 줄이는 데 도움이 될 수 있다. 즉 수백만 개의 고임금 일자리를 창출하고, 노동자의 사기를 북돋우며, 지역 공동체에 투자하고, 사회안전망을 강화하는 방식으로 말이다.

우리가 그린 뉴딜이 환경, 경제, 형평성을 동시에 다뤄야 한다고 주장하자, 많은 이가 그린 뉴딜은 기껏해야 진보적인 헛소리에 불과하며, 최악의 경우 이념적인 헛된 꿈에 지나지 않는다고 비난했다. 기후위기에 대처하는 계획이 억압과 불평등도 해결하려 하는 이유가 무엇일까? 기후정책을 가장해 진보적인 정책을 우선순위로 통과시키려는 시도일까? 의회 위원회와 연방기관의 보수성을 감안할 때, 과연 우리가 이런 것을 통과시킬 수 있을까?

만약 정책이 그저 정부의 일 중 하나일 뿐이라고 정의한다면, 이러한 비판은 타당하다. 하지만 공공정책은 그 이상이다. 정책 수립은 과학이 아니다. 그것은 단순한 해결책이 아닌 정치적 과정이다. 정치가 우리의 가치를 반영하고 공유하는 사람들을 선출하는 싸움이라면, 정책은 그 가치를 실제로 구현하기 위한 싸움이다. 즉 정부의 일을 통해 우리가 생각하는 세계를 형성하기 위한 싸움이다. 이는 누가 어떻게 문제를 해결하는지, 그리고 누가 혜택을 얻는지 알아보는 싸움이다.

의학적으로 비유해보자. 몸에 이상을 느껴 의사를 찾아가면, 당신과 의사는 진단에 맞는 최선의 치료법을 결정할 것이다. 물론 정책을 만드는 것은 의사를 찾아가 검진받는 것 이상의 행위다. 이는 마치 15명이 어떤 게 "진짜" 문제인지 논쟁한 다음, 그중 (그리고 몇몇 새로운 낯선 사람!) 5명이 문제의 원인을 다시 논쟁하기 시작하는 것과 같다. 의사가 그들에게 5가지 치료법 중 가장 비싼 3가지를 제외한 2가지 치료법만 선택할 수 있다고 말하지 않는다면, 논쟁은 끊임없이 이어질 것이다.

따라서 정책을 단지 일련의 해법으로만 보는 주장은 정책 결정의 현실과 정책이 매우 강력하고도 위험한 도구라는 측면을 무시하는 것이다. 나는 그린 뉴딜 이전은 물론, 지금도 그런 무지의 사치를 누릴 여유가 없다. 우리가 완전히 막을 수 있는 재앙에 직면해 있기 때문이다.

———

그린 뉴딜을 이해하기 위해서는 그린 뉴딜이 다루는 *문제*, 그린 뉴딜을 이끄는 *원칙*, 그린 뉴딜의 *권력 이동* 방식을 이해해야 한다.

문제

그린 뉴딜은 무엇보다 재앙 수준의 온난화를 막는 데 필요한 속도, 규모, 범위에서 기후위기를 해결하도록 설계됐다. 즉 그것은 기후과학에 기반을 둔다. 2018년 IPCC 보고서에 따르면, 지구 온도가 1.5도 이상 높아지는 걸 막기 위해서는 2030년까지 이산화탄소 배출을 약 절반으로 줄여야 한다.

기후위기는 그린 뉴딜 결의안에 명시된 다른 위기와 얽혀 있다. 기대 수명 감소, 많은 사람의 기본적 요구 미충족, 1920년대 이래 가장 큰 소득 불평등, 인종별 부의 격차, 성별 소득 격차, 오염과 환경파괴, 기후변화로 악화한 제도적 부정의라는 위기 말이다. 그린 뉴딜은 기후위기를 단순히 온실가스 배출의 결과가 아닌, 시스템(신자유주의, 전략적 인종차별주의, 고삐 풀린 자본주의)과 이들의 상호작용 결과로 분석하는 시각에서 등장했다. 따라서 그린 뉴딜은 확인된 위기와 기후위기뿐 아니라, 화석연료에서 벗어나는 대전환에 반드시 뒤따를 경제적, 사회적 혼란에도 대응하고자 한다.

원칙

과학은 기후위기의 정도를 이해하고, 원인을 파악하며, 심각성을 측정하는 데 도움이 될 수 있다. 또 언제 행동해야 하는지 알려줄 수도 있다. 그러나 그것은 어떤 정책적 해법을 추구해야 할지, 즉 우리가 무엇을 해야 할지 정확히 말해 줄 수 없다. 이는 원칙에 관한 문제다.

기후위기를 해결하는 과정에서 불평등이 심화될 가능성이 있다. 사실, 현재 시스템의 관성을 고려할 때 당연한 결과다. 탈탄소화 방법, 기후재해로부터 지역 공동체를 보호하는 방법, 경제를 전환하는 방법 등 모든 것이 중요하다.

나는 그린 뉴딜의 핵심 가치에 대해 말할 때 늘 긴장한다. 비록 사실이 아니고 그랬던 적도 없지만, 공공정책은 사실과 세부 항목 이상의 것이 아니며 "객관적"인 것처럼 보여야 한다는 엄청난 압박이 여전히 존재한다. 그린 뉴딜은 대부분의 진보적인 정책처럼 객관적인 무엇이 아니다. 분석, 전략, 지혜 대신 감정에 의해 주도되고, 젊은 혈기와 순진함이 분출되는 "이데올로기적인" 것이다. 우리는 그린 뉴딜이 선거운동을 하는 사람들을 위한 정책이지, 통치하는 사람들을 위한 정책이 아니라는 말을 듣곤 한다.

하지만 진실은, 우리의 가치가 그린 뉴딜의 비전, 특히 자비심, 존엄성, 정의의 이상에 영향을 미쳤다는 것이다. 미국은 결핍의 나라이며, 점점 더 그렇게 되고 있다. *미국인의 78%가 하루 벌어 하루 먹고산다. 2018년 현재, 약 40%의 미국인이 빚을 지거나 소유물을 팔지 않고는 예상치 못한 400달러의 지출을 감당할 수 없다. 미국인의 약 25%는 형편이 어려워 필요한 치료를 받을 수 없다. 대부분 미국인에게 미국은 번영의 나라가 아니다. 기후 위기로 인해 자원이 점점 더 제한되는 나라이자 결핍의 나라다. 우리가 이에 맞서지 않는다면, 지구온난화 위기 속에서 어떻게 견고한 사회를 건설할 수 있겠는가?

권력

그린 뉴딜의 핵심인 권력에 대한 비전은 민간에서 공공으로, 고용주에서 노동자로, 역사적으로 혜택받은 이들에서 약자로 재

분배하는 것이다. 법적 책임 없이 화석연료를 무제한으로 태우기 위해서는 두 가지가 필요하다. 첫째, 화석연료 산업과 이를 통제하는 사람들(또는 그로부터 막대한 이익을 얻는 사람들)은 기후변화를 막으려는 사람들의 의지를 무시하기에 충분한 부와 정치력을 갖고 있다. 둘째, 이로 인해 다치거나 죽을 수도 있는 사람과 장소가 있지만, 이들의 희생은 중요하게 여겨지지 않는다. 즉 화석연료에 대한 책임을 면하려면, 기업과 그로부터 이익을 얻는 부유층에 경제적, 정치적 권력이 집중되어야 한다.

*나오미 클라인에 따르면, 지난 40년간 "엘리트"라고 불리는 상위 1%는 "1920년대 이후 어느 시점보다 많은 정치, 문화, 지적 권력을 장악하고 있다." 이는 적어도 부분적으로는 1980년 이후 엘리트들이 거의 모든 경제적 이득을 축적하도록 규제 완화 등 신자유주의 경제정책을 만들었기 때문이다. 이들은 그 이득을 선거운동과 정치인에게 자금을 대주고 조직된 노동력을 약화하는 데 선택적으로 활용하고 있다. 그 결과 임금 정체와 만연한 경제적 불평등이 나타났고, 노동조합원의 감소와 함께 1972년 이후 남성 소득 불평등 3분의 1 증가, 여성 소득 불평등 5분의 1 증가를 초래했다. *특히 노동자 권력의 붕괴는 2008년 규제 완화의 산물인 주택위기로 많은 유색인종 공동체를 파괴하면서 시민권 운동 이전보다 더 열악한 삶을 살게 했다.

노동자의 무력화와 그로 인한 경제적 불안은 기후행동의 진전을 어렵게 만들었다. 특히 가족의 생계를 부양하는 사람들은 "환경보호"가 일자리 상실을 의미할 수도 있을 때 일 외에 다른 것을 생각할 여유가 없다. 노동자만이 강력한 기후정책으로 인해 일자리가 줄어드는 걸 두려워하는 건 아니다. 주정부와 지방정부도 마찬가지다.

불충분한 임금은 지방세 과세 기반을 약화하는 동시에 공공서비스의 필요성을 증대시킨다. 많은 주정부와 지방정부가 현금이 부족해져 외부 자금에 더 의존하게 됐고, 특히 금전적 이해관계가 미치는 영향에 취약해졌다. 그 결과 중요한 정책 결정에 대한 지역 및 지역 공동체의 통제력이 약화했다. 100만 개의 연방 및 주 법안에 대한 2019년 연구에 따르면, 이 법안 중 약 1만 개가 모델 법안을 거의 그대로 복제했으며, 대부분은 최상류층이 자금을 지원하는 특수 이익단체와 싱크탱크가 제작했다.

그린 뉴딜의 성공은 1%에서 99%로 권력을 재편할 수 있는 역량과 이들을 위해 설계된 정치 및 경제 기관에 달려 있다. 인간과 지구를 위한 경제 체제를 만들기 위해서는 모든 사람에게 권력이 있어야 하며, 지금 필요한 게 바로 그것이다.

———

냉정하게 말해보자. 현재 우리 경제는 화석연료에 의존한다. 화석연료는 우리의 주요 에너지원이다. 주요 에너지원으로 음식을 먹는 대신 홍조류를 먹어야 한다고 상상해보자. 우리 삶은 어떻게 바뀔까? 어디에서 해조류를 얻을까? 누가 키울까? 배송은 어떻게 할까? 비용이 얼마나 들까? 냉장고가 더 필요할 수도 있다!

화석연료에서 벗어나는 것도 이와 다르지 않다. 화석연료가 우리 집과 자동차에만 동력을 공급하는 건 아니다. 의류 제조부터 넷플릭스 스트리밍까지 모든 것에 전력을 공급한다. 즉 화석연료에서 벗어난다는 것은 석탄, 석유, 가스 등 화석연료 산업 종사자의 생계에 직접적인 영향을 미칠 *뿐 아니라* 거의 모든 부문에 간접적으로 영향을 주는 일이다. 화석연료 사용을 중단하는 것은 본질적으로 상당한 경제적 혼란과 변화를 초래할 것이다. 특히 시간이 너무 촉박한 지금은 더욱 그렇다. 문제는 우리가 남은 시간을 어떻게 관리하느냐다.

그린 뉴딜은 국가 위기에 대응해 국가 자원(국가의 "경제")을 재배치("동원")하는 대규모 경제 동원으로 고유한 경제 전환을 관리할 것을 제안한다. 경제 동원은 국가의 모든 공공 및 민간 자원이 중앙의 공통 전략에 따라 동원되고, 다른 모든 우선순위에 버금갈 공동의 목표를 끈질기게 추구해야만 충족될 요구를 위해 경제를 조직한다. 경제 동원을 정당화하려면, 국가 위기가 공공 부문과 민간 부문 모두에 "총력전의 노력"을 요구할 정도로 심각해야 한다.

미국 역사에서 경제 동원은 보통 전쟁에 대한 대응으로 일어났다. 하지만 꼭 그럴 필요는 없다. 예를 들어, 뉴딜정책은 대공황과 모래폭풍이라는 경제 및 환경 비상사태를 해결하기 위해 고안됐다. 이는 현재 우리가 직면한 사태와 유사하지만 더 큰 규모다.

그러나 미국 역사상 모든 경제 동원이 소외된 사람들을 착취해왔다. *뉴딜정책과 2차 대전 당시 제대군인원호법의 일환으로 정부가 지원하는 주택대출의 98%가 미국 백인에게 돌아갔다. 고속도로 확장으로 이민자와 유색인종이 수십 년간 쌓은 부를 무너뜨리며 도시 공동체를 파괴했다. 시민보전단Civilian Conservation Corps을 비롯한 일부 뉴딜 고용 프로그램은 여성과 흑인의 참여를 극도로 어렵게 만들었다.[26] 따라서 경제 동원은 종말이 닥칠 수 있는 상황에서도, 특히 화석연료를 사용하지 않는 데서 오는 여파와 결부되어 있을 때조차 수백만 명의 미국인에게 정당한 두려움을 불러일으킨다. 우리는 그린 뉴딜이 이러한 두려움에 직접적으로 대처하길 원했다.

더 중요하게는, 정의와 평등에 대한 명확한 초점이 없는 경제 동원이 소외된 사람들을 위험에 빠뜨리고, 우리가 기후위기에 효과적으로 대처하지 못하게 한다는 걸 보여주고 싶었다. 과거 경제 동원의 유산은 기후변화와 경제적 불평등 둘 다를 악화시켰다. 예를 들어, 주택대출의 인종차별적 분배는 특정 지역에 대한 차별redlining[27], 주거지 분리, 교외 스프롤suburban sprawl을 부채질했고, 이 모든 것이 배출을 악화시켰다. 마찬가지로, 주간州間 고속도로를 건설하는 과정에서 와해된 많은 공동체가 경제적으로 회복되지 못했고, 이후 화석연료에 의한 오염도가 높고 대기질이 낮은 최전방 지역 사회가 됐다. 그렇기에 그린 뉴딜은 기후변화를 정부의 부작위이자 그 결과라고 정의한다. 이것

---

26 일자리가 없던 대공황 시기 9년 동안 매년 30만 명을 고용해 동서를 잇는 도로, 전선, 다리, 댐을 건설한 사업으로, 오직 청년 남성만 고용했고 흑백 분리라는 인종차별 정책이 반영됐다.

27 명시적이거나 선택적인 가격 인상을 통해 인종적으로 관련된 이웃이나 공동체 거주자에게 다양한 서비스를 거부하는 것을 말한다.

이 효과적인 기후정책을 마련하고, 이를 통과시키기 위한 운동을 촉진할 유일한 방법이다.

———

한 연구에 따르면, 100% 재생 가능 전력으로 전환하기 위해 미국은 약 7,800만 개의 옥상 태양광 전지판, 48만5,000개의 풍력 터빈, 4만9,000개의 태양광 발전소를 비롯해 새로운 전력 저장 장치가 필요하다. 비슷한 변화가 건물, 교통, 농업, 제조업 등 경제의 거의 모든 분야에서 일어나야 한다. 2차 세계대전 때처럼 미국은 스스로 장비를 갖춰야 할 뿐 아니라, 다른 국가를 위한 저탄소 제품을 개발하고 생산해야 한다.

모든 경제 동원과 마찬가지로, 이는 단순히 필요한 기술을 개발하는 것만으로 충분하지 않다. 이를 지원하는 기반시설을 구축하고 관리해야 한다. 즉 재생에너지를 통합할 수 있는 "스마트" 전기 그리드를 지원하는 수백만 마일의 새로운 송전선, 수천 개의 전기 자동차 충전소, 가정과 기업을 위한 전기보일러, 온수기, 난로를 생산하는 새로운 제조시설 등이 필요하다. 이는 여전히 시작 단계에 불과하다. 탄소 집약적 산업 및 농업 과정을 대체할 새로운 관행도 필요하다. 배출을 제로화하려면, 저탄소 시멘트, 대체 냉매, 재생 해양농업 등이 시급하게 필요하다.

미국이 기후위기가 요구하는 속도에 근접하여 제조업 규모를 확장한 것은 경제 동원 시기가 유일했다. 이는 부분적으로 경제 동원을 가능하게 하는 정책 조율 때문이다. 규제, 입법, 행정 조치, 조달

등 정부의 모든 수단이 단일한 목표를 위해 협력하는 경우는 거의 없다. 그러나 이는 대부분 민간 투자자를 유치하기에는 너무 "위험"하거나 대규모 계획에 요구되는 전례 없는 수준의 공공 투자 때문이기도 하다. 그것은 기후위기에 매우 결정적이다. 미국은 이미 필요한 기술 대부분을 보유하고 있지만, 특히 항공 및 중공업처럼 "탈탄소화 하기 어려운" 분야의 경우 여전히 새로운 돌파구가 필요하다.

또한 경제 동원은 정부가 고객이자 규제 기관으로서 권한을 사용해 "녹색" 상품에 대한 수요를 확대하고 이를 지원하도록 시장을 재편할 수 있게 한다. 태양에너지를 예로 들어보자. 미국의 전기 시스템을 재생에너지로 완전히 전환하기 위해서는 전체 주택 지붕의 약 57%가 태양광 설비를 갖춰야 한다. 하지만 평균 크기의 주거용 태양광 시스템은 2020년 기준으로 세금 공제 후 1만 1,400~1만4,900달러의 비용이 들며, 대부분의 미국 주택 소유자가 감당할 수 있는 금액보다 훨씬 크다. 이는 결국 악순환을 만든다. 주거용 태양광 가격은 더 많은 가구가 설치하기 전에는 떨어질 수 없지만, 가격이 낮아지기 전에는 태양광 설치가 가능한 주택 수가 늘어날 수 없다. 지금까지 연방정부와 주정부는 선지출 금액을 돌려주는 세액공제 외에는 거의 도움을 주지 않고 있다.

그러나 그린 뉴딜을 통해 정부는 신축 건물에 탄소 제로를 요구하고, 기존 주택과 건물을 재생에너지와 고효율로 개조하는 자금 지원 프로그램을 법제화할 수 있다. 저소득 주택 소유자에게 보조금과 무이자 대출을 제공하는 녹색은행green banks과 같은 금융 메커니즘을 확립함으로써 수요를 증가시킬 수 있다. 이 모든 것이 주거용 태양광의 시장 상황을 바꿀 것이다.

경제와 사회는 동떨어져서 존재하지 않는다. 경제 동원은 우리의 사회적 계약을 재검토하고 재협상할 가능성을 열어준다. 즉 우리가 미래에 어떤 국가를 이끌지 결정할 수 있다. 특히 그린 뉴딜이 제안한 것과 같은 대규모 경제 동원은 사회정책이 그린 뉴딜의 목표와 원칙에 부합해야 하며, 경제를 거의 완전고용 상태로 유지하는 데 필요한 지원을 제공해야 함을 의미한다. 이를 위해서는 노동정책뿐 아니라 의료 및 보육정책, 노동 및 주거정책까지 사회안전망 전반에 변화가 필요하다.

경제 동원은 결과적으로 임금을 올리고 불평등을 줄이는 견고한 노동시장을 만든다. 그러나 모든 사람이 창출된 일자리에 접근할 수 없다면, 이런 노동시장은 본질적으로 정당하지 않다. 따라서 그린 뉴딜은 연방정부의 고용 보장과 보편적 보육 및 의료, 교육과 훈련에 대한 상당한 투자를 약속한다. 1년 평균 보육비가 5,500~2만5,000달러라면, 어떻게 국가 기후 동원에 충분한 인력을 유치할 수 있겠는가? 가족이 고용주가 제공하는 의료 서비스에 의존하고 있다면, 또는 최악의 경우 자격 박탈 우려 때문에 의료 지원 자산 한도를 초과할 수 없다면, 어떻게 급여가 더 높은 일자리로 이동할 수 있을까? 직업 훈련이나 알선을 받기 위해 어디로 가야 할지 모른다면, 어떻게 사람들이 노동시장에 재진입할 수 있을까?

그린 뉴딜의 성공과 국가의 미래를 위해 경제 동원을 어떻게 설계하고 구현하는지가 중요하다. 기후위기를 피하고 경제 붕괴를 막는 데 성공한다면, 그린 뉴딜은 미국 역사상 가장 정의로운 경제 동원이 될 것이다. 국가 발전을 대가로 착취와 조직적 탄압이 또다시 일어나서는 안 된다. 우리가 피하려는 위기를 오히려 부채질하고 싶지 않다면 말이다. 함께 움직이지 않으면, 전혀 움직이지 않게 될 수 있다. 정말이지, 여럿이 모여 하나가 된다.

3. 프레임 바꾸기

기후변화를 말하는 방법

캐서린 헤이호 KATHARINE HAYHOE

과학 선생님이신 아버지와 쌍안경으로 안드로메다은하를 바라본 것은 내 가장 어린 시절 기억 중 하나다. 그리고 과학에 대해 더 많이 배울수록 과학이 더 좋아졌다. 하늘이 파란 이유, 북극곰이 검은 피부와 반투명한 털을 가진 이유, 대기 중 극소량의 열을 가두는 가스가 지구 온도를 조절하는 이유를 알고 싶지 않은 사람도 있을까?

우주와 지구에 매료되어 있었지만, 나는 여전히 인간이 초래한 기후변화가 앨 고어나 북극곰에게만 중요한 머나먼 문제라고 생각했다. 토론토대학에서 천문학 및 물리학 학위를 따기 위해 기후과학 수업을 듣게 되면서 기후변화에 대한 내 관점이 한순간에 바뀌었다. 그 과정에서 기후변화로 가장 위험에 처한 것은 지구 자체가 아니라 지구를 집이라 부르는 우리 모두라는 걸 알게 됐다.

이후 전공을 바꿔 일리노이대학 어배너 샴페인 캠퍼스에서 기후과학을 공부했다. 그리고 지난 20년간 기후변화의 영향에 대비하기 위해 도시, 주, 연방기관과 함께 일했다. 나는 기후변화에 관해 연구할 뿐만 아니라 아주 많이 이야기한다. 텍사스공과대학에서 대면 강의를 하고, 전 세계를 대상으로 온라인 강의도 진행한다. 트위터, 인스타그램, 소셜미디어 레딧Reddit AMAs(〈무엇이든 물어보세요〉 코너)에서도 이야기를 나눈다. 또 농부, 석유 및 가스 회사 경영진, 의회 직원에게 강의하고, 지역 뉴스와 〈투데이 쇼〉에서도 말한다. 나는 어디에서든 누구에게나 기후변화에 관해 이야기할 것이다.

하지만 이야기하면 할수록 더 많은 반격이 돌아오기도 한다. 기후가 변하고 있고, 이는 인간의 책임이라는 데이터를 보여주면, "UN에서 보낸 사탄의 속임수"라거나 수많은 거짓말을 하며 죄를 짓고 있다고 비난한다. 한 남성은 내게 "지구온난화는 괴상한 대량 학살 종말론 교파"라고 트윗했다. 또 다른 이는 페이스북에 "돈을 위해 거짓말하고 데이터를 바꾼다"고 나를 겨냥한 글을 올렸다. 그렇게 나는 미치광이, 사기꾼, 광대라고 불려왔다.

그런 사람들이 목소리가 크고 토론을 지배하기는 하지만, 그들은 인구의 극히 일부에 불과하다. *예일 기후변화 커뮤니케이션 프로그램이 실시한 여론조사에 따르면, 미국인의 73%가 지구가 온난화되고 있다는 데 동의한다. 그리고 62%의 미국인이 지구온난화의 주된 원인을 인간 활동 때문이라고 인식한다. 특히 화석 연료 연소는 지구온난화 원인의 약 75%, 삼림 벌채 및 농업이 나머지 25%를 차지한다.

가장 큰 문제는 과학이 어떤 식으로든 선택이나 입장의 문제라고 생각하는 회의론자들이 아니라, 기후행동 지원에 대한 긴급함이 우리 대다수에게 없다는 것이다. *우리 중 73%는 기후변화가 미래 세대에 영향을 미칠 것이라고 여기지만, 지금 우리 삶에 영향을 미칠 것으로 생각하는 사람은 42%뿐이다. 때로는 기후변화를 해결하는 방법이 비용이 많이 들고 비효율적이라는 부정확한 정보를 들으며, 우리가 왜 재정적 영향의 타격을 감수해야 하는지 의문을 갖게 된다.

그러나 기후변화가 오늘의 우리에게 영향을 미치고 있다는 것이 엄연한 현실이다. 홍수, 태풍, 폭염, 가뭄 등 이미 자연적으로 직면하고 있는 많은 위험을 감수하고 있으며, 이런 현상은 확대되거나 악화되고 있다. 이는 지구를 구하고 말고의 문제가 아니다. 지구 행성 자체는 살아남을 것이다. 문제는 지구에 사는 우리에게 어떤 일이 일어날까 하는 것이다.

바로 그 때문에 기후변화에 대해 말하는 것이 중요하다. 왜 그것이 중요한지 이야기하지 않는다면, 누가 그 문제에 신경 쓰겠는가? 또 우리가 그것을 고치기 위해 무엇을 할 수 있는지 이야기하지 않으면서, 어떻게 우리의 지역 공동체, 주, 국가가 기후 조치를 취하길 기대할 수 있겠는가? 힘들고 스트레스 받고 고통스러운 일이지만, 기후변화에 대응하는 것은 실제로 그것에 대해 이야기하는 것부터 시작된다. 그리고 몇 년 동안 나는 효과적인 방법을 찾아냈다. 그것은 기후변화가 왜 우리에게 중요한지 말하는 것에서 시작한다.

왜 그렇게 긴급한 일인가

*직전 10년 동안은 전 세계와 미국에서 가장 온난한 해였다.

기후변화로 인해 전국적인 폭우가 잦아지고, 기록적인 폭염이 기승을 부렸다. 산불로 불에 탄 지역이 늘어났고, 폭풍과 허리케인의 규모가 커졌다. 지구가 따뜻해지면서 우리는 더욱 위험한 처지로 내몰리고 있다. 어떤 기후현상은 더 심하거나 강렬하고, 어떤 기후현상은 더 자주 일어나며, 거의 모든 기후현상이 더욱 파괴적으로 변했다. *예를 들어, 허리케인 하비가 상륙했을 때 내린 비의 약 40%가 인간에 의한 온난화의 직접적인 결과로 추정된다. 미국 서부의 산불로 불에 탄 지역은 1980년대 이후 온난화의 결과로 2배 이상 증가했다. 중서부의 "폭탄 사이클론Bomb cyclones"과 서부 해안 하늘을 따라 흐르는 대기의 강atmospheric rivers은 기후변화로 더욱 강해졌고, 파괴적 홍수의 위험을 높인다. 마이애미 해변은 도로를 높임으로써 해수면 상승의 영향을 막기 위해 애쓰지만, 전문가들은 이마저도 충분치 않다고 말한다.

그나마 우리는 운이 좋다. 이러한 더 강력한 기후가 빈곤한 나라에 미치는 영향은 우리가 북미에서 경험하는 것보다 훨씬 더 크다. *1960년대 이후 기후변화는 세계에서 가장 부유한 나라와 가장 빈곤한 나라의 경제적 격차를 25%까지 벌린 것으로 추정된다.

내 전문 분야는 고해상도 기후 영상을 통한 예측이다. 우리의 대규모 글로벌 기후 모델을 개별 장소에 대한 정보로 변환하는 것인데, 도시, 주 또는 더 넓은 지역이 기후변화의 어떤 영향을 받을지 보여준다. 과학자라는 직업은 항상 늦은 밤에 컴퓨터로 코딩하고, 과학 출판물에 실릴 상세한 연구 결과를 작성하는 일이 다반사다. 하지만 기후변화에 대한 관심이 커지면서 사람들의 질문에 답하는 데 더 많은 시간을 할애하고 있다. 그 질문들은 다음과 같다. 우리 집 농장의 물은 언제 다 말라버릴까? 기후변화는 우리 도시에 어떤 위험을 초래할까? 국내 경제나 해외 개발에 해를 끼치지 않고 에너지 시스템을 화석연료로부터 전환할 수 있을까?

이 질문에 대답하는 것이 내 직업의 과학적 측면 못지않게 중요하다는 걸 깨달았다. 과학자들이 매년 발표하는 보고서의 양이나 길이가 얼마든 간에, 컴퓨터 모니터 앞에 앉아 세상을 바꿀 수 있다고 기대할 순 없다. (내가 참여한 가장 최근의 미국 국립기후평가서U.S. National Climate Assessment는 무려 2,000페이지가 넘는다.) 기후변화가 오늘날 우리 삶에 미치는 구체적인 영향을 이해하는 것이 점점 더 시급해지고 있다.

몇 년 전, 성공한 캐나다 여성들의 저녁 만찬Successful Canadian Women's Dinner 행사에 초대받았다. 노바스코샤주 핼리팩스에서 노숙하는 여성과 가족을 지원하는 비영리단체인 애드섬 쉼터Adsum for Women and Children를 위한 모금 행사였다.

그날 나는 애드섬의 상임이사 셰리 레커Sheri Lecker와 시내를 돌아다니며 시간을 보냈다. 그녀는 지난여름 기록적인 더위로 얼마나 많은 사람이 피난처를 찾게 됐는지 이야기했다. 폭우로 인해 버스 노선이 폐쇄되거나 지연되어 약속 장소나 일터로 가는 교통편을 마련하기 어려워졌고, 진료 예약과 상담 프로그램을 놓쳐 벌어진 일도 처리해야 했다. 기후변화가 애드섬의 활동에 미치는 영향은 분명하다. 그녀는 기후변화와 기후 관련 재해의 위험이 증가하면서 상대적으로 더 영향을 받는 여성과 어린이를 위해 활동하고 있다.

나는 이 모든 이야기를 연설 내내 쏟아냈다. 연설을 마치자 후원자 한 명이 내 손을 덥썩 잡으며 말했다. "그들이 당신을 무슨 생각으로 초대했는지 의아했는데, 당신의 연설은 우리가 이제껏 나눈 대화 중 최고였어요." 그는 내 연설이 기후변화와 자신에게 가장 중요한 것, 즉 사람들을 연결 지어 생각하는 데 도움이 됐다고 했다. 그리고 그렇게 함으로써 가장 중요한 진실을 깨달았다고 덧붙였다. 그것은 기후변화를 우선순위 목록에서 더 끌어올리는 문제가 아니다. 우리가 기후변화에 관심을 갖는 이유는 그것이 이미 우리의 최우선 순위에 있는 모든 것, 즉 건강, 가족, 일자리, 경제, 사회의 안녕, 그 안에 사는 우리보다 불우한 사람들 모두에 영향을 미치기 때문이다. 기후변화에 관심을 갖기 위해 나무를 껴안거나 환경운동가가 될 필요는 없다(물론 도움이 되지만). 오늘날 우리가 살아 있는 한, 우리가 누구인지와 우리가 관심을 기울이는 것이 우리에게 필요한 모든 이유를 알려준다.

왜 공통의 지반을 찾아야 하는가

기후변화에 관해 나와 의견이 다른 남편과 처음 나눈 대화에서 중요한 진실을 배웠다.

미국에서 기후변화를 연구한 첫 몇 년 동안 기후변화가 현실이 아니라고 생각하는 사람들이 있음을 어렴풋이 알고 있었다.

하지만 오늘날 미국에서 기후변화에 대한 우리 의견은 지식이 아닌 정치에 근거한다. 그래서 보수적인 버지니아주의 말 농장에서 자란 남편은 기후변화가 실제로 일어난다고 생각하는 사람을 만난 적조차 없고, 주위에 인간의 책임이라고 생각하는 사람은 더더욱 없었다.

이런 현실에 주눅이 들 수도 있겠지만, 긍정적인 면이 두 가지 있다. 즉 공통의 관심사를 만들고, 이 문제를 해결해야겠다는 동기 부여가 생긴다는 점이다. 그 후 1년 동안 우리는 수많은 대화를 나눴다. 나란히 컴퓨터 앞에 앉아 NASA의 지구 온도 데이터를 살펴본 적도 있고, 석탄 사용을 중단했을 때 사람들의 일자리가 어떻게 될지도 이야기했다. 우리는 이제 이 문제에 대해 같은 생각을 하게 됐지만, 이 경험을 통해 상호 존중과 진정한 연결고리에 초점을 맞춰 논의를 시작하는 것이 얼마나 중요한지 배웠다.

요즘 나는 기후변화의 현실이나 타당성을 의심하는 사람을 만나면, 과학적으로 반박하는 대신 공통점을 찾으려 노력한다. 스키를 타는 사람이라면, 겨울이 따뜻해져 눈 덮인 들판이 줄어들고 있음을 이야기하는 것이 중요하다. 그러면 아마도 프로텍트 아워 윈터스 Protect Our Winters와 같은 기후행동 단체의 활동을 더 듣고 싶어 할 것이다. 새를 기르는 사람이라면, 기후변화가 새들의 이동 패턴을 어떻게 변화시키는지 알아차릴지도 모른다. 전국오듀본협회 National Audubon Society는 많은 토착종의 미래 분포를 지도로 만들어 지금보다 얼마나 다를지 보여준다. 만약 나처럼 부모라면, 아이들이 우리가 자란 세상보다 훨씬 불안정한 세상에 살고 있다는 게 얼마나 걱정스러운지 잘 알 것이다.

몇 년 전, 내가 사는 서부 텍사스의 로터리클럽에서 강연을 요청받았다. 로터리클럽 회원의 윤리 지침인 4가지 표준 질문이 적힌 거대한 현수막이 눈에 띄었다. "그것은 진실인가? 모든 연관된 사람에게 공정한가? 선의와 더 나은 우정을 쌓을 수 있는가? 모든 연관된 사람에게 도움이 되는가?" 로터리클럽 회원은 아니지만, 이들이 표방한 가치관이 내 시선을 끌었다.

기후변화에 대해 우리가 아는 것은 진실인가? 맞다, 확실히 그렇다. 우리는 1850년대부터 석탄을 캐내 태운 것, 그리고 석유와 가스를 태운 것이 여분의 담요를 지구에 두른 것처럼 열을 가두는 기체를 생성했다는 사실을 알고 있었다. 그 이후로 수천 건의 연구와 수백만 건의 데이터가 그것이 사실임을 증명했다. 노르웨이와 오스트레일리아의 동료들과 함께 이것이 사실이 아니라고 주장하는 수십 개의 연구를 처음부터 다시 계산했다. 각각의 연구에서 오류를 발견해 수정하자, 기후가 변하고 있고, 그것은 인간의 책임이며, 그 영향이 심각하다고 보여주는 수천 건의 연구 결과와 일치하는 결과를 얻었다.

기후변화는 공정한가? 절대로 그렇지 않다. 우리 중 가장 가난하고 취약한 사람들, 즉 기후변화에 가장 적게 기여한 사람들이 가장 큰 영향을 받는다. 이들 중에는 애드섬이 지원하는 핼리팩스의 여성과 어린이, 동아프리카에서 농작물을 기르기 위해 고군분투하는 농부, 해수면 상승과 침식으로 땅을 잃은 방글라데시인, 해수면 상승과 영구 동토층 해빙으로 전통을 위협받고 집을 잃은 북극인이 포함된다. 이들의 탄소발자국은 미미하다. 그들은 기후변화에 거의 기여하지 않았지만, 변화된 기후의 직격탄을 맞고 있다. *기후취약포럼Climate Vulnerable Forum은 온실가스를 가장 적게 배출하는 85개국이 기후변화로 인한 경제적 손실의 40%, 사망의 80%를 부담할 것으로 추산한다. 이것은 절대적으로 불공평하다.

기후변화에 대응하는 것이 우호적 관계를 낳고 관련자들에게 도움을 줄까? 그럴 것이다. 기후변화가 심할수록 그 영향은 더 심각해지고 궁극적으로 위험해진다. 텍사스에서 기후변화는 자연적인 건습 주기를 증폭시켜 더 심하고 오랜 가뭄을 만드는 동시에 허리케인과 폭우를 동반한다. 내 연구에 따르면, 탄소 배출을 빨리 줄일수록 기후변화의 영향과 비용도 줄일 수 있다. 그리고 청정에너지로의 전환은 텍사스에서 약 3만5,000개의 일자리를 포함한 새로운 기술과 기회를 제공한다. 우리는 함께 일할 때 선의를 쌓을 수 있다.

나는 로터리클럽의 점심 뷔페를 사양하고 노트북을 급히 꺼냈다. 그리고 기후변화가 서부 텍사스에 어떤 영향을 미치는지를 4가지 표준 질문에 대입해 빠르게 정리했다. 연설하기 위해 일어섰을 때 애드섬 연회 때보다 더욱 회의적인 표정들을 보니 다시 정리하길 잘했다는 생각이 들었다. 기후변화와 자기 삶의 관련성뿐 아니라, 기후변화의 실제조차 의문을 품은 사람들이었다. 하지만 연설이 시작되자, 회의적이던 얼굴들이 변하며 고개를 끄덕이는 모습이 보였다. 그중 마지막으로 발언한 지역 은행가를 결코 잊을 수 없다. "지금껏 지구온난화에 대해 확신이 없었는데, 그것은 4가지 표준 질문에 들어맞는군요!"

그가 중요하게 여기는 가치관을 예로 들어 그를 설득한 것이다. 나는 그들에게 존경을 표하며, 그가 소중히 하던 가치와 변화하는 기후 사이의 점들을 연결했다. 그것은 효과가 있었다. 기후 변화에 관심을 갖기 위해 정말 필요한 것은 우리가 지구 위에 사는 인간이라는 사실로 충분하다.

지구가 우리를
사랑한다고 말했어

앤 헤이븐 맥도널 ANNE HAVEN MCDONNELL

그녀는 확신도 낭만도 없이
부드럽게 말했지
이 모든 걸 겪고도? 나는 부끄러워하며 물었어

그런 사랑을 말한 게 아니야
그녀는 잿빛 딱정벌레로 뒤덮인,
다듬어진 뼈처럼 가지를 뻗은 소나무 숲을 걷지

가끔은 잊어
나무들이 나를 바라보는 모습을,
마치 관대한 물처럼

내가 들이쉬는 다른 숨결도 다 잊어
오늘 나무는 불을 켜놓고
잠들 수 없다는 걸 배웠어

그들의 언어와 감정으로
숲을 만든다는 것도,
이건 비유가 아니야
군중 사이로 얼굴을 보는 것처럼

우리는 모든 옛것을 배워
새롭게 닦아 번호를 매겨가며,
나는 늘
누워서 울 곳을 찾아
초록의 이끼가 끼고 그늘진,
아니면 바위처럼 고요하고 공허한

조용히 다시 시작할 곳
내 뿔을 햇빛 아래 내려두고
나무의 어두운 문으로 걸어가

슬픔이 내 발자국을 적시며
반짝이는 흔적을 남기네

진실 말하기

에밀리 앳킨 EMILY ATKIN

기후위기는 부분적으로 정보에 대응하지 못했음을 의미한다. 우리는 화석연료를 계속 태우면 재앙이 올 것임을 수십 년간 알고 있었다. 하지만 그 사실을 제대로 받아들이거나 반응하지 않았다. 왜 그랬을까?

한 가지 이유는 정보 그 자체에 있다. 화석연료 산업은 잘못된 정보를 언론에 흘려 대중의 혼란을 부추겼고, 언론은 도움이 되지 않았다. 대개 주류 언론은 기후위기의 도전에 대처하지 못했으며, 시민들은 문제에 적절하게 대응하는 데 필요한 양질의 정보를 갖추지 못했다. 따라서 언론이 기후변화를 어떻게 다뤄야 하는지, 그리고 다루지 말아야 하는지에 대한 논쟁이 계속되고 있다.

언론인으로서 나의 굴곡진 여정은 이러한 논쟁의 반영이다. 나는 이를 바로잡기 위해 무엇이 바뀌어야 하는지에 대한 강한 감각을 키웠다.

교수들은 저널리즘이 민주주의에 필수적이라고 가르쳤다. 유권자는 충분한 정보가 있어야만 사회의 가장 복잡한 문제를 해결할 결정을 내릴 수 있다. 유권자가 현명한 결정을 내리지 않았다면, 그것은 언론인이 그들의 일을 제대로 하지 않았음을 의미할 뿐이다.

이 이론에 매료된 나는 이를 중심으로 경력을 쌓기로 결심했다. 취재기자 웨인 배럿Wayne Barret이 내 사수였는데, 웨인만큼 보도의 중요성을 아는 기자는 없었다. 〈빌리지 보이스The Village Voice〉에서 30년 넘게 일한 베테랑인 그는 루디 줄리아니, 알 샤프턴, 도널드 트럼프와 같은 권력자들의 사적 금융거래를 폭로한 최초의 언론인 중 하나다. 안락한 생활을 누리는 사람들의 이면을 파헤치려는 그의 의욕은 너무나 강렬해서 무서울 정도였다. 한번은 취재 도중 선거운동원에게 핵심 질문을 하는 걸 잊었는데, 웨인은 이렇게 나를 질책했다. "독자들은 이 정보를 얻을 자격이 있는데, 이제 그럴 수가 없겠군요."

그러나 웨인의 도움에도 불구하고, 경쟁이 매우 치열한 정치 저널리즘의 세계에서 일자리를 얻을 수는 없었다. 2년간의 실패 끝에 다른 방식으로 업계에 뛰어들기로 결심하고, 워싱턴 DC에서 기후변화에 관한 기사를 쓰는 자리에 지원했다.

웨인은 기후 보도가 가치 있는 일이라고 생각했다. 결국 기후변화는 사회의 가장 크고 복잡한 문제 중 하나였고, 사람들은 이에 대해 알고 해결 방법을 결정할 자격이 있었다. 기후변화는 해결할 수 있는 문제이기에 기후 보도 역시 변화를 만들 특별한 기회처럼 보였다.

2013년 11월 나는 〈씽크프로그레스ThinkProgress〉에 취업했다.

지금은 없어진 뉴스 웹사이트지만, 당시에는 정책 싱크탱크인 미국진보센터가 운영하던 곳이었다. 나의 첫 취재는 지구온난화가 낙태한 여성에 대한 신의 벌이라고 말한 텍사스 상원의원 예비후보자에 관한 것이었다. 그 발언은 분명 잘못됐고, 그 사람은 위험한 꼴통이었다. 하지만 나는 그 생각을 혼자 간직했다. 내가 기후에 관해 보도하기 시작했을 때, 진보적인 싱크탱크에 속해 있는 나를 사람들이 신뢰하지 않을까 걱정했다. 그래서 사실에만 충실하기로 맹세했다. "우리 직업의 기쁨은 학위논문이 아니라 발견이다"라고 웨인이 썼던 것처럼.

"기후변화에 관한 정부 간 패널이 발표한 가장 최근의 보고서는 '1951년부터 2010년까지 관측된 지구 평균 표면온도 상승의 절반 이상이 온실가스 농도의 인위적인 증가와 다른 인위적인 힘에 의해 발생했을 가능성이 매우 높다'는 것을 확인했다." 그리고 나는 이렇게 덧붙였다. "보고서는 낙태에 대해 언급하지 않았다."

이후 2년 동안 나는 거짓말한 사람들에 대한 비판은 제쳐두고, 수십 건의 기후 오보 사례를 팩트체크했다. 그리고 그것들이 얼마나 무서운지 명시적으로 언급하지 않고 수많은 무서운 과학적 연구를 설명했다. 전국의 환경 부정의 최전선에서 보도하면서, 피해자들이 더 나은 대우를 받을 자격이 있다는 것은 언급하지 않았다. 내 목표는 만약 누군가 내 기사를 AP통신에 가져갔을 때, 이것이 "좌파 편향" 출판물에서 나온 것임을 모르게 하는 것이었다.

하지만 실제로 스스로가 중립적이지 않으면 중립을 지키는 것이 쉽지 않다. 사실 기후변화가 악화되는 것도, 사람들이 고통받는 것도 원하지 않았기 때문이다. 그래서 내가 그런 말을 하지 않을 때마다 거짓말하는 것처럼 느껴졌다.

처음으로 정당하게 경각심을 느꼈던 때가 기억난다. 2014년, 탄소가 예상보다 빠르게 대기 중에 축적된다고 밝힌 WMO 보고서에 대한 기사를 쓴 뒤였다. 보고서에 따르면, 탄소 농도가 일정 수준에 도달하면 그 후의 온난화는 더 많은 탄소를 배출하고 온난화의 피드백 회로를 작동시켜 세계에서 가장 가난하고 취약한 사람들에게 예측 불가능한 수준의 고통을 야기할 것이다. WMO 사무총장은 "우리는 이 추세를 뒤집어야 하며, 시간이 촉박하다"고 말했다.

다가오는 위기를 해결해야 할 사람들의 의도적인 무지에 관해 보도하면서 나는 더욱 경악했다. 주정부 기관은 기후변화에 대비하는 대신, 그들의 웹사이트에서 기후변화에 대한 과학 정보를 삭제했다. 정치인들은 기후변화를 막는 대신, 기후변화가 존재하지 않는 이유에 대해 터무니없는 변명을 늘어놨다. 예를 들어, 화성도 온난화가 진행되고 있기에 지구온난화가 그다지 나쁘지 않다는 것이다.

무엇보다 아무도 관심을 기울이지 않는 것 같았다. 적어도 내 보도에선 그랬다. 마치 도움을 청하는 비명을 무시한 채 해변에서 익사하는 아이를 지켜보는 것 같았다.

2015년 8월, 기후위기에 대한 두려움, 미래에 대한 비관, 무능한 자의식 때문에 정신적으로 무너지고 말았다. 나는 상사에게 정치부로 옮길 수 있는지 물었다. 그 분야에서 웨인에게 인정받을 수 있을지도 모른다고 생각했기 때문이다.

———

그 후 11개월 동안 대통령 선거를 취재하기 위해 전국을 다니며, 기후 보도가 사그라들게 했던 내 안의 불꽃을 다시 일으키려 노력했다.

처음에는 정치 보도가 내가 정말 원하던 것이라고 생각했다. 더 빠르고 경쟁적이며, 주제도 광범위했다. 아이오와에서는 테드 크루즈Ted Cruz의 반체제 공약, 칼리 피오리나Carly Fiorina에게 콘돔을 던지는 여성 보건 운동가, 기후변화에 대해 마르코 루비오Marco Rubio와 대치하는 공화당 대학생을 취재했다.

트래픽 양으로 볼 때 무엇보다 사람들이 내 기사에 관심을 갖는 것처럼 느껴졌다. 심지어 몇 개의 이메일을 받기도 했다.

그러나 기사 클릭 수는 그리 오래가지 않았고, 그것이 사회적 영향을 측정하는 진정한 척도가 아님을 이내 깨달았다. 이는 도널드 트럼프가 공화당 대선후보 지명을 앞두고 있다는 사실에서도 입증됐다. 웨인은 수년간 트럼프가 부패하고 사적 금융거래를 일삼는 뉴욕의 부동산 업자라고 폭로해왔다. 다른 기자들과 나는 몇 달 동안 그가 기후 부정론자이며, 지구에 위협이 된다고 폭로했다. 그런데 왜 사람들은 여전히 그가 대통령이 되기를 원했는지 정말 이해할 수 없었다.

나는 대부분 정치 보도 스타일이 너무 빠르고 표피적이며, 진보적 성향의 청중을 겨냥하고 있기 때문이라고 확신했다. 그래서 2016년 7월 트럼프가 공화당 후보로 선출된 후 나는 전국 각지의 경합지역에 방송국을 가진 보수 성향의 싱클레어 방송 그룹^{Sinclair} Broadcast Group 정치부 기자로 들어갔다.

그곳은 많은 문제, 특히 기후변화에 대한 대중의 이해를 움직일 진정한 기회라고 느껴졌다. 몇 달 동안 나는 버지니아 노퍽 근처에 있는 미국의 가장 중요한 공군기지 중 한 곳이 해수면 상승으로 어떻게 위협받고 있는지를 취재했다. 몇몇 고위 군 관계자가 그 위협에 관해 설명하는 것을 카메라에 담았고, 해수면 상승이 군이 대응해야 할 위협임을 인정한 보수적인 싱크탱크 관계자를 인터뷰했다.

나는 그 보도가 너무 자랑스러웠다. 긴 버전은 온라인에서, 짧은 버전은 싱클레어의 일부 TV 방송국에서 방영됐다. 하지만 기다렸던 시청자 반응은 전혀 없었다.

트럼프가 대통령에 당선됐을 때, 나는 타임스퀘어에서 뉴스를 본 관광객들의 반응을 담은 페이스북 라이브 동영상을 찍고 있었다. 하지만 기후 분야를 포함한 나의 모든 취재가 무의미하게 느껴졌다. 기후뿐 아니라 민주주의의 미래에 대한 두려움이 나를 엄습했다. 성인이 된 후 처음으로 내가 선택한 길과 내 삶을 만든 변화이론에 의문이 들었다.

선거 몇 달 뒤 싱클레어를 그만두기로 결심했다. 웨인에게 이메일을 보내 내가 뭘 해야 할지 물었지만, 답장이 없었다. 그로부터 2주 후 트럼프 대통령 취임 전날, 웨인은 간질성 폐 질환으로 세상을 떠났다.

———

웨인의 장례식은 사람들로 가득 차 움직일 수 없을 정도였다. 그가 지도한 전국 각지의 기자들과 도시와 주 곳곳에서 온 정치인들이 모여 있었다. 장례식에서 앤드루 쿠오모Andrew Cuomo와 척 슈머Chuck Schumer는 웨인을 얼마나 두려워했고, 또 얼마나 존경했는지 회상했다. 그들은 웨인의 분노와 끈기가 자신들을 정직하게 만들었으며, 우리 사회에 그와 같은 언론인이 더 필요하다고 말했다.

그날 나는 웨인에 대해 몰랐던 사실을 깨달았다. 그가 마음속으론 기자였을지 몰라도, 무표정한 얼굴로 일한 적은 없었다. 거짓말한 정치인을 폭로할 때는 빌어먹을 거짓말쟁이라고 불렀고, 사적 금융거래를 한 기업 임원에게는 사기꾼이라 명명했다.

웨인은 단순히 사실을 밝히는 것 이상을 했고, 진실을 말했다.

나는 기후변화의 진실을 알고 있었다. 시간이 얼마 남지 않았다는 것도 사실이었다. 우리의 새로운 대통령과 그를 선출하는 데 도움을 준 화석연료 산업은 수백만 명의 사람과 동물, 그리고 생태계가 고통 속에 죽어가는 것에 흡족해하는 듯 보였다. 기후변화의 피해자 중에는 사회에서 가장 취약한 사람들뿐 아니라, 나와 내가 가장 사랑한 사람들도 포함되어 있었다. 웨인이 이에 대해서까지 "객관적"이진 않았을 것이다. 그역시 그들을 비난했을 것이다.

이후 나는 보도의 방향과 방식을 바꾸기로 했다. 백악관이 기후위기의 가속화를 계속 부정했기에 더는 낭비할 시간이 없었다. 나는 〈뉴 리퍼블릭The New Republic〉의 기후변화 보도국에 지원해 일자리를 얻었다.

지면에서 내 생각을 말하는 법을 배우는 건 정말 어려웠다. 2017년 5월, 지금은 명예를 잃은 전직 EPA 수장 스콧 프루잇Scott Pruitt을 "위선적인 거짓말쟁이"라고 지칭한 기사를 썼을 때 마음이 너무 불편했다. 하지만 편집장은 프루잇에 대한 사실을 제대로 보도했다고 장담했다. 프루잇은 오바마 행정부 EPA의 환경보호 조치를 막는 소송을 하느라 임기를 다 보냈지만, 이제는 오바마가 환경보호를 위해 충분한 노력을 하지 않았다며 비난하고 있었다. 위선적이었다. 프루잇은 오바마보다 환경보호를 위해 더 많은 일을 하겠다고 주장했지만, 환경규제를 철폐하고 기후변화를 부인하는 거짓말쟁이에 불과했다.

시간이 흐르면서 나는 누군가 약자를 보호하기보다 돈을 우선시하는 등 도덕적으로 비난받을 일을 할 때 그것을 비판하며 도덕적 판결자로서 성취감을 느꼈다.

그리고 눈앞의 이익에 눈이 멀어 미래를 망치고 진보를 방해하는 모든 정치인과 기업, 기타 강력한 이해관계자들에게 화가 나기 시작했다. 기후변화에 대해 내가 가장 분노한 것이 무엇인지 집중적으로 보도하고 싶었다. 웨인의 말처럼, 제도적 변화를 요구하고 성취할 돈과 권력을 가진 "기업가, 배후조종자, 선거운동 후원자와 수혜자"는 높은 곳에 앉아 취약계층이 고통받는 모습을 지켜보며 방관했다.

나 혼자만 이런 생각을 하는 건 아닐 것이다. 그래서 사람들과 더 직접 소통하고 싶었다. 웨인은 〈빌리지 보이스〉에서 도시의 모든 사람을 위해 글을 쓰지 않았다. 그는 신문의 틈새시장인 진보적인 독자를 대상으로 기사를 썼다. 상황을 변화시킨 것은 그의 목소리만이 아닌 청중의 목소리와 함께였기에 가능했다.

그래서 2019년 9월 〈뉴 리퍼블릭〉을 떠나 독립간행물 〈HEATED〉를 시작했다. 뉴스레터 형식을 선택한 이유는 독자와 대화하는 방식에 더 친밀감을 느꼈기 때문이다. 기후변화의 주제는 그 자체로 충분히 심각하고 혼란스러워서 화려한 라틴어 문구나 4음절 형용사에 얽매일 필요가 없었다.

얼마 지나지 않아 내 말이 어떤 영향을 미칠 수 있는지 알게 됐다. 첫 1달 동안에는 〈마이클 놀스 쇼The Michael Knowles Show〉에 광고하는 회사들의 이름을 공개했다. 이 쇼는 그레타 툰베리를 "정신병자"라고 부른 기후 부정론자가 주최한다. 이 기사가 반향을 일으키자, 비스타프린트는 "현재든 미래든 〈마이클 놀스 쇼〉의 어떤 에피소드에도 광고하지 않을 것"이라 발표했다. 몇 주 뒤 〈HEATED〉는 트위터의 새로운 광고정책이 어떻게 기후 옹호 단체에 해를 입히고 화석연료 기업에 혜택을 주는지에 대한 조사를 발표했다. 이는 트위터의 광고정책과 기후변화에 대한 전국적인 논쟁을 불러일으켰는데, 부분적으로는 엘리자베스 워런 상원의원이 트윗한 덕분이었다. 결국 트위터는 광고정책을 바꿔야 했다.

〈HEATED〉의 가장 중요한 영향력은 독자에게 있다. 11월에 나는 독자들에게 우리 기사를 좋아하거나 좋아하지 않는 이유를 말해달라고 요청했다. 그리고 111개의 답변을 받아 스프레드시트에 정리했다. 독자의 4분의 3이 기사 어조가 냉정에서 열정으로 바뀌는 게 좋다고 답했다. 독자 6명은 "덜 외로운" 느낌이 들었다고 했다. 한 독자는 "기후변화를 믿는 것은 때때로 고립감을 느끼지만, 우리는 이 싸움에서 혼자가 아닙니다. 당신의 뉴스레터가 이를 상기하는 데 도움이 됩니다"라고 밝혔다.

수년간 나는 기후변화에 관심 있는 사람들을 교육하는 것이 성가대에게 설교하는 것과 다름없다고 생각했다. 이미 믿음이 있는 사람들을 믿게 하거나 설득시키는 데 불과하다고 여겼다. 하지만 기자로 일하면서 그것이 사실이 아님을 깨달았다. 기후변화에 관심 있는 대부분의 사람은 아직 그것에 대해 자신 있게 말할 수 있는 도구가 없다. 성가대가 노래하고 싶어도 가사를 모르는 것과 같다.

언론학 교수들은 우리가 할 일이 사회의 가장 복잡한 문제를 해결하는 데 필요한 정보를 시민에게 제공하는 것이라고 가르쳤다. 웨인은 우리 책임이 사회의 가장 취약한 사람들을 대신해 정당한 분노를 갖고 두려움 없이 그렇게 하는 것이라고 일깨워줬다. 웨인의 멘토인 전설적인 〈빌리지 보이스〉 저널리스트 잭 뉴필드Jack Newfield는 이에 대해 정확히 지적했다. "분노 없는 동정심은 지나친 감상이나 연민이 될 수 있다. 분노 없는 지식은 냉소와 무관심에 머물 수 있다. 분노는 명석함, 끈기, 대담성, 기억력을 향상한다."

30년 이상 기후행동을 가로막은 세력을 멈추기 위해서는 이 모든 것을 구현하는 저널리즘이 필요하다. 그리고 그것을 바로잡는 일은 그 어느 때보다 중요하다. 모든 것이 끔찍하게 잘못되기 전에 우리가 바로잡을 기회는 아직 많다.

오늘날 주류 기후 저널리즘도 발전하고 있지만, 위기의 심각성을 따라잡을 만큼 빠르진 않다. 진지함, 정당한 분노, 가차 없는 행동에 대한 요구를 언론 매체에만 맡길 일이 아니다. 기후를 의식하는 모든 뉴스 소비자도 그것을 요구해야 한다. 언론은 우리가 생존하는 데 필요한 정보를 제공함으로써 대중에게 봉사하는 것을 목표로 삼는다. 우리가 언론에 압력을 넣지 못한다면, 모든 책임이 우리에게 돌아올 것이다.

————————

예술의 기능은 사실 그대로 말하는 것 이상을 하는 것이다.
그것은 무엇이 가능한지 상상하는 것이다.

— 벨 훅스*BELL HOOKS*

문화 권력의 활용

파비아나 로드리게스 FAVIANNA RODRIGUEZ

기후운동의 지도자, 주최자, 그리고 후원자께

문화는 권력입니다. 우리가 듣는 음악, 우리가 소비하는 소셜미디어, 우리가 먹는 음식, 우리가 보는 영화와 TV쇼가 모두 우리의 가치관, 행동, 세계관을 보여줍니다. 문화는 우리의 상상력을 위한 끊임없는 전투이자, 이 시대가 요구하는 사회적 변화에 영감을 주는 가장 강력한 도구입니다. 팬데믹에서 대규모 산불까지 현재의 세계적 사건들은 우리가 인간으로서 서로, 그리고 지구와 얼마나 상호 연결되어 있고 상호의존적인지 보여줍니다. 자본주의에 대한 오랜 신뢰는 완전히 무너졌습니다. 우리는 정의롭고 지속가능하며 건강한 세상이 어떤 모습인지를 보여주는 더 설득력 있고 공감 가능한 이야기가 필요합니다. 오래된 신화들은 우리가 새로운 신화로 대체할 수 있을 때 사라질 것입니다. 우리는 신화를 바꾸고 자연과 함께 번영하는 미래를 상상하기 위해 강력한 이야기꾼이 필요합니다. 기후위기에서 벗어나기 위해 우리가 반드시 이용해야 할 힘입니다. 우리는 기후운동을 위한 문화 전략을 세워야 합니다.

균형감과 관점은 사회적 가치, 관행, 행동을 형성합니다. 그것들은 성별, 인종, 자연세계와의 관계 등 모든 것에 대한 우리의 이해에 영향을 미칩니다. 지구와 우리의 현재 관계는 착취 경제를 지원하는 지배의 세계관을 기반으로 합니다. 이는 인간이 만든 신화로, 서구인이 땅을 정복하고, 선주민 공동체를 황폐화하며, 화석연료 채취, 공장식 축산, 값싼 노동력, 그리고 그레타 툰베리가 말한 "영원한 경제성장의 동화"를 중심으로 사회를 건설한 이래 우리의 문화적 상상력에 영향을 준 신화입니다.

당시에는 잘 몰랐지만, 어릴 때부터 콘크리트 정글에서 자라면서 이런 가르침을 배우기 시작했습니다. 내가 그림을 그리고 새로운 세상을 창조하는 동안 제 가족은 살아남기 위해 바빴습니다. 1968년 페루에서 캘리포니아로 이주한 이민자 부모님은 저를 이스트 오클랜드에서 키우셨습니다. 폐허가 된 시멘트와 버려진 산업용 건물들이 있는 동네에서요. 당시에는 크랙crack 전염병이 제가 사는 지역 사회를 황폐화시키고 있을 때였습니다. 경찰의 만행과 갱단의 폭력도 난무했습니다. 그곳은 흑표범당Black Panther Party28의 투쟁 문화가 강하게 남아 있는 곳이기도 합니다. 이는 사람들이 지배적인 권력구조에 맞서 자신들의 방식으로 문

---

28 캘리포니아 오클랜드에서 1966년 창립된 정당이자 무장단체로, 흑인의 권리보호를 위해 급진적인 정치투쟁과 공권력에 대한 무장방어를 노선으로 삼았다.

화를 만들 때, 어떻게 현 상태가 변화하고 지역 공동체 지원 네트워크가 형성되는지 보여주는 사례입니다.

이제 저는 어린 시절의 공동체를 황폐화시킨 보이지 않는 힘, 즉 천식을 일으키고 이웃을 아프게 한 것이 대기오염이었음을 압니다. 저는 I-880 고속도로 옆에 살았는데, 샌프란시스코만 지역에서 트럭 교통량이 가장 많은 도시입니다. 제 고향을 포함해 유색인종 사회를 가로지르는 곳이죠. 반면, 인근의 I-580 고속도로는 부유한 백인 거주지를 관통하고 있어 트럭이 다닐 수 없습니다. 우리가 수명을 단축시키는 독성 디젤가스를 마시는 동안 그 지역 사회는 보호됐던 겁니다.

과거와 달리 지금은 단편적 사실에서 어떤 결론을 도출할 수 있습니다. 대부분의 유색인종 공동체와 선주민 공동체와 마찬가지로 우리 공동체는 의도적으로 권리를 박탈 당하고 독살 당하며 쓰레기장으로 변했습니다. 폭력, 빈곤, 마약, 정부의 방관, 환경 인종주의 등 불공정이 난무했죠.

기후변화에 관한 한, 사람들에게 정보를 주고 조직하기 위한 이야기와 문화 콘텐츠의 대부분은 압도적으로 고통스럽고, 시대에 뒤떨어지며, *짜증나게도* 백인 일색입니다. 그것들은 기후위기의 인종적, 경제적 동인을 밝히지 않습니다. 또한 단지 몇 마일 떨어진 백인 지역 사회가 양질의 대기를 갖고 있던 것과 달리, 우리 지역 사회가 오염에 노출된 이유를 보여주지 않습니다. 사실 대부분의 경우, 우리를 이야기에서 완전히 배제하거나 백인 남성을 영웅 활동가로 만들어 이목을 집중시키며 우울한 서사에 의존합니다.

우리는 기후에 대한 다양한 이야기를 보지 못합니다. 미국의 TV, 영화, 시각예술, 음악, 게임, 퍼포먼스, 출판 등 문화적 동력을 이끄는 사람들은 백인 남성이 압도적으로 많기 때문입니다. 그들은 자신들의 권력을 굳건히 지킨 채, 자연세계와의 관계나 서로를 배려하는 실천을 포함한 우리의 시선을 매우 협소하게 만들고 있습니다. 생태계가 번성하기 위해 생물다양성이 필요한 것처럼, 사회도 새로운 가능성을 키우려면 문화적 다양성이 필요합니다. 단일문화는 우리의 집단적 잠재력을 약하게 만듭니다.

우리가 보는 이야기는 다양하지 않을 뿐더러 충분하지도 않습니다. *최근 TV 프로그램을 살펴보면, 2019년 기후변화를 다룬 것은 기후를 중점적으로 다룬 다큐 시리즈를 제외하곤 단 3건뿐이었습니다. 잡지 『바이스Vice』는 "인간의 모든 경험을 재편하는 위기가 TV에서 무시되고 있다"고 지적하기도 했습니다.

문화의 힘은 이야기의 힘에 있습니다. 이야기는 사람들을 변화시키고 활성화시키며, 사람들은 규범, 문화적 관행, 시스템을 바꿀 힘을 가지고 있습니다. 이야기는 각각의 별과 같습니다. 수천 년 동안 인간은 별에 관해 이야기하며 삶을 이해하려 했고, 지구에서 자신들의 위치를 알고 싶어 했습니다. 이야기는 같은 방식으로 작용합니다. 많은 별이 비슷한 주제를 중심으로 뭉치면, 평소와는 달리 서사가 있는 별자리를 형성합니다. 이러한 패턴은 한때 가려져 있던 별을 밝혀줍니다. 한 이야기에 담긴 강렬한 빛은 다른 이야기에 영감을 줄 수 있습니다. 점들을 연결해 서사를 바꿀 수 있도록 더 변혁적인 이야기가 필요합니다.

기후운동은 이야기꾼과 문화를 전략 도구에서 제외해왔습니다. 지금이 바로 그것을 바꿀 때입니다. 여기 기후행동을 위해 문화의 힘을 이용할 방법이 있습니다.

유색인종 예술가와 문화 제작자에게
마이크를 건네주세요

기후변화에 대해 말하는 대부분의 유명한 문화적 아이콘은 백인입니다. 유색인종이 기후변화를 이해하지 못하거나 무관심해서가 아닙니다. *사실 여론 조사에 따르면, 유색인종이 백인보다 더 경각심을 갖고 있습니다. 라틴계 미국인이 69%로, 모든 인종 집단 중 가장 높게 나타납니다. 이 현상을 모니터하는 사람들은 채굴 경제의 영향을 가장 많이 받는 지역 공동체, 즉 유색인종의 최전선 지역 사회와 선주민 공동체의 지혜를 환영해야 합니다. TV, 인쇄매체, 대중문화에서 이러한 이야기꾼들이 중심이 되면 중요한 선거구를 조직할 수 있습니다. 특히 기후 혼란과 이주의 직접적인 영향을 받지만, 유명한 대부분의 백인 배우, 정치인, 환경운동가, 과학자와는 관련 없는 사람들을 동원할 수 있습니다. "오염 유발자들은 엿 먹어라!"라고 외치는 힙합이나 오스카상 후보로 지명되는 선주민 이야기꾼들을 상상해보세요. 현재의 명령하고 채굴하고 통제하는 사회에서 소외된 사람들의 목소리를 듣는 것은 우리 문화의 시급한 변혁을 위해 매우 중요합니다.

다양한 문화 인프라를 구축하세요

현재로서는 크리에이터, 음악가, 시나리오 작가, 시인, 언론인, 예술가처럼 우리가 매일 소비하는 문화를 만드는 사람들이 기후 문제에 효과적으로 참여하도록 지원하는 포괄적인 시스템이 없습니다. 이는 너무 중대한 문제이기에, 모든 사람이 스스로 고심하고 학습해 참여할 거라고 기대하기 어렵습니다. 그 공백을 메우기 위해 저는 문화인이 기후 관련 주제나 사회정의 문제에 더 깊이 관여하도록 지원하고, 그들의 엄청난 힘을 활용해 우리의 핵심 서사를 만들기 위해 문화권력센터The Center for Cultural Power를 설립했습니다. 기후위기에 대해 배우는 예술가와 작가를 위한 훈련 프로그램과 연구비, 각 지역의 다민족 청중을 대상으로 하는 새로운 콘텐츠를 만들기 위한 자금 제공, 백인 남성의 지배로 문화산업의 장벽에 직면한 유색인종 예술가에 대한 더 많은 지원을 상상해보세요. 좀 더 공평한 문화 분야를 육성함으로써, 우리는 강력한 기후행동을 추진하는 문화 콘텐츠를 만들 수 있습니다.

예술가와 작가를 기후운동에 끌어들이세요

기후에 가장 많은 영향을 받은 이들의 이야기를 가시화하는 예술가들의 새로운 물결이 필요합니다. 우리의 변화 작업에 좀 더 진지하게 창조성을 포함시켜야 합니다. 예를 들어, 문화 행사에 뮤지션을 일회적으로 참석시키는 데 그칠 게 아니라, 우리의 문화적 역량을 구축하는 예술가들과 장기적으로 관계 맺게 하는 것입니다. 입주 작가를 진행자로 섭외하거나, 유권자를 위한 스토리텔링 프로그램을 용이하게 만들기 위해 예술가들과 협력할 수 있습니다. 예술가를 위원회에 초대하거나, 집회를 기획하기 위해 예술가들과 팀을 이루거나, 문화활동을 의뢰할 수도 있습니다. 한 예로, 2019년 세계기후파업Global Climate Strikes 기간 동안 예술가와 기후단체 연합이 주요 은행들이 늘어선 샌프란시스코 금융가 중심에서 25피트(약 7.62m) 크기의 11개 벽화를 그리는 대규모 습격을 조직했습니다. 벽화에는 "그린 뉴딜", "예전의 방식으로 돌아가자" 등의 메시지와 함께 기후 혼란에 대한 해법이 다채롭게 적혔습니다. 지역 공동체의 수백 명이 참여해 함께 그린 것입니다. 기후위기의 절박함은 우리에게 예술가의 열정을 아우르는 전략을 개발하게 하고, 풍부한 문화적·서사적 전략을 육성하여 지구의 삶을 다시 그리라고 요구합니다.

인간을 감동시키는 인간의 이야기를 만드세요

인간의 이야기는 탄소 수치나 녹는 빙하를 자세히 설명하는 것보다 더 강력하게 행동을 이끌어낼 수 있습니다. 화석연료 추출은 그저 안타까운 일이 아닙니다. 석유는 스스로 추출되지 않고, 가스는 스스로 연소되지 않습니다. 생태학적 파괴와 기후 혼란을 이야기하려면, 우리가 다른 사람들과 그들이 사는 땅의 착취를 묵인하고, 이스트 로스앤젤레스든 스탠딩 록의 선주민 부족 땅이든 지역 공동체에 심각한 영향을 미치는 문화 속에 살고 있음을 말해야 합니다. 예를 들어, 저는 기후운동을 하는 소녀들이 젊은 사람들에게 어른들의 책임에 대한 새로운 이야기를 빠르게 대중화하고, 기득권에 맞서 당당하게 이야기한 것에 깊은 영감을 받았습니다. 우리는 어떤 생명이 다른 생명보다 중요하다는 생각에 이의를 제기해야 합니다. 이는 인간의 경험을 중심으로 해결책을 제시하고, 인간의 공감을 활성화하며, 또 다른 세계관으로 인도하는 데 도움을 주는 더 많은 이야기를 만드는 걸 의미합니다.

소비에 도전하는 문화를 만들어요

수 세기 동안 우리는 에너지의 원천이 무한하고, 화석연료를 무제한으로 추출할 수 있다고 들어왔습니다. 화석연료로부터 전환하기 위해 전기로 움직이는 대중교통을 대대적으로 확장해야 한다는 걸 알지만, 얼마나 많은 멋진 영화가 자가용을 높은 사회적 신분의 상징으로 삼고 있나요? 숲을 황폐화하고 동물의 왕국을 착취하는 육류 소비를 유지할 수 없다는 걸 알지만, 얼마나 많은 음식 문화가 식탁 위의 고기를 정당화하고 있나요? 대중교통을 타고 채식을 하는 것이 재미있고 쿨한 일임을 보여주는, 다양한 청중이 접근할 수 있는 대중문화는 어디에 있을까요? 우리의 근본적인 소비문화에 이의를 제기하고, 선택의 결과를 체감할 수 있도록 시야를 넓히는 풍성한 이야기와 노래, 이미지를 자주 접하게 만드는 강력한 힘을 상상해보세요. 흡연이 더는 쿨하지 못한 것처럼, 화석연료를 사용하는 것도 쿨하지 않게 만든다면 어떨까요?

문화로 우리와 자연을 연결하세요

지배와 추출의 세계적 문화가 자연과 인간의 관계를 단절시켰지만, 책임과 생태적 조화의 문화는 우리와 자연을 다시 연결할 수 있습니다. 자연과 그 리듬에 더 깊이 연결됐던 조상들의 이야기를 통해서요. 문화는 우리가 잃어버린 것들을 대면하고 인정하며 애도하는 동시에 앞으로 나아갈 길을 제시합니다. 아프리카인의 강제 이주와 노예화, 선주민 집단 학살과 식민지화는 자연과 우리의 관계에 더욱 파괴적인 영향을 미쳤고, 치유해야 할 상처로 남았습니다. 화석연료 회사와 맞서 싸운 선주민 이야기가 갖는 힘을 생각해보세요. 스탠딩 록에서 다코타 액세스 파이프라인 반대 시위를 하는 동안, 사악한 검은 뱀과 영웅적인 물 수호자에 관한 이야기는 선주민 부족을 강력하게 통합하고, 모든 계층의 인종을 움직였습니다. 많은 선주민 공동체가 인간은 땅을 착취할 수 있는 존재가 아니라 자연의 관리인이라는 세계관을 갖고 있습니다. 선주민과 흑인 공동체의 활동을 가시화하는 것은 기후운동 전략이 될 수 있습니다. 이야기는 우리의 상상력을 탈식민화할 것입니다.

예스의 힘을 믿으세요

우리는 반대하는 것에 초점을 두고 사회정의 운동을 하는 경우가 많습니다. 또 우리가 원하지 않는 것, 즉 안 되는 것을 분명히 알고 있습니다. 우리 지역 사회가 끊임없이 공격받는 상황을 생각하면 이해하기 쉽습니다. 우리의 운동이 일차 방어선이 되는 겁니다. 하지만 투쟁이나 탈출에만 얽매인다면 미래는 상상할 수 없습니다. 우리는 예스의 문화를 만들어야 하며, 이것이 우리가 예술가들에게 의지할 수 있는 부분입니다. 예를 들어, 예술가 몰리 크래브애플Molly Crabapple, 작가 나오미 클라인, 영화제작자 아비 루이스Avi Lewis는 알렉산드리아 오카시오 코르테스와 함께 미국에서 그린 뉴딜을 하면 미래가 어떤 모습일지를 설득력 있게 보여주는 일러스트 영상물을 만들었습니다. 코르테스의 개인적인 이야기에 기반한 이 작품은 입소문을 탔고, 그린 뉴딜로 가능한 미래를 이야기하는 몇 안 되는 대중문화 작품 중 하나가 되었습니다. 정치, 경제, 문화 권력이 정당하게 분배되고, 인간과 자연이 서로 재생적 관계를 갖는 미래를 보여주는 문화 콘텐츠가 쏟아져 나온다고 상상해보세요. 매혹적이고 거부할 수 없는 창조의 가능성이 있을 겁니다. 우리는 급진적인 상상력을 이용해 또 다른 세계를 시각화하고 표현할 수 있으며, TV쇼, 영화, 만화, 이미지, 노래와 같은 문화 생산물을 통해 그 세계를 실감나게 만들 수 있습니다.

———

우리가 들려주는 이야기들이 우리 사회가 쇠퇴하고 자멸할지, 아니면 치유하고 번영할지를 결정할 것입니다.

모든 이야기는 세상에 대한 특정한 관점에 기초한다는 것을 기억하세요. 우리는 늘 작가의 관점이 우리의 현실을 형성하는 신화에 어떤 영향을 미치는지 고려해야 합니다. 나이지리아 소설가이자 시인 치누아 아체베Chinua Achebe의 "사자들이 그들만의 역사가들을 가질 때까지 사냥의 역사는 항상 사냥꾼을 미화할 것이다"라는 말은 옳았습니다. 이렇게 자문해봅시다. 누가 이야기를 하거나 이미지를 만들고 있나요? 그들은 어떤 가치를 지지하나요? 누가 보이고, 누가 안 보이죠? 어떤 세계관으로 소통하나요? 자연은 어떻게 다뤄지나요? 세상을 보는 이런 방식으로 누가 이득을 얻을까요? 그들은 그 문제에 대해 누구를 탓하나요? 그들이 제공하는 해결책으로 누가 혜택을 받을까요?

예술가이자 기후정의 리더로서 힘을 쏟고 있는 저는 이제 새로운 이야기를 쓸 때임을 알게 됐습니다. 지구를 치유하지 않고서는 우리 공동체나 자신을 치유할 수 없고, 불의를 치유하지 않고서는 지구를 구할 수 없습니다. 그래서 우리 질문은 이것입니다. 지구의 발전을 위해, 우리가 알고 있는 생명을 구하기 위해 문화를 활용하는 일에 저와 함께하시겠습니까?

사랑과 무한한 상상력으로
파비아나

―――――――

지도력이 충만하다는 것은
우리 모두를 위한 공간이 충분하다는 것이다.
한두 사람이 모든 사람을 대변하는 것보다
모든 사람이 함께 참여하는 것이 훨씬 더 강력하다.
또한 세대를 잇는 지도력은
최고의 아이디어와 해법을 만들 수 있다…
우리는 이 일을 함께해야 한다.
그리고 사랑스럽게 이룰 수 있다.

― 엘리자베스 예엠피에르ELIZABETH YEAMPIERRE

기후 시민

케이트 크누스 KATE KNUTH

이 시대를 어떻게 헤쳐나갈지 고민하던 중 '기후 시민성 climate citizenship'이 앞으로 나아갈 길이라는 생각이 들었다. 이 개념은 사회가 기후위기를 능란하게 헤쳐나가면서 시민성과 시민생활의 르네상스를 가져올 기회가 된다고 주장한다. 마찬가지로, 기후위기의 규모와 범위는 시민성을 근본적으로 재편할 것임을 의미한다.

처음부터 기후 시민성이라 부르진 않았지만, 이 생각은 내 경력 초기에 뿌리를 두고 있다. 옥스퍼드대학 보존학 석사 논문을 쓰던 2005년 8월, 나는 허리케인 카트리나와 그 여파에 대한 뉴스 보도를 읽으며 하루를 보냈다. 아직 움직이고 있는 폭풍은 끔찍했고, 그 후 며칠은 몹시 고통스러웠다. 그때 처음으로 기후변화가 위험한 날씨를 불러일으킬 뿐 아니라, 사람들을 죽게 만드는 불완전한 사회 시스템을 드러내며 사회가 나아갈 길마저 쓸어버린다는 걸 알게 됐다. 사실 기후변화는 이미 사람들을 죽이고 있었다. 그리고 문화 전체를 말살할 가능성을 보여주기 시작했다.

학업을 마칠 즈음 카트리나가 기후변화의 막강한 위력과 부당함을 드러냈을 때, 나는 스스로에게 물었다. *내가 할 수 있는 최선의 대응책이 무엇일까?*

내 결론은 미네소타주 뉴 브라이튼(미니애폴리스와 세인트폴 교외)으로 돌아가 내 고향을 위해 일하는 것이었다. 그리고 6주 뒤 미네소타 하원의원 선거운동을 시작했다.

다음해에는 민주주의에 대한 깊이 있는 교육을 받았다. 공직에 출마하기 위해선 많이 경청해야 한다는 걸 일찍이 깨달았다. 우리 지역에서 가장 활동적인 민주당원들을 만나 당의 지지를 확보한 뒤, 문을 두드리고 경청하는 핵심 임무에 집중했다. 한 홀아버지는 정육점 월급으로 자신의 인슐린과 아들의 뇌전증 치료비를 감당하기 위해 고군분투하고 있다고 말했다. 한 노인은 대공황을 이겨낸 삶과 그 시기에 만들어진 사회보장 프로그램을 감사해했다. 어느 여름날 밤에는 이웃들과 함께 아이스크림을 나눠 먹으며, 아이들이 주변에서 노는 동안 청정에너지의 미래를 이야기했다. 유권자들은 민주주의가 더 나은 미래를 함께하기 위해 서로 희망과 두려움을 기꺼이 공유하는 사람들의 의지에 달렸음을 가르쳐줬다.

많은 도움 덕분에 나는 선거에서 승리했다. 2007년 1월, 나는 오른손을 들어 미네소타주와 미국의 헌법을 지킬 것을 맹세했다. 또한 지구 생태계를 유지할 방법을 찾겠다고 다짐했다.

그 후 2년은 기후에 대해 의욕적으로 일한 시기였다. 미네소타에서 우리는 초당적 지지를 얻어 국가 주도적 재생에너지 기준을 통과시켰고, 온실가스 배출량을 통제하는 시장 기반 접근 방식인 미네소타 배출권거래법을 마련했다. 공화당 주지사가 이끄는 미네소타는 중서부 온실가스 감축협정에 동참했다. 나는 미국 중부의 많은 주가 탄소 과금을 실현하기를 꿈꿨다. 2009년에는 온실가스 배출 억제 법안이 실제로 미국 하원 한 곳을 통과했다. 나는 진정으로 우리의 정치와 민주주의가 기후변화에 대처할 수 있다고 믿었다. 평탄치는 않겠지만, 우리가 해낼 것이라고.

그러나 내 생각은 틀렸고, 이를 깨닫는 데 몇 년이 걸렸다. 사실 우리의 민주주의가 기후변화에 대처할 수 있다는 확신은 없다. 하지만 나는 여전히 이 위기를 성공적으로 해결하기 위한 유일한 희망이 일상의 민주주의, 더 구체적으로 시민성에 대한 진지한 투자에서 비롯될 것이라고 확신한다.

———

우리는 변화하는 기후로 인해 잃어버린 삶과 종에 대한 애도의 시대에 살고 있다. 우리 자신과 아이들 미래의 불확실성을 걱정하는 시간, 그리고 거대하고 빠른 에너지 전환의 이점을 얻을 기회의 시간이다.

모든 것의 근간으로부터 우리는 변화의 시대에 살고 있다. 이미 대기로 뿜어진 배출량과 큰 변화 없이 발생할 것으로 예측되는 배출량을 고려하면, 세계가 재편될 것이라는 데는 의심의 여지가 없다. 이는 지엽적인 변화가 아니라, 근본적으로 다른 시스템이 출현하는 변화다.

오늘날 우리가 처한 변화의 초기 단계는 불안정하다. 아이도 어른도 아닌 10대의 마음처럼 느껴진다. 내게 그런 불안정함은 마치 미지근한 디카페인 커피를 홀짝이면서 기후위기에 대한 또 다른 주요 과학 보고서를 읽으며 눈물이 고이는 것 같은 느낌이다. 이런 불안정성은 잠재적으로 여러 가지 결과를 가져올 수 있다는 걸 의미하지만, 보장할 수는 없다. 그것은 모두 우리가 무엇을 하고 민주주의 체제를 어떻게 활용해 공동의 미래를 형성하느냐에 달려 있다.

그러나 민주주의 부패의 징후는 깊다. 나오미 클라인은 이 타이밍의 문제를 분명히 밝혔다. *1980년대 과학자들이 임박한 기후위기의 징후를 기록하기 시작했을 때, 정치는 집단주의로부터 (그리고 규제로부터) 등을 돌렸고, 문화는 소비지상주의로 깊어졌다.

정부의 정책 결과에 관한 한 경제 엘리트들의 선호도가 일반 미국인의 선호도를 훨씬 능가한다. 역사적인 빈부격차와 당파적 양극화는 가족과 지역 사회뿐 아니라 국가 전체를 분열시킨다. 우리는 외부의 적들이 소셜미디어를 무기로 이 분열을 조장하는 것을 이제야 알게 됐다. 미국에서 절망으로 인한 사망, 특히 자살, 약물 과다복용, 알코올 남용 등으로 일찍 사망하는 백인과 노동자계급이 증가하고 있다. 전국적으로 흑인, 선주민, 유색인종은 인종에 따른 부정의로 인해 기회와 복지의 극명한 불평등을 겪고 있다.

사람들이 분노하는 것은 당연하다.

그리고 어쩌면 오늘날의 젊은이들이 나이 든 사람들보다 민주주의의 필요성을 덜 믿는 것은 놀랄 일이 아니다. 최근 연구에 따르면, 1930년대에 태어난 사람들의 72%가 민주주의 사회에서 사는 것이 "필수적"이라고 생각하는 반면, 1980년대에 태어난 사람들은 30%만이 그렇다고 여긴다.

대중의 분노와 무관심, 그리고 민주주의가 쇠퇴하는 상황에서 바람직한 변화의 필요성은 기후에 대한 요구보다도 절실하다. 모두가 기여할 수 있는 제도적이고 문화적인 도구와 공간이 필요하다. 즉 우리 시대에 망가진 체제만 남은 것처럼 보이고, 각자가 할 수 있는 일이 너무 작게 느껴지더라도 민주주의의 틀을 다시 짜야 한다. 기후 시민성의 의식적인 실천이 필요한 시점이다.

물론 "시민성"이라는 단어는 오늘날의 정치 풍토에서 우려된다. 일부 당파는 시민의 법적 지위, 특히 시민권이 없다는 것을 공포, 불신, 시민과 인간의 권리 침해의 씨를 뿌리는 끔찍한 방법으로 이용한다. "시민"과 "시민성"이라는 단어는 신중하게 사용해야 하며, 그럴만한 이유가 있다. 하지만 나는 비민주적 세력에게 시민성을 넘겨주고 싶지 않다. 시민성은 민주주의가 의존하는 공적 생활에서의 존재와 활동방식에 대한 강력한 설명으로 남아 있다.

———

시민성의 핵심은 개인과 집단 사이의 신성한 신뢰다. 기후위기에 직면하면서 이러한 신뢰와 그에 대한 이해, 행동 방식이 그 어느 때보다 중요해졌다.

개인은 집단을 통해서만 건강한 환경이나 특정 종류의 지원 및 안전을 누릴 수 있다. 동시에, 시민으로서 개인은 집단에 책임을 묻고 참여할 권리와 책임을 갖는다. 즉 시민성은 더 큰 전체의 일부로서 개인의 동의와 반대의 역동적인 과정이다. 그것은 개인이 공동체의 일원이 되고 공동의 미래를 결정하려는 인간의 기본적인 욕구를 가장 완벽하게 충족시킬 방법이다.

시민으로서 나는 자신을 지역 공동체, 주, 국가, 세계의 일부라고 정의한다. 내 경험상 이러한 정체성을 내 일부분으로 만들어야만 내가 열망하는 삶을 살 수 있다. 그것은 이웃을 잘 알고, 내가 사는 곳의 정치와 거버넌스를 이해하며, 우리의 미래를 위해 함께 일하는 삶이다.

시민성을 주장할 때 나는 떼려야 뗄 수 없는 내 공동체의 일부임을 선언한다. 그러므로 부와 건강, 소득의 큰 격차를 묵과할 수 없다. 특히 그것이 인종에 따라 차이를 보일 때 더욱 그렇다. 나는 경제 엘리트들이 정책 결과를 마음대로 주무르는 것을 용납하지 않는다. 화석연료 사용이나 많은 사람이 이미 직면한 기후 취약성에 대해 가만히 있을 수 없다. 나는 이 공동체에 소속된 시민이기에, 이곳을 모두가 잘 지낼 수 있는 곳으로 변화시켜야 한다는 책임감을 느낀다.

지구 공동체의 일부로서, 우리는 또한 그것에 대한 책임감을 요구받는다. 그것이 기후 시민성의 의미다.

노예제 폐지론자, 노동 조직가, 여성참정권 운동가, 민권 운동가, 페미니스트들은 이 나라에서 진정한 민주주의를 향한 운동이 결코 쉽지 않았음을 보여줬다. 그러나 기후위기는 인간의 존엄성을 보장하기 위한 새로운 도전과제를 가져왔다. 예를 들어, 기후 영향으로 인해 국경을 넘는 이주를 강요받는 압력이 가속화되고 있다. 정부가 국경을 "방어"하기에 국경을 넘으려는 사람들에 대한 처우는 잔인하며, 기본 인권을 침해할 수 있다. 기후 시민성은 대규모 인간 이주가 대규모 인권 유린으로 이어지지 않음을 보장한다. 그것은 우리가 국가의 시민일 뿐 아니라 지구의 시민임을 의미한다.

———

주정부에서 6년간 일한 뒤 나는 2012년 재선에 출마하지 않기로 결심했다. 대신, 비정치 분야에서 경력을 쌓고, 가족을 부양하며, 박사학위를 마치는 데 집중했다. 하지만 기후 시민성을 이해할 수 있는 또 다른 전환점이 나타났는데, 이것은 좀 더 미묘했다.

2018년 우리 가족은 남편의 회사가 있는 체코 브르노에서 여름을 보냈다. 남편, 갓난아기, 나, 우리 셋은 웅장한 모험심을 가지고 출발했다. 브르노에 정착하면서 딸아이와 나는 우리만의 생활패턴을 만들었다. 남편이 아침에 출근하면, 우리는 걸어서 갈 수 있는 많은 놀이터 중 한 곳으로 향했다. 거기서 몇 시간 동안 시간을 보내고, 다시 아파트로 돌아와 모퉁이에 있는 수백 년 된 농산물 시장에 들러 제철 농산물을 사곤 했다.

이런 패턴은 7월 중순까지 잘 유지됐지만, 그 후 6주 동안 더위가 계속됐다. 브르노를 생각하면 그때의 더위가 기억난다. 오전 8시 30분에 유모차를 인도로 밀고 갈라치면 땀이 뚝뚝 떨어졌다. 나는 어느 놀이터에 차양막이 있고 어디엔 없는지 금방 알게 됐다. 에어컨이나 담요 없이 자는 것에는 적응했지만, 긴팔 셔츠를 입고 싶은 꿈이 생겼다.

8월 중순 우리는 체코의 역사적인 수도를 보지 않고는 여름을 보낼 수 없다는 생각으로 프라하 여행을 계획했다. 하지만 출발일 며칠 전 딸아이가 끔찍한 설사병에 걸렸고, 일기예보는 주말 내내 35℃일 거라고 했다. 그 더위 속에서 아직 회복 중인 딸을 안전하게 지킬 자신이 없었다. 결국 남편은 나 혼자 프라하에 다녀올 것을 권유했다.

나는 물을 들이키고 땀을 흘려대며 도시 곳곳을 돌아다녔다. 어느 날 오후, 공산주의 박물관에 들러 플래카드를 하나하나 읽었다. 20세기 체코인에 대한 자세한 이야기들이 홀연 떠올랐다. 그들은 파시즘에 시달렸고, 이후 공산주의에 억압받았다. 그런데도 그들은 존엄성을 지키며 민주주의와 자치권을 주장했고, 결국 1989년 벨벳 혁명을 이끌었다. 트럼프 대통령이 취임한 지 1년 반째인 그날 오후, 나는 조국의 대양 건너편에서 마침내 억눌려왔던 민주주의의 취약성과 미국의 미래에 대한 깊은 불확실성을 느꼈다. 그리고 사우나 같은 도시로 걸어 나가 불확실하고 불안정한 미래 기후의 무게를 피부로 느꼈다.

브르노로 돌아온 뒤 박사논문을 쓰는 데 시간과 마음을 다 썼다. 그해 여름에 기후변화로 인한 더위와 민주주의의 취약성을 마주친 경험은 몇 달간 계속해서 머릿속을 맴돌았다.

민주주의 사회에서 사는 것은 그냥 주어진 게 아닌데도, 나는

30년 이상 그것을 당연하게 여겼다. 사실은 정반대다. 민주주의는 인류 역사상 매우 드물다. 그렇다면 우리가 하나의 종족으로서 번영할 수 있는 기후를 가진 행성에 사는 건 어떠한가? 그것은 지구의 과거를 샅샅이 뒤져도 찾을 수 없을 정도로 드문 일이다.

기후 시민성의 실타래가 내 삶을 관통하고 있지만, 민주주의와 지구의 취약성에 맞서야만 그것을 발견할 수 있었다.

2006년 유권자들로부터 배운 것처럼, 오늘날 내 경험은 그들의 운동을 통해 지역에서 전 세계에 이르기까지 민주주의를 근본부터 재정립하고 더 안전한 기후를 확보하려는 사람들과 함께 일하는 것에서 비롯됐다. 이들은 모임 운영이 원활하지 않아도 지역 모임에 나타난다. 그들은 점점 뜨거워지는 세상에서 앞으로의 건축이 폭우 증가에 어떻게 대처할 것인지 적극적으로 질문한다. 또 야심 찬 기후정책을 옹호하기 위해 담당자에게 편지를 보내고 공무원들을 찾아가기도 한다. 그들은 강력한 기후 계획을 가진 후보들을 위해 유권자의 문을 두드리고, 선출된 후보자들에게 책임을 지게 한다. *2016년 대선 때는 유권자 명단에 있지만 투표하지 않는 1,000만 명의 환경주의자를 불러내기 위해 열심히 노력했다.

일부 기후 시민은 토지 이용 개발의 지루하고 번거로운 공공 절차를 숙달하고, 도시계획위원회에 들어가 기후 옹호자 역할을 한다. 또 일부는 화석연료 인프라의 운명을 결정하는 정부 기관인 공익위원회의 복잡한 사항을 통달한 전문가가 된다. 교회 신도를 조직해 태양광 시설을 만들어 공무원에게 보여주는 기후 시민도 있다. 공공도서관은 기후변화에 대한 공동체 대화를 진행한다. 전 세계 젊은이가 위기에 걸맞게 기후행동에 대한 요구를 높이며 전례 없는 수준으로 목소리를 내고 있다.

이처럼 거대한 집단적 노력에 사람들이 저마다 기여하는 모습을 보는 건 매우 신나는 일이다. 그리고 불확실성 속에서 앞으로 나아갈 용기를 준다. 시민으로서의 내 행동이 기후의 미래를 만드는 데 중요하다고 믿는다. 그리고 당신들도 그럴 거라고 믿는다.

우리 모두는 기후 시민이다. 우리는 두려움, 슬픔, 수치심, 절망감을 이겨내고, 힘, 가능성, 기쁨을 가져다주는 집단행동으로 나아간다. 이것은 고귀하고 꼭 필요한 일이기에 혼자서는 할 수 없다.

죽은 별들

아다 리몬 ADA LIMÓN

여기 바깥에선, 나무들도 절을 한다
모두의 등에 손을 얹은 겨울의 차가운 손
검은 나무껍질, 매끈한 노란 잎사귀, 매우 고요한
정적으로 마치 다른 해인 것 같다

요즘 나는 거미들의 은신처가 되었다. 시도하는 이들이 모이는
둥지

우리는 쓰레기를 버리러 나오는 길에 오리온 별자리를 이루는
별들을 가리킨다. 쓰레기통이 굴러가는 소리는 천둥의 노래처럼
교외에 울려 퍼진다

푸르고 매끈한 재활용 수거함을 정돈하는 건 낭만적이기까지
하다. 누군가 '아, 새로운 별자리를 정말 배워야 할 텐데'라고 말
할 때까지는

사실이다. 우리는 공기펌프자리, 켄타우루스자리, 용자리, 도마뱀자리, 바다뱀자리, 거문고자리, 살쾡이자리를 계속 잊고 있다

하지만 대부분은 우리 자신 또한 죽은 별임을 잊고 있다. 내 입은 먼지로 가득하고, 그래도 떠오르고 있다고 주장하고 싶다

당신과 함께 가로등 빛 속에 몸을 기대기 위해,
우리 안의 더 큰 것을 향해, 어떻게 태어났는지를 향해

우리는 볼품없는 존재가 아니다
여기까지 왔고, 이만큼 살아남았다.

우리가 더 살아남기로 결정한다면 어떤 일이 일어날까? 더 격렬히 사랑하기로 한다면?

신경망과 살덩이로 뭉쳐, 차오르는 조수에 맞서 '아니오'라고 말할 수 있다면

수많은 침묵하는 바다와 육지를 대변할 수 있다면?
우리의 몸을 바치기로 흥정한다면 어떤 일이 일어날까?

다른 이들과 지구의 안전을 위해,

우리가 깨끗한 밤을 선언하고 두려워하지 않을 수 있다면

우리의 요구를 하늘로 쏘아 올려 우리 몸집을 크게 키울 수 있다면, 그래서 중요한 사람들이 마음속 화살을 우리에게 겨냥할 수 있다면

이 모든 것이 끝난 후
자신들의 쓰레기통을 내놓는다면

와칸다_{Wakanda}에는 교외가 없다

켄드라 피에르 루이스 KENDRA PIERRE-LOUIS

인류에 대한 이야기가 심각한 오류임을 처음 알게 된 것이 언제인지는 모르겠다. 하지만 인류의 존재 자체가 세상을 망치고 있다는 생각은 마치 사계절이 내 일 년을 정하고, 태양이 뜨고 지는 것이 내 하루를 정하는 것처럼 자연스럽게 내 삶의 방향을 정하는 내재율에 자리했다.

나는 천주교 신자로 자랐다. 원죄의 신학은 인간이 신을 거역하려는 욕망을 갖고 태어났음을 의미한다. 구약에 따르면, 이브가 그 빌어먹을 사과를 한 입 베어 무는 바람에 아담과 함께 에덴동산에서 쫓겨나는 벌을 받았으니, 인간에게 선천적인 환경파괴 성향이 있다고 믿는 것도 무리가 아니다.

뉴욕에서의 학교 수업은 인간의 고유한 결점에 대한 비슷한 메시지를 전달했다. 예를 들어, 역사와 과학 수업의 비판적 저류는 끊임없는 진보의 개념이다. 레이첼 카슨이 『침묵의 봄』에서 묘사한 것처럼, 스모그가 가득한 하늘에서 새가 없는 풍경까지 진보는 늘 환경파괴의 대가였다고 배웠다. 그리고 물론 진보라는 개념 자체가 현재와 그 속에 있는 우리 위치에 문제가 있음을 암시한다.

나만 이런 메시지를 듣고 자란 건 아니다. 시티즌 포타와토미 네이션Citizen Potawatomi Nation에 등록된 과학자, 작가, 강사인 로빈 월 키머러Robin Wall Kimmerer는 자신의 아름다운 책 『향모를 땋으며 Braiding Sweetgrass』에서 200여 명의 생태학과 3학년생을 조사한 결과, 거의 모두가 인간과 자연을 나쁜 조합이라 생각한다고 전한다. 그녀는 이들이 환경보호에 일생을 바치기로 결심한 사람들임을 강조했다.

키머러는 "깜짝 놀랐다. 어떻게 20년 동안 교육받으면서 사람과 환경의 유익한 관계를 생각하지 못할 수 있을까?"라고 썼다.

이 인용구를 본 친구는 사람과 자연을 늘 대척점에 있는 것처럼 규정하는 것은 반역사적이라고 지적했다. 생태학적 경계 안에서만 살아가는 사회도 있다. 예를 들어, 산악국가인 부탄은 탄소 배출량보다 흡수량이 더 많다. 하지만 미국 문화를 지배하는 이야기에서 부탄 같은 사례를 찾기란 거의 불가능하다.

대중문화를 꿰뚫는 여느 사람들처럼 나 역시, 인간이 가는 곳마다 반드시 생태계가 파괴된다는 생각을 재확인해줄 디스토피아 공상과학 소설, 공포영화, 진지한 드라마 등 모든 장르를 줄줄이 이야기할 수 있다.

내가 재미있게 본 〈매드맥스3〉, 〈워터월드〉, 〈헝거게임〉 같은 영화는 인간이 지구를 멸망시킬 수 있을 뿐 아니라, 우리가 그렇게 할 것이라고 확신한다. 가장 좋아하는 디스토피아 영화인 1986년 작품 〈태양의 전사들Solarbabies〉은 사막에서 롤러스케이트를 타는 아이들과 원형 발광체 외계인의 이야기를 그린다. 한 글로벌 기업이 지구를 거대한 사막으로 만들기 위해 모든 물을 가두고 인간을 대리 노예로 만든다는 아이디어에 바탕을 두고 있다. 달리 보면, 이 영화의 핵심은 많은 사람이 자원을 남들과 공유하느니 지구를 지옥으로 만드는 게 더 낫다고 생각한다는 것이다.

　제임스 캐머런의 인기 영화 〈아바타〉는 인간이 나타나 환경을 파괴하기 이전에 지적 존재들이 환경과 더불어 살아가는 행성의 모습을 그린다. 시즌1로 마감한 TV시리즈 〈테라 노바Terra Nova〉에서는 인구가 넘쳐나고 완전히 오염된 지구를 보여주는데, 인간이 지구를 망가뜨리기 전인 공룡 시대로 인류를 보내버린다. 청소년 타깃의 방송사 CW는 핵전쟁 이후 "방사능이 넘치는"지구를 배경으로 〈원헌드레드The 100〉라는 TV 시리즈를 방영한다. 이 시리즈의 첫 회에서 생존자들은 우주선을 타고 위험한 행성의 궤도를 선회한다. 어린이용 애니메이션처럼 보이는 픽사의 〈월−EWALL-E〉 역시 우주를 배경으로 한다. 이 작품은 오염된 지구뿐 아니라 물리적 쓰레기로 뒤덮인 대기를 보여주는데, 대기가 너무 오염된 나머지 인간은 무균 우주 정거장에서 산다. 인류의 미래를 긍정적으로 다뤘다고 여겨지는 〈스타트렉〉조차도 인류가 환경과 균형 있게 살기 위해서는 우선 고래를 포함한 주요 종들이 멸종하게 내버려두고, 제3차 세계대전을 치러야 하며, 인간보다 더 지능이 발달한 외계인을 인류 문명에 개입시키고, 행성 밖에 자원 기지를 건설해야 한다고 가정한다.

그게 뭐 대수인가.

인간이 풍족한 삶을 누릴 모든 것을 가질 수 있다는 관념은 무서운 픽션들에 의해 깨진다. 그중 일부는 단테의 『신곡』 첫 장처럼 공포로 가득 찬 장면이 아니라, 오히려 목가적인 배경을 등장시킨다. TV시리즈 〈굿 플레이스The Good Place〉에서 악마들은 약간 뒤틀린 버전의 낙원에서 주인공을 괴롭힌다. 셜리 잭슨Shirley Jackson의 단편소설 "제비뽑기The Lottery"부터 조던 필의 영화 〈겟 아웃〉까지, 목가적인 설정은 관객에게 앞으로 전개될 사악함에 미리 대비하라는 신호다.

물론 이것들은 "그저" 이야기에 지나지 않는다. 그러나 이야기의 힘은 강력하다.

『네이처 커뮤니케이션즈Nature Communications』 저널에 수록된 2017년의 한 연구는 수렵 채집 사회 중에서 더 나은 이야기꾼을 가진 사회가 더 협력적임을 발견했다. 인류학자들은 인간의 협력이 가장 혹독한 환경에서도 살아남게 해주고, 포식자를 물리치게 해준다고 말한다. 실제로 우리의 뇌는 이야기로 연결되어 있다. 그래서 우리 대부분은 분명하게 진술된 일련의 사실보다 이야기를 훨씬 더 오래 기억할 수 있다. 우리 자신과 세상 속 우리 위치에 대해 말하는 이야기는 존재를 구축하는 재료다. 또는 이야기꾼 커트 보니것Kurt Vonnegut의 말처럼, "우리는 꾸며내는 존재이기에, 꾸며내는 데 매우 신중해야 한다."

현대 잠수함의 개척자 사이먼 레이크Simon Lake는 쥘 베른의 『해저 2만리』를 읽고 해저 탐사 아이디어에 영향을 받았다고 인정했다. 원자폭탄 개발을 도운 물리학자 레오 실라르드Leo Szilard는 부분적으로 H. G. 웰스의 소설 『해방된 세계The World Set Free』에서 자극을 받았다. 또 〈스타트렉〉 통신기는 휴대폰에 영감을 주었다.

인간의 행동 때문에 지구가 살 수 없게 될 것이라는 생각은 점점 더 우리를 새로운 변방으로 이동하게 만들었다. 기술계의 억만장자들이 〈월-E〉에서 단서를 얻었는지는 불분명하지만, 일론 머스크Elon Musk와 제프 베이조스Jeff Bezos 같은 사람들은 인류가 생물종으로 살아남기 위해 우주로 이주해야 한다는 생각에 바탕을 두고 우주 탐사에 많은 투자를 하고 있다.

베이조스는 2019년 〈CBS 이브닝뉴스〉에 나와 "인류가 계속 문명을 번영시키려면 우주로 가야 한다"며, 우주에 큰 공장을 세우고 지구를 주거지로만 삼는 세상을 이야기했다. 그런데 TV 시리즈 〈익스팬스The Expanse〉의 설정이 바로 인간이 채굴을 위해 우주로 향한다는 것이다. 이 작품은 시즌3으로 끝날 뻔했으나, 베이조스가 창업자이자 대표로 있는 아마존이 시즌4를 제작하기로 했다. 나처럼 베이조스도 〈익스팬스〉의 팬임을 공식화했다.

그러나 모든 사람이 우주에 가야 한다는 그의 말에 동의하는 건 아니다.

"재미있는 사실: 우주는 당신이 죽길 바랍니다. 화성도 타이탄도 마찬가지고요. 우주가 당신을 박살낼 겁니다." 〈뉴욕타임스〉와 〈애틀랜틱〉에 기고하는 과학 작가 섀넌 스털론Shannon Stirone이 트위터에 올린 글이다.

캐나다의 지구 물리학자이자 과학 커뮤니케이터 미카 맥키넌 Mika Mckinnon은 이에 동의하며, "지구는 살기 쉬운 곳입니다. 만약 우리가 여기서 오래 거주할 수 없다면, 다른 곳에서 장기간 생존한다는 것은 완전히 어불성설이죠"라고 썼다.

그런데도 수십억 달러가 우주 개발에 투입되고 있다. 방사능이 없는 곳으로 이동하는 인간에 대한 이야기가 온실가스 배출을 줄일 가능성보다 더 큰 반향을 불러일으키는 것은 무엇을 의미할까?

지금 많은 사람이 우리 자신에 대해 다루는 이야기가 우리를 힘들게 한다는 것이다.

인간의 파괴 본성에 대한 이야기는 보편적이지는 않지만, 그 어떤 이야기보다 주류로 자리 잡고 있다. 예를 들어, 북미 선주민 문화는 여전히 다른 이야기를 만들어낸다. 우리는 인간이 환경과 조화를 이루는 현재를 상상하는 데 도움이 되는 다양한 이야기가 필요하다. 지구에 부담을 덜 주는 방식으로 먹고, 놀고, 이동하고, 살아가는 현재, 그리고 대다수가 현대 생활에서 기대하는 것 중 최소한의 것들로 인간으로서 우리를 양육하는 현재에 대한 이야기 말이다.

사실 나는 미래 걱정은 접어두고, 인간이 환경과 균형 있게 살 수 있다는 전제에서 출발하는 현재에 대한 단 하나의 주류적 비전을 떠올린다.

15세기 짐바브웨의 무타파 제국을 배경으로 한 마블 영화 〈블랙 팬서Black Panther〉는 가상의 아프리카 국가 와칸다의 자연 풍경과 함께 시작된다. 영화는 세계에서 기술적으로 가장 앞선 나라인 와칸다를 안개 덮인 산, 양치기들이 대대로 양떼를 몰고 다니는 푸른 계곡, 레소토 담요를 두른 채 말을 타고 질주하는 국경 부족민의 이미지로 보여준다. 최강의 기술력을 성취한 국가인 와칸다가 그들의 환경을 보존하고 있다는 메시지처럼 보인다.

그리고 카메라는 와칸다의 수도 버닌 자나의 상공으로 이동한다. 풀이 무성한 시골에서 번화한 도시로의 전환은 너무 갑작스럽고 환상적이어서, 카메라가 우리에게 보여주려는 것을 놓치기 쉽다. 와칸다에는 교외가 없기 때문에 부분적으로 생태계를 유지할 수 있다는 것을 말이다.

이는 현대 문명에 대해 미국과는 완전히 다른 시각을 보여준다. 미국인의 약 52%가 그들이 사는 곳을 교외로 여긴다. 교외 지역은 부분적으로 도시의 오염된 대기 질, 열악한 주택으로 인해 생겨났다. 그러나 이러한 문제를 해결하기보다는 단순히 인구를 재배치하면서 새로운 문제를 양산했다. 그중에서도 특히 기후에 미치는 영향이 증가했다. *연구에 따르면, 교외 거주자는 도시 거주자보다 더 많은 온실가스를 배출한다.

〈블랙 팬서〉의 와칸다는 인간과 환경이 천적이라는 자주 반복되는 이야기를 거부한다. 대신 인간이 주변 환경과 풍요로운 관계를 유지하면서 동시에 기술적으로 발전해가는 이야기를 들려준다.

이 장면을 만들기 위해 영화 제작팀은 아프리카 동부의 마사이족, 남아프리카공화국의 줄루족, 아프리카 남부의 소토족, 나미비아의 힘바족 등 기존의 아프리카 문화에서 많은 것을 차용하고 자문했다. '만약 이 부족들이 식민 지배를 받지 않고 그들의 생태학적 경계 내에서 살았다면, 그들의 사회는 어떤 모습이었을까?'

영화 제작팀이 내린 결론은 황무지가 아닌 시골로 둘러싸인 도심이었다.

라이언 쿠글러Ryan Coogler 감독의 구상대로, 버닝 자나의 마천루는 한 번도 잘려나간 적이 없어 보이는 울창한 나무로 가득한 숲에 둘러싸여 있다. 그리고 많은 건물의 테라스와 옥상에 식물이 자라고 있다. 아스팔트가 아닌 흙으로 다져진 땅에서는 트램이 먼지를 날리며 도심을 가로지른다. 트램은 사람이 걷는 속도보다 빠르지만, 사람들이 자연스럽게 피할 정도로 움직이며 인도가 없는 좁은(북미 기준으로) 거리 풍경에 녹아든다. 이런 풍경은 사회학자 루이스 멈퍼드Lewis Mumford의 유명한 말을 떠올리게 한다. "빌어먹을 자동차는 잊고, 연인과 친구를 위한 도시를 건설하라." 와칸다에는 차가 없으니 인도와 차도를 분리할 필요도 없다.

이런 풍경은 와칸다 기술력의 근간인 가공의 광물 비브라늄이 없어도 이 나라가 미국보다 더 오래 유지될 수 있음을 의미한다. 녹지 공간이 많은 도시는 당연히 더 시원해서 에어컨을 덜 쓰고 에너지 사용을 낮춰 화석연료 사용을 줄이며 재생에너지 이용을 쉽게 한다. 또한 시멘트나 콘크리트의 경질 포장과 달리 흙길은 물을 흘려보내는 대신 흡수하기 때문에 소규모 홍수 발생의 가능성을 줄여준다. *녹지 공간은 기분과 행동을 개선할 뿐 아니라, 사람을 치유하고 학생들의 학습 능력을 향상하는 등 다양한 심리사회적 이점을 제공한다.

교외와 더 외곽의 준교외exurbs를 없애는 것은 이 나라의 생태발자국을 줄이는 한 방법이다. 교외가 없다는 것은 생태계를 파괴하는 도로가 적어 동식물이 생존하기 쉽고 생물다양성을 보존할 수 있다는 뜻이다. 또한 도로는 온실가스 배출의 주요 원인인 시멘트와 강이나 다른 중요한 생태계에 영향을 끼치는 모래를 사용해 지어진다. 이러한 영향은 차량이 가스나 전기로 운행되는지 여부와 상관없이, 또는 미래 세대의 희망이나 꿈과 상관없이 발생한다. 즉 교외 생활과 자동차 의존이라는 구조 전체가 문제다.

동시에, 교외 생활이 인간에게 이로운지도 의문이다. 특히 통근 시간이 긴 사람들은 교외에 살수록 사회적으로 더 고립될 수 있다. *스웨덴의 조사 결과, 부부 중 1명이 45분 이상 통근할 경우 이혼 확률이 40% 더 높았다. 그리고 교외 거주자는 도시 거주자보다 운동을 덜 하는 경향을 보였다.

〈블랙 팬서〉는 초능력과 불가능한 수준의 첨단기술이라는 환상적인 요소를 넘어, 인간 존재의 의미에 대해 전혀 다른 이야기를 들려준다. 그리고 문제가 닥쳤을 때조차, 그것은 킬몽거 Killmonger라는 이름의 분노에 찬 아웃사이더 모습으로 재현된다. 킬몽거는 인간이 결핍과 정복을 본성으로 하는 결함 있는 존재라며 매우 미국적인 방식으로 이야기한다.

와칸다인은 킬몽거와 다르게 자신들의 이야기를 하기로 했다. 그들은 자신들이 의존하는 환경을 훼손하지 않으면서 삶의 질을 향상시킬 수 있음을 보여줬다.

그러나 기후변화를 이야기할 때 우리가 지구를 망쳤다는 숨겨진 체념을 하곤 한다. 그리고 지구를 위한 행동에 대해 말할 때도 비관적인 흐름이 있다. 가치 있는 일이지만, 꼭 희생하면서까지 해야 하나라는 생각 말이다. 그 대신 기후변화에 대한 이야기가 기회라면 어떨까? 인간과 지구의 관계를 회복하고 사회를 재정립하기 위해 생태계와 공존할 뿐 아니라 우리 삶을 더 낫게 하는 기회 말이다.

이것이 불가능하게 들린다면, 자신에게 물어보라. 왜 안 되는가?

어쩌면 우리는 다른 이야기를 시작해야 한다. 와칸다와 유사한 이야기. 아마 다음과 같은 이야기가 될 수도 있다.

옛날 옛적 어떤 사람들이 지구와의 관계에 관해 이야기했고, 이를 사용해 아름답지만 결함 있는 세상을 만들었다. 시간이 흐르면서 사람들은 그것이 잘못된 이야기임을 깨닫고, 환경과 조화롭게 살 수 있다는 새로운 이야기를 만들었다. 그리고 그들은 새 이야기를 만드는 데 옛이야기의 조각들을 활용했다.

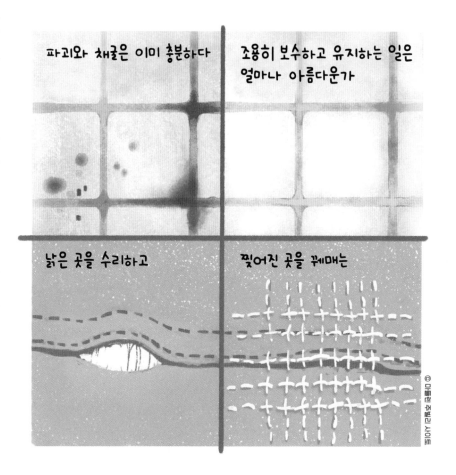

파괴와 채굴은 이미 충분하다

조용히 보수하고 유지하는 일은 얼마나 아름다운가

낡은 곳을 수리하고

찢어진 곳을 꿰매는

© 마음편지사이트

4. 재구성하기

천국 또는 만조

사라 밀러SARAH MILLER

"맑은 날의 홍수"는 물이 땅 위로 넘쳐 올라올 때 일어난다. 심지어 하늘에 구름 한 점 없는 날에도 밀물에 의해 발생한다. 그래서 이런 이름이 붙여졌는데, 맑은 날의 홍수 때 비가 오면 상황은 더 악화된다. 이 현상은 버지니아주 노퍽과 사우스 캐롤라이나주 찰스턴 같은 곳에서 주기적으로 일어난다. 플로리다주 마이애미의 많은 곳에서 맑은 날의 홍수가 발생하지만, 비스케인만에 의해 도시와 완전히 분리된 부유한 섬 마이애미 해변 저지대는 특히 심하다.

마이애미 해수면은 1900년 이후 10인치 상승했다. 2천년 전까지만 해도 해수면 높이는 그대로였다. *과학계는 하나같이 2060년까지 마이애미 해수면이 1992년보다 14~34인치 정도 높아질 것이라고 예측한다. 2100년에는 6피트(약 182㎝)가 될 수도 있다. 요트와 헬리콥터가 없는 한 안녕을 고해야 한다는 의미다. 놀랍게도 기후에 대한 명백한 사실 앞에서도 호화 부동산 사업은 여전히 성행한다. 나는 이러한 인지적 부조화를 가까이서 보고 싶었다.

나는 거짓말을 좋아하진 않지만, 필요할 땐 주저 없이 하는 편이다. 스위스인이나 스웨덴인처럼 보이는 금발의 키 크고 예의 바른 첫 번째 부동산 중개인이 내게 물었다. "지금 마이애미에 사세요? 어떤 집을 사고 싶으신가요?" 나는 "저는 샌프란시스코에 살고, 남편은 기술직에 종사해요"라고 대답했다. 그리고는 끼고 있던 결혼반지를 새침하게 비틀었다. "우리는 비가 쏟아질 때 흥청망청 놀 곳을 찾고 있어요. 그리고 은퇴할 장소도요."

그가 내 말을 믿든 말든 상관없었다.

실내는 침실 탁자 위에 놓인 보석 빛깔의 책을 제외하고는 베이지색과 흰색에 스테인리스스틸로 장식되어 있었다. 나는 마치 그 집을 소유한 것처럼 둘러보며, 내 생전에 집 로비가 다시마로 장식될 일은 없을 것처럼 행동했다.

우리는 비스케인만이 내려다보이는 발코니에 섰다. 3월 하순 치고는 이례적으로 비가 내리던 그날, 그가 손짓하며 말했다. "당신은 이곳에서 가장 멋진 일몰을 늘 보게 될 거예요." 그 광경을 보고 나는 진심 어린 탄식을 내뱉었다. 이곳이 수천 파운드의 배설물로 가득하다는 사실만 아니면, 비스케인만은 숨이 막힐 만큼 아름다웠다.

그에게 홍수가 어땠는지 물었다.

"펌프장을 설치하고 도로를 위로 올려서 모든 게 해결됐죠."

"해결이라…. 와, 대단하네요."

그리고 허리케인은 어땠냐고 물었다.

허리케인이 남쪽 열대지방에서 와서 마이애미 해변의 서쪽인 이곳은 그리 심하지 않았다고 했다. 나는 "아, 그러네요"라며 그의 말에 맞장구쳤다.

그에게 이곳이 마음에 드는지 물었다. "정말 마음에 들어요. 미국에서 가장 번창한 도시인 데다, 빠르게 성장하고 있거든요." 그가 에지워터Edgewater라 불리는 동네에 늘어선 건물들을 가리켰다. "저 스카이라인이 모두 지난 3년 동안 만들어진 거예요."

"와, 겨우 3년이라니…. 사람들이 해수면 상승을 걱정하진 않나요?"

"그건 시에서 해결하고 있어요. 모든 걸 위로 올려 해수면 상승에 대응하고 있는데, 지금까지는 문제가 없었어요."

나는 그의 말을 이렇게 바꿔 쓰고 싶었다. '물론 죽는 건 두렵지만, 지금까지는 별 문제가 되지 않았답니다.'

이후 캘리포니아대학 버클리캠퍼스 도시디자인학과 부교수 크리스티나 힐Kristina Hill에게 문자 메시지를 보냈다. 그녀는 주로 해안 지역 공동체가 기후변화에 적응하는 것을 돕고 있다. 나는 그녀에게 마이애미 서쪽 해안에 상륙하는 허리케인이 더 약하다는 부동산 중개인의 이론을 말해줬다. 그녀는 "말도 안 돼요!"라고 답변했다.

어느 날 길을 걷다가 인도가 올라간 곳에 있는 상점에 불쑥 들어갔다. 주인이 부드러운 스웨터를 접으면서 "이곳은 물이 넘치곤 했어요"라고 말했다. 그녀는 마이애미 해변에 어울리는 길고 검은 머리에, 연장된 속눈썹을 하고 있었다. "하지만 펌프를 설치해 고쳤어요."

나는 "저도 들었어요"라고 말했다.

"그러게요. 놀랍지 뭐예요."

"제가 이해할 수 있을진 모르겠지만, 인도를 올리면 물은 어디로 흘러가나요?"

그녀는 "하수구로 가겠죠. 아, 가게가 물에 잠긴 적이 한 번 있어요. 하지만 고쳤으니 괜찮아요"라며 감사하다는 듯 가슴에 손을 얹었다.

———

다음 부동산 중개인은 40대 중반의 여성으로, 거대한 다이아몬드 반지를 끼고 있었다. 그녀의 바지는 너무 완벽하게 재단되어 마치 몸의 일부 같았다.

나는 부유한 쇼핑객처럼 천천히 집 내부를 배회했다. 그리고는 그 집의 장점과 함께 정중한 반대 의견도 표하는 모호한 표정을 지었다. 그곳은 마이애미의 모든 것과 마찬가지로, 베이지색 바탕에 분홍색, 파란색, 하얀색이 골고루 장식되어 있었고, 훌륭한 전망을 가진 사랑스러운 곳이었다.

보통 이런 만남은 인사를 나눈 뒤 잠시 걷다가 짧은 수다를 떨고 작별 인사로 이어진다. 우리는 신발과 보석, 그리고 마이애미의 강렬한 아름다움에 관해 이야기했다. 그녀에게 거짓말하는 게 편치 않았고, 내 진정한 임무를 위해 이어갈 이야기도 딱히 없어서 내 질문에 그녀의 태도가 바뀔까 봐 걱정됐다. 하지만 주방 배치에 대한 칭찬을 기분 좋게 받아들인 것처럼, 그녀는 내 걱정에 분명히 일리가 있지만, 만약 그렇더라도 30년도 아닌 50년 뒤의 일일 거라고 답했다. 이런 상황에서 자신의 *생각*을 말해준다는 게 놀라웠다.

"그렇게 말하는 과학자, 경제학자, 환경운동가는 이곳이 얼마나 부유한 지역인지 모르죠." 이곳에 사는 그녀는 마이애미를 떠날 생각이 없다고 했다. 그러면서 마이애미 부동산 업자들은 자신만만하고 같은 목표를 위해 협력한다고 덧붙였다. 펌프시설을 갖추고 구역을 나누고 도로를 높이는 등 이곳을 유지하려고 노력해왔다는 것이다. 이곳에는 엄청난 규모의 재난이 일어나도 감당할 만큼 너무나 많은 백만장자와 억만장자가 있다.

"어쨌든 사람들은 재난을 막기 위해 정말 열심히 일하고 있어요"라며 그녀가 말을 이었다.

콘도를 보러 온 다른 젊은 중개인이 우리 대화에 끼어들었다. 만약 우리가 "마이애미 해변 묵시록"이 실현될 때까지 30년간 이야기를 나눈다면, 40대 부동산 업자와 나는 이미 죽었거나 죽음 직전에 있겠지만, 이 젊은 여성에겐 아직 남은 세월이 많을 것이다. 그녀는 맑은 날의 홍수나 해수면 상승과 관계없이 아무것도 잃지 않을 것이라 여기는 것 같았다.

"제가 알기로는…." 콘도를 둘러보던 그녀는 창백한 바다를 또각거리는 소리로 채우며 말했다. "모든 사람이 조사했고, 그런 것도 해왔잖아요. 음…." 그녀는 아일랜드 식탁 뒤에 잠시 멈춰서서 코팅된 조리대 위에 파스텔톤 손톱을 올리며 말했다. "지금 단어가 생각나지 않네요.”

“연구?”라고 다른 중개인이 그녀를 돕듯 말했다.

“맞아요.” 젊은 여성이 대답했다. 그녀는 연구비를 지원한 한 남성을 안다고 했다. “연구 결과가 나올 때까지 걱정할 필요가 없다고 했어요. 가족이 없거나 여기 머물 계획이 없다면요.”

이곳의 이상적인 구매자는 향후 수십 년간 거리와 로비가 물에 잠겨도 개의치 않는 사람들일 것이다. 그리고 분명히 그런 사람들은 많이 존재한다. 그녀는 “많은 사람이 여기 부동산을 사서 5년간 갖고 있다가 팔아요”라고 설명했다.

———

다음 부동산 매물을 찾기까지는 애를 좀 먹었다. 매물이 나가고 없다는 이야기를 여러 번 전화 통화로 들으며 스스로 바보처럼 느껴졌다. 이후에 찾아간 모델하우스에선 직원들 분위기가 어수선했다. 이 건물을 지은 유명한 건축가를 인터뷰하기 위해 기자들이 모였는데, 그 자리에서 수도관이 파열됐기 때문이다.

건물을 안내하는 여성은 화려한 의상에 고무 부츠를 신고 있었다. 그 건물은 말 그대로 모든 것이 호화로웠고, 세련된 집기들로 가득차 있었다. 구석구석까지 전망도 훌륭해서 그녀의 말에 집중하기 힘들 정도였다.

그녀는 이 건물이 구역 설정 요건보다 몇 피트 더 높게 지어졌다고 설명했다. 이것이 구매자가 감안해야 할 요소처럼 보였다. 제프 구델Jeff Goodell의 책 『물이 몰려온다The Water Will Come』의 한 구절이 떠올랐다. "대자연은 설계 사양을 고려하지 않을 위험이 항상 있다."

나는 그렇게 유명한 건축가가 기후변화로 위협받는 도시에 건축하는 것이 놀랍다고 말했다. 사실 모두가 돈을 벌어야 하니 전혀 놀라울 것도 없었지만, 그녀의 반응을 보고 싶었다.

그녀는 마이애미가 매우 전향적인 태도를 취한다는 게 핵심이라고 말했다. 그리고 네덜란드 사람들이 암스테르담을 어떻게 재건했는지, 그들이 이 문제를 해결하는 데 어떤 모범이 됐는지에 대해 언급했다. "저는 마이애미가 뭔가를 하고 있다는 게 중요하다고 생각해요."

마이애미와 네덜란드를 비교하는 것은 몇 가지 문제가 있다. 우선 네덜란드는 기후 회복력 조치에 수십억 달러를 썼지만, 마이애미가 쓴 돈은 수백만 달러에 불과하다. 네덜란드의 전략은 기후위기가 어떤 영향을 미칠지 전체적으로 조망하는 반면, 마이애미는 단지 몇 개의 펌프를 설치하고 몇 곳의 도로와 건물 높이를 올리는 데 그쳤다. 이는 주거공간이 인근의 상품과 서비스, 그것에 도달하기 위한 거리와 인도가 물속에 잠기지 않는 한에서만 유용하다는 것을 간과하고 있다.

모든 것이 괜찮다는 이들의 이야기를 들으며, 내가 미친 건지도 모른다는 생각이 들기 시작했다. 그래서 참여과학자모임Union of Concerned Scientists의 선임 기후학자 아스트리드 칼다스Astrid Caldas와 이야기를 나눴다. 그들의 예상에 따르면, *2030년이면 마이애미에는 매년 45일 정도의 맑은 날 홍수가 발생할 것이다. 2045년에는 약 240일, 즉 사흘에 두 번 정도 홍수가 일어날 것이다. 그녀는 건물 높이를 올리는 것이 건물 자체에는 이롭지만, 그곳에 거주하는 사람들의 안녕에는 큰 도움이 되지 못할 거라는 내 의심을 확인시켜줬다. "네, 당신은 약과 식료품을 사기 위해 건물 밖으로 나갈 수 있어야 해요. 그런데 만약 모든 거리가 물에 잠기면 어떻게 될까요?"라고 그녀가 물었다.

펌프에 대해 말하자면, 나는 정말로 엄청난 것을 기대했다. 하지만 펌프는 아마도 세계에서 가장 큰 견종인 에어데일Airedale 크기에 불과했다. 크리스티나 힐에게 그 펌프를 언급하자, 그녀가 회의적인 코웃음을 쳤다. "마이애미에서는 펌프를 설치하고 도로를 높이는 게 대단한 변화라고 여길 수 있겠죠. 하지만 그건 겉치레일 뿐이에요." 그녀는 마이애미의 노력이 홍수를 대비하는 데 어느 정도 도움이 된다는 것은 인정했다. 하지만 해수면이 크게 상승하거나 거대한 폭풍이 발생하면 어떻게 될까? 거대한 폭풍은 모든 것을 침수시키고 피해를 입힌 뒤 물러갈 것이다. 정화조 시스템을 뒤집어 놓아서 끔찍한 질병을 일으키거나 유독물질을 유발하는 산업폐기물을 발생시킬 수도 있다. "그게 제가 정말로 우려하는 상황이에요. 탄광 속 카나리아 같아요"라고 그녀가 말했다.

마이애미 로젠스틸 해양대기과학대학의 에이미 클레멘트Amy Clement 교수에게도 펌프와 건물 높이기에 관해 물었다. 그녀는 "아뇨, 당신은 미치지 않았어요"라고 나를 안심시키며, "그것만으로는 충분한 계획도, 포괄적인 해법도 될 수 없어요"라고 답했다. 그리고는 플로리다주 잭슨빌 근처의 세인트존스 카운티에서 주택 소유자와 카운티 정부 간에 법적 분쟁이 벌어졌다고 말해줬다. 주택 소유자들은 세인트존스 카운티가 도로를 보수하지 않아 사유지에 접근할 수 없다고 주장했지만, 카운티 정부는 폭풍과 침식으로 계속해서 파괴되는 도로의 보수 비용을 더는 부담하지 않겠다고 했다. "사람들은 정부가 도로를 보수하는 게 당연하다고 생각하지만, 정부가 항상 그러진 않을 수도 있죠"라고 그녀가 말했다.

제방의 문제도 있다. 네덜란드의 큰 계획은 제방에 달려 있다. 마이애미는 스펀지처럼 물을 흡수하는 석회암 위에 지어졌기 때문에, 제방이 그다지 유용하지 않다. 마이애미에서는 바닷물이 소금 유령처럼 제방 아래로 흘러들어오고, 파이프를 통해 올라와 맨홀 주위로 스며들 것이다. 또 바닷물이 모래 속으로 스며들어 동굴과 지하수면 아래로 들어가 지하수를 밀어 올릴 것이다. 그래서 네덜란드의 제방은 나막신을 젖지 않게 해줄 수 있지만, 마이애미 해변의 제방은 뾰족구두를 그런 식으로 보호할 수 없다.

마이애미에서 해변 지역만 위협받는 것은 아니다. 많은 사람이 사는 쇼어크레스트나 하이얼리아도 홍수가 빈번하다. 그나마 부유한 마이애미 해변 지역은 호들갑을 떨고 있지만, 소외된 빈곤 지역은 한 푼이라도 지원받기 위해 애원해야 하는 형편이다.

———

사람들은 마이애미가 형편없다고 하지만, 나는 마이애미의 거의 모든 것을 좋아했다. 해변에 줄지어 늘어선 파란 파라솔, 지붕처럼 우거진 나무 아래에서 자전거 타기, 제방에 앉아 노을 보기 같은 것들 말이다. 하지만 그들은 바닷물이 정화조 시스템에 침투하는 것에 대해선 전혀 생각하지 않았다. 내가 거기 있던 때를 돌아보면, *왜 아무도 이곳이 얼마나 엉망인지 인정하려 하지 않는지 알 것 같다.*

그날 밤 마이애미에서 자란 친구와 저녁식사를 하러 갔다. 20년 전 대학에 진학하면서 마이애미를 떠난 그는 이곳에 다시 돌아올 생각이 없었다. 초등학생일 때 허리케인 앤드루가 마이애미를 강타하는 걸 보고, 이곳이 영원하지 않을 것을 깨달았다고 했다.

그리고 2018년에 마이애미로 돌아온 것이다. 그럴 리 없어 보였지만, 여전히 파티는 계속되고 있었다. 우리는 시내의 NIU 키친에서 멋진 사람들에게 둘러싸여 훌륭한 프랑스 랑그독 와인을 마셨다. 그리고 사치가 세상에 가져온 공포를 논하면서 사치를 즐겼다.

내 친구는 지역 시민 공동체에는 긍정적이지만, 해수면 상승에 대한 활동가들의 담론엔 회의적이었다. "그들은 모두 '지속가능성'과 '복원력'에 대해 얘기해. 그런데 파티를 계속하기 위해 우리가 할 수 있는 최소한만 얘기하는 것 아닐까?"

나는 그에게 기후변화 회의에 참석한 지인의 이야기를 들려줬다. 그 회의에서 마이애미 공무원들은 회복력을 위한 시의 활동을 세상에 증명하기 위해 애썼다. 그들은 그런 활동이 사실상 자신들의 능력 밖이라고 생각했으며, 그저 사람들을 안심시키기에 급급했다.

좀 더 효율성을 높이고 적절한 기업 활동을 장려하기 위한 알맞은 인센티브를 찾는 것. 즉 이런 문제에 접근하는 "합리적" 방식에 대한 신자유주의적 사고다. 하지만 친구는 그저 슬퍼한 다음 물러나는 게 성숙한 행동이라면 어떻게 해야 할지 궁금해했다.

———

다음날은 날씨가 참 좋았다. 하늘은 파랗고 거리는 상쾌했다. 마이애미가 영원할 거라고 생각될 만큼 좋은 날이었다. 마이애미 해변에 있는 처음 본 부동산 매물은 410만 달러였다.

"솔직히 제게는 과한 금액이에요"라고 중개업자에게 말했다. "하지만 이곳의 이웃이 된 것 같은 기분이네요." 젊은 로버트 레드포드가 큰 키를 위해 약간의 잘생김을 포기했다면, 바로 이 남자의 외모일 것 같았다.

"동해안으로 온 서해안 사람을 보게 되어 기뻐요"라고 그가 말했다.

나는 위층으로 올라갔다. 그곳에는 빛나는 콘크리트 세면대와 화려한 손님용 비누가 있었다. 각각은 초록색 잔가지로 섬세하게 장식되어 있었다. 집에 대한 칭찬, 잡담, 그리고 해수면 문제에 대한 내 이야기가 가감 없이 쏟아졌다.

"네, 그래요. 해수면 상승은 마이애미를 괴롭히는 문제예요. 우리가 현실을 직시하지 않기 때문이죠." 로버트 레드포드의 키 큰 사촌이 말했다. "우리는 실제로 이에 대해 적극적으로 대처하고 있어요. 건물 높이를 올린 게 많은 도움이 될 겁니다." 그에 말에 고개는 끄덕였지만, 동의하진 않았다. 건물에는 도움이 되지만, 건물은 밖에 나갈 일도, 콜레라에 걸릴 일도 없으니까.

"마이애미가 열심히 노력해서 주목받는 것 같나요?" 내가 물었다.

"맞아요. 마이애미 선출직 공무원들은 모두 '우리가 해결하겠습니다'라고 할 거예요." 그리고는 "지카 바이러스 뉴스의 사이클"과 그것이 어떻게 오고 갔는지 이야기했다.

"그럼 해수면 상승이 지카 바이러스와 유사하다고 생각하나요?"

그는 그렇지 않다는 표정을 지으며, 그들이 어떻게 모든 걸 높였는지 설명했다. 선셋 하버(아마도 마이애미 해변의 가장 취약한 지역)에 있는 침실 하나짜리 콘도는 90만 달러에 살 수 있으며, 그곳에 새로운 건물이 많이 들어설 계획이라고 했다. 그리고 펌프는 취약한 지역에 먼저 설치됐고, 그다음에는 도시 전체에 설치될 것이라고 했다. "도로 높이를 올려서 문제가 해결됐어요. 아마 50년은 더 살 수 있을 거예요. 모든 게 해결되고 있죠. 그리고 마이애미는 정말로 성장하고 있어요." 그는 손으로 비행기가 이륙하는 모양을 만들며 말했다.

그 점에 관해서는 그의 말을 믿는다. 이 도시에서는 고개를 들면 늘 건설 크레인이 보인다. 내가 그를 좋아했다는 걸 인정해야겠다. 나는 그들 모두가 마음에 들었다. 그들은 호감이 가는 무리였다. 그것이 (그리고 그들이 백인이라는 사실이) 자본주의적 위선의 최전선에서 그들이 일자리를 얻은 방법이다. 그리고 우리 모두 그 어딘가에 직업이 있다. 달리 방법이 있겠는가? 물론 그들은 남들보다 훨씬 더 많은 돈을 벌었다. 우리 대부분이 그런 것처럼, 그들은 이렇게 행동하지 않으면 생계를 유지할 수 없을 것이다. 이윤 획득이 목적인 자본주의에 사는 한 우리는 계속해서 값싼 화석연료를 태울 것이고, 해수면은 계속 상승할 것이다. 그리고 사람들은 어딘가에서 살아야 한다. 내가 북부 캘리포니아 시골에 산불로 폭삭 무너질 수도 있는 집을 산 것과 마찬가지다. 그런 점에서 나는 마이애미에 집을 살 사람보다 똑똑하지도, 더 낫지도 않다.

———

다음 부동산 매물을 보러 가기 위해 공유자전거를 빌렸다. 해변 바로 서쪽의 이곳은 거리 곳곳에 크고 윤기 나는 타원형 나뭇잎을 가진 아름다운 나무로 우거져 있었다.

내 마지막 부동산 중개인은 보티첼리의 비너스처럼 보였다. 정말이다. 그녀는 완벽에 가깝게 맞춘 1,000만 달러짜리 슬랙스를 입고 있었다.

이번에는 그녀를 귀찮게 하는 질문을 퍼붓지 않았다. "해수면 상승이나 30년 담보대출에도 불구하고 괜찮다는 거죠?"

"물론이죠!"라고 이 아름다운 여성이 말했다.

"만약 80년짜리 담보대출을 가지고 있다면⋯." 나는 '80년은 개나 줘버려'라는 의미로 조심스럽게 말했다. 그리고 우리는 80년 만기 담보대출이라는 우스꽝스러움을 비웃었다.

"어느 날 아침에 일어났더니 바다가 창밖에 있는 일은 없을 거예요." 우리는 또 웃었다. "무슨 일이 일어나더라도 100년이나 200년쯤 뒤일걸요."

이것이 그녀의 *생각*이다.

그녀가 위층을 보여줬다. 우리는 큰 옷장에 감탄했다. 그녀는 이탈리아에 가족들이 많이 산다며, 여러 번 가본 베네치아에 대한 이야기를 꺼냈다. "만조 때 바닷물이 산마르코 광장으로 바로 들어와요. 정말 끔찍하죠." 그녀의 커다란 녹색 눈이 끔찍함을 반영하듯 휘둥그레졌다.

"베네치아는 주민들이나 관광객을 위해 뭔가를 마련해야 할 거예요. 사람들이 높은 곳에서 걸을 수 있게요. 하지만 그들은 매년 베네치아에 대해 같은 말을 하죠. 곧 망할 거라고요." 그녀는 그런 말이 멍청하다는 듯 얼굴을 찌푸렸다.

나는 욕실 타일이 비스케인만의 *빛깔*이라고 말했다.

"맞아요!"라고 대꾸하는 그녀의 눈은 푸르름에 대한 진실하고 깊은 사랑으로 가득 차 있었다.

"정말 아름답죠?"

계단을 내려와 1층으로 향하던 그녀가 나를 향해 돌아섰다. 내 옆에 가까이 선 그녀는 매우 진지한 표정이었다. 그녀의 아름다움이 내게 스며드는 것 같았다. "여기가 마이애미예요"라고 그녀가 말했다. "우리는 물에 둘러싸여 있어요! 해결책은 없죠. 하지만 아무 일도 일어나지 않을 거예요."

TV 속 남자가 말한다

퍼트리샤 스미스 PATRICIA SMITH

가라, 물기 젖은 회색 눈으로 똑바로 바라보며

그가 담박하게 말한다

그들이 가진 기계 목구멍에 대고

그의 뒤편 벽에는, 비보다 더 나쁜 것을 떨어뜨리는

하늘의 움직이는 사진이 걸려 있다

가라, 그가 말한다. 검은 엉덩이를 들고 달려

조각 나고 구멍 난 지붕으로 덮인 네 집을 떠나

기름과 양파가 둥둥 떠다니는 폭참을 두고,

낑낑대는 개, 좋은 시계,

보라색 교회 모자와 거울을 두고

가라, 그렇지. 우리 몸에 바퀴와 휘발유가 있는 것처럼,

달리는 이 길 끝에는

건조함과 노래가 있는 열린 문이 있을 것이다

그는 예상한 대로

액자, 전시 상자, 욕실 깔개로 몸을 감싸고

256

고속도로를 걸어 물을 좇는 것처럼 행동한다
지금 나가. 그는 보지 못하는가?
우리 몸이 그저 우리가 아는 것에 얽매였다는 걸
가라. 결국 우린 갈 것이다. 그가 강한 어투로 말하기에,
천국에서 나가는 길을 가리키는 화난 신처럼
심지어 우리가 가장 좋아하는 의식이 뿌리임을 알게 됐음에도,
우리 중 누구도 지평선이란 걸 알지 못했음을
특히 *이쪽이야, 여기야*라고 끊임없이 속삭이며
우리의 어리석은 달리기를 느리게 하는 지평선을

세 도시 이야기

제이니 **K.** 바비시 JAINEY K. BAVISHI

뉴욕의 12월 말 오후였다. 나는 진통을 겪어 기진맥진해 있었다. 밤새 비가 온 것 같았지만, 병실에서는 알 수가 없었다. 마침내 만난 주치의는 지역 전체에 홍수 경보가 내려졌다고 했다. 불현듯 이 도시에서 가장 낮은 지대 중 한 곳, 심지어 맑은 날에도 밀물로 침수되는 한 마을이 떠올랐다. 그곳의 일부 거리는 통행이 불가할 것이다. 그리고 주민들이 침수 피해를 공유하는 페이스북 그룹을 둘러봤다. 한 주민이 그날 이렇게 글을 올렸다. "지금 나가도 안전한지 아는 사람 있나요? 출근하긴 해야겠는데." 나는 화면을 응시하며 이런 생각에 휩싸였다. 변화하는 기후와 그에 따른 새로운 현실에 적응하기 위해서는 아직 우리가 할 일이 너무도 많다.

뉴올리언스: 누구의 도시인가?

*2005년 8월 허리케인 카트리나가 강타하면서 뉴올리언스를 보호하던 제방이 무너지자 도시의 약 80%가 물에 잠겼고, 주 전역

에서 1,000명 이상이 목숨을 잃었다. 인근의 방대한 지역이 침수되면서 10피트(약 3m) 이상이 물 아래 잠겼다. 그 폭풍으로 걸프 해안에 100만 명 이상의 이재민이 발생했다. 일부는 며칠 안에 집으로 돌아갔지만, 최대 60만 가구가 한 달 이상 피난 생활을 했다. 뉴올리언스 인구는 카트리나 직전 약 48만 명에서 2006년에는 약 23만 명으로 절반 이상 줄었다. 2018년 뉴올리언스에 사는 흑인은 카트리나 이전보다 9만2,245명, 백인은 8,631명이 감소했다.

아이러니하게도, 도시를 건조하게 유지하기 위해 지어진 시스템이 홍수에 더 취약한 도시를 만들었다. 뉴올리언스는 원래 미시시피강의 좁고 긴 천연 고지대인 "강을 낀 가늘고 긴 땅sliver by the river29"에 자리 잡고 있었다. 시간이 지나면서 기술자들이 복잡한 배수 체계와 홍수 방지 제방을 만들어 도시를 이전의 습지로까지 확장할 수 있었다. 뉴올리언스의 물을 퍼내면서 토지 침하가 가속화됐고, 제방으로 인해 미시시피강은 태풍의 완충지대로 작용하는 주변 연안 습지로 보충 퇴적물을 실어 나를 수 없었다. *토지 침하, 해수면 상승, 습지 손실로 1932년 이래 1,900제곱마일(약 4,920 ㎢)의 연안 토지가 사라졌다. 어떤 조치가 없다면, 2060년까지 1,806제곱마일(약 4,677㎢)이 더 사라져 도시를 보호하는 자연 장치를 잃을 것이다.

카트리나가 도시를 초토화한 지 4개월 반 만인 2006년 1월, 시

---

29 뉴올리언스의 별명.

장이 임명한 뉴올리언스 복구위원회가 첫 번째 권고안을 발표했다. 뉴올리언스 시민 다수가 아직 자신들의 집과 소지품이 남아 있는지 확인조차 할 수 없었다. 도시의 상당 부분이 여전히 폐허로 남아 곰팡이만 슬어가고 있었다. 이 계획은 도시를 어떻게 회복하고 재건할지에 대한 의제를 정할 첫 단계로 기대를 모았다. 주민들이 회의장을 가득 메워 서 있는 사람이 많았고, 밖에는 더 많은 사람이 기다리고 있었다. 당시 대학원생이었던 나는 자선가들에게 태풍 이후 주민 조직과 애드보커시 활동 지원에 관해 조언해주고 있었다. 나는 권고안을 직접 듣기 위해 회의장 안으로 비집고 들어갔다.

위원회는 악명 높은 "초록 점green dot" 지도를 발표했다. 초록 점들은 홍수에 가장 취약한 저지대에 표시되어, 해당 지역 주민이 향후 4개월 이내에 "생존 가능성"을 증명하지 않는 한 습지로 되돌리거나 공원 및 공터로 사용될 것임을 나타낸다. 지역 주민 대다수가 집을 떠나 있고 생존 가능성의 평가 방법도 명확하지 않은 상황에서 이는 주로 아프리카계 미국인 지역 사회가 재건될 수 없음을 의미했다. 위원회는 이 지역의 복구를 중단하고, 지역 주민이 고지대로 이전할 것을 제안했다.

뉴올리언스는 분노와 저항으로 반응했다. 초록 점 지도는 많은 이재민에게 최악의 공포를 느끼게했다. 그들은 자신의 집과 마을로 돌아갈 권리를 잃을 것이다. 몇 주 만에 시장이 위원회의 권고를 거부했고, 결국 어떤 마을도 금지구역으로 선포되지 않았다. 그러나 초록 점 지역에서 사는 것이 안전한지에 대한 의문은 여전히 남아 있다.

그 회의는 뉴올리언스 주민이 위험에 처하더라도 그들이 원하는 곳이면 재건을 허용해야 하는지에 대한 "카트리나 발자국 대논쟁Great Katrina Footprint Debate"을 촉발시켰다. 순수히 과학적 관점에서 볼 때, 도시의 홍수 노출을 줄이는 최선은 이론적 위험에 근거해 마을 전체를 버리는 것이었다. 순수한 사회적 관점에서는, 사람들은 자신의 집과 지역 사회로 돌아가야 했고, 모두를 보호하기 위해 적절한 제방이 세워져야 한다고 주장했다. 이 중 후자가 우세했고, 이후 몇 년간 미 육군 공병대는 140억 달러 이상을 들여 130마일(약 209㎢)의 제방 시스템 강화를 포함해 뉴올리언스 지역 전역의 허리케인 방어 체계를 개선했다.

*그러나 이 체계가 완성된 지 얼마 지나지 않아 공병대는 해수면 상승으로 인해 이르면 2023년부터는 뉴올리언스와 근교를 폭풍해일로부터 보호하기에 제방 시스템이 불충분할 것이라고 밝혔다. 이 사실만으로도 대논쟁이 다시 촉발돼야 했지만, 이때는 두 분야가 맞부딪치기보다는 과학적 데이터의 현실을 인정하면서 사회적 가치를 옹호하는 식으로 흘러갔다.

카트리나 이후 위원회는 뉴올리언스 미래의 위험에 대비하기 위해 기회의 창을 이용하고자 했다. 그러나 위원회의 권고는 가장 저지대, 즉 가장 큰 영향을 받게 될 역사적으로 소외된 공동체의 의견을 구하지 않아 실패로 돌아갔다. 뉴올리언스의 잘못된 노력은 다른 도시들에 많은 교훈을 준다. 주요하게는 기후변화에 대비하는 지역 계획은 충분한 참여 기회를 제공하는 포괄적인 방식으로 개발되어야 한다는 것이다. 또한 그것은 기후변화에 직면한 도시들이 해결해야 할 가장 어려운 문제를 강조한다. 우리는 어디에서 살 수 있고, 어디로 떠나야 하는가?

호놀룰루: 시간 벌기

2014년 허리케인 시즌, 호놀룰루에는 두 번의 연이은 일촉즉발의 상황, 즉 허리케인 이젤과 훌리오의 내습이 있었다. 주민과 관광객들은 허리케인으로 섬의 식량 공급망이 붕괴할 경우를 대비해 2주간의 물자를 준비하라는 안내를 받았다. 하와이는 식량의 90%를 수입에 의존한다. 비상구호 담당자들은 하와이가 외딴 지역에 있어서 재난 구호 작전이 시작되기까지 꼬박 일주일이 걸릴 수 있다고 경고했다.

당시 나는 호놀룰루에 거주하며, 다분야 협력을 통해 아시아 태평양 지역의 재해 위험을 줄이는 데 주력하는 조직을 이끌고 있었다. 비록 이젤과 훌리오가 방향을 바꾼 덕에 피해를 보진 않았지만, 기후변화로 인해 더 빈번하고 강력해진 폭풍은 도시의 취약성을 강하게 상기시켜줬다. 다음 허리케인에 어떻게 대비해야 하는지에 대한 우려가 커지자, 나는 공무원과 관광산업 지도자들의 회의를 소집했다. 한 가지 분명한 경제적 우선순위가 대두됐다. 즉 호놀룰루에서 가장 수익성이 높은 와이키키 해변을 해수면 상승으로 악화된 만성 홍수로부터 어떻게 보호할까 하는 것이다.

*와이키키는 하와이 관광 수입의 42%를 창출하며 매년 20억

달러를 벌어들인다. 이 해변은 1800년대 후반부터 침식 문제를 겪었는데, 이는 주로 건설업자들이 자연 해안선과 너무 가깝게 개발했기 때문이다. 제방과 암석 방파제 등 80여 개의 구조물이 오랜 시간에 걸쳐 세워졌지만, 해변은 매년 1피트(약 30㎝)씩 침식되고 있다. 관광객 수는 여전히 많지만, 2008년 설문조사에 응한 관광객의 12%가 해변이 작고 붐벼서 다시는 오지 않을 것이라고 답했다. 그리고 해수면은 금세기 중반까지 3피트(약 90㎝) 상승할 것이다.

와이키키의 미래에 관해 대화를 나누면서, 해변을 살리는 것이 호텔뿐 아니라 주민에게도 최우선 과제임이 분명해졌다. 어려운 부분은 그 방법을 찾아내는 것이었다. 제방은 사유지를 보호할 수 있지만, 해변을 더욱 침식시킬 것이다. 암석 방파제는 해변을 보호하겠지만, 서퍼들이 기대하고 즐기는 파도를 부술 것이다. 특히 높은 조수가 이미 해변을 범람하고 있음을 고려해 와이키키 해변을 보호하기 위한 투자가 중요하다는 데에는 모두 동의했으나, 어떤 보호 시설에 투자할 것인지가 열띤 논쟁의 주제였다.

가장 불편한 질문은, 특히 해수면이 상승하는 상황에서 이러한 조치가 과연 침식 속도를 따라잡을 수 있느냐는 것이었다. 침식 방지책이 얼마나 많은 시간을 벌 수 있을지 모르고, 장기적으로는 이 문제를 감당할 수 없을 것이라는 체념도 있었다. 그래도 현재로선 어떤 식으로든 해변을 보호하는 것이 경제적으로 타당하다는 데 모두가 동의했다.

2015년 호놀룰루 시의회는 와이키키 해변에 위치한 기업들이 장기적인 해변 관리 비용을 부담하도록 하는 법안을 통과시켰다. 2019년 그 결과로 나온 기금과 주정부 투자를 결합해 해안선에 수직으로 설치한 대형 샌드백 제방으로 모래를 가두고, 침식이 잘 되는 해변지대를 일시적으로 조치하도록 지원했다.

호놀룰루의 곤경은 특별한 것이 아니다. 도시는 지금 조달, 설계, 단기 적응 전략 실행에 집중해야 하지만, 이러한 중요한 노력 대부분은 장기적인 위협에 대처할 수 없다. 아무리 잘 설계된 접근법에도 한계가 있다. 와이키키 같은 곳에서는 시간만 벌고 있을 뿐이다. 그럼에도 불구하고 세계가 탄소중립을 달성하고 종합적인 해결책을 위한 장기 계획을 수립하기 위해 힘을 모으는 동안 우리에게 절실히 필요한 것은 시간이다. 여기에는 더 좋은 교훈이 있다. 도시는 엄청난 불확실성 속에서 어디에 얼마를 투자할지 끊임없이 결정해야 한다. 와이키키에 남은 시간이 정확히 얼마인지는 아무도 모른다. 호놀룰루 당국은 새로운 침식 방지 조치가 얼마나 지속될지 관찰하고, 해수면 상승에 대한 최신 과학에 근거하여 얼마나 오랫동안 효과적인지 계속 평가해야 할 것이다. 이는 불만족스럽지만 중요한 진실을 가리킨다. 적응은 결과가 아닌 과정일 뿐이라는 사실이다.

뉴욕시: 전환

뉴욕시에는 마이애미, 보스턴, 로스앤젤레스, 샌프란시스코의 해안선을 합친 것보다 긴 520마일(약 836㎞)의 해안선이 있다. 그 해안의 범람원에 40만 명의 주민이 산다. 2012년 허리케인 샌디는 뉴욕 시민 44명의 목숨을 앗아갔고, 190억 달러의 피해를 입혔으며, 9만여 채의 건물을 침수시켰다.

로어 이스트 사이드는 평균 소득 4만 달러의, 인종 및 언어적으로 다양한 주민이 사는 지역이다. 미국에서 공공주택이 가장 밀집된 지역 중 하나인 이곳은 폭풍으로 인해 큰 피해를 입었다. 주민의 94%가 정전을 겪고, 주택과 지하철 터널이 침수됐으며, 식료품점과 약국 등이 며칠째 문을 닫았다. 폭풍이 몰아치자 지역 사회에 기반을 둔 단체들이 긴급 구호대원으로 나서서 주민들의 요구를 산정해 인명구조 물자를 배급했다. 지역 주민 절반 이상이 샌디 이후 며칠 혹은 몇 주 동안 사회단체, 임차인협회, 종교단체의 지원을 받았다고 보고했다. 이는 극한 상황을 극복하는 데 이웃을 돕는 기본 원칙이 중요함을 상기시켜준다.

즉각적인 여파를 넘어, 이스트 사이드 회복 프로젝트라고 불리는 노력에는 지역 사회의 참여가 필수적이었다. 미국 주택도시개발부 재건 설계 공모사업의 지원금으로 시작된 이 프로젝트는 지역 주민과 전문 설계자들이 홍수 방지를 위한 비전적이고 혁신적인 해결책을 제안하도록 했다.

이 프로젝트의 중심은 이스트 리버와 FDR 드라이브 고속도로 옆에 넓게 펼쳐진 수변 지대인 이스트 리버 공원이다. 샌디는 이 지대의 취약성을 드러냈는데, 2050년까지 2.5피트(약 75cm)의 해수면 상승과 강력해지는 해안 폭풍에 직면할 것이다. 2020년에 착공하는 이 프로젝트는 이스트 리버 공원을 약 8피트(약 210cm) 높여서 수변에 홍수 방지막을 조성한다. 높아진 공원은 해안선을 따라 남북으로 뻗은 일련의 홍수 제방 및 수문과도 연결된다. 완공되면 그 자체로 약 11만 명의 뉴욕 시민을 보호할 수 있다. 이 프로젝트는 기후 영향에 대한 물리적 회복력을 구축하는 것을 넘어 지역 사회의 사회적 회복력을 포함하는 것을 목표로 한다.

내가 시장 산하의 회복력 담당 책임자로 일을 시작했을 때, 이미 4년 전부터 지역 사회가 이 프로젝트에 참여하고 있었다. 확실히 이 프로젝트에는 시 당국이 내부적 기술 분석에 대해 좀 더 투명하게 대처할 수 있었던 순간이 있었지만, 대중의 의견은 대체로 일관성 있게 반영됐다. 주민들은 FDR 드라이브 위의 보행자 다리가 좁아서 유모차와 휠체어로 공원에 가기 힘들다며 접근성을 개선하라고 요구했다. 이에 더 매력적이고 포괄적인 진입로를 만들기 위해 새로운 보행자 다리를 프로젝트 설계에 포함했다. 지역 회의를 통해 공원이 작은 리그나 기타 스포츠 용도 이상으로 활용돼야 한다는 의견을 모았다. 피크닉과 강변 경치를 즐기고 싶다는 주민들의 요구에 따라 설계자들은 공원의 열린 틈새 공간을 극대화했다. 지역 주민의 풍부한 의견이 없었다면, 공원 디자인은 매우 달라졌을 (솔직히 말하면 그것만 못했을) 것이다.

이 프로젝트는 적응 투자가 창출하는 기회의 한 사례다. 그것은 지역 사회를 보호하는 동시에 지역 사회를 위한 공원으로서 로어 이스트 사이드 수변 지대를 변화시킬 것이다. 여러 가지 효용을 얻는 것은 적응 설계자의 꿈이지만, 쉽지는 않다. 지역과 지형, 사용 가능한 토지, 인프라 밀도, 수변 지대 사용 등 지역 상황이 저마다 다르다. 뉴욕시처럼 밀도가 높고 제한된 곳에서 복원 조치를 실행하는 것은 매우 복잡하다. 해결책은 반드시 각 장소의 고유한 조건에 맞게 조정되어야 한다. 이스트 사이드 회복 프로젝트가 쉽게 복제될 수는 없겠지만, 그것이 제시하는 원칙은 중요하다. 도시가 기후변화에 대비함에 따라, 우리는 더 활기찬 공동체를 구축할 기회를 얻게 된다.

해안 도시의 미래

우리의 해안 도시는 과거의 도전에 대응하기 위해 설계됐다. 이제 기후변화는 현재와 미래에 유례없는 도전을 제시한다. 도시들이 이에 대처하기 시작했지만, 우리의 긴급한 활동은 이제 막 시작됐다. 뉴올리언스는 우리가 계획을 시작할 때까지 다음 재난이 기다려주지 않는다는 것을 보여준다. 우리는 형평성과 포용의 원칙에 따라 주도적으로 행동해야 한다. 호놀룰루는 이 활동이 수십 년에 걸쳐 반복될 과정임을 상기시켜준다. 우리가 지금 내리는 결정은 새로운 것들이 닥쳐올 미래에 재검토되어야 한다. 뉴욕은 긍정적인 변화를 위해 노력할 것을 상기시킨다. 다양한 혜택을 제공하는 지역 사회 주도의 적응 프로젝트는 가능하다.

기후변화가 제시하는 문제를 해결하기 위해, 도시는 지금부터 모든 행동과 투자에 기후 위험을 고려해야 한다. 더 이상 적응 프로젝트를 별개의 것으로 생각할 수 없으며, 모든 토지 이용 결정, 인프라 투자, 주택 개발은 현재와 미래의 기후 위험을 고려해야 한다. 우리는 과학적 예측 범위 내의 불확실성에 맞서야 하고, 우리에게 익숙한 것보다 훨씬 넓은 계획을 수용해야 하며, 학문 간 해법을 추진할 새로운 거버넌스 체계를 구축해야 한다.

최대 과제 중 하나가 이 일에 대한 비용을 마련하는 것이다. 대규모 재난이 발생한 뒤에야 도시가 적응하는 데 필요한 자원에 접근할 수 있는 경우가 너무나 많다. 이는 도시가 심도 있는 사전 예방을 요구하는 문제에 직면했음을 의미한다. 적응을 위한 자금을 제공하고, 행동을 장려하기 위한 연방 차원의 정책 개혁이 필요하다. 기다릴 여유가 없다.

내 딸은 그해 12월 하순 노어이스터$^{nor'easter}$30의 날에 태어났다. 우리가 기후변화에 어떻게 대비하는지가 딸이 나와 같은 해안 도시에 살 수 있는지 여부를 결정할 것이다. 적응하고 회복력을 구축하는 내 일이자 우리의 일은 과학이 주는 경고를 무시할 수 없게 만든다. 해안 도시의 미래는 알 수 없으며, 우리가 써나가야 한다. 우리는 그 도시들의 역동성, 다양성, 기개를 활용해 우리 아이들이 적어도 한동안은 이 도시를 집이라 부를 수 있게 할 것이다.

---

30 북동쪽에서 불어오는 북대서양 서부의 대규모 외열대 태풍.

우리를 지속시킬 수 있는 행성에서 살고 싶어요.
그렇게 되도록 우리 모두가 여전히 도울 수 있다고 믿어요.
다른 방법이 없다면 시도해 보는 게 어떨까요?
희망을 품고 행동하지 않을 이유가 있을까요?
이곳은 우리의 유일한, 자연 그대로의 집이죠.
우리에게 다른 선택지가 있나요?

– R. O. KWON

생명을 위한
건물 설계

아만다 스터전AMANDA STURGEON

20세기 동안 인간은 '실내 생명체'가 되었다. 현재 우리는 90% 이상의 시간을 실내에서 보낸다. 먹고, 자고, 배우고, 일하고, 교제하는 시간 말이다. 우리는 자연으로부터 점점 더 분리되고 있을 뿐 아니라, 자연이 기후변화에 미치는 큰 영향을 대부분 무시해 왔다.

　*미국에서는 에너지의 40%가 건물의 난방, 냉방, 빛, 요리, 전력으로 소비되는데, 대부분이 화석연료에서 나온다. 우리는 에너지 중독의 근본 원인인 자연으로부터의 분리를 간과하면서 에너지 효율 대책을 마련한다. 건물은 자연에 대한 우리의 인식을 파괴하거나 지배해야 하는 "타자"로 생각하게 한다. 건조환경built environment을 재고함으로써 자연과의 관계를 회복하는 동시에 기후위기에 대한 해결책을 찾을 수 있다. 우리가 사는 세상과 건강하고 긍정적이며 희망적인 관계를 맺는 것이 기후위기에 대처하는 길이 될 수 있다.

　많은 건물이 열리지 않는 유리창으로 만들어져 온실처럼 과열

되고, 그 열을 식히기 위해 막대한 에너지를 소비한다. 대형 사각 구조물은 자연광이 거의 없는 어두운 인테리어를 채택하여 전력을 이용해 조명을 밝혀야 한다. 또 현지 대체품이나 탄소 배출량을 무시하고 건축 자재를 전 세계로 실어 나른다. 이것이 용적률과 투자 수익률의 극대화에만 집중하는 오늘날 건축 환경의 표준이다. 우리는 건물이 인간의 거주지라는 마땅한 사실을 기억함으로써 이 현상을 바꿀 수 있다.

내 비전은 다음과 같다. 건물이 지어지면, 그 장소의 고유한 기후, 생태, 문화, 공동체에 반응하기 마련이다. 건물의 구조는 그 장소의 이야기가 되고, 수 세기 혹은 수천 년간 건물을 안락하게 만드는 데 사용된 자연 바람과 햇빛을 받아들여 공간을 데우고 식히고 밝혀준다. 기존 건물을 개조할 때는 채광과 자연 환기를 도입해 외부로 개방한다. 이러한 방식의 건축은 에너지 소비와 배출을 크게 줄여 궁극적으로 건축, 개보수 또는 운영에서 화석연료를 쓰지 않는 탄소 제로 건물을 완성하게 된다.

이는 단순한 개념으로, 건조환경 안에서 자연과 연결된다는 것이며, 수천 년간 우리가 아는 유일한 건축법이었다. 세계 모든 지역에서 사람들은 건축에 식물과 동물 모티브를 불어넣고, 정원, 연못, 안마당을 건물에 통합하며, 식물과 동물을 가까이 둠으로써 외부를 안으로 들여왔다. 전 세계 선주민의 집들은 자연 난방과 냉방을 해왔는데, 예를 들어 사막 기후에서는 물의 증발을 이용해 집을 서늘하게 만들었다. 전통적으로, 건물은 사람들의 표현이자 그들 장소에 적합한 고유한 것이다.

271

이러한 사고방식을 되찾으려는 움직임을 바이오필릭 디자인biophilic designo이라 부른다. philia는 '사랑'을, bio는 '생명'을 뜻한다. 건축 환경 디자인을 "생명 사랑"에 뿌리내린다는 것은 햇빛과 신선한 공기, 전망 그 이상이다. 그것은 사람과 자연의 희망적이고 긍정적인 연결을 다시 일깨우는 전략이다. 우리의 건물이 우리를 만든다. 건물은 우리의 가치, 문화적 신념, 경제적 위상을 표현하고 알려준다. 기후위기가 우리 사회 모든 측면의 전환을 요구하기에, 우리의 건물도 근본적으로 다르게 보이고 느끼고 기능해야 할 것이다.

붐비는 식당에서는 가운데 있는 테이블만 비어 있다. 우리가 벽을 등지고 바깥을 보는 것을 선호하기 때문이다. 햇볕 아래, 서로의 주위, 탁 트인 공간, 해안가 등 사람들이 시간을 보내는 곳을 보면, 패턴이 나타난다. 우리는 편안함과 안전에 대한 직관적인 갈망을 피할 수 없다. 우리는 우리와 함께 진화한 살아 있는 시스템에 본능적으로 연결되어 반응한다. 그러나 우리 건물은 이 고유한 연결고리를 잘라내고 무시한다.

우리가 자연에 몰입할 때 나타나는 많은 직관적인 행동 패턴, 즉 폭포 가장자리에서 경험하는 짜릿함, 두려움, 경외감, 새로운 것을 발견할 때 느끼는 탐험과 발견의 흥분, 다양한 빛, 공간, 질감, 패턴을 가진 자연에서 오는 평화와 평온 등이 우리의 건조환경에 통합될 수 있다. 건물은 이 모든 감정과 경험을 불러일으켜 우리를 더 행복하고 건강하며 생산적으로 만들 수 있다. 바이오필릭 디자인은 우리의 작업공간을 칙칙한 베이지색 칸막이 농장에서 햇빛, 신선한 공기, 색감으로 가득 찬 공간으로 변화시키고 있으며, 많은 청소년과 환자가 시간을 보내는 생기 없고 어두운 학교와 병원에 혁명을 일으키고 있다. 공간의 변화가 창의성, 치유, 학습의 변화를 촉진하는 것은 놀라운 일이 아니다.

자연에서 1시간만 보내더라도 기억력과 집중력이 20% 향상되는 것으로 나타났다. 공원에 누워 흘러가는 구름을 보는 느낌, 새 둥지에서 갓 부화한 병아리를 발견하는 경외감, 해변에서 파도를 타는 기분을 상상해보라. 그 경험들은 우리 마음을 정화하고, 생기를 되찾게 하며, 새로운 가능성으로 채워준다. 성장하는 도시와 점점 더 많은 사람이 택하는 도시생활 속에서 자연과의 연결이 주말이나 휴가뿐 아니라 일상이라고 상상해보라.

지금은 상상하기 어렵겠지만, 미래의 건물은 1년 내내 냉난방 시스템을 없애고 자연 환기와 햇빛에 의지할 것이다. 이미 고효율 패시브 태양광은 실외 온도가 화씨 45도(약 7.2℃)까지 낮아져도 쾌적한 실내 온도를 유지할 수 있다. 미래의 건물은 내외부의 경계를 없애고, 탄소 제로가 표준이 될 것이다.

테 쿠라 와레Te Kura Whare는 뉴질랜드 투호 마오리족을 위해 장기간 조성된 최초의 문화센터다. 바이오필릭 건축물에서 설명했듯이, 이 센터의 바이오필릭 디자인은 과거의 식민지 황폐화에서 벗어난 미래에 대한 새로운 비전을 반영한다. 이 건물은 현지 자재들, 즉 지역 땅에서 채취한 목재와 직업훈련 프로그램의 일환으로서 흙으로 만든 진흙 벽돌로 만들어졌다. 부피와 규모가 다양한 내부 공간은 이 지역의 광활한 숲의 자연 패턴을 모방한다. 태양이 종일 또는 사철 내내 방 전체에서 움직이는 극적인 그림자를 드리움으로써, 빛이 감각적인 변화를 만들어낸다. 자연 환기와 야외 개방으로, 공간은 중앙 카페를 오가며 달리는 아이들의 웃음소리와 바람소리로 가득하다. 또한 이 건물은 투호족이 그들의 땅에, 서로에, 모든 생물종에 가졌던 깊은 유대감을 표현하고 되살릴 수 있다.

바이오필릭 건축으로의 광범위한 전환을 지원하기 위한 자원과 프로그램도 증가하고 있다. 미국 그린빌딩의회의 LEED 등급 제도는 바이오필릭 디자인을 참조하며 웰WELL 건축 표준에 포함되어 있으며, '살아 있는 건축 과제'의 필수 요소 중 하나로 꼽힌다. 건물주, 설계자, 기술자가 지식을 심화시키고 있으며, 점점 더 많은 대학이 바이오필릭 디자인을 커리큘럼에 포함해 차세대 전문가들이 미래의 건물을 만드는 데 필요한 훈련을 받을 수 있다.

바이오필릭 디자인은 기후변화에 대한 건축 부문의 영향을 다루기 위한 기본적인 디자인 해법이다. 또 이는 우리의 상호관계와 지구상 모든 생명과의 관계를 바꿀 중요한 기회이기도 하다. 건조환경에 대한 선택은 우리 자신에 대한 선택이 내포되어 있다. 인간은 자연과 분리되어 있는가, 아니면 자연의 일부인가? 나는 우리가 자연의 일부이며, 다른 모든 생물종과 복잡하게 연결되어 있다고 믿는다. 단지 이윤을 얻기 위해 건물을 짓기보다 인류가 번영할 서식처를 만드는 것이 중요하다.

인간과 자연의 연결을 축복하기 위해 새로운 건물을 설계하고 기존 건물을 재설계한다면, 우리는 빛과 그림자로 가득 찬 방을 갖게 될 것이다. 실내에서도 바람을 피부로 느끼고, 새 소리와 바스락거리는 나무 소리를 들을 것이다. 또한 야외에서 자연을 만끽할 때처럼 우리의 실내 공간이 활기차고 건강한 느낌을 줄 것이다. 인간이 만든 서식처가 세상에 미치는 영향을 줄이면서, 실내에 있는 동안에도 지구 존재로서 우리 자신과 더 깊은 관계를 발전시킬 것이다.

해협

조안 나비유크 케인 JOAN NAVIYUK KANE

레덤 Ledum , 래브라도 티 Labrador Tea, 사유믹 saayumik 31
그동안의 겨울 중 가장 얄팍하게 쌓인 눈 밑으로
엉겨붙어 자라난 것들

얼음판 가장자리에 멈춰 서서
나뭇가지에서 찻잎을 따
이와 혀 사이에 한동안 머금어본다

충분히 따듯해져 우러난 향기로운
기름으로 너를 내게서 씻어낼 때까지

짙은 안개가 드리워진 둑 어딘가에

---

31 레덤 또는 래브라도 Ledum groenlandicum는 북미산 백산차 속 관목으로, 상록의 잎에 흰 꽃이
핀다. 사유믹은 차를 뜻하는 알래스카 에스키모의 단어다.

시야에 닿는 물 너머
아마도 거기 있을 언덕들은 바람 깃털로 덮여 있었다-

정맥처럼 뻗은 배수로
해안을 따라 영원히 미끄러져 내려가는 길 아래에서
나는 다시금 기억한다 - 도시에서는

그저 시스템과 인간의 세계 외에는
아무것도 못 보기 딱 좋다는 걸

촉매 자본

레진 클레망RÉGINE CLÉMENT

분명한 사실은, 인류가 살아남으려면 자본주의가 진화해야 한
다는 것이다.

— 로즈 마카리오ROSE MARCARIO

2019년 8월, 33개의 인증된 B기업[32]의 리더가 비즈니스 결정
에서 사회적 · 환경적 영향을 고려할 법적 의무를 지며, "진정
한 변화가 일어나도록 일을 시작한다"라는 내용의 〈뉴욕타임
스〉 전면 광고에 이름을 올렸다. 파타고니아의 로즈 마카리오
Rose Marcario, 베네피셜연방은행의 캣 테일러Kat Taylor, 의류 디자이
너 아일린 피셔Eileen Fisher 등은 미국 대기업 최고경영자 180여 명
이 모인 비즈니스 라운드테이블에 자신들의 메시지를 전달했다.
이 회의는 주주들을 위해 돈을 버는 것이 더는 기업의 유일한 목

---

32 'B Corp' 인증은 노동자, 공동체, 환경에 사회적 책임을 다하는 기업에 수여하며, 미국 35개 주
에서 제도화됐다.

적이 되어서는 안 된다고 발표한 바 있다. B기업의 광고는 이를 실행하는 노력에 동참하라는 제안이었다.

우리가 직면한 위기를 모아 보면 애초에 무엇이 우리를 여기까지 오게 했는지, 그리고 어떻게 빠져나갈 수 있는지에 대한 더 깊은 의문이 든다. 즉 우리 사회는 지나치리만큼 자본과 부에 의해 움직이며, 우리 가치와 사고방식의 많은 부분이 돈에 대한 욕망에 뿌리를 둔다. 사회적 정체성은 많은 면에서 부에 의해 계산되고, 소비자의 구매와 고용을 통해 모양을 갖춘다. 동시에, 급속한 세계 경제성장은 대규모 불평등을 초래했다. 그리고 이 모두가 기후변화와 얽혀 있다. 우리 경제, 사회 진보, 생태계 사이의 관계를 재고할 때가 왔다.

우리가 기후위기에 처한 원인을 살펴보기 위해서는 시스템적 전환 방식으로 사고할 필요가 있다. 이는 맹목적인 경제성장을 뒷받침해온 지속불가능한 채굴, 생산과 소비 관행에서 탈피해 지속가능한 경제체제라는 장기적인 가치를 인식하는 일련의 실천으로 사고를 전환하는 것으로, 이를 통해서만 우리가 살아갈 수 있는 기후가 유지된다.

오늘날 우리가 직면한 문제의 규모는 그리 놀라운 일이 아니다. 철학자와 사회경제학자들은 부를 축적하려는 인간의 욕망을 성찰하고, 우리의 파괴적인 궤적을 거듭 언급해왔다. 폴란드 혁명가 로자 룩셈부르크는 1913년 자신의 저서 『자본 축적론』에서, 자본주의가 본질적으로 파괴적인 시스템이며, 원자재를 획득하고 더 많은 노동력과 새로운 시장에 접근하기 위해 제국주의 팽

창을 끊임없이 하고 있다고 비판했다. 룩셈부르크에 따르면, 경제 확장과 그로 인한 환경 및 지역 공동체 파괴는 자본주의의 결함이 아닌 본질적 특징이다. 기후변화는 그것의 가장 극단적인 징후로, 우리는 이를 시급하고 체계적으로 대처해야 한다.

기후변화에 대한 도전은 파괴적 자본주의를 종식하기 위한 도전으로 가장 잘 정의될 것이다.

이 도전에는 또 다른 퍼즐이 있다. 자본주의를 전환하기 위해 현존하는 자본주의 구조를 어떻게 이용할 것인가? 그 가능성에 대해 룩셈부르크는 틀림없이 회의적이겠지만, 기후 해법을 진전시키려면 자본이 필요하다. 우리는 매년 수조 달러의 자본을 풀어 재할당해야 한다. *IPCC에 따르면, 우리의 글로벌 에너지 시스템을 혁신하기 위해 2035년까지 매년 약 2조4,000억 달러의 투자가 필요하며, 농업, 산업, 교통 등 다른 핵심 부문에도 추가 자본이 필요하다.

한 가지 효과적인 출발점은 민간 자본, 특히 초고액 자산 가구의 자본이다. *부유한 개인과 가족의 자산을 운용하는 민간 투자 회사로, 운용 규모가 최소 1억 달러인 싱글 패밀리오피스가 전 세계적으로 약 5조9,000억 달러의 자산을 관리하고 있다. 그들의 재산만으로 충분하진 않겠지만, 이들의 투자가 지닌 영향력은 자본시장을 활용해 우리 경제를 탈탄소화할 잠재력을 지니고 있다.

2016년 나는 이 투자자 풀을 활성화할 방법을 찾기로 결심했다. 그래서 공무원 생활을 그만두고, 기후 해법에 자본을 적극적으로 끌어들이기 위해 미국에 소재한 패밀리오피스의 네트워크인 CREO를 운영했다. 저탄소 경제로의 전환이 상업적으로 성공해야 한다는 믿음이 동기 부여가 된 기업들과 그들의 투자 관리자는 쇄도하는 기후 투자의 선구자 중 하나다. 4년 전 CREO는 25개 패밀리오피스 네트워크로서 약 500억 달러의 자산을 관리했는데, 현재는 100개 이상의 패밀리오피스 및 기타 제휴 투자자와 협력해 약 5,000억 달러를 관리하며 매년 10억 달러 이상을 기후 및 지속가능 해법에 투자하고 있다.

CREO의 방식은 다음과 같다. 투자자를 모아 투자의 통찰력을 공유하고, 새로운 투자 전략을 연구해 *지식 격차를 메우고*, 연계 투자자와의 *관계를 구축해* 협력하며, 공동체가 학습한 내용을 실행할 수 있도록 *투자 기회를 제공한다*. 새로운 투자자에게 경험 많은 기후 투자자의 통찰을 공유하는 한편, 경험이 풍부한 투자자에게는 급속히 변화하는 기후 투자 시장 정보를 지속적으로 전달함으로써 유능한 전문가 풀을 키우고 있다. CREO 커뮤니티 내에서 투자 행동을 형성하고 자본을 동원함으로써, 동료 간 영향, 네트워크 효과, 새로운 투자 기준의 힘을 이용해 행동 및 자본을 더 광범위하게 전환하는 것을 목표로 한다.

물론 이것이 모순적으로 보일 수도 있다. 한편으로 나는 기후 변화에 대응하기 위한 파괴적 자본주의 종식에 관해 글을 쓴다. 다른 한편으로는 자본주의 체제의 파괴적인 본성으로부터 어떤 식으로든 혜택을 받은 부호들의 기후 투자가 이 실존적 문제를 해결하는 중요한 지렛대라고 제안한다. *세계에서 가장 부유한 1%가 가장 가난한 10%보다 175배 높은 탄소발자국을 갖고 있음을 알지만, 나는 다음과 같이 제안한다. 경제적 · 사회적 불평등뿐 아니라 "탄소 불평등"은 기후변화 저지와 파괴적 자본주의 종식을 위해 노력하면서 해결되어야 한다. 동시에, 우리는 그것을 변화시키기 위해 고도로 집중된 부, 수익을 추구하는 투자자, 영향력을 행사하는 부자들의 능력, 기후 해법에 필요한 자본 투자 성공 등 현재 시스템을 활용할 수 있다.

패밀리오피스에 의한 기후 투자의 주요 이점 중 하나는 민첩성이다. 즉 그들은 새로운 기술, 검증되지 않은 비즈니스나 재무 모델과 관련된 위험을 더 능란하게 처리하고 관리할 수 있다. 예를 들어, 미국 증시에 상장된 태양광 패널 제조업체 퍼스트 솔라에 부호들의 초기 고위험 투자가 없었다면, 미국은 이 산업에서 이렇다 할 입지를 갖추지 못할 수도 있었다. 전고체 배터리 기술의 선구자 퀀텀스케이프에 대한 초기 패밀리오피스의 투자는 폭스바겐이 전기차 제조로 전환하는 데 일조하고 있다. 비욘드 미트, 임파서블 푸드, 리플 푸드도 패밀리오피스 투자의 혜택을 입어, 식물성 육류와 유제품 대체 식품으로의 전환을 가속하고 있다. 패밀리오피스는 직접 투자를 넘어 제너레이션 투자관리회사가 조성한 펀드의 초기 투자자가 되거나, 비전 릿지 파트너 지속 가능 자산펀드와 같은 자체 펀드를 조성해 이 분야의 인재를 확장하고 금융 모델을 입증한다. 그리고 위험 감수와 초기 투자를 통해 기후 중점 기업과 펀드에 대규모 기관 투자자들이 수십억 달러를 추가로 투자하는 길을 마련했다.

물론, 지속불가능한 경제를 "교정"하기 위한 기후 해법을 단일

기술이나 기업, 펀드나 비즈니스 모델로 한정할 수는 없다. 예를 들어, 재생에너지 투자나 투자 장려가 자동으로 탄소 배출을 줄이지는 않는다. 깨끗한 전기 발전이 그저 화석연료 위에 겹겹이 쌓이는 결과가 될 수도 있다. 재생에너지 투자는 연방 입법을 통한 탄소 가격 시행이나 석탄의 일시중지와 같은 다른 체계적인 조치와 결합되어야 한다. 그것이 일부 부호가 정치 및 정책 변화를 위한 캠페인에 돈을 아끼지 않는 이유다.

기후위기와 파괴적 자본주의에 대응하려면, 자본주의의 행동을 이끄는 근본적인 규칙과 도구에 의문을 제기해야 한다. 자연 생태계의 긍정적 영향이나 온실가스의 부정적 영향 등 소위 외부효과라 불리는 것에 가격을 책정하지 못하는 시장경제의 실패는 개별 기업의 EBITDA(이자, 세금, 감가상각, 상각 전 이익 고려)와 더 넓게 경제성장을 평가하는 GDP(국내총생산) 등 금융 성과 측정 방법의 한계를 의심하게 한다. 두 지표 모두 총체적 관점이 결여되어 있어 외부효과를 고려하지 못하며, 사람과 지구에 해를 끼치는 파괴적 자본주의를 보상하고 강화한다.

따라서 우리는 크고 체계적인 변화가 필요하다. 하지만 CREO에서의 내 경험상 변화는 작은 것부터 시작할 수도 있다. 그것은 공동의 *의지*, 잘 조직된 *공동체* 접근 방식, 필요한 역량 조성에서 시작된다. 나는 매일 협업을 통해 새로운 해법, 새로운 전략, 새로운 투자 창출 등 성장하는 변화의 요소를 목격한다. 그리고 신속하게 의지를 행동으로 전환할 수 있도록 전문성을 구축하려는 투자자들이 많아지고 있다.

지금까지의 기후 투자 추세를 기반으로, 체제 전환을 위해서는 기후 해법에 투자된 수십억 달러를 향후 10년간 수조 달러로 끌어올려야 한다. 블랙록BlackRock처럼 의식적으로 기후 시장에 참여하는 기존 투자자들의 모습은 빙산의 일각일 뿐이다. 그러나 선구자들이 발전시켜온 의미 있는 작업과 전문성에도 불구하고, 금융산업 전반은 금융 결정에 강력한 기후 렌즈를 적용할 준비가 되어 있지 않으며, 따라서 우수한 데이터, 투자 프레임워크 및 역량 구축에 대한 요구가 빠르게 증가하고 있다.

필요한 규모의 자본 이동은 기존 투자자의 참여와 금융산업의 실질적 변화 없이는 불가능하다. 부호들과 패밀리오피스는 그들의 자산, 강점, 영향력을 활용하기 위해 계속 개척해야 한다. 기후 투자 분야 역시 모든 자산 관리자가 신중하고 빠르게 성공적으로 전환할 수 있도록 지원해야 한다. 우리는 앞으로 나아가기 위해 더 크고 강한 팀이 필요하다.

전환적 사고방식을 채택하고, 룩셈부르크의 비판을 가슴에 새기자. 자본 동원 외에도 경제 탈탄소화의 근본적인 장애물을 해결하고, 소수의 이익만을 위한 경제성장이 아닌 장기적인 사회-생태-경제 발전을 고려하는 체제를 개발하자. 우리는 도덕적 나침반을 불러들여 자본주의의 파괴적 요소를 종식해야 한다.

========

피해를 줄이거나 탄소 배출을 감소하는 것보다
더 큰 사업 목표가 필요하다. 그 목표는 지구에 필요한 것,
즉 생명에 적합한 기후가 되어야 한다.
이를 달성하기 위해 우리에겐 낙관과 용기가 필요하다.
어쩌면 과학이나 데이터보다 더 필요한 것이다.

— 에린 메잔ERIN MEEZAN

경관 수리하기

케이트 오르프 KATE ORFF

내 고향 메릴랜드주 크로프톤은 1960년대 중산층 발전의 전형으로, 넓은 거리, 단독주택, 2대의 차고가 어디서든 눈에 띈다. 물론 골프장도 있다. 예전 농지의 교외 지역이던 이곳은 쾌적하고 조용하며, 다소 평범한 환경이었다. 또한 배기가스를 증가시키는 자동차 중심 논리, 대량의 전력을 필요로 하는 단독주택, 주거지 파편화를 가속하는 스프롤 등 전 세계적 변화의 전조이기도 했다. 우리 동네 연못은 겨울에는 얼음이 얼지 않아 스케이트를 탈 수 없었고, 여름에는 녹조로 숨이 막혔다. 결국 연못은 2년 연속 말랐고, 새와 물고기 사체로 가득 차 지역 주민을 불안에 떨게 했다.

휘발유 보조금과 공적 자금으로 지원되는 도로망에 힘입어 탄소 집약적인 "교외 스프롤"은 미국에서 절정에 달했으며, 지난 수십 년간 세계 곳곳에서 반복됐다. 기획자와 조경사들이 교외 설계에 분주한 동안 세계의 생태계는 훼손되고 오염되고 갈기갈기 찢겼다.

거주지 파편화와 독성 오염물질은 생물다양성 위기를 초래했고, 지역 공동체의 삶을 저해하는 무분별한 개발은 사회적 위기에 기여했으며, 폭발적으로 증가하는 온실가스 배출은 기후위기를 촉발했다. 이 세 가지 상호 연관된 위기가 다음 세기의 기획 및 설계 직종의 윤곽을 정할 것이다. 오늘날 조경사가 된다는 것은 매일 아침 사명감뿐 아니라 슬픔과 죄책감에 잠에서 깨는 것이다. 설계 교사이자 조경사로서의 내 목표는 공동 정원 가꾸기의 한 형태로 내 직업을 재해석하는 것이다.

———

"조경 건축"이라는 용어의 저명한 선구자 프레더릭 로 옴스테드Frederick Law Olmsted와 캘버트 복스Calvert Vaux가 센트럴 파크로 상징적인 명성을 얻을 무렵, 자메이카만의 염습지는 뉴욕시의 쓰레기 하치장으로 사용되고 있었다. 고속도로와 다리는 나중에 생겼고, 해안선의 경사면은 콘크리트로 굳어졌으며, 토지가 두 공항의 부지로 수용되고, 하수는 수십 년간 아무런 관리 없이 흘렀다. 최근 자메이카만의 재생은 경관을 복구하고 사랑하는 방법을 보여준다.

자메이카만은 한때 줄풀로 무성했고, 조개류와 물고기가 가득했다. 그러나 20세기 동안 과잉 채취와 미처리 하수로 인해 조개 개체수가 급감했고, 한때 극한 날씨의 완충지대가 되어주던 습지대는 최근 수십 년간의 오염과 해수면 상승으로 물에 잠겼다. 1990년대에 이르러 자연경관이 크게 훼손됐다. 지역 활동가, 조류학자, 환경운동가가 힘을 합쳐 임박한 습지 소멸과 수백 종의 서식지 손실을 추적해 사람들에게 알렸다.

연방정부, 주정부, 지방정부가 이 자연경관 비상사태에 대응하기 위해 (때로는 소송이 촉발한 덕분에) 모여들었다. 뉴욕시와 뉴욕주는 오염 대응과 수질 개선을 위해 행동에 나섰다. 미군 공병대와 국립공원관리공단은 빈약한 습지를 보충하기 위해 준설된 흙을 재사용하고 퇴적층에 준설물을 뿌리는 섬 건조물 공사에 착수했다. 지역 자원활동가들은 염습지 생태계에 중요한 줄풀을 심고, 줄풀 뿌리를 고정시키는 모래를 안정화하기 위해 조개류와 홍합류의 종패를 뿌리는 "굴 농사" 기법을 사용했다.

나는 현재 사랑받는 살아 있는 풍경이 된 자메이카만에서 우리의 공동 정원 가꾸기와 조경사의 기후행동에 시사가 될 만한 네가지 교훈을 얻었다. 보이지 않는 것을 보이게 하고, 생태계를 인프라로 육성하며, 참여 과정을 만들고, 규모를 확장하는 것이다.

보이지 않는 것을 보이게 하기

자연계 파괴의 능동적인 행위 주체는 대개 눈에 *보이지* 않는다. 우리는 물 안에서 집약되어 거대한 데드존dead zones을 만드는 질소과다뿐 아니라, 배기관, 발전소, 건물, 산업에서 대기로 뿜어져 나오는 이산화탄소 구름도 볼 수 없다. 탐스러운 녹색 잔디를 만드는 데 사용되는 눈에 띄지 않는 살충제가 토종 꽃가루 매개 곤충pollinators을 죽이고, 아이들의 발밑 땅을 오염시킨다. 이 모든 것이 여섯 번째 대멸종을 촉진하고 식량 공급을 위협하는 핵심 요인이다. 그러나 그 모든 불분명한 붕괴보다 더한 것은 우리가 보지 못하는 걸 사랑할 수 없다는 것이다.

리처드 미라크Richard Misrach와 함께 쓴 『석유화학 아메리카Petrochemical America』는 생태적 비가시성을 깨고 공감을 촉진하려는 노력이었다. 우리는 석유 추출, 환경 부정의, 해수면 상승의 교차점에 있는 미시시피 하류를 지도, 사진, 그림으로 시각화하고, 변화와 강바닥 복원을 위한 행동을 소개했다. 이러한 시각화는 루이지애나 환경행동네트워크, 루이지애나 버킷 브리게이드Louisiana Bucket Brigade, RISE 세인트 제임스RISE St. James 등의 지역 운동가들에게 화학기업, 주정부, 언론과 토론하기 위한 무기가 됐다. 또한 에너지와 기후변화에 대한 대화를 촉발하기 위해 미국 전역 박물관에서 전시됐다.

이는 삽화가 상상력과 의식의 도약을 돕는 한 예에 불과하다. 시각화는 화학물질과 화석연료가 서서히 퍼지는 영향, 만조와 간조의 해안선 사이에 있는 생태계의 광범위한 손실, 내륙 산림종의 소멸, 상류에서 산란하려는 무지개송어의 고군분투, 또는 염분화로 작물 재배가 어려워진 논밭으로 우리 마음과 정신을 인도할 수 있다. 이는 또한 대안적인 미래에 관한 생각으로 우리를 안내한다.

인프라로서의 생태계 촉진

넓은 강둑, 건강한 산호초와 맹그로브, 사구 방벽, 살아 있는 해안선 등 번성하는 자연경관은 다음 세대의 기후 인프라다. 전통적으로 "꾸며진" 경관은 우리가 필요로 하는 생물다양성, 식량 생산, 해안 보호, 탄소를 흡수하는 생태계와 전혀 다르며, 우리는 너무나 자주 환원적인 사고방식으로 자연적인 것을 간과하고 기술적 해법에 집중한다. 틀에 박힌 설계와 공학은 실제로 기후 위험을 녹색 분칠greenwash 할 수 있다. 우리는 강의 역동적인 유역을 표준화하고 "안전"하게 만든다. 또 수변에 콘크리트를 바르고 옛 습지 위에 개발을 위한 길을 닦는다. 텍사스주 해리스 카운티의 습지, 앨라배마주 모빌 베이의 사구 방벽, 메릴랜드주 엘리콧시의 강둑 등은 예전부터 물이 흘렀으나 지금은 흐르지 않기를 바라는 곳이다. 그래서 폭풍이 더욱 거세지고 물이 불어남에도 그곳들에 "홍수 위험" 딱지를 붙이고 개발을 진행한다. 대신, 조경사와 기획자는 보호 생태계를 중심으로 설계, 구축 및 참여에 전력을 다해야 한다.

슈퍼폭풍 샌디가 북동부를 초토화시킨 이후, 내가 이끄는 스케이프SCAPE는 '디자인으로 재구축하기Rebuild by Design'라는 1년간의 과정에 참여했다. 우리 팀은 굴과 어린 줄무늬농어를 상상의 고객으로 삼아, 스태튼섬의 침식 해안을 따라 파도를 줄이기 위해 굴을 심은 암석 보호 구조물인 살아 있는 방파제Living Breakwaters라는 개념을 개발했다. 이 구조물은 극한의 날씨로부터 우리를 보호하는 해안 서식지의 3차원 모자이크를 재건하고, 이와 연계된 10억 마리 굴 프로젝트Billion Oyster Project와 과학 커리큘럼은 교육을 해안으로 끌어온다. 이 "굴–교육" 프로젝트는 서식지 재건, 기후 위험 감소, 지역 공동체 참여와 위상이 같다.

옴스테드와 복스가 자연을 도시 중심부로 가져왔지만, 이제는 도시에서 벗어나 전 세계적으로 인간 거주지 전체를 위한 환경적 맥락을 재건하는 것이 중요하다. 해안 산호초를 재건하고, 농지를 다양화하며, 고지대를 재조림하기 위해서는 설계와 세심한 관리가 필요하다. 이제 공기를 맑게 하고, 물을 정화하고, 해안을 보호하고, 식량을 공급하며, 기후를 안정화하는 데 도움을 주는 필수 재생 인프라로 재구성할 때다. 침식을 줄이기 위해 수로를 따라 울창한 숲, 토종 꽃가루 매개자를 위한 썩은 낙엽 더미, 해안의 안전을 지켜주는 뒤얽힌 맹그로브, 목초지와 어우러진 태양광 패널과 풍력 터빈 등이 재구성되며 기후대응 경관의 일부가 될 것이다. 생태 인프라를 정비하고 재생가능 에너지와 결합하는 것이 조경 분야의 최우선 과제가 되어야 한다.

참여 과정 만들기

지역 사회는 종종 변화를 의심하고, 현지 법률은 가장 평범한 태양광 패널이나 지열 활용조차 금지할 때가 있다. 그러나 기후위기는 에너지, 토지, 산업, 교통, 건축, 도시에서 거대한 전환을 요구하며, 이는 우리가 살고 일하고 즐기는 장소, 즉 우리가 사랑하는 장소에 직접적인 영향을 미친다.

대중은 앞으로의 균형과 전환을 고려할 수 있도록 정보를 얻고 역량을 강화해야 하며, 지역 사회는 우리가 실현하려는 생물다양성, 저탄소, 기후에 민감한 물리적 세계를 공동 설계하는 데 참여해야 한다. 분산 에너지 시스템과 대중교통은 도시 구조에 통합되어야 한다. 해수면 상승은 지역 사회 전체를 해체하고, 도시의 열은 일부 지역을 사람이 살 수 없도록 만들 수 있다. 따라서 지역 공동체 참여를 위한 교육적이고 재미있는 과정을 설계하는 것이 우선과제다. 우리의 민주적 신뢰는 약해지고 있다. 조경사, 기획자, 지역 공동체 간의 관대한 대화를 발전시킬 메커니즘이 필요하며, 그래야 공정하고 정의로운 변화가 일어날 수 있다.

SCAPE는 애틀랜타에서 채터후치 리버랜드Chattahoochee RiverLands 프로젝트를 위한 민주적이고 참여적인 과정을 추진하고 있다. 이는 이 지역을 강, 수원, 레크리에이션, 야생과 100마일에 걸쳐 재연결하기 위한 구상이다. 이 계획에는 채터후치강과 평행을 이루는 물리적 산책로가 포함되어 있어 강둑에의 접근과 비동력 교통을 선택할 수 있다. 우리는 거의 100회에 달하는 이해관계자 및 지역 공동체 회의와 교육 행사를 진행했는데, 여기에는 공식 모임뿐 아니라 방과 후 시내를 걷거나 주말에 강에서 노를 젓는 등의 활동도 포함된다. 이 모든 것은 애틀랜타 시민이 강과의 관계를 다시 상상하는 것을 목표로 한다. 주민과 거리가 먼 "마스터" 플랜을 세우기보다 강을 둘러싼 수십 년간의 지역 리더십을 기반으로 주민과 함께 워크숍을 하고 계획을 만들었다.

이 새로운 작업 방식, 즉 공동체를 조직하고 생태학적 복구를 연출하는 공적인 역할은 자연이 인간 외부에 존재한다는 생각을 바로잡기 위해서도 필요하다. 지구는 잘 가꿔야 하는 물리적 환경인 동시에, 의사결정의 공유지이기도 하다. 자연경관에 투자하고 참여하며, 자신들의 풍경을 사랑하는 공동체는 기후변화의 세상에서 우리가 나아갈 길을 열어주는 핵심이다.

확장하기

한 마리의 굴에서 여러 기능을 하는 산호초로, 나아가 건강한 만에서 광활한 푸른 바다까지, 이러한 아이디어는 살아 있는 풍경에 내재되어 있다. 문 앞 정원에서 마을 변두리의 복원된 숲, 지역 강 유역 정책, 국가 입법 및 그 너머에 이르기까지 인간의 행동 규모도 다층적이다. 지구를 수리하기 위해서는 이 모두가 필요하다.

장대한 미시시피강을 살아 있는 강으로 재설계하고, 범람원과 해안 분지로 강을 다시 연결할 때다. 네덜란드인은 라인강을 따라 강을 위한 여유 공간the Room for the River 프로그램을 시행했는데, 이는 강에 더 많은 공간과 능력을 제공하여 많은 수량에 대처할 수 있도록 하는 것이다. 미래의 미시시피강 국립공원은 미 육군 공병대의 콘크리트화 및 통제 관행, 이에 따른 의도치 않은 결과를 되돌리기 위해 이와 비슷한 접근을 채택할 수 있다. 아이오와의 돼지 농장주, 아칸소의 조류 관찰자, 루이지애나에서 굴을 따는 사람 모두 강을 상류 유역의 모래톱과 다시 연결하고, 토양 퇴적물로 미시시피 델타에 영양분을 공급함으로써 이득을 얻을 것이다. 이처럼 야심 찬 프로젝트는 미국의 중심을 하나로 엮고, 강을 폐수로가 아닌 여가를 즐기는 선형 공원으로 되돌릴 수 있다. 미시시피는 미국을 건설하는 데 도움을 주었고, 우리는 기후위기에서 미시시피의 도움이 다시 필요하다.

미국의 해안선에도 대담한 포부가 요구된다. 오늘날 국가홍수
보험프로그램NFIP은 홍수 피해 지역을 원래 있던 곳에 정확히 재
건하기 위한 기금을 제공하는데, 이는 사람들을 다시 위험에 빠
뜨리기도 한다. 이 프로그램은 공평한 적응, 재난 대응, 강과 해
수면 상승으로부터 관리된 후퇴를 위한 수단이 되기보다는, 부
유한 주택 소유자와 휴가용 별장에 지원금을 줌으로써 소득 격차
를 악화시킨다. 게다가 NFIP는 이미 200억 달러가 넘는 부채를
지고 있다. 그 대신, 가구들이 사전에 이주를 선택할 수 있도록
연방정부의 인수 정책이 필요하다. 연구에 따르면, 많은 사람이
인수 프로그램에 땅을 넘길 의사가 있고, 이를 자랑스러워하며,
기꺼이 대자연에 땅을 돌려주려 하는 것으로 나타났다. 서로 연결
되고 공적으로 소유하는 미국 국립 해안로에 대한 새로운 비전을 품자.
이는 후퇴를 장려하고, 공정한 이전 자금을 지원하며, 물가에 대한 대중
의 접근을 극대화하는 선형 공원으로 보호 해안선을 재건함으로써 가능
해진다.

―――

자메이카만과 같은 지역 규모나 미시시피강 국립공원과 같은
광역 규모로 물리적 경관의 구조를 바꾸는 것은 앞으로 나아갈
길을 보여준다. 미국의 녹색-청색 인프라를 되살리는 일은 우
리 시대의 공동 과업이다. 생태학적 연결고리를 꿰매 붙이는 것
은 활기차고 건강한 공동체, 이동생활을 하는 동물, 살아 있는 토
양으로 지탱되는 식량 체계, 전 세계의 탄소 순환과 기후 모두에

좋은 일이다. 어떤 것을 고칠 때는 다른 것을 부수고 해체할 필요도 있다. 즉 위험한 장소를 정당하게 허물고, 도로를 제거하고, 댐을 폭파하고, 콘크리트 하천 수로를 뜯어내고, 아스팔트 도로를 해체하고, 강 하류로 위험을 전가하는 쓸모없는 방파제를 제거하는 것이다. 이는 수로를 따라 흐르는 강, 진흙 속 조개, 이주민의 생존과 번영할 권리에 영향을 미칠 수 있다.

이제 진흙탕에 손을 넣을 시간이다. 지저분하게 망가진 경관을 적극적으로 사랑하며 바꿔보자. 달음박질치는 게를 위한 썰물 웅덩이, 풍금새를 위한 어두운 숲, 올빼미와 박쥐를 위한 죽은 나무, 둥지 튼 물떼새를 위한 무성한 풀로 덮인 모래 언덕을 생각해보자. 우리의 살아 있는 자연경관을 가꾸고 그 속에서 생활하는 것은 작은 것부터 시작할 수 있다. 플라스틱 쓰레기 줍기, 서식지를 위한 통나무 쌓기, 굴 밭 가꾸기, 튤립나무를 침입하는 담쟁이덩굴 뽑기 등. 우리는 전 세계적인 자연경관 비상상태에 직면해 있다. 이제 우리가 함께 되돌릴 수 있는 일을 생각해보자.

5. 지속하기

우리는
선라이즈다

바시니 프라카시 VARSHINI PRAKASH

10대에 기후위기를 처음 알게 됐을 때 밤늦도록 잠들지 못한 채 그것이 나와 같은 전 세계인에게 어떤 의미일지 상상하곤 했다. 식량도 물도 없는 상황에 직면하면 사람들이 서로에게 무슨 짓을 할지에 대한 상상과 난민을 맞이할 쇠울타리와 총의 이미지가 머릿속에서 지워지지 않았다. 나는 외롭고 작고 무력했다.

미국과 전 세계 수많은 청년이 정치 체제가 우리를 망치는 것을 보며 성장했다. 내가 지구에서 산 시간의 두 배 동안 인류는 기후위기에 대해 알고 있었다. 그리고 딱 그 시간만큼 부자와 권력가는 고의로 오염으로부터 이익을 얻었고, 과학에 대해 거짓말했으며, 그들의 돈으로 민주주의를 질식시키고 우리의 미래를 훔쳐갔다. 우리 세대는 생사의 갈림길에 서 있다.

우리 가족은 인도 남단 타밀나두주 출신이다. 아버지는 어릴 때 거대한 백사장에서 자랐는데, 야자수 아래서 신선한 망고를 먹고, 할머니가 만든 맛있는 음식을 먹으며, 깡마른 인도 소년 열댓 명과 모래사장에서 크리켓을 하던 이야기를 들려주곤 했다.

2015년 12월, 폭풍우가 수도 첸나이를 덮쳐 이 지역에서 최악으로 꼽히는 홍수가 발생했다. 도로가 물에 잠기고, 아이와 엄마들은 피난처를 찾기 위해 가슴까지 차오른 물속에서 수 마일을 걸었다. 대기에 썩은 고기 냄새가 진동했고, 물이 몇 주간 빠지지 않아 질병을 일으켰다. 수천 명의 이재민이 발생했고, 수백 명이 사망했다. 다행히 조부모님은 폭풍우가 몰아치는 동안 마을을 떠나 있었는데, 그렇지 않았다면 며칠 동안 음식도 물도 전기도 없이 발이 묶였을지도 모른다. 내 악몽은 여전히 이런 이야기들로 가득 차 있다.

———

키 작은 갈색 피부의 소녀로 자라는 동안 정치와 선거, 정부의 세계는 내 관심 밖에 있었다. 하지만 대학에서 나는 사회운동에 푹 빠져들었다. 환경과학 수업을 듣던 중 한 친구가 내게 매사추세츠 서부의 새로운 화석연료 기반시설에 반대하는 시위의 진행을 맡아달라고 부탁했다. 동의는 했지만, 며칠간 너무 긴장해서 속이 메스꺼울 정도였다. 친구의 확성기를 넘겨받아 100명의 학생 군중 앞에 섰을 때는 거의 울음을 터뜨릴 뻔했다. 태어나서 처음으로 나 혼자 기후위기에 직면한 것이 아님을 느꼈다. 나는 강했고, 함께하는 사람들이 있었다. 이후 나는 본격적인 활동을 시작했다.

한겨울에는 워싱턴 DC에서 4만 명의 시위대와 함께 캐나다 유전으로부터 미국 심장부를 관통하는 키스톤 XL 파이프라인 건설에 반대하는 시위를 벌였다. 또 대학에서 화석연료 투자 철회 캠페인을 함께했다. 그러면서 조직화에 빠져들었는데, 이것이 현재의 정치를 변화시킬 도전이며, 사회운동을 구축함으로써 선거와 정당을 넘어 활기차고 포용적인 민주주의 실천을 가능하게 하기 때문이다.

오바마 시대에 나와 같은 청년 지도자와 활동가들은 기후변화를 멈추기 위한 전국 운동의 출현과 연방 기후정책의 시작을 목격했다. 동시에, 우리는 상상했던 것보다 기후위기가 더 심각하고 시급하다고 경고하는 과학 보고서를 읽었다. 우리는 미국의 수백만 청년을 모아 힘을 키우고, 인종 및 경제적 정의에 기반한 기후행동을 미국의 우선과제로 삼을 운동이 필요했다.

이러한 각성에서 선라이즈 무브먼트가 탄생했다. 현 상태와 기존 환경단체에 염증을 느낀 12명의 기후활동가는 훨씬 더 야심차고 정의로운 청년 중심의 무언가를 만들기로 결정했다. 그리고 2017년 봄 출범 전까지 1년 넘게 전략적 계획을 수립했다. 우리는 힘을 구축하고, 대규모 정부 행동을 촉발하며, 대대적인 전환을 주도하기 위한 세 가지 변화 이론을 발전시켰다. 우리의 활동은 다음과 같다.

첫째, 대중권력:
대중 지지의 적극적이고 강경한 기반

정치학자 에리카 체노웨스Erica Chenoweth와 마리아 스테판Maria Stephan은 20세기와 21세기 초반 저항운동에 관한 획기적인 연구를 수행했다. *한 가지 중요한 발견은, 인구의 단 3.5%만 적극성을 띤다면 캠페인이 승리한다는 것이다. 투표, 기부, 거리로 나가기, 이웃과의 대화 등 어떤 것이든 좋다. 현재 미국 인구의 3.5%는 약 1,150만 명이며, 이는 오하이오 인구와 비슷하다.

이미 미국인 10명 중 7명 이상이 기후변화가 일어나고 있음을 알고, 10명 중 6명 이상은 "경계" 또는 "우려"하며, 대다수가 정부와 기업이 이 문제에 대해 더 적극적으로 대처하기를 바란다. 우리는 이 문제에 대해 소극적인 지지를 많이 받고 있다. 이제 더 많은 것을 적극적인 지지로 바꿔내야 한다. 기후 투표, 캠페인 기부, 소셜미디어 활동, 공약 서명, 선출된 대표에게 전화하기, 활동가 생계 지원 등 창의적인 지지 방식을 통해 3.5%에 도달하는 것이다.

둘째, 정치권력:
깊이 헌신하는 공직자들의 임계질량 critical mass

미국의 정치적 리더십은 심각한 실패를 겪고 있으며, 용기가 가장 필요한 시기에 지도자들의 비겁함은 우리의 안녕에 직접적인 영향을 미친다. 2016년 선거가 분기점이었다. 하원과 상원이 기후변화를 부정하는 공화당으로 기울면서 트럼프가 대통령에 당선됐다. 화석연료 산업 측이 행정부를 장악하여 렉스 틸러슨Rex Tillerson 전 엑손모빌 CEO가 국무장관에 앉았고, 라이언 징크Ryan Zinke 내무장관은 석유 및 가스 채굴을 위해 연방 토지를 개방하기 시작했으며, 석탄 로비스트 앤드루 휠러Andrew Wheeler가 환경보호

청장에 임명됐다.

우리는 정치권력이 없는 민중의 힘으로는 충분하지 않음을 깨달았다. 정부 안에 동맹이 필요하며, 그들이 거기에 갈 수 있도록 해야 한다. 그렇지 않으면, 우리의 가치나 지역 공동체를 책임지지 않는 선출직 집단에 맞서 격분만 하게 될 것이다. 우리는 이 문제에 대한 입장에 따라 정치인의 승패가 결정되도록 해야 한다.

셋째, 민중의 동맹:
공동 의제를 중심으로 사회 · 경제 · 정치 세력 연대

지난 세기 미국에서는 두 가지 주요한 정치적 동맹이 나타났다. 첫 번째는 1930년대 시작되어 1970년대까지 지속한 프랭클린 D. 루스벨트 대통령의 뉴딜 동맹이다. 이는 미국의 노동자들을 지원하고 북돋는 데 도움이 될 광범위한 사회정책을 통과시킨 적극적인 정부에 의해 모습을 갖췄다. 두 번째는 1980년대 시작된 로널드 레이건 대통령의 동맹으로, 정부의 역할을 깎아내리고 시장을 해결책으로 삼았다. 이는 지금까지 지속되는 개인주의, 공공 부문 투자 철수, 산업규제 완화 중심의 새로운 가치관을 가져왔다.

불평등과 기후변화가 뒤얽힌 위기에 직면함에 따라, 미국의 새로운 정치 동맹, 즉 민중의 동맹이 필요하다. 이 동맹은 피부색, 자본, 거주지에 상관없이 모든 사람의 평등, 공정, 안전의 가치에서 비롯된 정책과 프로그램을 지지한다. 미국에서 정책 수립과 전환의 새로운 시대를 열기 위해서는 진보적 싱크탱크, 모든 유형의 사회운동, 정부 관료, 종교기관 등과 더불어 민중의 동맹을 구축해야 한다.

2018년 11월, 200명의 선라이즈 활동가가 낸시 펠로시 하원의장 집무실에 들어가 "당신의 계획은 무엇입니까?"라고 적힌 봉투에 사랑하는 이들의 사진을 담아 전달했다. 우리의 요구는 민주당이 그린 뉴딜을 지지하고, 대형 석유회사가 주는 선거 자금을 포기하는 것이다. 우리가 펠로시 의장 집무실과 복도를 가득 메우고 있을 때, 집무실 TV에 비친 캠프파이어 산불[33]을 본 내 친구 클레어 타체라 모리슨Claire Tacherra-Morrison은 이 화재로 이모와 삼촌의 캘리포니아 집이 전소됐다고 말했다. 우리가 선거운동에 참여한 알렉산드리아 오카시오 코르테스 의원도 연대했다.

그 후 며칠 동안 기후변화에 대한 수천 건의 기사가 쏟아졌고, 수많은 청년이 행동에 나섰다. 이 행동은 후순위로 밀렸던 기후변화를 정치의 주요 이슈로 전환하는 데 도움을 줬다. 3개월 뒤 오카시오 코르테스와 에드 마키Ed Markey 의원이 연방정부의 기후 조치 기준을 획기적으로 높인 그린 뉴딜 결의안을 발표했다. 민주당 대선 유세가 시작되자, 후보들은 그린 뉴딜 지지와 화석연료 자금 회수를 약속했다. 그리고 불과 20개의 지역 지부가 있던 선라이즈는 2018년 11월 300개 이상의 지부를 거느린 전국 운동으로 급성장했다.

주와 지방정부 차원의 추진력도 두드러진다. 2018년 선라이즈는 클로이 맥스민Chloe Maxmin의 메인주 하원 출마를 지지했다. 그

---

33 2018년에 발생한 캘리포니아 역사상 최악의 산불.

녀는 깨끗한 공기와 물, 에너지를 내세워 지역에서의 민주당 지지율을 높였다. 그리고 2040년까지 80%의 재생에너지를 보장하는 주정부 그린 뉴딜 법안을 통과시키기 위해 노동 및 환경 파트너들을 빠르게 결집시켰다. 2019년 뉴욕에서 선라이즈와 다른 풀뿌리 단체들은 민주당이 주 의회를 되찾고, 미국에서 가장 야심찬 기후정책 중 하나를 통과시키는 데 도움을 줬다.

우리는 필요한 기후행동을 정치적으로 가능하게 하고, 정치적으로 가능한 것을 정치적으로 불가피한 것으로 바꾸기 위해 노력하고 있다. 물론 타협도 해야 하고, 실망도 따를 것이다. 그러나 우리 입장을 고수한다면 더 멀리 나아갈 수 있다고 믿는다.

선라이즈는 기후위기의 해법에 대해 말하는 방식을 근본적으로 바꾸고 있다. 오랫동안 기후 조치는 사람들에게서 무언가를 빼앗는 것으로 여겨졌다. 그린 뉴딜은 그 반대다. 즉 사람들에게 수백만 개의 좋은 일자리를 제공하고, 경제를 활성화시키며, 노동자의 삶을 나아지게 한다. 그것은 서로 다른 집단의 사람들 간의 불평등을 완화하고, 깨끗한 공기와 물을 보장한다. 그리고 기후변화를 멈춘다.

사람들은 기후위기에 대해 중산층과 노동자계급이 재정적인 타격을 감수해야 하는 것처럼 이야기하곤 한다. 1988년 이래 탄소 배출의 70% 이상이 100개의 화석연료 생산자에게서 나오는 상황에서 말이다. 따라서 최고위층에게 더 많은 부가 집중되어온 지난 40년간 임금 정체를 겪은 사람들이 "왜 내가 이 비용을 부담해야 하나요?"라고 묻는 건 타당하다. 노동, 일자리, 건강, 형평성에 관해 이야기하지 않고서는 이 문제를 해결할 수 없다. 그것들은 기후와 분리될 수 없으며, 국민의 최우선 관심사다.

*2019년 7월 여론조사에 따르면, 전체 미국인의 63%가 그린 뉴딜을 지지한다. 이를 분석해보면, 민주당원 86%, 무소속 64%, 농촌 유권자 55%, 백인 복음주의 기독교인 40%가 지지했다. 18~38세 청년은 77%가 지지했다. 그린 뉴딜은 실제로 미국을 위한 승리의 비전이 될 수 있다.

———

선라이즈 내에서 우리는 노래를 통해 기쁨, 즉 필요한 기쁨을 쌓는다. 노래는 두려울 때나 격렬한 시기에 서로의 연대를 보여주고 우리의 힘을 드러내는 방법이다. 슬프거나 고통스러울 때 우리 감정을 표현하기 위해, 또는 분노의 순간에도 노래한다. 역사상 많은 운동처럼 우리는 노래를 통해 사람들을 하나로 모으고 우리 활동에 대해 목소리를 낸다.

위험 부담도 매우 크다. 우리는 운동 조직으로서 우리의 실패가 갖는 의미를 잘 알고 있으며, 그것이 우리를 무겁게 짓누른다. 만약 선라이즈가 이 정치적 순간을 제대로 헤쳐나가지 못한다면, 수백만 명이 죽을 수도 있다. 하지만 이 순간을 잘 헤쳐나간다면, 수백만 명이 가난에서 벗어나고, 수십억 명이 구원받을 것이며, 우리는 전 인류의 문명을 보호할 수 있을 것이다.

패배에 대한 두려움은 항상 존재하지만, 더 중요한 것, 즉 사람들의 더 나은 삶, 우리가 사랑하는 이들과 우리가 결코 만나지 못할 이들의 더 나은 삶을 위해 행동하려는 깊은 영적 소명도 있다. 그것이 불확실성 앞에 놓인 우리의 공통된 목적이다. 유일한 실패는 아무것도 하지 않는 것이다.

지금 이 순간에도 나는 지혜와 지침의 글들을 읽는다. 도덕경은 내가 좋아하는 글 중 하나다. 이 중 계속 생각나는 구절이 있다. "할 일을 하고 나서 뒤로 물러서라. / 평온함으로 가는 유일한 길이다." 우리가 끊임없이 노력한다면, 더 나은 세상을 위해 온 힘을 쏟고 있다면, 그것은 살 가치가 있는 삶이다.

───────────

정의로운 싸움만 선택하세요.
상황이 어려워지면, 당신 앞에 단 하나의 선택권만
있음을 알게 될 테니까요. 그럼에도 불구하고
끈질기게 계속해야 해요.

– 엘리자베스 워런 상원의원

교차점에서

재키 패터슨JACQUI PATTERSON

나의 가장 오래된 기억 중 하나는 아버지의 고향인 서인도 제도의 자메이카에 갔던 것이다. 오빠와 해변에서 태양과 모래를 만끽하며 레게 춤을 춘 기억이 난다. 그 순간부터 나는 자메이카의 바람, 물과 리듬, 독특한 자연, 문화와 유산, 사하라 이남 아프리카의 "어머니 땅"에 대한 유대를 사랑하게 됐다.

춤추는 나와 오빠를 둘러싼 채 사진을 찍던 백인 관광객들의 모습도 기억한다. 그들은 우리가 자메이카 선주민이라 생각했고, 비행기표를 살 때 자메이카인의 사진을 소유할 권리도 같이 산 것이라 여겼다. 어린 시절을 순수하게 누리던 그때의 나는 인종차별의 교묘함을 처음으로 경험했다는 걸 몰랐다.

교묘하고 노골적이며 체계적으로 인종차별에 노출되는 것은 내 인생에서 일관된 주제였다.

대학 시절에 나는 레게를 통해 혁명의 주제를 탐구하기 시작했다. 워크맨 이어폰 속의 밥 말리가 내게 끊임없는 용기를 주었다. "깨어나, 일어나!" 나는 "우리 자신만이 우리 마음을 자유롭게 할 수 있다"는 것을 상기했다. 그리고 "노래하게 도와주지 않을래? 이 자유의 노래들을"이라는 초대를 받았다.[34]

특수교육학 전공을 졸업하자마자 평화봉사단Peace Corps에 가입해 자메이카로 돌아왔다. 1991년부터 1994년까지 그곳에 살면서 식민주의 잔재가 여전히 많이 남아 있음을 느꼈다. 관광 산업과 섬에 사는 부유한 백인에게 흑인 자메이카인은 사실상 노예나 다름없었다. 그것은 클라우드 앤더슨Claud Anderson 박사가 쓴 『검은 노동, 하얀 부Black Labor, White Wealth』의 전형이었다.

나는 시멘트 공장에 의해 오염된 킹스턴 외곽의 하버뷰에 살았는데, 주변 지역이 분진에 노출되어 건강 문제가 속출했다. 하버뷰의 상수도도 산업폐기물로 오염됐다. 지역 사회는 인근의 셸 정유공장을 범인으로 지목했지만, 이들이 받은 보상이라곤 환기되는 화장실 몇 개와 초등학교 재활용 프로그램 비용 몇 달러뿐이었다.

당시 나는 부정의에 너무도 익숙했다. "깜둥이는 집에 가! 넌 여기 사람이 아냐!"라고 놀리며 길을 가로질러 나를 쫓아오던 백인 아이들, 시카고의 젊은 흑인 남성인 오빠가 폭력조직에 의해 사냥 당하거나 사냥꾼이 되는 모습을 지켜보는 것, 에이즈 유행 초기에 노숙인 쉼터에서 자원봉사를 한 것, 가정폭력 생존자 쉼

---

34 밥 말리의 노래 제목 "Get Up Stand Up"과 "Redemption Song"의 가사다.

터에서 일한 것까지. 나는 인종차별, 가난, 여성 혐오, 그리고 이 문제들의 교차점에 대해 깊이 인식하게 됐다.

하지만 하버뷰에서의 이러한 경험은 이 모든 것이 환경과 교차한다는 것을 처음으로 이해하는 계기가 됐다. 보크사이트 산업, 시멘트 산업, 바나나 산업 등을 통해 대기업 자본주의가 자메이카를 지배하면서 환경정의가 어떻게 이슈화되는지 목격했다.

우여곡절 끝에 지역 사회환경자원센터가 탄생했다. 우리는 이 프로젝트와 함께 수많은 환경정의 문제를 다루는 것 외에도, 기후변화의 영향을 논의하기 시작했다. 그것은 1998년 이 섬을 강타한 허리케인 길버트로 인해 여전히 회복 중인 상황에서 특히 큰 반향을 일으켰다.

허리케인 길버트는 자메이카에 극단적 기후변화가 잦아지고 심각해지는 데 따른 결과를 보여줬다.

자메이카에는 환경적 취약성 외에도 사회적 취약성이 있다. 태풍, 지진, 홍수, 가뭄, 화재 등의 자연재해에 부의 불평등, 역사적으로 높은 실업률과 부채, 세계에서 두 번째로 높은 살인율이 더해져 만성적인 위기를 낳았다. 분석에 따르면, 자메이카는 카리브해에서 기후변화에 가장 취약하며, 경제적으로도 매우 취약하다.

자메이카의 지정학적, 사회경제적 상황을 분석하고 이해하기 위해 나는 북클럽을 만들었다. 우리는 세계화, 인종차별, 국제 발전을 탐구한『유럽은 어떻게 아프리카의 발전을 가로막았나How Europe Underdeveloped Africa』,『문 옆에 앉은 유령The Spook Who Sat by the Door』,『투명인간Invisible Man』등을 읽었다. "문제없어, 몬no problem, mon"이라는 슬로건으로 떠오르는 "이리irie"35의 허울 아래, 그곳에 사는 사람들에 대한 배려 없이 문화를 포함한 천연자원의 풍요로움을 이용하려는 사람들에 의해 이 아름다운 나라에 대한 수탈은 심해져만 갔다.

나는 공중 보건과 지역 사회 조직화를 공부하기로 결심했다. 이러한 심각한 불평등과 본질적인 취약성을 초래하는 시스템 변화에 동참하고 싶었기 때문이다.

사회사업 석사과정을 밟으며 나는 아프리카계 미국인 여성의 높은 유아사망률에 관한 인종의 영향을 주제로 논문을 썼다. 아프리카계 미국인이 다수인 볼티모어의 출산 결과에 대해 이웃 지표의 역할을 조사하고, 볼티모어의 태아·유아 사망률을 검토했다. 우리는 지금도 여전히 유효한 것들을 기록했다. 당신이 사는 곳은 대기오염과 같은 사회적·경제적·환경적 요인으로 인해 건강과 복지가 어떻게 달라지는지 보여주는 강력한 지표다. 즉 장소가 중요하다.

대학원 졸업 후 2001년에는 종교단체인 IMA세계보건IMA World Health과 함께 사하라 이남의 아프리카에서 일하며 국제 업무에 복

---

35 자메이카인의 "ALL RIGHT" 발음.

귀했다. 자메이카가 탈식민화를 겪고 있다는 내 생각은 고국에서 일어나는 일과 비교되어 희미해졌다. 천연자원과 인적자원의 광범위한 추출로 인해 많은 곳이 사실상 살 수 없는 지경이 되었다. 선진국과 부유한 국가들은 제국주의와 지배, 착취로 시장을 장악했고, 국가는 빈곤, 전쟁, 오염, 대량 학살에 버금가는 규모의 전염병으로 갈기갈기 찢겼다. 한편, 세계은행과 국제통화기금IMF의 억압적인 긴축 조치에 이미 경제적으로 빈곤한 국가들이 더욱 굶주리게 됐다.

나는 실패한 개발 패러다임이라는 야수의 배 속에 있었다.

콩고민주공화국에서 여성을 무기로 한 자원 전쟁이 격렬하게 벌어지는 동안, 선진국은 개발도상국의 파벌들이 폐기물 처분을 두고 계속 싸우도록 하는 무역 및 제조 정책을 수립했다. 내가 HIV와 에이즈에 관해 일했던 말라위에서는 환자가 두 배로 늘어나 둘 중 하나는 병실 바닥에서 잤다. 짐바브웨에서는 12피트 깊이의 무덤을 파야 했는데, 에이즈 사망자를 묻을 공간이 부족해 6피트 위에 다른 사람을 묻어야 했기 때문이다. 한편 나는 미국산 항레트로바이러스제만 고집하는 프로그램에 참여했었다. 인도에서 생산된 약은 말 그대로 1,000%나 저렴했는데도 말이다. 또 남아프리카 제약회사들은 약값 인하 법안을 제정한 정부를 고소했다. 흑인 수십만 명이 죽어가는 동안 그들은 이익을 챙겼다.

나는 보건의료 활동가들이 왜 수많은 제약 회사를 "대량 학살의 악마*genocidally evil*"라고 부르는지 금세 이해하게 됐다.

5년 후 IMA세계보건에서의 마지막 날 송별회에서 TV 화면으로 눈길이 쏠렸다. 창밖으로 "SOS"라고 쓰인 천이 펄럭이고 있었다. 허리케인 카트리나의 분노가 뉴올리언스 지역 사회를 덮치는 것을 보면서, 정부의 태만과 인프라 붕괴의 영향을 다시 한번 느낄 수 있었다. 가장 큰 영향을 받는 것은 또다시 아프리카계 미국인의 삶일 것이다. 나는 6주 동안 걸프 지역을 방문해 기후변화의 공통적인 현실과 소외된 지역 사회에 미치는 영향을 직접 경험했다.

휴스턴의 재해복구센터DRC에서 일할 때도 많은 것을 보고 들었다. 항레트로바이러스제를 사용할 수 없는 한 에이즈 환자는 약물 내성이 생길까 두려워했다. 한 청각장애인 여성은 복잡한 주택, 건강 및 보육 문제를 해결하기 위해 어린 아들과 내게 의지해야만 했다. 아내와 아이들을 필사적으로 찾던 남성과 재난의 여파로 성폭행을 당한 여성도 있었다.

나는 DRC에서 일하는 유일한 유색인종이었기에, 피난민에 대한 편견을 절실히 느꼈다. 하루는 교대 근무를 하러 센터 정문으로 다가갔는데, 문이 열리기를 간절히 기다리던 사람들이 나를 둘러쌌다. 경비가 마치 날뛰는 짐승들에게 호령하듯 두 손을 내밀며 "돌아가!"라고 외쳤다. 어느 날은 평화봉사단 자원봉사자였던 백인 DRC 직원이 나이지리아에서의 경험상 이곳에 오는 사람

중 절반이 사기를 칠 가능성이 높다고 말했다. 한 쉼터에서는 주거와 화장실 이용을 위해 성별을 밝혀야 하는데, 그로 인해 학대나 더 심각한 위험에 처한 논바이너리를 만날 수 있었다. 그리고 식량과 발이 묶인 친척들을 찾기 위해 뉴올리언스로 돌아가려던 흑인들이 댄지거 다리에서 총에 맞았다는 소식을 들었다.

카트리나 이후 목격한 것들이 계속해서 나를 괴롭힌다. 또 그 경험은 재난에 앞서 지역 사회의 복원력을 지원하고, 비상 상황이나 이후의 체계적인 재난 형평성을 증진하는 계기가 되기도 한다.

나는 옷가지만 겨우 챙겨 피난을 나선 사람들에게 편견이 어떤 영향을 미치는지 경험했다.

나의 다음 행보는 국제 활동을 줄이고, 인권 활동가로서 젠더 정의와 금융, 폭력, HIV/에이즈, 기후변화의 교차점에 집중하는 것이었다. 남아프리카 음푸말랑가의 여성 포커스 그룹에서 참가자들은 여성 콘돔의 필요성을 이야기했다. 기후변화로 수로가 말라버려서 소녀들은 매일 필요한 물을 얻기 위해 더 멀리 걸어야 한다. 성폭행을 당할 가능성이 매우 높기 때문에 물을 구하러 갈 때마다 콘돔을 착용하는 것이 차라리 더 낫다. 지역 사회의 농작물이 말라붙어 고국인 카메룬을 떠난 한 여성은 국경을 넘다가 강간당해 HIV 양성 판정을 받았다. 이 이야기들에 눈물이 났다.

여성에 대한 폭력과 기후변화 사이의 교차점에는 파괴적인 영

향의 팬데믹이 있다.

부정의 문제는 떼려야 뗄 수 없이 서로 얽혀 있다. 환경 피해를 가장 먼저, 최악으로 느끼는 최전선 지역 사회 사람들은 오염으로 질식하고 있다. 엄마들은 아기를 묻는다. 어린이들은 갇히거나 국가가 지원해준 폭력으로 아빠를 잃는다. 사람들은 자신들의 땅에서 쫓겨난다. 태풍은 바부다와 같은 열대 섬들을 심하게 파괴해 거의 살 수 없는 곳으로 만든다. 신성한 땅이 더럽혀지고, 바다는 플라스틱으로 질식당하며, 코알라들이 화재에 타 죽는다. 화석연료 기업 등이 무분별한 이윤과 권력 추구를 계속하는 동안 정치인들은 그저 살아남으려는 이들보다 부를 추구하는 이들의 명령에 따라 행동한다. 승자와 패자가 전제된 자본주의 체제, 즉 인종차별, 성차별, 외국인 혐오에 뿌리를 둔 이 체제에서 정의가 불가능함은 자명하다. 이것이 우리를 재앙적인 기후변화의 길로 이끈 체제의 모습이다.

NAACP 환경 및 기후정의 프로그램의 수석 책임자로서 나는 NAACP가 환경문제와 기후변화 활동을 하는 이유에 관한 질문을 자주 받는다. 사람들은 1909년 미국에서 흑인의 평등권 투쟁으로 설립된 인권단체가 기후 활동에 집중한다는 사실에 놀라움을 표한다. 나는 목소리를 낼 수 없는 사람들을 대변하는 것이 우리 사명이므로, 거기엔 수많은 이유가 있다고 대답한다. 최대 오염원인 석탄발전소는 주로 저소득층이나 유색인종이 많은 지역에 불균형적으로 존재한다. 화석연료를 태우면 해수면이 상승하여 알래스카 키발리나 섬에서 루이지애나주 아일 드 진 찰스Isle de Jean Charles까지 지역 공동체들이 쫓겨난다. 강우 패턴의 변화와 극한 날씨는 농업에 지장을 주어, 수많은 지역에서 기존의 식량 불안을 심화시킨다. 기후변화는 절대적으로 시민권의 문제다.

환경정의의 선구자 로버트 불러드Robert Bullard와 베벌리 라이트의 말을 빌리면, 우리는 "보호에 대한 잘못된 인식"을 가지고 있다.

NAACP에서 내가 가장 먼저 한 일 중 하나는, 우리가 해결하려는 모든 인종 정의 문제의 위협을 기후변화가 어떻게 배가하는지, 이 모든 문제가 어떻게 불가분의 관계에 있는지 설명하기 위해 "교차점"이라는 제목의 문서를 작성하는 것이었다. 우리 집에 점점 뜨거워지는 열기에 대처할 기반시설이 없을 때, 기후 재난의 피해와 이주를 견딜 재산이 없을 때, 재난 자본주의가 만연할 때, 재난 이후 지원을 받는 대신 지역 사회의 범죄가 늘어날 때, 점점 더 빈번하고 위험한 산불 진압에 죄수 노동이 이용될 때, 인종 정의는 불가능하다.

우리는 근본적인 변화를 만들어야 한다. 지역 사회에 전력을 공급하기 위해 화석연료를 채굴하고 태우는 사회에서 태양과 바람을 이용하는 사회로, 쓰레기를 묻거나 태우는 사회에서 회수, 재사용 및 재활용하는 사회로, 식량을 유전적으로 조작하고 트럭과 배로 운송하는 사회에서 영양가 있고 모두가 접근 가능한 식량의 지역 생산을 발전시키는 사회로 말이다. 우리는 지역 사회에 부정적 영향을 미치는 지배적 정책과 관행을 추출하여 오염으로부터 모든 이의 권리를 지키고, 주권과 부와 자산을 구축하며, 지역 통제권을 회복해 환경을 돌보고 보존하는 재생적이고 협력적인 시스템으로 전환해야 한다.

이전에 나는 그저 이론뿐인 혁명가였다. 이제 나는 흑인과 억압받는 모든 사람의 해방을 위한 유일한 길은 혁명, 즉 완전한 체제 변화라는 것을 마음과 영혼 깊숙이 깨닫고 있다.

NAACP와 일하는 동안 각성된 내 자아는 시카고 남쪽 어린 시절의 장소로 돌아갔다. 그곳에서는 개인의 삶과 일이 완전히 순환하고 교차성intersectionality의 전형으로 통합된다. 나는 석탄화력발전소 세 곳의 10마일 이내에서 자랐는데, 이곳은 모두 「피흘리는 석탄」 보고서에서 F등급을 받았다. NAACP, 선주민환경네트워크Indigenous Environmental Network, 리틀빌리지 환경정의 조직Little Village Environmental Justic Organization이 공동으로 작성한 이 보고서는, 발전소가 유색인종 및 저소득 공동체와 얼마나 가까운지에 따라 등급을 매겼다. *석탄화력발전소는 이산화탄소, 이산화황, 아산화질소(모두 온실가스), 수은, 비소, 납, 미세먼지를 내뿜는다. 이 오염은 호흡기 질환과 선천적 결함부터 학습 장애, 주의력 문제, 폭력에 이르는 모든 것과 연관되어 있다.

이것이 우리 학교의 많은 아이가 천식을 앓는 이유일까? 천식으로 인한 결석이 주의력 문제와 맞물려서 시카고 아이들을 학교에서 교도소로 가는 직통 계단 위에 놓이게 했을까? 이윤 추구를 위해 값싸고 더러운 석탄을 태운 것이 739명의 이웃을 죽게 한 1995년 기록적인 폭염의 원인이었을까?

오늘 나의 일은 최전선 지역 사회가 해방의 비전을 발전시키도록 지원하는 것이다. 그것은 체계적인 변화를 실현하기 위한 힘을 키우는 데 중점을 둔다. 우리 프로그램은 제도적 억압을 주도하는 그 힘이 기후변화를 유발한다는 것을 인식하고, 불평등의 뿌리를 해결하기 위한 포괄적 의제를 갖추는 한편, 지역 사회가 폭풍(말 그대로, 또 비유적으로)을 헤쳐나가도록 돕는다. 이를 위해서는 무엇보다 정책 변화, 내러티브 전환, 리더십 개발이 필요하다. 우리는 새로운 에너지 경제에서 공평한 기회가 주어지고, 더 건강하고 부유해지며, 민주적인 공동체가 구축되기를 바란다. 우리는 학교-교도소 파이프라인 대신 흑인-녹색 파이프라인이 필요하다.

내게 영감을 주는 것은 혁명이 이미 시작됐다는 사실이다.

국가와 세계, 지역 사회에 걸쳐 사람들은 재앙적인 기후변화의 흐름을 뒤집고, 모든 이의 모든 권리를 존중하는 세상에 필요한 체제와 사회의 축소판을 만들고 있다. 어머니 지구와 조화를 이루면서 말이다. 피츠버그 지역 공동체는 자체적으로 식량을 재배한다. 노스다코타 선주민은 파이프라인에 저항하며 그들의 땅을 지키고 있다. 탤러해시, 볼티모어, 디트로이트 지역 공동체는 이미 있는 것과 앞으로 생길 모든 소각로를 없애기 위해 단결했다. 청소년들은 그들이 살아가야 할 기후를 망치고 있다는 이유로 연방정부를 고소했다. 여성들은 젠더 정의를 위해 일어나 공직에 선출되며, 상품 생산에서 지역 먹거리까지 협동기업을 키워나가고 있다. 지역 사회의 자금을 정치권에서 끌어오기 위한 캠페인도 있다. 또 전국에 걸쳐 에너지 시스템에 대한 소유권을 가져오고 있다. 범아프리카 기후정의 동맹PACJA, 비아 캄페시나Via Campesina, 선주민환경네트워크IEN 등은 기후변화에 관한 UN 연례 회의에서 권력자들에게 진실을 말하고 있다. 즉 저항이 증가하고 있으며, 시스템이 변화하고 있다.

이미 진행 중인 전환을 어떻게 확장할 수 있을까? 첫째, 지역 공동체는 원하는 미래에 대한 비전을 지지해야 한다. 그것은 지속적인 변화의 필수적인 전 단계다. 그러면 정치 교육은 효과적인 전략 수립으로 이어진다. 최전선 지역 사회와 사람들은 환경과 기후 부정의의 해결책을 이해하고 의사결정권자가 되어야 한다. 정책의 이점을 입증한다면, 헌신과 열정, 애드보커시의 효과가 강화될 것이다. 우리는 지역주의를 포용하며, 나쁜 것을 멈추고 새로운 것을 건설할 힘을 기르도록 조직해야 한다. 그리고 변화를 위한 맥락과 광범위한 정치적 의지를 촉진하기 위해 내러티브를 전환해야 한다.

그것이 우리의 변화 이론이다. 더 큰 기후변화의 재앙, 그리고 모든 지역 공동체를 공격하는 통합적 위기를 극복하는 방법이다. 우리는 운동, 인종, 계층, 조직 전반에 걸쳐 손을 잡아야 한다.

우리는 아사타 샤쿠르 수녀의 기도를 읊는다.

"자유를 위해 싸우는 것이 우리의 의무입니다.

이기는 것이 우리의 의무입니다.

우리는 서로를 사랑하고 지지해야 합니다.

우리는 우리의 연결 외에는 잃을 것이 없습니다."

나는 매년 한 달 동안 자메이카에서 휴가를 보낸다. 마지막으로 방문한 2019년 겨울에는 매일 물가에서 긴 산책을 했다. 땅에서 바로 나온 건강한 음식을 먹고, 레게 음악을 들으며 일했다. 하지만 아름다운 청색 바다를 바라보며 나는 절망했다. 폭주하는 불평등의 기차를 돌려 사회를 정상궤도에 올려놓지 않는 한, 재앙적인 기후변화에 직면한 자메이카의 시대는 얼마 남지 않았을 것이다. 그 예견된 슬픔에 눈물이 흘렀다.

그래서 나는 모든 아름다움과 열정과 희망을 지닌 환경과 기후 정의 운동의 본거지인 집으로 돌아왔다. 모든 국가, 지역 사회, 가족, 그리고 아이들이 그렇듯이, 자메이카는 싸울 가치가 있다.

함께라면 할 수 있다. 우리는 함께해야 한다.

사랑에 빠진 것 같은
순간이 온 적 있나요?

엘리시 호퍼AILISH HOPPER

우리는 문제를 묻었다

그리고 그 위에 나무를 심었다

그렇게 한 걸 후회했지만

그것에 대해 아무말도 하지 않았다

문제를 기념비로 조각해 바쳤다. 눈물 닦을 손수건은 잊었다

문제를 위해 '자연스럽지 않은' 건 없애고, 여기서 나온 것들로
팅크를 손수 만들었다. 하지만 아무도 사지 않았다

문제를 씻어내고, 탈색하고, 탈취했다

문제를 둘러싼 벽을 쌓고, 아이들과 새들이 앉은 나무 사진을
걸었다

문제의 이름을 바꾸고, 옛 이름을 쓰는 사람들을 손가락질했다

문제를 위한 법을 만들었지만 위원회에서 숨겼다

집에서 만든 큰 소리로 문제를 몰아냈다

행진하고, 전단을 뿌리고, 찬송을 부르고, 문제와 팔짱을 끼
고, 감옥으로 끌려가고, 문제에 당해 풀려났다

드디어 문제를 해결할 사람을 뽑았다

군대를 일으켜 문제를 추궁했다. 그들이 집집마다 찾아왔지만 누구인지 알 수 없었다

문제를 알 수 있게 www.problem.com을 만들고, 도움받을 수 있게 www.problem.org를 만들었다

1-800-problem을 만들어 문제를 보고할 수 있게 했고, 1-900-problem을 만들어 문제를 해결할 유일한 아버지가 되게 했다

우리는 문제를 해결했다

문제를 완전히 해결했다

문제를 키우고, 소리를 높였다가 꺼버렸다

문제를 잊으려 술을 마셨다

문제를 들이마셨다가 내쉬고, 그 불씨를 신발로 짓이겼다

문제에 제목을 붙이고, 모든 기사와 접속사와 동사를 없앴다. 그리고 "실험적 문제"라고 불렀다

우리는 그 문제를 해결했고, 고통에서 해방시켰다

문제를 위해 매일 약을 삼키고, 문제를 빠르게 뒤쫓고, 문제의 차를 마셨다

매일 문제의 별자리 운세를 본다. 문제의 손금을 예언자에게 보여줬다

기도했다

문제를 분향했다

문제 대책위원회를 만들고 문제 학위를 받고 문제 종신교수가

됐다. 문제 은퇴 계획을 세웠다

문제를 해결하고 개조했다. 이웃문제개발조합에 합류했다

문제에 귀를 기울이고 대화를 나눴는데, 문제가 퇴근했다는 걸 알게 됐다

문제에 힘을 실어줬다

문제와 키스하고, 쓰다듬고, 밤새 사랑을 나눈 뒤 빈 침대에서 눈을 떴다

문제를 세심히 살폈지만, 손전등이 꺼졌다

문제에 대한 꿈을 꿨다. 더 이상 우리 자신을 알아보지 못하는 꿈을

우리는 거듭났다. 변화했다. 새사람이 됐다. 모퉁이를 돌아보니, 문제가 떠오르는 향기가 났다

우리가 결코

말로 표현할 수 없는 방식으로

설명할 수 없는 "작은 것"으로

생각하기 힘든 것으로

우리 안에서 사이렌처럼 울리는

화석연료 기업 경영진 여러분께

캐머런 러셀CAMERON RUSSELL

엑손모빌, 셸, BP, 셰브론 경영진께,
이사회 의장님께,
제이미 다이먼과 JP모건 체이스 이사진께,
전 세계 화석연료 기업 경영진과 투자자께,

제가 16살 때 뒷마당에서 유전이 터졌어요. 모델 일을 시작해서 성공했다는 걸 비유한 거예요. 어느새 저는 유명한 빅토리아 시크릿 쇼와 프라다의 모델로 섰고, 『보그』와 『엘르』 표지에도 등장했어요. 하지만 이 일로 돈을 받는 게 윤리적으로 미심쩍었어요. 제가 노력해서 얻은 게 아니라 제 외모에 대한 보상이었고, 그건 인간의 가치를 매기거나 평가절하할 모든 피상적 기준을 강화하는 일이었으니까요. 저는 계속했어요. 17년이 지난 지금도 모델 일은 여전히 저의 주요 수입원이죠.

그런 이유로, 저는 당신을 알 것 같은 느낌이에요. 아니, 어쩌면 제가 당신일지도 몰라요. 여기까지는 진실이에요. 저의 10대

때 은유는 상상했던 것보다 더 문자 그대로였어요. 우리 둘 다 사람과 지구를 희생시키면서 소수에게 높은 급여를 지급하는 고도의 채굴 산업에서 일하고 있죠. 그리고 우리의 유사점 때문에, 제 자신에 대한 연민과 존경심을 담아 여러분에게 편지를 씁니다. 사실 제가 왜 그런 결정을 내렸는지 찾고, 존엄성을 유지하며 앞으로 나아갈 길을 찾는 데 몇 년이 걸렸어요.

오늘날 당신들처럼 제가 속한 업계가 초래한 폐해를 알면서도 저는 여전히 거기서 일해요. *패션 산업의 탄소발자국은 거대하게 증가하고 있으며, 세계 탄소 배출의 약 8~10%를 차지합니다. 만연한 소비지상주의를 키운 책임 또한 받아들여야겠죠. *모든 의류의 5분의 3이 생산된 지 불과 몇 년 안에 매립지나 소각장으로 갑니다. 일부 추정에 따르면, 2050년까지 섬유 생산이 세계 탄소 예산의 최소 4분의 1을 사용할 것으로 예상됩니다.

2013년 방글라데시의 라나플라자 의류공장이 붕괴해 최소 1,134명이 숨지고 2,500명 이상이 다쳤다는 보도가 나왔을 때 저는 촬영장에 있었습니다. 그 공장은 베네통, 칠드런스 플레이스, 조 프레시, 망고, 프리마크, 월마트 등 제가 일했던 브랜드 의류를 생산했어요. 그리고 3년 후 38명의 지역 주민이 붕괴와 관련된 살해 혐의로 기소됐다는 〈가디언〉 기사를 읽었습니다. 라나플라자에서 만들어진 의류 브랜드 기업에선 아무도 기소되지 않았고요. 어떤 식으로든 이익을 통해 긴밀하게 연결된 저와 동료들은 기업이 모든 책임에서 빠져나가는 비극적 전개를 그냥 받아들였죠. 그 후 몇 년간 안전성을 개선하려는 노력이 있었음에도 진전은 미약했어요. 미국과 유럽의 주요 소매업체가 노동자의 안전을 개선하기로 한 5년간의 약속이 만료됐습니다. 〈뉴욕타임스〉가 자신과 같은 라나플라자 생존자들을 위한 지원 단체를 운영하는 마흐무둘 하산 히도이Mahmudul Hassan Hridoy에게 이것이 노동자에게 의미하는 바를 묻자, 그가 말했습니다. "모든 것이 라나플라자 사태가 일어났을 때의 모습으로 돌아갈 겁니다."

6년 후 〈월스트리트저널〉의 조사에 따르면, 월마트를 제치고 미국 최대 의류 소매업체로 떠오른 아마존이 안전하지 않은 방글라데시의 블랙리스트 공장 수십 곳의 의류를 판매하는 것으로 나타났습니다. 2019년 방글라데시 의류 노동자 5만 명이 임금 인상을 요구하며 파업에 돌입했을 때 패션 미디어는 블로그 게시글 하나도 보도하지 않았습니다.

제가 하는 일에 공감하지 못할 수도 있지만, 2013년 그날 제가 느낀 공포는 당신도 이해하리라 믿어요. 아마 비슷한 느낌이었을 테니까요. 당신들도 숨이 가빠졌겠죠. 1989년 엑손 발데즈Exxon Valdez 기름 유출 사건 때나, 엑손 경영진이 1970년대 이래 화석연료의 기후 영향에 대해 알고 있었을 뿐 아니라 그것을 은폐했으며, 나아가 지구온난화를 의심하게 하는 대대적인 허위 정보 캠페인을 벌였음이 밝혀져 대중들이 경악했을 때요. 셸이 남아프리카공화국 아파르트헤이트 정부의 주요한 원유 공급자라는 이유로 보이콧 당한 1980년대 즈음일 수도 있어요. 아마 1991년 묵시록의 한 장면처럼 불타던 쿠웨이트 유전을 생각하면 여전히 잠을 이루지 못할 거예요. 2005년에는 TV 앞에 서서 허리케인 카트리나가 불어닥친 후 지붕 위에 서 있는 사람들을 봤겠죠. 2010 년 BP 딥워터 호라이즌호의 기름 유출 사고로 걸프 해안이 또다 시 타격을 입었을 때는 아마 떨렸을 거예요. 아니면 2013년 사상 최강의 태풍 하이옌으로 필리핀에서 1만 명에 가까운 사망자가 발생했을 때도요.

이제 주류 언론의 헤드라인도 기후 혼란에 대해 분명히 말합니 다. 대다수 인간이 적응할 수 없는 기후변화를 피할 시간이 몇 년 밖에 남지 않았음을 우린 알고 있어요. 이 진실을 받아들인다면, 당 신은 조용히 진지하게 묻겠죠. *내가 뭘 할 수 있지?* 삶의 방식은 다르지 만. 우리는 아마도 이런 공통점이 있을 거예요.

어쩌면 당신들도 저처럼 어느 순간에든 열심히 일하고, 무시할 수 없는 존재였을지 몰라요. 아마 당신들도 아이비리그 우등생으 로 졸업했겠죠. 우리의 특권은 거의 모든 곳에서 강력한 목소리 를 낼 수 있게 해줬습니다. 그래서 위풍당당하고 영리하고 명석 하며, 유능한 리더이자 멋진 경영자라고 느꼈을 거예요. 저처럼 여러분도 당신이 알지 못하거나 알고 있는 모든 것을 모른 척하 기 쉽다는 걸 여러 순간 발견했을 수도 있어요. 이런 고의적인 무 지는 또 다른 중독적 보상이 있는 전선으로 달려갈 수 있게 해줬 습니다. 바로 돈이죠.

당신들의 야망이나 자녀, 신념에 의해 동기를 부여받은 덕분 에, 어떻게 하면 더 잘할지 생각해봤을 거라 믿어요. 하지만 세월 이 흐를수록 인류를 망치는 산업에서 우리가 지속적으로 공모하 는 비극을 점점 더 많이 목격하고 있습니다.

업계의 리더로서 우리는 새로운 노력과 우리가 만들 수 있는 변화, 즉 규율 있고 실질적이며 구체적인 것을 모색할 수 있습니다. 새로운 고용, 새로운 정책, 지속가능한 사무실 만들기, 할당하기, 기부하기 등 또 어떤 것들이 있을까요? 우리는 지금의 자리에 있기에 이런 작은 시도라도 할 수 있는 거라고 스스로에게 말합니다. 이런 생각에 위안받는다면, 정말 어리석게도 불가능해 보이는 일에 직면하면 할만큼 했다고 생각할 수 있습니다.

여전히 상황은 계속 악화하고, 시계는 째깍거리며, 탄소 수치는 증가하고 있습니다. 당신은 무엇이 우리 산업의 착취성을 가능케 하는지 이해하려 애쓰고 있나요? 궁금해하고 있나요?

우리 업계에서 패션을 지속가능하게 하는 가장 일반적인 노력 중 일부는 천연자원의 영향만을 다룹니다. 예를 들어, 재활용이나 유기농 섬유를 사용하는 것이죠. 이는 퍼즐에 필요한 조각이지만, 패션업계의 착취 비즈니스 모델을 유지시키고 이윤만 추구하는 체계적 요인을 간과하는 해법입니다. 셀린 세만Céline Semaan에 따르면, 오늘날의 패션 무역로를 추적한 결과 식민지 시대의 무역로와 거의 같다고 합니다. 또 민하 팜Minh-ha Pham 교수와 앤 엘리자베스 무어Anne Elizabeth Moore 기자는 패션 산업을 이끄는 전체 노동력의 80%가 유색인종 여성이며, 대부분이 생계비조차 벌지 못한다고 주장합니다.

그래서 우리는 다음과 같이 질문해야 합니다. 성차별과 인종차별, 식민주의와 제국주의가 어떻게 패션 산업의 고강도 착취를 돕는가? 체계적 원인에 대한 주의 깊은 관심이 없다면, 패션의 지속가능성은 비즈니스 모델을 유지할 방법을 찾는 것에 그칠 뿐이며, 사람과 지구의 지속가능성과는 거의 관련이 없을 겁니다.

다시 말씀드리지만, 당신은 이러한 도전들이 익숙하게 느껴질 거예요. 화석연료 기업 또한 많은 잘못된 시스템에 의해 가능해졌고요. *미국에서만 국방부의 연간 지출을 초과하는 직간접적인 보조금이 석유, 가스, 석탄의 수익성을 뒷받침합니다. 시장이 무엇보다 분기별 성장을 장려하기에 단기주의가 이사회 전략을 지배할 때는 장기적으로 사고하기가 매우 어렵습니다.

그리고 조사와 규제를 피하고자 이 산업은 환경 인종주의를 이용한 오랜 역사가 있습니다. *NAACP 연구에 따르면, 미국 흑인이 소음, 악취, 교통, 오염 배출에 직접 영향받는 상업시설 옆 "울타리 경계fence-line" 공동체에 거주할 확률이 백인보다 75% 더 높다고 합니다. 실제 수치로 보면, 100만 명 이상의 흑인이 석유, 가스 유정, 정유 시설, 압축기의 반경 반 마일 이내에 살고, 670만 명이 정유 공장이 있는 카운티에 산다는 뜻이죠. 이러한 근접성과 노출은 암과 폐질환, 기타 질병의 위험을 증가시킵니다. 그리고 이는 미국의 사례일 뿐이에요. 전 세계적으로 여러분의 산업은 오래전에 그러한 부정의를 종식해야 했을 민주적 정책 수립을 피하고자 시민권 박탈에 의존하고 있죠.

저는 패션업계에 대해 알면 알수록 우울해졌어요. 그래서 한동안 일을 쉬었죠. 당신도 그런 적이 있나요? 그것은 절망에 대한 특권적 대응이에요. 우리는 자신의 무지함을 용인하곤 하죠. 당신들은 이 모든 게 어디로 연결될지 알 거예요. 어쩌면 억만장자의 벙커를 탐내고 있거나 이미 당신 것을 지어놨을 수도 있겠네요. 문제를 모르는 게 아니라, 나아갈 길을 모르는 거죠.

일단 제도적 실패라는 너무도 명백한 진실을 받아들이니, 경제적·사회적·정치적 테두리에서 보이지 않는 대다수 패션업계 노동자가 패션 문화와 변화를 이끌어온 사람들임이 분명히 보였어요. 그들은 수십 년, 심지어 수 세기 동안 대안을 만들어왔죠. *예를 들어, 1830년대에는 로웰 밀의 젊은 의류 여성노동자들이 미국 최초의 여성노동조합을 조직했어요. 1911년 트라이앵글 셔츠웨이스트 화재 이후 의류 노동자와 동맹자들이 조직한 것이 오늘날 미국인이 누리는 뉴딜노동보호 정책으로 이어졌고요.

현재 세계 최대의 온라인 중고 의류 매장인 스레드업은 500억 달러 이상의 소매 가치를 갖는 물류 토대를 구축하고 있습니다. 영국의 스타트업 디팝은 더욱 분산된 접근 방식을 취하며 스타일리시한 10대 판매자가 선별한 중고 의류 판매 플랫폼을 개발하고 있고요. 디팝의 고객은 1,500만 명 이상이죠. 캘리포니아 파이버셰드Fibershed는 재생산 섬유를 생산합니다. 디자이너 트레이시 리스Tracy Reese는 20년 만에 기존 브랜드를 접고, 디트로이트 기반의 지속가능한 라인을 의도적으로 소량 재출시했어요. 그녀는 『보그』에서 "세상에는 그렇게 많은 상품이 필요하지 않기 때문에 컬렉션 출하량을 더 줄이고 싶어요"라고 말했어요. 뉴욕시에서는 주문 협업 조직Custom Collaborative이 저소득층과 이주민 공동체 여성을 교육하고 지원해 패션 경력을 쌓고 사업을 시작할 수 있게 합니다. 그들 제품의 90%가 용도를 바꾼 재활용 직물로 만들어지고요.

리스트는 계속됩니다. 짜릿한 대안이 곳곳에 있어요.

에너지 산업에서도 마찬가지입니다. 화석연료에 더 이상 매달리지 않는 순간, 앞으로 나아갈 길이 보일 거예요. *기술 발전으로 2020년이면 태양광과 육상 풍력 비용이 화석연료보다 낮은 수준으로 지속해서 떨어질 겁니다. 패션과 마찬가지로, 경제적·정치적 주변부 어디에서나 놀라운 대안들이 개발되고 있어요. 예를 들어, 선주민 재생에너지Native Renewables는 애리조나에 있는 나바호족과 호피족 1만5,000가구에 저렴한 독립형 태양광 에너지를 공급하기 위해 운영되고 있습니다. (*아메리카 선주민과 알래스카 선주민 부족은 미국에서 전기가 없는 가구 비율이 가장 높습니다.) 뉴욕의 푸시 버펄로는 저소득층 지역 주민이 태양광 전력을 이용해 주택을 단열하도록 지원하며, 에너지 효율이 뛰어난 저렴한 주택을 개발하고 있어요. 가장 적은 자원을 가진 지역 공동체가 공정하고 지속가능한 미래를 건설할 방법을 찾고 있다면, 화석연료 기업들도 거대한 권력과 자원을 이용해 고용된 사람들에게 공정하게 전환할 방법을 찾을 수 있을 겁니다. 이제 더 작은 선수들과 독립적인 목소리들로부터 나오는 훌륭한 대안에 우리의 큰 힘을 실어줄 때입니다.

*파리협정 이후 전 세계 은행(JP모건 체이스가 최악의 범죄자입니다.)은 화석연료, 석유 및 가스 기업에 1조9,000억 달러를 투자했습니다. 여러분이 축적한 돈과 권력은 지금 당장 채굴 시스템을 해체하고 깨끗하고 재생가능한 에너지로 전환하는 데 투입돼야 합니다. 간단히 말해, 화석연료를 추출하거나 이로부터 이익을 얻는 기

업은 더 이상 있을 수 없습니다. 전환은 투자 전환, 인프라 폐기, 인력 재훈련으로 구성될 겁니다.

우리의 산업이 비슷하다는 사실은 안타까운 현실을 조명합니다. 대부분 기업이 지속적으로 수익을 성장시키기 위해서는 어느 정도 추출에 의존해야 한다는 게 현실이죠. 패션업계도 과잉소비를 기반으로 하는 비즈니스 모델을 폐기해야 합니다. *의류 생산량은 2000년부터 2014년까지 두 배로 증가했고, 소비자는 60%를 더 구매했으나 옷을 소유하는 기간이 절반으로 줄었습니다. 우리는 지속가능한 생산을 통해 정의로운 의류뿐 아니라 정의로운 문화와 공동체도 만들어내는 정의로운 공급망을 개발해야 합니다.

그러나 비교는 여기까지만 가능하다는 걸 알고 있습니다. 패션 산업은 생산량을 획기적으로 재조정하고 줄이는 어려운 과제에 직면했지만, 여러분의 산업은 더 큰 도전을 받고 있으니까요. 에너지는 더욱 근본적인 변화가 필요합니다. 네, 맞아요, 솔직히 저는 여러분에게 더 어렵고 필요한 일을 맡아달라고 제안하고 있어요.

화석연료를 넘어, 소비문화를 넘어 더 넓게 볼 수 있다면, 우리 모두가 존엄하게, 공동체 안에서 미래를 향해 나아갈 길을 발견할 수 있을 겁니다.

저는 이제 저의 참여를 지렛대로 보고 있어요. 제가 패션업계에서 계속 활동한다면, 자원과 집중력, 시간을 조정할 수 있겠죠. 자유로이 손을 떼고 조직화할 수도 있을 테고요. 지난 몇 년간 저는 전 세계 400명이 넘는 모델 활동가의 활발한 네트워크인 모델 마피아Model Mafia 설립을 도왔어요. 외면적인 성공에 초점이 맞춰지는 우리 직업이, 한편으론 가족과 공동체를 위해 좋은 일을 할 기회를 준다는 걸 깨닫고 공동의 가치를 발견했습니다. 우리는 패션 산업을 근본적으로 개혁하기 위해 전념하고 있습니다.

여러분도 인간성과 진정한 가치를 찾길 바랍니다. 우리는 이 순간에 살아 있습니다. 지금 우리가 하는 일은 인간과 지구상 대부분 생명체의 운명을 결정하는 데 도움이 될 겁니다.

진심을 담아,
캐머런 러셀

미투#MeToo라고 어머니 지구가 말했다.

‒ 알렉스 리버먼ALEX LIEBERMAN(12세), 기후파업의 구호

신성한 저항

타라 후스카 자보웨퀘TARA HOUSKA ZHAABOWEKWE36

미네소타 북부 레드레이크 보호구역에서 조금 떨어진 작은 오두 막집. 닳아버린 나무 바닥에 앉아 나는 숨을 깊이 들이마셨다. 허 브 말리는 냄새, 삼나무 타는 냄새, 보글거리는 야생 쌀 수프 냄 새가 나의 폐를 가득 채웠다.

"그들을 만나보시겠습니까?"라고 어르신이 물었다. 지난 20분 동안 그는 박물관 유리 뒤에 갇혀 있다가 사람들에게 돌아온 4개 의 치유의 북medicine drum에 대해 들려줬다. 나는 고개를 끄덕이고 는 포장을 조심스레 푼 뒤 우리와 함께 앉은 새로운 영혼들을 맞 이했다.

우리 옆의 거친 나무 탁자에는 수제 눈신발 몇 켤레가 오나바니 지지스Onaabani-giizis("눈 쌓인 달 위의 딱딱한 껍질")37의 단단한 눈이

36　캐나다 온타리오 지역의 선주민 부족 정부인 카우치칭 퍼스트 네이션Couchiching First Nation의 오지브웨족 출신이다.

37　오지브웨족 언어로 3월을 가리키는 말.

사라질 때까지 마지막 손길과 발길이 닿기를 기다리고 있었다.

이곳에는 "기후변화"나 "경제정책" 같은 건 없다. 여기의 벽들은 숲, 물, 그리고 우리의 삶과 터전의 중얼거림을 듣는다. 살아 있는 모든 것과의 상호작용은 사려 깊고 공손하다. 단순한 담론에는 더 깊은 성찰을 기다리는 숨겨진 지혜가 깃들어 있다. 이런 공간에서 내 발은 묵직해지고 뿌리는 튼튼해진다.

그 따뜻하고 맑은 공간에서 서구화된 가치와 제도화된 단절을 앞세운 공간으로 발을 내딛는 것은 내키지 않고, 슬프고, 화가 나는 일이다. 활기 없이 통계와 수치뿐인 기업 이사회실. 예산과 캠페인 성과가 중요한 환경운동 조직. 여기에서 대지의 목소리는 사라진다. 우리의 어머니는 멀어진 채 우리가 소비하거나 보존할 수 있는 "천연자원"의 총합이 된다.

———

우리가 "기후운동"이라 부르는 공간 대부분은 우리가 바꾸거나 복구하거나 혹은 완전히 해체하려는 불평등 및 분리 시스템을 모델로 만들어진 것처럼 보인다. 대규모 NGO는 전통적인 애드보커시 방법, 즉 수백 또는 수천 명의 급여와 프로그램을 보장하는 데 필요한 모금 활동에 큰 지장을 주지 않거나 틀에 박힌 기법을 고수한다. "최전선", "풀뿌리", "청년 리더십", "포용성"과 같은 언어는 호화로운 후원자 모임의 와인잔 위로 떠다닌다. 그런 환경에서 연결을 구축하고 지혜를 전달하는 공동체의 수평적 패턴은 희미하게 깜박이며, 누가 돈줄을 쥐고 있고 누구 이름을 알아야 하는지가 더 중요하다. 연결은 거래되거나 진부해지고, 위계가 만들어지며, 결핍 심리가 만연하고, 개인의 성장이 권위의 표식으로서 서구화된 "성공"과 결부된다.

그래서 우리 중 많은 이들은 함께 모여 움직이고, 파도를 일으키며, 공간을 공유한다. 일상생활의 거의 모든 측면을 이루는 톱니바퀴 안에서 어떤 주체성을 느끼기 위해서다. 모든 이가 우리를 불안으로 가득 채우는 위기를 멈추거나 늦추기 위해 최선의 전략과 기발한 정답을 바라며 (또한 그 정답을 첫 번째로 맞추기를 바라며) 서로에게 기대한다. 우리 운동의 바탕에는 "우리"가 아닌 "나"로 작동하는 근본적인 생존 메커니즘이 있다.

우리의 집단 에너지 중 너무 많은 부분이 자본주의, 개인주의, 그리고 우리가 싸우는 무언가를 그대로 반영하는 방향으로 쏠려 간다. 더 많은 사람(궁극적으로는 더 많은 달러)을 끌어들이는 것이 유일하게 받아들일 수 있는 변화의 이론처럼 보인다. 개인주의의 통화인 돈이 시스템 변화를 요구하는 캠페인 위에 먹구름처럼 드리워져 있다. 작은 집단에서 글로벌 환경 NGO에 이르기까지, 우리가 자본주의와 화석연료 경제의 손아귀에 갇혀 있음은 부인할 수 없다. 교육 자료를 만들고, 연구를 수행하고, 소송하는 일은 비용이 든다. 그러나 지구를 보호할 해법을 기다리는 수백만 명이 있다. 모든 메시지에 따르면, 정말 시간이 없다. 우리는 이미 실질적인 변화에 나선 사람들의 에너지를 보다 잘 이끌 수도 있다.

"좋아, 올려!" 콧속을 콕콕 찔러대는 맹추위다. 해는 아직 뜨지 않았다. 1년 중 이맘때 햇빛은 눈더미 사이를 질주하는 토끼처럼 언뜻 보이다가 순식간에 사라진다. 김이 모락모락 나는 커피와 달걀 위로 입김이 피어오른다. 머리부터 발끝까지 꽁꽁 싸맨 이가 인원수를 세고 있다. 거대한 붉은 소나무가 머리 위에서 삐걱거린다.

1시간 뒤 한 젊은 여성이 20피트(약 6m) 상공에 매달려 엔브리지의 미국 타르 샌드 파이프라인 터미널 입구를 봉쇄했다. *엔브리지는 북미 최대의 화석연료 인프라 기업이다. 최근 이 회사는 우리 부족의 영토와 야생 벼밭을 가로질러 슈페리어 호숫가로 하루 70만 배럴 이상의 역청 슬러지를 운반하는 대규모 파이프라인을 건설 중이다. 눈이 휘몰아치는 동안 우리는 젊은 여성이 앉아 있는 나무 아래를 돌면서 물과 대지를 위해 기도했고, 화석연료를 땅속에 놔두라고 외쳤다. 이에 공사가 중단됐고, 얼어붙은 발가락을 달래느라 발을 구르는 부츠 소리 위로 사이렌 소리가 커졌다.

눈에 잘 띄지 않는 이곳에서 위험은 더 크고 연결은 더 촘촘하다. "3라인 파이프 공사를 중단하라"는 피켓 위로 자신을 겨누는 무기가 있는지 살피면서, 감옥에 가거나 더 나쁜 상황에 처할 수 있음을 알면서도 이 외로운 길에 함께 서 있는 의지가 너무도 분명하다. 우리가 감수하는 위험은 현 상태의 지속을 막고, 기후위기 앞에서도 화석연료 확장을 재정적으로 지원하는 투자자와 주주들에게 영향을 미칠 것이다.

우리의 끈질긴 저항은 이윤의 세계에 균열을 만들어낸다. 그것은 우리를 자멸에서 벗어나도록 하는 전환이다. 존재하기 위해 채굴해야 한다고 믿는 세상에서는 우리가 가시 같은 존재겠지만, 우리는 다른 존재 방식이 있고 자신보다 더 큰 무언가를 위해 위험을 감수하는 사람들이 있음을 뼈저리게 상기시켜준다. 나는 진압 장비 뒤에 숨은 눈에서 딸은 향모와 기도에 대한 두려움, 대지를 지키려 맨몸으로 선 사람들에 대한 두려움을 보았다. 우리 중 일부는 몇 년 동안, 평생, 대대로, 계절에 따라 우리의 존재를 정의하며 이 땅에 살아왔다. 여름에는 물고기와 야생 벼를 거두고, 가을에는 사슴을 사냥하고, 겨울에 눈이 내리는 동안에는 덫을 놓고 작살로 사냥한다. 겨울이 지나고 나무에서 수액이 흐르면, 불을 지펴 메이플시럽을 끓인다. 우리는 생각과 기도를 행동으로 옮기고, 우리의 몸과 자유와 마음으로 땅을 지킬 것이다.

현지 남성들이 우리의 봉쇄 구역에 도착해 외설적인 말들을 내뱉으며 웃는다. 그중 하나는 "실종되고 살해된 선주민 여성들"이라는 표지판을 가리키며, 그것을 들고 있는 여성에게 계속 나타나면 너도 사라질 수 있다고 협박한다. 육상 수비대가 이곳에 있었을 때는 두 남자가 보란 듯이 총을 주고받으며 차를 몰고 지나갔다. 기업들은 일을 방해하는 사람들을 불신하고 증오하도록 캠페인에 수백만 달러를 쓴다. 선주민은 식민지 초기부터 표적이 되어왔다. 불안한 인종주의와 알 수 없는 "야생의 사고"에 대한 두려움은 늘 존재했다.

몇 시간의 밀고 당김 끝에, 경찰은 젊은 여성을 나무에서 끌어내릴 가장 위험한 방법을 선택했다. 나무를 톱으로 자르기로 결정한 것이다. 새로 도착한 구급차가 순진하게 도로에서 기다리고 있다.

톱니가 소나무 기둥을 가르기 시작하자 나무가 불길하게 흔들린다. 군중이 앞으로 돌진하며 경찰을 향해 멈추라고 소리치자 그녀가 외쳤다. 석유 회사의 이익을 위해 직접적이고 의도적으로 인간에게 해를 끼치는 이들에게 분명하고 침착하게 말하려고 노력하는 그녀에게서 분노가 엿보였다.

이럴 때일수록 숫자가 가져다줄 안전성에 대해 생각한다. 수십 명이 아닌 수천 명이 지켜보는데도 경찰이 그렇게 대담해질 수 있을지 궁금하다. 환경운동이 기후위기의 직격탄을 받는 공동체와 함께 그들이 대변하는 대지와 진정으로 함께 선다면 어떤 일이 벌어질지 궁금하다. 우려하는 시민과 우려하는 인간의 직접 행동을 범죄화하기 위해 골몰하는 산업의 속내가 궁금하다. 땅에 의지하며 살도록, 우리의 가치를 되찾도록 가르치는 선주민을 법률이 감시할 때, 이 집행에 금융 체제가 미치는 영향이 궁금하다. 우리는 무언가를 알아내야 한다. 선주민이 전 세계에 남아 있는 생물다양성의 80%를 보살핀다는 사실이 아니더라도, 우리가 직면한 반대세력의 규모를 생각하더라도 말이다.

대부분의 사람들이 진정으로 우리가 편안하게 변화를 이룰 것이라고 믿는지 궁금하다.

이날 결국 우리의 친구는 도로로 추락할 수 있다는 두려움에 나무에서 내려왔다. 그녀가 순찰차로 호송될 때 지역 선주민은 대지를 위해, 물을 위해, 우리를 위해 그녀가 일어선 데에 감사를 표했다. 바람에 그을린 그녀의 뺨 위로 눈물이 흘렀다. 우리는 보석금을 모아 그녀를 석방시켰고, 그녀는 "당신들과 함께할 수 있어 영광이었다"라고 답했다.

———

내가 소위 권력의 방에 있을 때, 그 휘몰아치는 바람 속의 기도와 매서운 눈빛이 내 마음에 자리 잡고 있었다. 법률과 정책을 작성하는 방, 똑같은 이들에게 재정 지원을 받는 동맹자들의 교활한 언어와 암묵적인 공방이 난무하는 방. 이런 공간에서 나는 "최전선 대표"가 됐고, 불편하고 안타까운 현실을 개념적 데이터보다 더 친숙한 언어로 더 친숙한 해법과 함께 제시했다.

단풍나무 숲속에서 이야기를 나누는 동안, 불 위에서 끓는 메이플시럽 냄새가 내 손가락 옆을 스쳐 지나갔다. 내가 테이블 너머 기업 은행가에게 소송장을 미끄러지듯이 넘겼을 때 말이다. 우리 중 일부는 우리 반대편 산업의 금융인에게 소송을 제기하고, 은행들이 표면적으로 알지 못하는 자료와 반대 증언을 제출하고자 이 땅을 나선다. 이 방들은 강철과 유리로 가공된 지구의 원소들을 가로질러 여과되고 날카로운 공기를 퍼올린다. 이곳에서 나는 잠재적인 위험을 검사받는 낯선 종의 새가 된 느낌이다. 이 자리에서 금융 투자를 논의하며 기업 총수들에게 그들 역시 물과 공기를 마신다는 점을 상기시킨다. 사람들에게 인간성을 상기시키는 것이 어색할 수 있지만, 이러한 공간에 선주민의 권리와 목소리를 끌어오는 것은 매우 효과적이다.

전 세계 은행이 증가하는 변화의 합창 속에서 화석연료 투자를 철회하고 있다. 토지 보호 운동은 평판에 심각한 위험을 초래한다. 인권침해와 선주민 동의 부족으로 촉발된 소송 때문에 프로젝트가 수년간 지연되고 비용이 치솟을 수 있다. 선주민 애드보커시 활동은 말끔한 책상을 가로질러 가치의 충돌을 불러온다.

———

서구화된 사회에서 우리는 태어나는 순간부터 죽을 때까지 안락함을 추구하며 자아를 세뇌당한다. 출생에는 돈이 든다. 인생에는 돈이 든다. 죽음에도 돈이 든다. 소셜미디어의 출현은 우리를 서로 연결함과 동시에 서로를 단절시켰다. 경청은 큰 소리로 말하는 사람의 뒷전으로 밀린다. 대멸종을 외면하지 않는 용감한 영혼인 기후 옹호자들은 자아에 굴복하고 안락한 삶을 유지하는 것과 끊임없이 진화하는 효율성과 자기평가 사이에서 아슬아슬한 줄타기를 한다. 우리의 세상은 의심으로 가득하다.

단순히 말해, 우리가 어머니 지구와의 관계를 근본적으로 재정립하지 않고는 태양광이나 투표로 이 위기를 벗어날 것이라고 믿지 않는다.

나는 운동이 가장 최근의 동력원을 무엇으로 삼든 간에 가치, 즉 우리를 인도하는 핵심 원칙을 다루기 위해 훨씬 더 많은 일을 할 것을 제안한다. 현재 우리는 달성된 성과로 우리 일의 "가치"를 입증한다. 우리 중 많은 이가 공동의 고향을 지키려는 열망이 있지만, 그 과정에서 우리가 지지하는 *가치*를 고려하지 않는 경우가 많다.

많은 토착의 가르침과 문화 전반에 걸쳐, 여러 가닥의 실이 안 팎으로 엮여 비슷한 패턴과 핵심 이해를 만들어낸다. 개개인은 평생 이러한 실들과 가치를 배우며, 점점 더 복잡해지는 인식을 통해 진실을 분별할 수 있다. 이것은 인간의 오류가 아닌 삶의 균형에 중심을 둔 가치다. 또한 헌신과 자기희생을 요구하는 가치다. 겸손, 나약함과 자연의 순환적 틀 안에서 우리 위치에 대한 인식, 공감, 용기, 존중 등은 우리 삶 전체를 인도하는 많은 가치 중 일부에 불과하다.

선주민 문화에는 신체적 박탈이나 강렬한 신체적 도전을 겪는 의례적인 관행이 있다. 물 없이 생존할 수 없다는 살아 있는 지식을 통해 겸손해진다는 것은, 물을 개념에서 실제로 옮기는 것이다. 선조들의 발자취를 따라 나약함을 경험한다는 것은, 세상에서 미미한 우리 위치를 이해하는 것이자, 이전에 온 사람들과 앞으로 올 사람들의 무게를 느끼는 것이다. 이런 관행은 일회성의 학습이 아닌 삶의 방식이다. 우리는 이 진실을 다시금 반복해서 배워야 한다. 인간은 연약한 자아와 자기 회의를 갖는 존재이기에 곤경에 빠진다. 살아 있는 지식은 매우 강력하지만, 현대 사회의 빠른 속성이 그런 지식을 금세 무디게 할 수 있다.

땅과 함께하는 것은 많은 사람이 생각하는 것처럼 그리 멀고 어려운 게 아니다. 우리의 몸, 우리의 선택, 삶을 반영하는 진정한 가치를 지지하고 가르치기 위해 우리가 줄 수 있는 모든 것을 통해 더 많은 사람이 땅과 함께하기를 바란다. 지역 생태계에서 얻는 전통음식의 소박함은 영혼을 살찌울 수 있다. 공동체를 구축하고, 공감, 균형, 겸손의 삶을 살겠다는 결정은 너무도 절실한 가치 전환이다.

신성함은 늘 우리 주위에 있다. 그것은 각자의 몸속에, 생명과 물과 지구라는 기적 속에 존재한다. 우리가 만지는 모든 사물에, 우리를 지구와 분리한 것 같은 모든 벽과 창문 안에도 있다. 우리는 우리 존재의 섬유 한 가닥 한 가닥 안에 창조의 아름다움을 간직하고 있다. 우리가 만든 문제의 해답은 결코 멀지 않은 곳에 있다. 그것은 우리 각자 안에 있다.

다섯째 날에

제인 허시필드 JANE HIRSHFIELD

다섯째 날에
강을 연구한 과학자들은
강에 대해 말하거나
강을 연구하는 것을 금지 당했습니다

공기를 연구한 과학자들은
공기에 대해 말하지 말아야 했고,
농부를 위해 일하던 이들 역시
침묵 당했습니다, 벌을 위한 이들도 마찬가지였습니다

깊은 불모지에서 온 누군가가
인터넷에 사실을 올리기 시작했습니다

사실을 언급하는 것이 금지되고
삭제됐습니다

삭제된 것에 놀란 사실은 스스로 침묵했습니다

이제 강에 대해 말하는 것은
강뿐입니다
별에 대해 말하는 것은 바람뿐입니다

과일나무의 쉼 없는 사실의 꽃봉오리들이
열매를 향해 계속 나아갈 때

침묵은 침묵에 대해 크게 말했고
강은 강과 바위와 공기에 대해
계속 말했습니다

귀와 혀가 없이 중력 속에서
검열되지 않은 강이 계속 말했습니다

버스 기사, 진열 담당자,
코드 라이터, 기술자, 회계사,
실험실 기술자, 첼로 연주자도 계속 말했습니다

다섯째 날에 그들은 말했습니다
침묵에 대해

공중 보건을 위한
공공 서비스

지나 매카시GINA MCCARTHY

평생 동안 나는 세상에 명성을 떨칠 최상의 직업이 공직이라고 생각했다. 35년간 지방정부, 주정부, 연방정부에서 일하면서 가끔 실망스럽기도 했지만, 내게는 꽤 괜찮은 시스템이었다. 우리는 잘 갖춰진 공공 절차 안에서 인간의 건강과 천연자원에 미치는 위험을 식별하고 완화하기 위해 과학을 이용했다. 나는 국민의 건강과 복지에 필수적인 프로그램을 설계하고 규제하며 법을 집행하는 것이 자랑스러웠다. 그리고 그동안 공직 외에도 더 생산적이고 성취감을 주는 중요한 역할이 있는지 한 번도 의문을 품지 않았다.

이후 트럼프 행정부가 독특한 브랜드의 "공복public servant" 개념을 내걸고 등장했다. 그들 중 상당수가 민주주의를 내부에서 해체할 수 있다는 가능성을 즐기는 듯했다. 나는 버락 오바마 대통령 집권 2기 동안 미국 환경보호청EPA을 이끌었는데, 이제 현 정부가 내가 진두지휘한 일들을 허물고 있다. *발전소의 온실가스 배출을 줄이기 위한 청정에너지 계획, 미국인 3명 중 1명이 식수원으로 의존하는 강과 하천을 보호할 깨끗한 물 규정, 조기 사망과 질병을 야기하는 대기와 가정 내 독성 화학물질 감축 규정 등 100개의 규정이 교착되거나 후퇴할 상황에 놓여 있다. 트럼프 행정부는 특히 과학자들을 노골적으로 위협했다. 게다가 그들은 과학이 말해주는 기후위기의 현실을 부정한다. 이는 우리가 전 세계 경제에 투입되는 연료의 방식을 바꾸기 위해 애쓰는 일에 절박함을 더해준다.

당신이 일과 유산, 모든 아이를 위해 더 나은 세상을 만들고자 노력할 때, 이를 무위로 돌리려 혈안이 된 대통령을 상상해보라. 그런 모습을 보면서 나는 민주주의의 미래, 법치, 그리고 아이들이 건강하고 안전하며 지속가능한 세상에서 살 가능성이 위태로워지고 있음을 확신하게 됐다. 트럼프 행정부의 취약계층 공격에 동요한 많은 사람처럼 나도 행동하기로 결심했다. 그리고 환경보호의 전례 없는 후퇴를 막기 위해 "땀 한 방울도 남김없이 쏟아부으려" 노력했다.

가족과 친구들은 놀랄 일이었지만, 나는 정부 고위직에서 선도적인 환경 애드보커시 단체인 천연자원보호협의회NRDC 책임자로 자리를 옮겼다. NRDC는 규제 후퇴에 맞서고, 온실가스 배출을 줄이며, 공중 보건을 개선하는 주와 지방정부의 효율적인 비용 마련을 지원한다. 이것만으로 충분하지 않다는 것 또한 알고 있다. 오직 운동만이 기후변화에 맞서는 데 필요한 폭넓은 행동에 동기를 부여할 수 있다.

첫 출산 후 아이가 내 품에 안겼을 때를 기억한다. 다니엘을 처음 바라본 순간, 그 누구보다도 그를 사랑하게 된 사실을 도저히 믿을 수 없었다. 그리고 어떤 면에서는 두려웠다. 그 순간부터 내 미래와 행복은 더 이상 내 것이 아닌 아들의 건강과 안녕에 달려 있었고, 최선을 다해 아이를 지키는 것이 내 책임이 되었다.

나의 두 딸 메기와 줄리, 그리고 사랑하는 두 손주를 갖게 된 것도 행운이다. 우리 가족의 가장 어린 구성원은 2050년에 겨우 32세, 31세가 될 것이다. 과학에 따르면, 2050년은 기후변화의 가장 파괴적인 영향을 피하기 위해 탄소 제로의 미래를 달성해야 하는 해다. 손주들이 태어나기 전에는 2050년이 멀어 보였지만, 이제는 아니다. 그 아이들은 내게 있어 기후변화의 얼굴이다. 그것은 그렇게 개인적이다.

그것은 전문적이기도 하다. 수십 년간 경험한 바에 따르면, 국민의 광범위한 요구와 압박 없이는 정부는 기후변화 대응에 나서려 하지 않는다. 그것이 민주주의가 작동하는 방식이다. 또 그것이 1960년대와 1970년대에 우리가 환경오염 문제를 다룰 때 민주주의가 작동한 방식이다. 지구의 날 행사가 열리고, EPA가 만들어지고, 기반 환경법이 통과됐다. 우리가 미국의 대기오염을 70% 줄이는 동안 GDP는 3배 증가했다.

기후변화에 대응하려면 탄소 배출에 대한 과금뿐 아니라, 법률 및 규제, 대상이 분명한 인센티브, 기술 발전, 화석연료의 투자 철회와 해법을 위한 재투자, 각성한 주주들의 반란, 화석연료 기업을 상대로 한 승소, 기후에 전념하는 정치인의 선거 승리 등 모든 수준에서의 다양한 행동이 필요하다. 더러운 에너지에서 청정에너지로 예산을 전환하고, 토양 건강을 개선하기 위해 농업 관행을 전환해야 한다. 우리의 건강과 생태계를 해치고, 생물다양성에 막대한 피해를 입히는 화석연료 기반의 비료와 살충제, 플라스틱과 기타 합성화학물질을 단계적으로 폐기해야 한다. 이러한 모든 노력이 필요하며, 모두가 그것을 요구하고 수용하지 않으면 성공할 수 없다.

우리의 민주주의 시스템에 기후변화에 맞서 싸울 지름길이 있다고 속아서는 안 된다. 우리는 과학을 봐왔고, 우리의 건강, 환경, 경제, 국가 안보에 미치는 위협을 알기에 행동해야 한다. 민주주의는 "국민의, 국민에 의한, 국민을 위한" 정부다. 그것은 독재도, 관중이 가득한 스포츠도 아니다. 지역 공동체, 주정부, 기업, 비영리단체의 광범위한 요구가 없다면, 정부는 성공할 수 없다. 우리는 이것을 안다. 그리고 선조들도 알고 있었다.

그러니 이제 공공 절차를 민주주의의 초석으로 보는 나 같은 사람들이 나서야 할 때다. 정부가 할 수 있는 일에 집중하는 것을 멈추고, 정부가 일하도록 우리 모두의 중요한 역할을 인식할 때다.

내 계획은 다음과 같다. 나는 이 위기의 위험성과 우리가 잘 대응할 경우 우리를 기다리는 기회에 대해 소통할 것이다. 모두가 기후변화와 건강의 관계를 이해하도록 할 것이다. 나는 이미 이 일을 하고 있으며, 손주들을 위해 내가 바라는 세상을 건설하는 데 필수적인 아이디어와 에너지를 가진 여성들을 일으켜 세울 것이다. 그리고 나 자신이 낙담하거나 지치도록 내버려두지 않을 것이다.

———

나는 단순히 오염의 위협에 대한 경고가 아닌 우리가 보고 싶은 미래의 건설을 말하고 있다. 깨끗하고 건강하며, 더 정의롭고 지속가능한, 그리고 더는 화석연료에 의존하지 않는 미래 말이다. 위기의 규모와 해법의 약속이라는 기후위기 이야기를 제대로 해보자. 그렇다. 대부분은 기후변화가 현실이며 무섭다는 걸 안다. 그저 아무것도 시도하지 않을 뿐이다. 너무 큰일이라고 생각하거나 무엇을 어떻게 해야 할지 모르기 때문이다. 아마 그들은 가족과 아이들의 미래라기보다는 "환경", 즉 무너지는 빙하나 북극곰의 문제라고 생각할지도 모른다.

보건은 행동해야 할 설득력 있는 이유와, 성공 여부를 확인하고 의욕을 다질 명확한 방법을 알려준다. 그것은 기후변화를 자신의 일로 받아들이고, 기후행동으로 더 나은 삶을 만들며, 더욱 번영하는 공정한 세상으로 나아갈 모든 방법을 이야기하는 장을 열어준다.

극한의 기온에 노출되면 심장마비와 사망을 일으킬 수 있다. 변화된 기상 패턴은 흉작을 불러와 영양실조의 원인이 될 수 있다. 화석연료를 태우면 대기가 미세먼지로 가득 차 폐와 심장 문제를 일으킨다. 온난해지고 습해지는 온도는 지카 바이러스, 웨스트 나일, 뎅기열 같은 모기 매개 질병과 라임 같은 진드기 매개 질병의 확산으로 이어진다. *전 세계 조기 사망의 16%가 대기오염 노출로 인한 것이다. 그 수는 매년 약 900만 명에 달하며, 결핵, 말라리아, 에이즈에 의한 사망자를 합친 것보다 많다. 이는 매우 심각하고 중요한 일이며, 우리 모두가 행동에 나서는 동기가 되어야 한다.

기후변화는 공평하게 죽이지 않는다. 그것은 우리 중 가장 취약한 아이들을 먼저 공격한다. 온열 스트레스와 대기오염은 조산과 저체중 출생의 위험을 높일 수 있다. 지카 바이러스는 산모로부터 태아로 전이되어 치명적인 선천적 기형을 일으킬 수 있다. 아이들은 체중에 비해 상대적으로 많은 오염물질을 흡입하여 발달에 영구적인 영향을 받을 수 있다. 만약 당신의 아이가 흡입기를 사용한다면, 이해가 쉬울 것이다. *전 세계 100만 명의 아이가 단지 주요 도로 근처에 산다는 불운 때문에 천식을 앓는다. 이에 대해 뭔가를 할 수 있었던 우리 모두가 부끄러워해야 할 일이다.

즉 기후변화는 오늘날 세계에서 가장 중요한 공중 보건 문제다. 우리는 기후 해법을 공중 보건에 대한 투자 기회로 재구성할 수 있다. 우리 아이들에게 자랑스럽게 넘겨줄 더 건강하고 정의로운 미래를 만들어갈 기회다. 천식 및 알레르기 발작 감소, 더 안전하고 회복력 있는 공동체, 야외활동을 위한 더 많은 녹지 공간, 정신적·육체적 건강에 문제가 될 트라우마 경험 감소 등의 이점을 즉각적으로 보게 될 것이다. 이를 위해 소외된 지역 사회와 기후변화 영향에 가장 취약한 지역 사회를 지원할 것이다. 그리고 과거 경험에 비춰봤을 때 여성들이 그것을 현실로 만들어낼 것이다.

용기 있는 여성들이 환경운동의 선두에 서왔다. 1962년 해양 생물학자 레이첼 카슨은 자신의 획기적인 저서 『침묵의 봄』을 출간하며 농약 남용의 위험에 대해 경종을 울렸고, 자연세계에 대한 우리 관점을 변화시켰다. 그녀는 단지 환경운동의 초기 참여자가 아니라 개척자였다. 그녀를 비롯해 오랜 세월 역경을 극복하고 진실을 말한 많은 과학자, 연구자, 활동가, 조직가들이 수많은 여성을 위해 새로운 길을 열었다. 우리는 1962년 이래 대기 오염을 극적으로 줄이고, 물과 땅을 정화하며, 취약한 지역 사회를 위험으로부터 보호하는 등 엄청난 진전을 이뤘다. 하지만 여전히 갈 길이 멀다.

당신은 아마도 기후를 걱정하며 활동을 시작하려는 젊은 여성을 알고 있을 것이다. 그리고 그녀가 과학자나 공무원이 되도록 격려할 것이다. 그녀는 레이첼 카슨의 유산을 이어받을 수 있을 것이다. 또는 내 친구이자 아일랜드 전 대통령인 메리 로빈슨Mary Robinson처럼 손주들을 제대로 보살피기 위해 "기후위기에 분노하는 할머니"가 된 나이든 여성을 알 수도 있다. 여성 지도자들은 남성보다 기후변화 대응에 훨씬 적극적이다. 연방정부는 강력한 여성들의 압박 없이는 행동에 나선 적이 없다. 당신이 그들 중 하나가 될 수 있다.

내가 고향 매사추세츠 캔턴에서 보건 직원으로 시작했을 때 그랬듯이, 소도시 미팅이나 공청회, 행사에 참석해보라고 권하고 싶다. 절대 지루하지 않을 거라 장담한다. 혼란과 불안, 드라마와 변화의 마법이 일어나는 곳이다. 당신은 기후변화의 비통함을 직접 보게 될 것이다. 천식을 앓는 아이가 숨을 쉴 수 없을까 걱정하는 부모, 다음 허리케인 시즌에 집이 살아남아 있을까 걱정하는 해안가 주민, 내일 마실 물이나 가족을 먹여 살릴 음식을 걱정하는 사람, 살인적인 더위를 견딜 수 없어 집에 갇힌 노인, 그리고 자신들의 미래를 빼앗긴 것은 아닌지 우려하는 청년 등.

그러나 매일 일어나는 좋은 일들도 보게 될 것이다. 청정에너지에 투자하고, 도시와 해안 지역 공동체의 회복력을 구축하고, 공기를 정화하고, 친환경 자동차를 사고, 아이들을 위한 친환경 버스를 요구하고, 식량 체계를 근본적으로 바꾸고, 어떤 공동체도 소외되지 않도록 일하는 사람들 말이다. *전국 440개 이상의 도시와 미국 인구의 55%가 거주하는 25개 주가 파리협정을 준수하겠다고 서약했다(모두 합치면 세계에서 세 번째로 큰 경제 규모가될 것이다). 왜일까? 당신과 나 같은 사람들이 지역 사회, 시청, 국회에 나타나 "우리는 더 나은 것을 요구합니다"라고 말하기 때문이다.

변화를 원한다면 설득력 있는 목소리를 내고, 진정한 지속력을 갖길 원한다면 밖으로 나가 당신을 둘러싼 지역 공동체 사람들이 매일 겪는 문제를 살펴보라. 세상에 영향을 미치는 문제에 대해 잠자코 앉아 있기를 거부하고, 해법이 논의되고 결정이 내려질 때 당신의 목소리를 내고 지식을 나누는 것을 두려워 마라. 당신의 모든 에너지가 트위터나 인스타그램에서 낭비되지 않도록 하라. 밖으로, 당신의 공동체로 나가 그것을 풀어놓으라. 이 순간을 주도하고, "이만하면 충분하다"고 말하는 어른들에게 면죄부를 주지 않는 청년들을 따르라.

당신은 이미 그렇게 하고 있을지도 모른다. 아니면 이미 지쳤거나 도전의 규모와 당신을 밀어내는 엄청난 힘에 압도당했을지도 모른다. 이해한다. 나 역시 정치적으로 무슨 일이 일어날 때마다 내가 걱정하는 모든 것이 공격받는 기분이었다.

하지만 나는 늘 분노하고 불안해하며 시간을 보내고 싶지는 않다. 나는 좀비가 되지 않을 것이다. 여전히 내겐 희망과 에너지가 있다. 왜냐고? 할 수 있으니까. 어떻게? 나는 이렇게 하기로 했다. 오늘의 혼란을 행동으로 바꾸자. 민주주의를 강화하고, 힘없는 이들에게 힘을 실어주고, 건강한 공동체를 구축하고, 지속가능한 미래를 만들자. 당당하게 함께 일어나 큰 소리로 말하고 행동하자. 1960년대와 1970년대, 그리고 오늘날에도 그렇듯이, 당신도 민주주의를 위한 행진에 함께해야 한다.

기후변화는 아무도 고칠 수 없는 먼 문제가 아니다. 우리에겐 이미 수많은 해법이 있고, 혁신을 통해 그 길에 더 빨리 도달할 수 있다. 이 해법이 모든 것을 해결할 수 있을까? 아니다. 하지만 해법이 우리를 진전시킬 수 있을까? 그렇다. 그리고 해법이 성장함에 따라 더 많은 참여를 이끌어낼 것이다. 사람들은 변화를 보며 저탄소 미래가 실제로 우리에게 유리하다는 걸 알게 될 것이다. 우리는 그것을 원해야 하고, 아이들의 생명이 달린 것처럼 그것을 향해 달려가야 한다. 아이들의 삶은 정말로 그런 미래에 달려 있으니까.

"환경"이란 무엇일까? 나의 몸과

당신의 몸과 우리가 주고받는
호흡을 뺀다면

6. 느끼기

아프다는 것

애쉬 샌더스ASH SANDERS

1991년 어느 화창한 가을날, 크리스 포스터Chris Foster는 데이비스 시에 있는 캘리포니아 대학의 미분방정식 수업을 마치고 잔디 위에서 느긋하게 쉬고 있는 학생들을 지나 학내 공동주택인 돔스로 향했다. 11월이었음에도 그는 평소 입던 대로 분홍색 반바지만 입은 채 셔츠도 신발도 걸치지 않았다. 그는 돔스에 있는 숲에서 메스키트mesquite 콩을 따고, 근처 밭에서 야생 무와 아욱을 캤다. 그리고는 5㎞ 거리의 또 다른 공동주택인 빌리지 홈스로 걸어갔다. 그곳은 철 지난 무화과, 사과, 견과류, 야생포도로 가득해서 먹거리를 찾는 이들을 위한 보물창고 같았다. 크리스는 땅에 떨어진 과일만 주웠는데, 나무에서 따는 것보다 피해를 덜 준다고 느끼기 때문이었다. 그는 가능한 한 지구에 해를 가하지 않기 위해 거의 눈에 띄지 않고 가볍게 살고자 했다.

크리스는 철학과 수학을 전공했다. 그는 자신이 기원전 4세기에 재산을 버리고 집 밖의 커다란 항아리 안에서 잠을 자던 냉소적인 철학자 디오게네스 같다고 생각했다. 그에게는 침낭도 없이

야외에서 밤을 보내는 습관이 있었다. 그는 "인간의 어떤 부분도 되고 싶지 않은 내가 인간의 특권을 받아들일 수 없었다"고 내게 말한 적이 있다. 그러나 떨어진 과일을 먹고 밖에서 잔다고 해서 그의 죄의식이나 불길한 예감이 없어지진 않았다. 그를 잠식하던 두려움은 헤어날 수 없이 그를 완전히 사로잡았다. 그해 가을 학기가 시작되기 전, 그를 수년간 괴롭히던 지독한 우울함이 다시 밀려왔다. 그리고 수학의 귀재이던 그는 시험에 실패하기 시작했다. 전기를 낭비하고 싶지 않아 불도 켜지 않은 채 어두운 방 안에 앉아 음악을 들으며 울곤 했다. 그는 "천천히 죽어가는 것 같았다"고 고백했다.

몇 달 뒤 크리스는 캔자스대학에서 철학 박사 과정을 밟기 위해 데이비스시를 떠났다. 하지만 그의 상태는 나아지지 않았다. 가을 학기 내내 감과 무를 주워 먹으며 연명하니 몸무게가 위험할 정도로 줄었다. 학교에 찾아온 어머니가 그의 모습을 보고 깜짝 놀라 식료품점에 데려가 먹을 것을 사줬다. 고향에 있는 가족들은 그의 삶을 지배하는 금욕의 강도를 이해하기 힘들어했다. 아버지와 누나는 크리스가 어린 시절에 당한 괴롭힘으로 쇠약해졌다고 여겼다. 그들은 사회를 탈출하려는 크리스의 욕망이 죄책감의 투영으로, 자기 잘못이 아닌 것을 책임지려 하는 행위라고 생각했다. 그러나 크리스의 설명은 달랐다. 15살 때 아버지가 자신과 누나를 세인트헬렌스산에 데려간 적이 있었는데, 산에 절반쯤 오르자 개벌된 지대가 나타났다. 크리스의 기억으로는 한때 상록수가 가득하던 그곳에 나무 한 그루 없었고, 보이는 것이라곤 벌거벗은 땅과 그루터기뿐이었다. 그 순간 '악evil'이라는 단어가 떠올랐다. 그날 이후로 그의 내면에 변화가 생겼다. 그는 어떠한 파괴도 원하지 않았다. 대학 4학년이 되자 이 확신이 모든 인간 사회에 참여하지 않겠다는 개인적인 정언명령으로 자리 잡았다. 그는 가족들이 자신의 심리상태를 외적 문제에서 규명하려는 것에 마음이 상했다. 그는 내게 이렇게 말했다. "왜 내가 나쁜 일을 겪어서 우울한 거라고 생각하지? 가족들은 마치 내가 정신병이나 신경쇠약에 걸린 것처럼 여겨. 윤리적이고 동정심이 있는 사람이라면 이 사회를 벗어나겠다고 선택하지 않을까?"

내가 크리스를 알게 된 건 그가 데이비스시를 떠난 지 10여 년이 지난 2004년이었다. 당시 그는 브리검영대학 교수로 재직 중이었다. 그는 예전에 모르몬교로 개종했고, 나는 모르몬교도로 자랐으나 교회를 떠나는 중이었다. 우리가 만난 날 그는 동물권에 대한 권고 사항이 잔뜩 적힌 화이트보드 앞을 종횡무진하며 사냥 반대 강의를 열정적으로 펼치고 있었다(유타주는 열렬하게 사냥을 찬성하는 보수적인 곳이다). 지금 생각하면 웃기지만, 내가 "내 이름은 애슐리 샌더스Ashley Sanders"라고 적힌 셔츠를 입고 강의실에 들어서자, 크리스가 강의를 멈추고 이렇게 말했다. "어서 와요, 애슐리 샌더스." 우리는 곧 친구가 되었다.

2009년 코펜하겐 기후회담이 실패로 돌아가자, 낙담한 크리스는 기후변화의 재앙을 막기에는 이미 늦은 것 같다고 말했다. "예전의 세상은 이제 끝났어." 횃불이 내 손에 넘겨지는 순간이었다. 크리스는 자신이 실패했다고 확신하게 되자 무력해졌다.

그는 자신이 현실에 안주하며 TV에 중독됐다고 자책했다. 그것은 자신이 경멸하던 종류의 사람이었다. 그러나 나는 이제 막 환경에 대한 절망으로 가는 여정을 시작하던 참이었다. 나는 상실과 죽음으로 가득 찬 미래에 대해 온갖 죄의식과 불안, 분노와 두려움을 느끼고 있었다. 그리고 기후위기의 윤리를 통해 남들이 이해하기 힘든 나만의 규칙을 만들기 시작했다. 나는 유타주의 혹독한 겨울에도 히터를 켜지 않았다. 자가용 대신 버스나 기차를 타기로 결심한 탓에 어딜 가나 늦기 마련이었다. 비닐봉지와 스티로폼 접시 사용에 강박관념을 가졌고, 동네 샌드위치 가게에 내 접시를 기어이 가져갔다. 일주일 동안 내 쓰레기를 들고 다녔고, 친구들에게도 그렇게 하라고 부추겼다. 우리는 악취를 풍기며 뭘 먹고 썼는지 보여주는 것들을 강의실마다 끌고 다녔다. 나는 직접 행동을 하는 기후정의 조직에 가입했고, 거리 봉쇄를 모의해 체포되기도 했다. 그리고 유타 밸리 농민과 함께 무분별한 도시 확장을 반대하는 조직을 만들었다. 유타 서부의 고지대 사막에서는 캠프를 치고 사람들과 몸을 던져 타르 샌드 광산 건설을 막고자 했다. 키스톤 XL 파이프라인 건설에 반대하기 위해 쏟아지는 비를 맞으며 솔트레이크시 연방 청사 앞에 드러누웠다. 어스 퍼스트Earth First!의 직접행동 훈련 프로그램에 참여해 내 몸과 울타리, 파이프라인, 사람들을 묶는 방법을 배우기도 했다. 그런데도 아무 일도 일어나지 않았다는 사실에 절망한 다음에는, 전기, 가스, 인터넷 기반시설을 파괴하고 산업 사회를 무너뜨리자고 진지하게 말하는 급진적인 반문명 단체와 메일링리스트에 가입했다.

　나는 무급으로 주 50시간씩 일했다. 어머니가 걱정하며 휴식을 권했지만, 아랑곳하지 않았다. 기후변화에는 일시정지 버튼이 없는데, 어떻게 쉴 수 있겠는가? 어느 날 내가 살던 솔트레이크시의 대기질이 유난히 나빠져 짙은 스모그가 산과 계곡 사이를 뒤덮었다. 내가 대학으로 오가던 솔트레이크와 프로보 사이의 쭉 뻗은 길은 10년도 안 되어 농지에서 번화가로 완전히 바뀌었다. 남쪽에는 세계 최대의 노천 구리 광산들이 있고, 북쪽에는 정유공장이 빽빽하게 들어섰으며, 서쪽에는 핵폐기물이 지하 공간에 점토로 봉해진 채 죽음의 냄새를 풍기며 묻혀 있었다. 지역 상황이 이 정도일 뿐이었다. 산호초가 파괴되고, 해양 생태계는 남획됐으며, 섬나라 주민은 짠 우물물과 해수면이 상승하는 바다 사이에 갇혔다.

　하지만 그러는 동안에도 내 주변 사람들은 잘 지냈다. 대부분은 기후 위기를 부정하진 않았지만, 그렇다고 해서 그들이 알고 있는 것에 동요하지도 않았다. 실제로 내가 어떻게 느끼는지 이야기하면, 환경 지도자들이 주의를 줬다. "중요한 건 긍정적이어야 한다는 겁니다. 누구도 종말과 우울을 좋아하진 않으니까요." 그러나 나는 8년간의 과로와 스트레스, 불안으로 큰 타격을 입었다. 내 파트너와도 끊임없이 싸웠다. 밤에도 악몽을 꿨고, 낮에 신문을 읽을 때도 악몽 같았다. 나는 늘 아팠다. 인간이 싫어졌고, 그들의 행복과 평온마저 증오하게 됐다. 치료를 받으러 간 내게 심리치료사가 의아하다는 듯 물었다. "당신을 슬프게 하는 게 뭐죠?" 나는 "세상의 종말이요"라고 반복해서 말했다. 어쩔 줄 몰라 하던 그들은 내게 우울증 진단을 내렸다.

결국 나는 모든 것을 떠났다. 그리고 여자친구와 함께 뉴욕 북부의 오두막으로 피신했다. 그곳엔 이메일도 뉴스도 위기도 없었다. 나는 내가 무엇을 원하는지 알았다. 나는 세기를 넘어 지속할 세상을 원했다. 내 존재가 다른 존재의 종말을 의미하지 않는 세상을 원했다. 하지만 그런 것을 제쳐두고, 내가 정말 원하는 건 오직 하나였다. 비통해하는 것. *이건 정말 못 참겠다*고 말하는 것, 그리고 이를 참아내려는 사람들과 함께하는 것.

———

나의 번아웃은 5년간 계속됐다. 잠들기 전에 신문을 읽는 것도 여전했다. 그건 어쩔 수가 없었다. 여자친구가 잠들면, 멸종위기종에 관한 비디오를 보곤 했다. 북방긴수염고래 어미가 새끼들과 헤엄치고 있었다. 남아 있는 409마리 중 3마리다. 잠수부가 백상아리와 헤엄치며 상어 옆구리에 손을 가볍게 올린다. 쇼 살리시시 센터Shaw Centre for the Salish Sea38가 "친구the Dude"라고 불리는 거대한 태평양 문어를 바다로 돌려보내는 장면도 있었다. 문어는 8개의 다리를 휘저으며 해저를 천천히 헤엄쳐갔다. 잠수부들이 촬영하는 동안 문어는 그들과 함께 놀았다. 이런 비디오를 보는 것이 내겐 일종의 의식과 같았다. 한 번도 만난 적은 없지만, 어쨌든

---

38 희귀 바닷물고기와 해양생물을 전시하는 캐나다의 해양 전문 박물관.

그리워할 생명체들과 작별을 고하는 나만의 방식처럼 느껴졌다.

문어 친구가 바다로 돌아가던 모습을 지켜보던 날, 우연히 페름기 대멸종을 다룬 기사를 읽었다. 기사에 따르면, 2억5,200만 년 전 연이은 화산 폭발로 탄소, 메탄, 아황산가스 기둥이 대기에 뿜어져 나와 지질학적으로 눈 깜짝할 사이에 세상이 온실로 변했다. 그 결과, 지구상의 생명체 대부분이 멸종했다. 역사상 곤충이 가장 광범위하게 멸종했던 것도 이때다. 이후 지구가 완전히 회복하는 데는 800~900만 년이 걸렸다. 그리고 뜻밖의 결말이 나왔다. *수억 년 만에 처음으로 지금의 대기 중 탄소 배출량이 페름기 수준의 경로를 따르고 있다는 것이다.

*바로 이거야. 이렇게 끝날 거야*라는 생각이 들었다. 나는 행동하고 싶었다. 하지만 또다시 날을 세우게 될까 봐 두려웠다. 사람들 손에서 비닐봉지를 낚아채고, 여자친구에게 집안 온도를 낮추라고 강요하고, 동물 멸종을 일상적인 대화에 끌어올까 봐 두려웠다. 극단적인 순교자가 되어 온갖 슬픔과 고통을 짊어지려 할까 봐 두려웠다. 나라는 작은 존재와 거대한 문제를 달리 어떻게 조화시킬지 몰랐기 때문이다.

나는 사회적 신호에 대한 면역력이 없었다. 생분해성 컵이 도움이 된다거나, 다음 세대의 공감대가 우리를 위기에서 끌어낸다거나, 모든 생명체가 사라지진 않는다거나, 인간과 회복력은 어떻게든 계속된다는 것에 동의해야 한다는 건 나도 알고 있었다. 이 모든 것에는 이런 함의가 깔려 있다. *이건 너도 동의한 거잖아. 흥을 깨는 사실보다는 우리의 우정을 선택한 거잖아. 이제 그*

만해.

　때로는 거기에 맞춰갈 수 있었다. 하지만 어떤 때는 전투적이 되어 필사적으로 반박할 수밖에 없었다. 그러던 중 크리스가 결혼을 했고, 두 아이의 부모가 됐다. 그는 예전보다 행복해 보이지만, 달라진 점도 있다. 과거 순수했던 시절에는 잔디 씨앗이 퍼지도록 내버려두고, 푸른 잔디를 유지하느라 귀한 물을 뿌리지 않았다. 이제 그는 켄터키 블루글래스를 심으며 교외에 산다. "잔디를 그냥 내버려두지 않는구나?" 나는 성급하게 물었다. "평생 슬펐으니까." 크리스가 대답했다. "가끔은 그냥 아내와 함께 내 집 푸른 잔디에 앉아 사랑을 느끼고 싶어." 고작 잔디일 뿐이라는 걸 알면서도 속상했다. 크리스는 나를 이해해주고, 내가 제정신이 아니거나 극단적이라고 여기지 않도록 해준 유일한 사람이었다. 우리는 말다툼을 벌였고, 나는 그를 떠났다. 크리스의 마음을 아프게 한 게 끔찍했다. 내 말의 의미를 알았지만, 이건 더 깊은 문제였다. 크리스는 끊임없는 스트레스보다 행복을 택한 것이다. 결국 둘 중 하나를 선택해야 하는 걸까? 자신을 돌볼지, 아니면 세상을 돌볼지? 그런 거라면, 나는 알고 싶지 않았다.

―――

　한동안 기후운동을 중단했지만, 심리치료는 계속 받았다. 치료 과정에서 세상의 종말을 계속 이야기하는 바람에 치료사들이 당황해했다. 나중에 알고 보니 나만 그런 게 아니었다. 전국야생동물보존협회National Wildlife Federation는 2012년 발표한 보고서에서 기후변화가 정신건강에 심각한 위기를 초래하고 있다고 경고했다. *이를 집필한 기후과학자, 심리학자, 정책 전문가들은 약 2억 명의 미국인이 자연재해, 가뭄, 폭염, 경기 침체로 정신질환을 겪을 것이라고 추정했다. 최근의 재난이 이것이 사실임을 입증한다. 푸에르토리코 역사상 최악의 자연재해인 허리케인 마리아 이후에 외상 후 스트레스 장애PTSD를 겪은 아동의 비율이 일반 대중의 2배나 됐다. 허리케인 카트리나가 지나간 다음해 뉴올리언스의 자살률이 3배 가까이 치솟았고, 의료 전문가들은 우울증과 PTSD의 증가가 거의 팬데믹 수준이라고 표현했다. 기후 재해를 직접 겪지 않은 사람들도 영향을 받을 수 있다. 미국심리학회와 에코아메리카의 2017년 보고서에 따르면, 기후변화의 현실과 그 결과를 인정하는 것이 만성적 공포, 숙명주의, 분노, 번아웃을 촉발할 수 있다. 이런 심리 상태를 생태 불안ecoanxiety이라 부르는 심리학자들이 늘고 있다.

생태 불안은 다른 심각한 방식으로 나타날 수 있다. 2008년 오스트레일리아에 극심한 가뭄이 한창일 때, 17세 소년이 자신이 물을 마시면 수백만 명이 죽을까 봐 두려워 물을 거부했다. 주치의는 소년에게 "기후변화 망상"이라 진단하고 항우울제를 처방했다. 사람들이 소년에게 왜 그런 극단적인 행동을 했냐고 묻자, 그는 죄책감을 느꼈다고 답했다. 이후로 의사들은 이 소년 외에도 기후와 관련된 정신질환을 앓는 젊은이들과 기후 재앙에 대한 악몽을 반복적으로 꾸는 아이들을 치료했다. 델리의 인도 의회 근처에 쌓인 해골 더미는 7만 명 이상의 농민 자살과 관련 있는데,

전문가들은 농민 자살이 인도의 기온 상승에 따른 것이라고 주장했다. (인도에서 2018년에만 1만 명 이상의 농민이 자살했다.) 학생 기후파업 운동에 영감을 준 17세의 스웨덴 소녀 그레타 툰베리는 기후변화를 알게 된 후 행동하지 않는 어른들을 보면서 먹고 마시는 것을 중단할 정도로 심각한 우울증에 빠졌다고 고백했다. 지금도 기후변화의 폭력성을 자신에게 겨누는 활동가들이 있다. 인권 변호사 데이비드 버클David Buckel은 2018년에 브루클린 프로스펙트 공원에서 기후위기의 심각성을 환기하기 위해 자신의 몸에 불을 붙였다.

기후변화로 인한 심리적 피해는 생태심리학ecopsycholgy이라 알려진 새로운 분야를 낳았다. 이 학문을 정립한 이들 중 하나인 시어도어 로작Theodore Roszak에 따르면, 생태심리학의 목적은 "온전함sanity"을 온 세상을 다 아우르는 온전함이라고 정의하는 것이다. 생태심리학자들은 주류 의학이 오랫동안 당연시해온 데카르트의 육체와 정신 분리 관점을 낡고 해롭다고 보며, 사람들이 자신이 사는 지구와 자신을 분리된 것으로 보게 한다고 주장한다. 전통적인 심리학자는 검사 범위를 환자 개인과 그들 내부 질환에 국한하기 때문에, 문제를 다루기보다는 그들을 치료하기 위해 크리스나 나 같은 환자에게 "아프다"라는 꼬리표를 붙인다. 생태심리학은 환자를 병적이라고 간주하는 대신 환자와 자연계를 다시 연결함으로써 환자의 통제감을 회복시키는 것이 해법이라고 본다.

자칭 반체제 심리학자인 브루스 레빈Bruce Levine은 기후변화와 같은 힘이 실제로 인체에 영향을 미친다고 믿는다. 그러나 그는 이런 불안과 우울함을 정신질환으로 간주하는 것은 문제가 있다며, "이런 문제를 병이라고 부르는 순간, 문제에 관한 정치적 경각심이 사라지기 시작한다"고 주장했다. 예를 들어, 베트남 전쟁 이후 유행처럼 진단한 PTSD의 영향은 사실이지만 "돌이켜보면, 이 문제를 PTSD가 아닌 '전쟁 때문에 엉망이 된 상태'라고 부르는 게 낫지 않았을까?"라는 것이다. 그가 보기에, 병을 개인의 내부로 한정하는 것은 정신의학 전문가들의 생존을 보장하는 방법이다. 그는 내게 이렇게 말했다. "이런 식으로 우리가 권력구조를 지지하게 되는 겁니다. 우리는 재정적, 정치적으로 멍청한 자들이 무관심해서 생긴 문제를 심리학자가 해결한다며 기분 좋아하죠."

비평가들은 생태심리학이 명확한 학문적 경계나 검증된 방법이 없는 허술한 학문이라고 비판한다. 또 자연을 접하는 것이 인간의 건강에 긍정적인 영향을 미칠 수 있다는 최근의 연구는 받아들이지만, 자연 파괴가 반드시 인간을 아프게 할 수 있다고 믿지는 않는다. 오스트레일리아 소년을 기후 정신병이라 진단한 의사 로버트 살로Robert Salo와 조슈아 울프Joshua Wolf는 소년의 다른 증상(장기 우울증, 자살 충동, 환청)과 자기 행동의 무게를 과도하게 느끼는 것(자신의 물 사용이 광범위한 죽음으로 이어질 것이라는 믿음)에 조심스레 주목했다. 다른 비평가들은 기후 망상이 이미 다른 정신질환으로 고통받는 사람들을 괴롭힌다고 지적했다. 그리고 정신질환의 촉발 요인은 일반적으로 핵 재앙에서 냉전시대의 공산주의 확산 공포까지 당시의 지배적인 정치·문화 이슈의 형태를 취한다고 보았다. 이들은 크리스나 나 같은 사람들이 과거의 경험과 화학적 체질 때문에 자신의 중요성을 거창하게 느끼거나, 죄책감과 강박감을 갖기 쉽다고 주장할 수 있다. 또 기후변화가 아니어도 다른 무언가 때문에 그렇게 됐을 거라 말할 수도 있다. 그들은 우리의 믿음 때문에 우리 스스로가 위험에 빠지고 다른 사람을 걱정시켰다고, 그래서 실질적으로 우리는 *아팠고* 전통적인 치료법이 필요하다고 지적할 것이다.

그들은 두 가지 면에서 옳다. 크리스와 나는 아프고 치료가 필요하다. 하지만 그들은 결정적인 관점을 놓쳤다. 만약 우리 사회가 아파서 우리가 아픈 거라면, 환자인 우리와 더불어 사회도 치료해야 하지 않을까? 결국 기후가 초래한 정신질환에 대한 많은 의견 차이는 어휘 문제로 압축된다. 독감, 우울증, 일반 감기를 묘사하는 단어는 많다. 이런 병의 윤곽과 증상도 알고 있다. 그러나 기후 우울climate grief에 대해서는 각자의 경험을 정의할 수 없어 이해와 입증이 어려울 수 있다. 기후 질병이 육체와 감정이 겹치는 부분에 존재한다면, 이런 느낌을 표현할 단어와 개개인의 경험에서 일련의 패턴을 보게 해줄 사전이 필요하다. 다행히도 지금 철학자, 예술가, 의사 등 다양한 사람들이 이 사전을 만들기 위해 노력하고 있다.

―――

19세기에 오스트레일리아 뉴사우스웨일스의 어퍼헌터밸리는 완만한 언덕, 굽이치는 강, 너른 초원의 풍경 때문에 남반구의 토스카나라고 불렸다. 1980년대 글렌 알브레히트Glenn Albrecht가 두

명의 조류학자에 관한 책을 쓰려고 이곳에 왔다가 전혀 다른 풍경과 마주쳤다. 그곳에는 나무가 베어진 땅에 대규모 광산이 들어서 있었다. 그는 수년에 걸쳐 이 일대를 정기적으로 찾았는데, 금세기 첫 10년까지 계곡 바닥의 16%가 드러날 정도로 파괴됐다. 광산 통로에 있던 집들은 팔려나가 불도저에 밀렸고, 광산 가장자리에 남은 집들은 그을음으로 덮였다. 먼지와 검댕이 공중에 맴돌았다. 영화촬영용 조명이 하루 24시간 하늘을 밝혔고, 새소리 대신 폭파 소리만 가득했다. 알브레히트는 "세상의 종말로 걸어들어가는 기분이었다"고 말했다.

그러는 동안 알브레히트는 뉴캐슬대학으로 돌아와 환경학 교수가 되었다. 그는 태양이 감싸는 마을의 언덕과 해변에 있어도 광산이 불러일으킨 우울한 기분을 떨쳐버릴 수 없었다. 어퍼헌터밸리를 수차례 방문한 그에게 지역 주민들은 자신들의 집이 광산에 의해 파괴되고 있다며 도움을 요청했다. 그는 환경에 관해 글을 쓰고 애드보커시에 참여하면서 사람들이 조언을 구하는 것에 익숙했지만, 이곳 주민들의 목소리에 담긴 절박함, 슬픔, 공황은 뭔가 달랐다. 그것은 손으로 만져지는 듯 생생한 슬픔이었다. 지역 주민들은 광산 때문에 천식과 암 등의 질병이 생겼고, 선천성 기형률도 높아졌다고 여겼다. 또 광산이 자신들의 집을 파괴한 것에 분노했다. 알브레히트가 보기에 주민들은 육체적 고통과 심리적 고통을 동시에 겪고 있었다. 그들은 집뿐 아니라 그 장소에 대한 소속감을 의미하는 집도 잃은 것처럼 보였다. 이에 알브레히트는 환경적 우울과 정신적 우울, 땅의 건강과 그 땅에 사는 사람들의 건강 사이의 관계를 보기 시작했다.

철학자로서 알브레히트는 이 상태를 규명하고 이름을 붙이기로 결심했다. 그런 그에게 떠오른 단어는 솔라스탤지어solastalgia였는데, 이는 "버림받음과 외로움"을 의미하는 라틴어 솔루스solus와 "노스탤지어nostalgia"의 합성어였다. "노스탤지어"가 항상 지금처럼 따스하고 아련한 의미를 지닌 것은 아니다. 이 단어가 17세기에 처음 쓰였을 때는 집에서 멀리 떠나왔으나 돌아갈 수 없는 사람들을 괴롭히는 진단 가능한 질병을 의미했다. 분쟁, 식민지화, 노예제도로 인해 강제로 이주해야 했던 사람들처럼 특히 군인들이 이 병에 걸리기 쉬웠다. 치료법이라곤 그저 그들을 집으로 돌려보내 친밀한 사람들에게 위안 받게 하는 것이었다. 그러지 않으면 환자의 고통이 계속 커져서 결국 죽을 수도 있었다. 알브레히트에게 노스탤지어가 17세기의 세계화가 초래한 이동 때문에 생긴 병이라면, 솔라스탤지어는 21세기의 닮은꼴이었다.

일단 상태에 맞는 이름을 지은 알브레히트는 이 상태의 실재를 기록하기 시작했다. 2003년 4월에는 사회과학자 팀과 함께 어퍼헌터밸리로 돌아와 주민들이 가족, 집, 계곡과 함께한 역사를 인터뷰했다. 그의 연구 파트너 닉 히긴보덤Nick Higginbotham은 환경 불안 척도를 이용해 이곳 주민들의 건강 상태를 채굴 현장에 노출되지 않았던 통제집단과 비교했다. 그는 양쪽 집단에 설문지를 발송해 자신의 집 근처에서 경험한 환경파괴의 빈도를 평가하도록 했다. 또 환경파괴로 인한 위협의 정도, 정서적·경제적·신체적 영향, 상황 해결을 위한 행동, 정부와 산업계가 내놓은 정보에 대한 신뢰도, 장소 상실 혹은 솔라스탤지어가 영향을 끼친 정도 등을 물었다. 가장 큰 타격을 입은 광산 지역 주민들은 통제집단보다 더 많은 환경파괴, 더 높은 수준의 위협, 더 큰 정서적·신체적 영향을 겪었다고 답했다. 하지만 가장 중요한 것은 "이곳에서 한때 즐겼던 평온함과 고요함이 그립다", "이 지역의 현재 모습이 부끄럽다"는 문구에 강하게 동의하며 그들이 솔라스탤지어를 격렬하게 느꼈다는 점이다. 거의 2년간의 철저한 질적, 양적 연구 끝에 알브레히트와 그의 팀은 솔라스탤지어를 그저 단어나 개념이 아닌 경험적 실재라고 정의할 수 있었다.

솔라스탤지어에 대한 알브레히트의 연구는 이러한 종류의 첫 번째 연구였다. 이후 추가 연구가 더해져 환경 불안과 심리적 불안 사이의 연관성이 입증됐다. 한편 솔라스탤지어라는 단어는 이보다 더 나아갔다. 점점 더 많은 사람이 기후변화와 환경파괴에서 오는 슬픔과 상실감을 표현할 방법을 모색함에 따라 알브레히트는 예술, 정치, 철학 분야의 운동을 촉발했다. 2018년 10월 스웨덴에 있던 그는 그곳의 토착 소수민족인 사미Sami족과 그 지역에 발생한 산불이 그들의 땅과 정신에 미친 영향에 대해 들려줬다. 그러나 그는 자신이 명성을 얻는 것을 원하지 않았다. 그는 "솔라스탤지어라는 단어가 관심을 끌고 있다는 사실은 그만큼 우리가 어려운 지경이라는 걸 의미하죠. 저는 그 단어가 가능한 한 빨리 영어에서 사라졌으면 좋겠어요"라고 말했다.

워싱턴 DC의 임상심리학자 리제 반 서스테렌Lise Van Susteren은 기후 우울에 대한 자신만의 단어를 개발했다. 그녀는 2000년대 첫 10년 동안 기후변화가 건강에 미치는 결과에 관한 자료를 검토했다. 영화 〈불편한 진실〉이 공개된 뒤에는 앨 고어Al Gore의 기후현실프로젝트Climate Reality Project를 통해 기후 교육자 과정에 참가했다. 그녀는 과학적 훈련을 통해 기후변화 결과에 대한 귀중한 통찰력을 얻었지만, 데이터를 지나치게 신뢰하기도 했다. 그녀는 전화로 내게 이렇게 말했다. "저는 인간의 마음과 부인하는 능력에 대한 현실을 몰랐어요. 솔직히 이렇게 생각했죠. 현재 상태를 보면, 탄소 농도를 350ppm으로 줄여야 한다는 걸 당연히 알게 될 거라고요." 그녀는 수업을 진행하며 변화가 일어나기를 기다렸지만, 상황은 더욱 나빠지기만 했다. "수치를 줄이지 않는 정도가 아니었어요. 오히려 수치가 가파르게 올라가고 있었죠."

그녀는 수면장애를 겪기 시작했다. 침대에 누워 눈을 감으면, 철조망에 둘러싸인 난민, 허리케인 길목에 갇힌 동물, 홍수로 좌초된 사람들이 보였다. 최악의 이미지는 알지 못하는 한 아이였는데, 그 아이는 모든 아이를 대표하는 존재였다. 아이는 그녀를 바라보며 똑같은 질문을 몇 번이고 했다. "왜 아무것도 안 한 거죠?"

정신과 의사인 그녀는 자신의 증상을 알아차렸다. 스트레스, 불면증, 침투적 사고39 등 PTSD와 같은 증상이었다. 그러나 그녀가 상상한 트라우마는 아직 일어나지 않았거나, 적어도 그녀에게는 일어난 적이 없었다. 어떻게 그녀는 외상의 원인이 발생하기

---

39 우리 의식에 떠오르는 원치 않는 불편한 생각.

도 전에 외상을 겪게 됐을까? 하지만 그녀의 스트레스는 부인할 수 없는 것이었고, 그녀의 심신을 쇠약하게 만들었다. 그녀는 이렇게 말했다. "당신은 곤충의 종말, 녹아 부서져 내리는 빙하, 산불, 기후 난민, 폭풍에 대한 신문기사를 애써 외면할 수 있겠죠. 하지만 그것은 당신의 마음에 기록돼요. 좋든 싫든 상관없이요." 그리고 자신의 상태에 대해 "외상 전 스트레스 장애Pre-Traumatic Stress Disorder, pre-TSD"라는 새로운 용어를 만들었다.

나는 성인기의 많은 시간 동안 pre_TSD를 겪었다. 반 서스테렌이 이 장애에 대해 이야기해준 순간, 나는 페름기 대멸종을 알게 된 밤과 크리스와의 잔디에 대한 논쟁이 떠올랐다. 당시에는 그저 답답하고 혼란스러울 뿐이었다. 이제야 나는 그 감정에 어울리는 말을 갖게 됐다. 잠 못 이루던 밤 강박적으로 유튜브를 보고, 일상적인 결정에 과도하게 의미를 두는 성향은 미래에 대한 두려움에 뿌리를 두고 있었다. 나는 세상의 모든 소소한 결정을 상상하고, 시간이 흐를수록 그것들을 증폭시키고 있었다. 현재 속에서 미래를 슬퍼하고, 그것에 대해 이야기하고 싶은 사람이 거의 없었던 탓에 그저 나 홀로 슬퍼했던 것이다.

―――

솔라스탤지어, 외상 전 스트레스 장애, 그리고 기후로 인한 또 다른 질병의 출현을 받아들인다면 어떻게 해야 할까? 기후변화의 현실을 직시하고, 다른 사람들도 그렇게 하도록 설득하는 방법이 무엇일까? 환경운동가 앨런 앳키슨Alan AtKisson은 이런 고충을 아이스킬로스Aeschylus의 비극 『아가멤논Agamemnon』에 등장하는 트로이 공주 이름을 따서 "카산드라의 딜레마"라고 불렸다. 카산드라는 미래를 보는 축복을 받았지만, 그녀의 능력에는 이에 상응하는 저주가 붙었다. 즉 아무도 그녀의 예언을 믿지 않는다는 것이다. 앳키슨은 이 신화를 기후행동과 연결시켰다. 환경파괴에 대해 더 많이 알수록 다른 사람들에게 더 많이 경고하려 하지만, 사람들은 두려움과 방어 강박에 사로잡혀 더욱 저항할 것이다.

환경운동은 수년간 이 문제를 해결하기 위해 집단적으로 노력해왔다. 그 해결책은 더 많은 데이터를 수집하는 것이지만, 효과가 없었다. 사람들이 환경 대응에 나서지 않는 것을 목격한 많은 활동가가 사실보다 감정에 중점을 두기 시작했다. 주요 전략은 이런 감정에 이름을 붙이고 정상화하는 것이다.

이러한 접근에 대해 더 알아보기 위해 2018년 샌프란시스코에 있는 언어현실 사무국bureau of linguistical reality40을 찾았다. 사무실은 예르바 부에나 아트센터의 한 구석에 자리 잡고 있었다. 그날 도시 어딘가에서 선주민 활동가들이 캘리포니아 주지사 제리 브라운Jerry Brown의 기후정책에 항의하며 도로를 점거했다. 나는 전 세계 지도자와 정치인, 환경운동가들이 트럼프 대통령의 파리협약 탈퇴에 대응하는 기후행동정상회의에 참석했다. 아트센터 한 구석의 작은 테이블 너머로 사무국 설립자인 알리시아 에스콧Alicia

---

40 인간이 초래한 기후변화와 인류세의 사건들로 인해 급속히 변화하는 세계를 더욱 잘 이해할 수 있는 혁신적 수단으로서 새로운 언어를 창조하는 데 초점을 둔 대중 참여 기획.

Escott과 하이디 콴테Heidi Quante가 보였다. 그들은 칼 세이건Carl Sagan 의 보이저 골든 레코드Voyager Golden Record41에 새겨진 별처럼 빛나는 조각들로 뒤덮인 녹색 군복 차림이었다. 테이블 옆 이젤에는 "shadowtime", "gwilt", "casaperdida"라고 적힌 포스터가 세워져 있었다.

사무국의 임무는 인류세 사전을 제작하는 것이다. 이는 과학용어 사전이 아니라, 대규모 기후변화를 겪으며 살아가는 불안정한 경험을 설명하는 어휘 사전이다. 에스콧과 콴테가 이 프로젝트를 구상하던 겨울 동안 샌프란시스코는 이례적으로 화창했는데(여름 원피스를 입을 수 있을 정도로), 따스한 날씨에 기분이 좋으면서도 그것이 의미하는 것 때문에 죄책감이 든다고 했다. 그들은 그런 양면적인 감정을 나타내는 단어를 원했고, "마음의 말뭉치 충돌psychic corpus dissonance"이라는 단어를 떠올렸다. 세상의 종말은 할리우드식이 아니라, 일상적이고 평범할지도 모른다는 생각에서 "지루한-재앙ennuipocalypse"도 생각해냈다. 자녀나 손자를 갖고 싶지만, 그들이 물려받을 세상에 대한 두려움도 섞여 있다는 의미로 "할머니의 두려움NonnaPaura"이라는 단어도 나왔다. 사무국의 임무는 철학(단어가 세상을 보는 방식을 구축하기 때문에)과 정치(새로운 단어가 새로운 행동의 가능성을 만들기 때문에)를 결합하는 것이다. 그러나 기이하기도 하다. 예를 들어, 그들이 입고 있

---

41 미국의 천문학자 칼 세이건의 제안으로 우주선 보이저호에 실어 보낸 금박 레코드. 세계 55개 언어로 된 인사말과 지구에 대한 여러 정보가 담겼다.

는 군복, 매우 구체적인 감정을 표현하기 위해 새로운 단어를 만드는 게임, 그들이 무료로 나눠주는 패치의 조합은 어딘가 이상했다. 그들은 지구의 감각 있는 존재들과 상호작용을 나눈 후 이를 자기들 행성에 보고하는 전문가처럼 보였다. 낯섦은 호기심을 부른다고 콴테가 말했다. 사무국은 사람들에게 자료를 던지는 대신, 성찰하고 느끼고 협력하도록 권한다. 콴테는 "저는 환경단체들의 접근방식이 그들과 생각이 다른 사람들에겐 효과가 없음을 깨달았어요. 그러니 사람들에게 비난을 퍼부으며 무엇을 하라고 말하는 건 절대로 효과가 없죠"라고 말했다.

박물관 입구 근처에 에스콧과 콴테가 놓아둔 표지판에는 "단어 구함Word needed"이라는 고지와 함께 다음과 같은 정의를 표현할 단어를 찾고 있음을 알리고 있었다. "개인의 우울증과 정신질환은 사실 병들고 망가진 사회에서 살아가느라 유발됐으나, 개인적으로 잘못해 비롯됐다고 오진하는 것." 보통 사무국은 단어의 정의를 제공하지 않지만, 너무 많은 사람이 이런 기분을 이야기했기에 그 단어에 대한 여러 사람의 아이디어를 모아보기로 한 것이다.

그 정의를 읽는 순간 크리스가 떠올랐다. 에스콧과 콴테도 이에 대해 공감했다. 2009년 코펜하겐 기후회담이 실패하자 에스콧은 카스트로의 스튜디오로 도망쳐 충격에 빠져 지내다가 이상한 실험을 시작했다. 그녀는 1994년 오스트레일리아에서 사라진 사막캥거루쥐 같은 멸종동물에게 편지를 쓰고, 그동안 사라진 동물들의 이름을 적어 나갔다. 콴테는 자신의 가장 오래된 기억 중

하나는 나무, 풀, 개구리 등 그녀 주변의 많은 것이 살아 있음을 알게 된 것이라고 말했다. 그녀는 자신이 그들에게 해를 끼칠 수 있음에 두려워졌다. 비가 내린 어느 날 어머니에게 이끌려 벌레로 뒤덮인 인도를 걸으면서 그녀가 소리를 질렀다. "우리가 그들을 죽이고 있어요! 그들을 죽이고 있다고요!"

콘테가 파리 기후회의에 사무국을 처음 소개했을 때, 아이티에서 온 한 여성이 눈물을 머금은 채 다가왔다. 그녀는 사람들이 슬픔을 이야기한다는 사실이 자신을 덜 고립시키고 덜 미치게 만들었다고 고백했다. 이후 사무국 부스에 들러 만난 환경 변호사는 사무국이 하는 일을 알고 나서 변호사라는 일이 자신을 무겁게 짓누른다고 콘테에게 털어놓았다. 매일 법정에서 환경파괴에 맞서 싸우지만, 변호사로서 자신의 표현 수단은 합리성과 법의 언어뿐이었다고 말했다. 자신이 실제로 느끼는 것은 절대 말할 수 없었다. 그는 콘테에게 이렇게 이야기하며 울기 시작했다. "이제까지 아무도 내가 어떤 느낌인지 물어본 적이 없어요."

콘테는 내게 "그런 억눌림이 있는 거죠. 우리 작품은 거의 모두가 솔라스텔지어를 겪고 있다는 걸 보여줘요. 많은 사람이 우울해하죠. 그들은 혼자가 아니에요"라고 말했다. 그녀는 사람들이 더 큰 집단의 일부임을 깨닫는 이러한 변화가 사회 변화를 가져올 수 있다고 믿는다.

내가 사무국을 찾았을 때 많은 사람이 설렘과 안도의 표정을 지으며 테이블로 다가왔다. 그중 한 젊은 여성이 말했다. "표지판의 저 우울함을 표현할 단어가 있어요. sociopression 어때요?" 투박했지만(사무국의 단어 상당수가 그렇다), 그것에 대해 에 스콧과 콴테는 의욕적으로 토론했다. 배우인 그 여성은 사람들이 무언가를 느끼게 하는 것이 자기 일이라고 했다. 그녀는 왜 우리 가 가장 파괴적인 문제에 대한 감정을 떨쳐버리려 하는지 의아하 다고 했다. "마치 더 거대한 실존적 현실을 축소하기 위해 이 모 든 진단을 내리는 것 같아요." 그녀는 잠시 말을 멈추고 방금 자 신이 한 말을 제안했다. "distrance는 어때요? 거리distance와 주의 를 돌린다distraction를 섞어서요."

그날의 나머지 시간은 또 다른 단어를 찾아달라는 요청들로 이 어졌다. 끊임없이 날아드는 나쁜 소식에 넌더리 나는 기분을 묘 사하는 단어, 환경 트라우마를 겪는 세대를 표현하는 단어, 산불 로 인해 날아든 재와 연기가 하늘을 자줏빛으로 물들이고 나무를 푸르스름한 회색으로 만드는 걸 표현하는 단어 등. 2개월 뒤 캘리 포니아가 산불에 휩싸였을 때, 사무국은 올해 재난 기록이 또다시 사상 최고임을 읽을 때 겪는 기시감을 표현하기 위해 "깨어진기록기록을깨는 brokenrecordrecordbreaking"이라는 새 단어를 만들고 있었다. 한 여성이 머 뭇거리며 테이블로 다가왔다. 짧고 거친 반백의 머리에 헬로키티 문신을 팔에 새긴 그녀는 "에코-푸퍼eco-pooper"42라는 단어를 제안 했다. "매번 우울한 환경 이야기만 꺼내는 사람 말이에요." 그리 고는 내게 어떤 단어를 만들어낼 건지 물었다. 내가 바로 에코-

---

42 "pooper"는 "party pooper"와 같은 의미로, 눈치 없이 파티의 흥을 깨거나 망치는 사람을 말 한다.

푸퍼라고 말해줘야 할지 망설였지만, 그녀에겐 최악의 악몽이 될 것 같아 대신 이렇게 말했다. "파티에서 기후변화에 관해 이야기하고 싶은 욕망을 억누르는 걸 표현하는 단어는 어떨까요?" 그녀는 나를 보며 어깨를 으쓱했다. "흠. 그걸 누가 좋아하겠어요? *세상이 끝장나고 있어. 치즈볼이나 줘봐*Pass the cheese puffs!는 어때요?"

———

요즘 크리스는 아내와 두 아이와 솔트레이크 시내에서 동화 속 과자 집 같은 곳에 산다. 데이비스에 살던 시절의 그라면 상상도 못 했던 삶이다. 하지만 평범해보이는 삶에도 불구하고 그는 여전히 지구의 상태에 절망하고 있다. 2018년 말 그에게 전화를 걸었을 때 그는 우리의 친구 벤의 최근 기후 연구 발표에 참석하기 위해 오렘시의 유타밸리대학에 갔다가 막 돌아온 참이었다. 발표가 끝나고 암울한 이야기를 나누던 중 벤은 자신이 낙관주의자이며, 크리스가 계속 비관적으로 말한다면 상황은 절대 변하지 않을 거라고 선언했다. 크리스는 "사실 벤이 내가 틀렸다고 말한 건 아니야. 그냥 내 느낌이 그런 거지"라고 말했다. 그는 낙관주의를 나이아가라 폭포의 끝을 향해 가는 배에 비유했다. "다 괜찮을 거라고 말하는 사람은 배의 항로를 바꾸지 않아. 우리 모두가 곧 죽을 거라고 말하는 사람이 배의 방향을 바꾸지."

크리스는 이런 성격 때문에 자신이 어울리기 편한 사람이 아님을 인정했다. 2018년 그는 자신의 윤리학 강의에서 대기 중 탄소 농도가 400ppm을 넘었다며, 350ppm으로 줄일 가망이 없다고 말했다. 강의실 뒤쪽에서 한 학생이 울기 시작했다. "희망이 없다면 어떻게 살죠?" 그녀가 물었다. 크리스는 이렇게 말하고 싶은 충동이 일었다. *그러게 말이야.* 그러나 그녀를 울렸다는 게 신경이 쓰였다.

크리스는 때때로 견디기 힘들 정도로 우울했지만, 그렇다고 기분을 풀기 위해 노력하는 것도 싫었다. 그는 계속해서 논문을 쓰고, 활동가 행사에 참석하고, 시위를 하며 바쁘게 지냈다. 때로는 자신이 패배자처럼 느껴지고, 끊임없이 떠오르는 침투적 사고에 고통스러웠다. 잠자리에 들면, 곰, 퓨마, 공장에서 사육되는 소와 돼지 등 수십억 마리의 동물이 괴로워하며 크리스를 쳐다봤다. 그는 멸종이 어떤 것인지 상상하려고 노력했다. "기아가 발생하겠지. 공포와 배신이 있을 테고, 의지할 데도 없을 거야. 죽을 때까지 계속 그렇게 살아야 할 거야. 모두가 죽을 때까지."

전화를 끊고 며칠 동안 크리스에 대해 생각했다. 어떻게 살아도, 아무리 행동해도 결국 충분하지 않다고 여기는 그의 기분을 존중하면서도 걱정이 됐다. 낙관해야 한다는 압박 앞에서도 비관론을 고집하는 그를 이해하려 했다. 연구는 낙관론자에게 유리하다. 인정해야겠다. 대부분 인간은 구체적이고 실행 가능한 행동과 희망적이고 관리 가능한 정보에 더 잘 반응한다. 그러나 결국 중요한 것은 낙관론이나 비관론을 선택하는 게 아니라, 자신에게 솔직한 것 아닐까? 크리스는 평생 분노와 슬픔을 터뜨릴 공간을 얻기 위해, 그리고 그 공간에서 같이 슬퍼할 사람들을 얻기 위해 싸워온 것 같았다. 그리고 이것은 무엇보다 우리가 서로에게 필요로 했던 것이다.

2019년 1월 혹독하게 추웠던 어느 날, 뉴욕 록펠러센터 스케이트장에 누워 다시 생각했다. 그날 아침 나는 멸종반란이라는 기후단체의 활동가 몇 명을 만나 스케이트 끈을 묶고 손을 잡은 채 비틀거리며 스케이트장에 섰다. 정확히 오후 2시 30분이 되자 우리는 얼음 위에 쓰러져 모래시계 형상을 만들었다. 관중석 2층에 있던 다른 시위자들은 거대한 금빛 프로메테우스 동상에 올라가 "기후변화=대량 학살"이라고 적힌 현수막을 걸었다. 5번가에서는 더 많은 시위자가 교통을 차단했고, 또 다른 이들은 기후위기의 희생자를 표현하는 "죽은 듯이 드러눕는 시위die-ins"를 벌였다. 마비된 듯한 5년을 보낸 뒤 나는 돌아왔다. 그러나 여전히 두려웠다. 더 지칠까 봐, 너무 몰두할까 봐, 그것만으로 충분하지 않을까 봐. 하지만 나는 이 단체의 다음과 같은 원칙 때문에 돌아올 수 있었다. 첫째, 진실을 말할 것.

텍사스, 플로리다, 캘리포니아에서 온 관광객들이 우리 주변에서 스케이트를 타는 동안 우리는 얼음 위에 1시간 반 동안 누워 있었다. 나는 몸을 떨면서 기후 우울에 대해 생각했다. 기후변화를 알게 된 이후로, 나는 줄곧 사람들이 기후변화를 멈출 수 있다고 믿고 싶었다. 기후변화를 막기 위해서는 그것에 대해 정직해져야 하며, 정확한 규모와 결과를 직면할 용기를 가져야 한다는 것을 깨달았다. 그러나 내가 받은 모든 충고, 사회적 신호, 롤모델은 내게 거짓을 말하며 그런 척하라고 했다. 몇 년 동안 나는 정직하게 말할 수 있는 곳을 찾고 싶었다. 인간, 사람, 자신의 멸종 앞에서 우리가 여전히 의미 있게 행동할 수 있다고 믿고 싶었기 때문이다.

시위를 준비할 무렵 크리스에게 사무국의 인류세를 위한 사전에 관해 이야기하며, 어떤 단어를 추가하고 싶은지 물었다. 언어 철학을 가르치는 그가 관심을 가질 거라고 짐작은 했지만, 그는 예상보다 훨씬 더 흥분하며 추가하고 싶은 단어 리스트를 줄줄이 말했다. 마침내 그는 다른 사람과 자신을 묘사할 단어 하나를 정했다. 그것은 "ignor-ance" 또는 "알고 있는 상태에서 의도적으로 모르는 상태로 돌아가는 것"이었다. 그는 자신이 지금 그런 상태이며, 많은 사람이 주장하는 상태라고 했다. 그는 살아내고 있지만, 자신을 존중하지는 않았다. 그는 "그런 척하는 거지"라며 방법을 가르쳐주듯 말했다. "사람들은 이런 삶이 괜찮은 척, 대학 축구가 재미있는 척, 차를 운전하는 게 정상인 척 행동해. 허위로 살아가는 걸 정당화하려고 그런 척하는 거야."

크리스는 매일 아무리 해도 충분하지 않다고 느낀다. 실제로 그는 내가 아는 그 누구보다 더 많은 것을 이루고 있다. 그러나 그는 살아남기 위해 어떤 것은 양보해야만 했다. 이제 더 이상 데이비스 외곽의 언덕에서 자거나 끓인 밀로 연명하지 않고, 자신을 혐오하지도 않으니 예전보다는 행복하지만, 이는 그가 의도적으로 모른 척하는 상태로 시간을 더 많이 보낸다는 걸 의미하기도 한다. 반체제 심리학자 브루스 레빈의 말을 빌리면, 크리스가 아픈 것은 본질적으로 불안하거나 우울해서가 아니라, 소속감과 생존 모두를 행동 회피에 의존하는 병든 사회에 살기 때문이다.

우리에게 필요한 것은 병을 표현하는 단어가 아닐 수도 있다. 어쩌면 우리는 어려운 진실을 나타내는 단어가 필요할지도 모른다. 세상이 끝나간다는 사실을 인식하지 못하도록 스스로 차단하는 것이 우리 건강을 좌우한다는 진실 말이다. 당신이 정한 경계는 자의적일 뿐 합리적인 것이 아니다. 경계를 넓게 그려 나무, 난민, 동물, 나라 전체를 포함한다면, 당신은 그것에 압도되어 병들고 미친 사람으로 보일지도 모른다. 그러나 경계를 좁게 그리면, 자신을 더 억누르고 존중하지 않게 될 것이다. 이것 역시 병이다.

나는 크리스에게 물어보기로 했다. 아파? 그는 한참을 생각한 뒤 말했다. "모르겠어. 그런데 이건 알아. 네 마음이 아프다면, 넌 나랑 한 팀이야."

우리의 감정은 지식에 도달하는 가장 진실한 길이다.

— 오드리 로드*AUDRE LORDE*

멸종의 시대에
어머니처럼 보살핀다는 것

에이미 웨스터벨트AMY WESTERVELT

나는 워싱턴 DC의 한 호텔에서 오후가 되도록 이불 속에 앉아 사라진 생물종 목록을 훑어보고 있었다. 일하러 나가야 하는데도 꼼짝할 수가 없었다. 바다거북은 해안의 모래가 너무 뜨거워져 사라지고 있고, 새들은 적당한 먹이와 기온을 찾아 서식지와 이동 경로를 택해야 하는데 모두 엉망이 되었다. 산호초는 하얗게 죽어가며 생기를 잃었고, 캘리포니아는…. 그러다가 캘리포니아에서 오래 살지 말았어야 했다는 생각이 들었다. 그때 남편과 아이들로부터 전화가 왔다. "엄마, 보고 싶어요!" 막내가 말했다. "엄마, 왜 그렇게 먼 데서 일해야 해요?" 큰아이가 끼어들었다.

일이란 즉각적인 문제와 장기적인 문제가 동시에 있기 마련인데, 보통 출장은 그런 것에서 한숨을 돌리는 기회가 된다. 집에서는 쉴 틈이 없다. 3살짜리 아이가 4살이 될 때까지 기다릴 수 없다며 방방 뛸 때면, 나는 매년 지구가 얼마나 살기 힘들어지는지 생각한다. 7살짜리 아이가 과자를 달라고 한 뒤 대학이 어떤 곳인지 질문을 퍼부을 때면, 아이에게 불량식품을 주지 말아야겠다는 생각과 함께 그린란드의 녹아내리는 빙하가 떠오른다. 그리고 는 아이가 다 자랄 때쯤 대학이 있기나 할까 싶어 목이 멘다.

아이들의 현재와 미래가 걱정되고, 내가 아이들과 인류를 위해 충분히 잘하고 있는지 속을 태운다. 이런 걱정은 나를 비통함과 분노로 가득 채운다. 부모는 늘 자녀의 미래와 현재를 동시에 걱정한 다. 특히 어떤 식으로든 소외된 엄마에게 이런 걱정은 배가 된다. 기후 변화라는 안경을 걸치면, 이런 공포심을 새롭게 겪게 된다. 공포를 느끼 면서도 희망을 품고, 많은 설명 없이도 아이들에게 최악의 상황을 준비 시킨다. 아이들이 고통스럽지 않게 회복력을 갖고, 겁먹지 않고 대비하 도록 해야 한다.

최근 친구들과 출산에 관한 각자의 결정에 대해 많은 대화를 나눴다. 대부분이 아이를 낳지 않겠다고 했다. 이유는 기후변화 때문이었다. 그들은 지금의 기후변화는 물론, 이미 암울해진 미 래에 자녀를 맡기고 싶지 않다고 했다. 어떤 결정을 하든 내 친구 안나 제인Anna Jane의 말처럼, "기후변화 때문에 이렇게 결심하는 것 자체가 화나는" 일이다.

그러나 아이가 있는 친구들은 기후변화로 인한 비통함과 온몸 으로 겪는 불안을 말한다. 그들이 자녀의 미래에 대해 느끼는 두 려움은, 쾌활한 5살짜리 아이의 얼굴을 들여다보는 엄마로서 느 끼는 기이하고도 심오한 슬픔이다. 점심 도시락 싸기, 놀이 약속 잡기 같은 평범한 일상을 보내다가도 두려움이 온몸을 타고 나지 막하게 올라온다. 일과 육아의 균형에 대해 스트레스를 받다가, 이제 "일-생활의 균형"이 "일-생존의 균형"으로 바뀔 만큼 상황이 악화되기 직전임을 문득 깨닫는다.

가끔은 아이들에게 닥친 문제에 대해 다른 결정을 내렸으면 어땠을까 하는 생각이 들 때가 있다. 나는 20년 동안 기후에 대해 보도하면서 이 싸움에서 무엇을 얻고 무엇을 잃었는지 볼 수 있었다. 그러나 내가 기후활동을 계속할 수 있었던 것은 나와 당신의 아이들이 자원 전쟁에 휘말리고, 너무 어린 나이에 순수함을 잃고, 화재 때문에 방독면을 쓴 채 고등학교에 가는 아이들을 대신해 느끼는 분노 때문이다.

———

세라 페일린Sarah Palin의 "하키 맘hockey mom"43으로서 이미지를 떠올려보면 이해할 것 같다. 소위 모성애는 길고도 험난한 역사를 거쳤다. 모성에 관한 수사는 사회 전반에 걸쳐 있고, 젠더화되어 있으며, 여성의 몸에 강요된 기대감으로 가득 차 있다.

그러나 모성은 매우 강력할 수도 있다. 어머니는 늘 핵심 조직가이자 사회정의 활동가였다. 모성은 시민권 운동, 노예제 폐지 운동, 그리고 최근의 총기 개혁 운동에서 주춧돌 역할을 했다. 페미니스트 학자 퍼트리샤 힐 콜린스Patricia Hill Collins가 남의 아이 보살핌othermothering이라 지칭하고, 다른 연구자들이 공동체 보살핌community mothering이라 언급한 것은 흑인 사회의 조직화에 강력한 역할을 해왔다.

---

43 하키를 배우는 자녀를 경기장에 차로 데려다주고, 경기나 연습 과정을 지켜보는 데 많은 시간을 들이는 엄마.

이는 자신의 아이나 가족뿐 아니라 주변의 지역 공동체도 돌본다는(대개는 여성이 돌보지만, 꼭 그런 것은 아니다) 개념이다. 세라 블래퍼 허디 Sarah Blaffer Hrdy를 비롯한 인류학자들은 다양한 지역 사회에서 이러한 접근 방식을 관찰했고, 허디는 이것이 인간의 두뇌가 감성 지능으로 진화한 덕분이라고 믿는다.

많은 소외된 지역 사회에서 "공동체 어머니들"은 물을 정화하고, 대중교통을 이용하고, 경찰에 책임을 묻고, 이웃을 보호하고 돌보는 일에 앞장선다. 이런 행동은 주요 주 단위와 심지어 전국적인 변화로 이어진다. 그런 만큼 콜린스는 주류 페미니스트들이 모성 행동주의에 겨눈 비판 중 일부를 강하게 반박했다. 그녀는 『흑인 페미니스트적 사고Black Feminist Thought』에서 "이런 사고방식은 페미니즘의 위계질서를 만들고, 미국 흑인 여성과 아프리카 여성의 참여에 부차적인 지위를 부여하며, 모성성을 권력의 상징으로 인식하지 못하게 한다"라고 썼다. "대신, 흑인 여성의 지역 공동체 활동에 관련된 활동가의 보살핌이 '정치적으로 미성숙한' 수단으로 그려지게 됐다. 서구 페미니즘 내에서 개진된 것과 비슷한 논지로 가족을 억압의 현장으로 보면서 이른바 급진적 분석을 발전시키는 데 실패한 여성들의 주장이다."

백인 페미니즘의 제2의 물결은 여성을 억압하는 가부장적 제도로서 모성성을 거부한다. 이것이 페미니즘 운동에서 백인 여성과 유색인종 여성 분열의 핵심이었다. 반면 시민권 운동은 모성성을 포용하고 활용했다. 시민권 운동 조직가들은 현대 사회가 독립을 추구하는 여성을 처벌하기 위해 어머니의 역할을 이용할 수 있지만, 그것은 모성성이 아닌 가부장제에 의해, 보살핌 노동이 반드시 무임금 노동으로 남아야 하는 자본주의에 의해 추동됐다고 이해했다. 아마도 이 점은 기후운동이 시민권 운동에서 배워야 하는 또 다른 교훈일 것이다. 시민권 운동 조직가들은 옳은 일을 위해 싸우는 데 영원한 낙관주의나 희망이 필요하지 않고, 지식과 정보가 권력 구조를 바꾸지 못하며, 지역 공동체 조직화는 풀기 힘든 사회문제를 해결할 때 중요한(어쩌면 가장 결정적인) 것 중 하나라고 생각했다. 또 모성 행동주의를 조직하고, 이를 공동체 보살핌의 윤리와 결합하는 것이 조직화의 강력한 도구라고 여겼다. 이런 생각은 기후운동에서 제대로 활용되지 못했다. 아마도 수십 년간 기후운동이 명백한 데이터와 차트 이외의 다른 것은 회피했기 때문일 것이다.

하지만 우리가 행동하기 위해서는 기후 우울을 인지하고 그것을 처리할 필요가 있음을 집단적으로 인식하기 시작하면서(르네 러츠먼Renee Lertzman과 같은 기후 심리학자들의 노력 덕분에), 어머니라는 존재가 대화에서 제외되는 경우가 많았다. 우리는 기후변화가 일어나는 세상에서 아이를 갖는 것이 "책임 있는" 일인지에 대해 주기적으로 이야기하지만, 오늘날 어머니들이 기후 우울에 어떻게 대처하는지, 우리의 두려움을 어떻게 행동으로 이끌지에 대해서는 거의 듣지 못한다. 우리는 청소년 기후활동가들에 대해 말하지만, 최악의 시나리오로부터 아이들을 보호하고자 하는 절박함에 자신만의 운동을 일구거나 고취하는 부모의 이야기는 거의 들은 바가 없다. 기후 문제에 있어 대부분의 경우 어머니는 낭비되는 자원이다. 하지만 우리에겐 더 이상 어떤 것도 낭비할 여유가 없다.

나는 죽은 사람들의 편지를 읽는 데 많은 시간을 보낸다. 어떤 식으로든 기후변화를 느낀 사람들이 쓴 편지다. 기후변화는 흔히 "온실효과"와 "지구온난화"라고 알려지기도 했지만, 이후 누군가가 석유 회사와 정치인들에게 이런 단어들 대신에 적당히 모호하고 자연스럽게 들리는 "기후변화"라고 바꿔 부르자고 권유했다. 과학자들의 편지는 미래에 닥쳐올 지구적 재앙에 경종을 울리고, 기업인들이 보낸 편지는 이윤의 파국을 경고한다. 엑손의 최고경영자 리 레이먼드Lee Raymond는 1996년 미국석유협회API 연례회의에서 "인간의 활동이 지구 기후에 영향을 미치는지에 대한 과학적 증거는 아직 결정적이지 않습니다"라고 연설했다. 이때는 심지어 자신이 경영하는 엑손의 과학자들이 "인간은 5년에서 10년 단위로 해야 할 일을 설정할 수 있다. 화석연료 사용을 제한하는 것은 시기상조지만, *그렇다고 사용을 권장해서도 안 된다*(강조는 필자)라고 경고한 지 이미 20년 가까이 지난 시점이었다.

레이먼드가 이어서 말했다. "화석연료를 태우면 이산화탄소가 배출되고, 대기 중 이산화탄소 농도가 올라간다는 건 누구나 동의합니다. 그러나 화석연료 사용을 줄이자고 결론짓는 건 위험한 비약이죠. … 기후변화의 가능성을 무시하자는 게 아닙니다. 토론에 상식을 적용하자는 겁니다. 기후 시스템을 더 잘 이해하고, 어떤 정책을 선택할지 고려할 충분한 시간이 있다는 게 다수의 과학자가 동의하는 바입니다. 요컨대 지금 과감한 조치를 취할 이유가 없습니다." 이런 망할 놈 같으니.

나는 이 연설과 글에 분개했다. 그리고 또다시 부모의 자격과 역할에 대해 끊임없이 절충해야 하고, 단기적 이익과 장기적 이익 사이에서 수없이 선택해야 한다는 것이 떠올랐다. 아이가 예정에 없이 낮잠에 빠지면 그대로 두고 자유 시간을 갖다가 밤 10시가 돼도 아이가 못 자면 그때 대처할까, 아니면 지금 아이를 깨워 짜증을 다 받아낸 다음 평소 자는 시간에 아이를 재울까? 큰아이가 학교에 가기 싫다고 하면 집에 있으라고 할까, 아니면 그래도 보내야 할까? 일-일-일로 이어지는 미국적 방식을 거부하게할까, 아니면 이 사회에서 아이가 버젓하게 역할할 수 있도록 규칙을 강요할까? 아이가 1시간 동안 로블록스 게임을 하도록 내버려두고 남편과 대화 시간을 가질까, 아니며 게임만 하다가는 머저리가 될 수 있으니 게임에서 손을 떼라고 할까? 이는 나와 아이, 그리고 더 나은 것 사이에서 끊임없이 선택해야 하는 일이다. 그리고 내가 옳은 선택을 한다는 생각이 든 적은 거의 없다.

우리 주변의 기후가 급속도로 변화함에 따라, 의사결정이 점점 더 어려워진다. 앞으로 몇 년 동안 무엇이 실제로 아이들에게 가장 큰 도움을 줄까? 완전히 다른 원리에 따라 작동하는 사회에 대비하기 위해 어떻게 아이들을 준비시켜야 할까?

한편, 화석연료 기업의 경영진은 늘 자신들의 편리를 선택하고, 다른 사람들이 자신들의 사고뭉치 아이를 받아들이기를 바라는 형편없는 부모와 같다. 그들도 마찬가지로 일상의 결정에서 현재와 미래, 자신과 모든 사람의 균형을 맞춰야 하지만, 그들은 매일 자신을 위한 단기적 이익을 선택하고 있다. 그러고선 정작 우리에겐 좀 더 책임감 있게 소비 결정을 내리라고 말한다. 진짜 문제는 이것이다. 이 글을 쓰는 동안에도 거대 석유회사는 "그저 수요에 따라 공급할 뿐"이라며, 천연가스와 원유의 과잉 공급을 해결하기 위한 새로운 시장을 찾아 플라스틱으로 옮겨가고 있다. 심지어 그 산업은 이산화탄소를 내뿜는 시설에서 플라스틱을 만들겠다고 결정했다.

여기에도 비슷한 점이 있다. 특히 기후 분야에서 활동하는 엄마들이 그렇다. 매일 나는 내 아이들에게 최선인 것(아마도 엄마와 함께하는 시간이 더 길어지는 것)과 모든 이의 아이들에게 최선인 것(살기 좋은 지구를 위해 할 수 있는 모든 걸 하는 것) 사이에서 선택해야 한다. 즉 내게 최선인 것과 가족, 공동체, 인류, 지구를 위해 반드시 해야 한다고 느끼는 것 사이에서 말이다. 나는 기후변화를 어떻게 설명할지, 왜 여느 때보다 지금이 더 위협적인지, 왜 행동이 지체되는지 이야기할 방법을 찾기 위해 대부분의 시간을 보낸다. 그래서 사람들이 이해하고, 판단하고, 행동에 이르는 데 도움이 되기를 바란다. 앞으로 몇 년 안에 우리가 대규모로 결집한다면, 정말로 어쩌면 세계적인 혼란을 막을 수 있을 것이다. 그리고 인류를 걱정하며 많은 시간을 보내느라, 내가 책임져야 할 작은 인간들을 조용히 시키거나 못 본 척하고 있다.

작년 추수감사절 직전, 캘리포니아에 산불이 번지는 통에 아이들을 대피시켜야 했다. 다음날 비 예보가 있어 산불 진압에 도움이 되겠지만, 폭풍이 너무 거세면 산사태가 날 수도 있었다. *이런 게 기후변화구나*라는 생각이 들었다. 그때 3살배기 아이가 엉덩이를 닦아달라며 급히 나를 화장실로 불렀다. 나는 몹시 당황했다. 캘리포니아에서 자란 나는 불이 얼마나 빨리 옮겨붙는지, 얼마나 알아차리기 어려운지 잘 알기 때문이다. 하지만 아이들에게는 별일 아닌 척해야 했다.

———

나는 늘 지역 공동체 보살핌이 멋진 개념이라고 생각했다. 그래서 아이를 키우고 책임감 있는 사회 구성원이 되도록 하는 데 이런 접근법을 취해야 한다고 여러 사람에게 떠들어댔다. 하지만 나는 이 개념을 진정으로 내면화한 적이 없었고, "지역 공동체 어머니"를 내 역할로 생각하지도 않았으며, 대중을 위해 필요한 일을 하고 있음에도 아이들과 함께 시간을 보내지 못한 것에 엄청난 죄책감이 들었다. 그러나 기후변화의 긴박성이 높아짐에 따라 모든 것이 달라졌다.

농장노동자연합을 공동 설립한 전설적인 조직가 돌로레스 우에르타Dolores Huerta에 관한 다큐멘터리를 보면, 그녀의 아이들은 자라는 동안 엄마가 자신들보다 대의를 선택할 때가 더 많았다는 사실을 잘 받아들인다. 물론 아쉽기도 했지만, 자부심을 느낀다. 아이들은 엄마를 세상과 어떻게 나눠 가져야 했는지, 엄마의 활동이 전체 지역 공동체에 중요했음을 어떻게 깨달았는지 이야기한다. 기후 책무에 대한 활동은 내가 일-생활-부모됨 사이의 균형 문제를 푸는 데 도움이 되었다. 나는 소소한 일로 휘둘리지 않고, 아이들과 보내는 매 순간에 감사하며, 폭풍이 몰아치기 전 이 순간을 소중히 여길 것이다. 또한 더 나은 미래를 위한 내 일이

모성애와 충돌하는 게 아니라, 모성애의 중요한 부분이라고 생각
할 것이다.

인류세의 목가

캐서린 피어스CATHERINE PIERCE

처음에는 끝이 아름다웠다

사방엔 이른 봄이 가득했고, 나무는 보송했다

분홍색과 흰색으로, 잔디는 선명한 녹색으로

그것은 *새로움*을 의미했다. 하늘은 너무 파란 나머지

제조된 듯했다. 개똥지빠귀.

올해는 벚꽃이 피지 않을 거라 했는데,

사막조차 버베나 꽃을 터뜨리고 있을 때

꽃이 만발했던 그건 뭐였을까? 보브캣이 앵초 사이를

유유히 걸을 때. 코요테가 오렌지빛 양귀비 틈에서

깊은 잠에 빠졌을 때. 어느 새해에 우리는

열린 창문으로 실려온 수선화, 등나무, 어니언 그라스 향에

잠에서 깼다. 그 끝에 다다르자

우리에게 작은 구멍을 뚫었다. 우리에게 솜을 쑤셔 넣었다

우리에게 맨발에 여름 원피스를 입혔다. 우리는 말했다

적어도 시작은 부드럽군. 기이한 편안함이었다

플라세보 효과처럼. 그렇지만 우린 그렇게 만들어졌다
적어도 말할 수 있도록 만들어졌다. 더울 때조차
온기가 있는 피부에 다가가도록
황혼녘 자줏빛 사막을 사랑하도록
분홍빛 꽃을 터뜨리는 층층나무에 경탄하도록
노화의 길 위에서 함께 흔들릴 때도
모든 즐거움을 강하게 붙잡도록
서로를 껴안고 서로의 온기를 느끼며 말했다
미안해, 내가 미안해
꽃잎이 우리를 감싸며 땅 위로 부드럽게 흩날릴 때

사라져가는 세상을 사랑하기

에밀리 N. 존스턴 EMILY N. JOHNSTON

바닷가에선 숨만 쉬어도 느낌이 다르다. 바다 냄새는 내게 고향 같다. 해변 모래에 오가는 파도가 그려놓은 무늬, 나른한 나비가 무수히 떠 있는 것처럼 물 위에 반짝이며 일렁이는 햇빛도 그렇다.

지난해 브리티시컬럼비아 걸프 아일랜드의 한 해변에서 거의 3년 만에 처음으로 제대로 된 휴가를 보낼 때, 해안에서 흔히 느끼는 느슨한 기분이 들었다. 하지만 나는 오래전부터 인간과 다른 생물종이 심각한 곤경에 처해 있고, 해수면이 상승한다는 걸 알고 있었다. 얼마나 많은 것이 위태로운지 오랫동안 알고 있던 나는 브리티시컬럼비아에서 그러한 위험과 우리가 중요한 방향으로 나아갈 방법에 대해 생각하고 글을 쓰는 시간을 가졌다.

조개와 홍합, 굴이 수십 년간 남긴 부드러운 파편이 가득한 모래 위에 앉아 있으니, 바다가 죽어가고 있다는 사실을 모를 수가 없었다. 바다의 여러 쓰레기 섬 가운데 한 곳만 해도 거의 2조 개의 플라스틱 조각이 모여 있다. 전 세계 바다 소금에는 미세플라스틱이 있다. 물고기 개체수도 곤두박질치고 있다. 고래와 돌고래는 석유회사와 해군이 사용하는 음파탐지기 소음 때문에 심각하게 고통받고 있다. 살리시해Salish Sea에서는 바닷물이 너무 빠르게 산성화되어 굴이 껍질을 만드는 것도 힘겹다. 그리고 가장 심각한 문제는 1950년 이후로 식물성 플랑크톤이 급감하고 있다는 것이다. 식물성 플랑크톤은 해양 먹이사슬의 기반일 뿐 아니라, 지구 산소의 절반가량을 생산한다. 이 마지막 사실만으로도 우리가 자연계에 교차하는 위기를 즉시 다뤄야 할 이유는 충분하다.

이토록 아름답고 변함없어 보이는 바다가 플라스틱과 중금속으로 가득 찬 거대한 쓰레기장이 되어 해파리만 번성하고 다른 생명체는 죽어간다. 바다 냄새도 예전 같지 않고, 바다색도 변할 것이다. 그리고 해양 생태계가 흔들리면 바닷새도 물론 죽을 것이다.

세상의 아름다움에 매료될 때마다 끊임없는 의문이 든다. 이런 공간을 사랑한다는 것은 어떤 의미일까? 우리가 가장 사랑하는 것들을 구할 수 있는 능력 이상으로 소멸이 가속화되고 있는 세상에서 누군가를 혹은 무언가를 사랑한다는 건 어떤 의미일까?

———

지구상에 일어난 다섯 번의 멸종을 살펴보면, 그 위험은 너무나 자명하다. 특히 페름기 말에 있었던 대멸종의 경우 대부분 생명체가 전멸했다. 이때의 대멸종은 시베리아 트랩(시베리아와 러시아 전역에 걸친 화산암 지대)에서 나온 온실가스로 촉발되어 기온 상승과 기후 불안정으로 이어졌다. 지질학적으로 보면 순식간에 벌어졌지만, 기온과 온실가스 농도는 지금 우리가 일으키는 것보다 훨씬 더 느리게 상승하고 있었다.

그래서 그것은 단지 우리의 손자 손녀 세대의 문제가 아니다. 저지대나 덥고 건조한 지역의 문제만도 아니다. 인간의 문제만도 아니다. 단지 범고래, 그레이트 배리어 리프, 제왕나비의 문제도 아니다. 심지어 사람을 비롯해 많은 생물종이 의존하는 바다에만 해당하는 문제도 아니다. 지금 위험에 처한 것은, 우리가 아는 대부분의 생명 자체다.

이처럼 수많은 생명을 잃을 가능성이 분명해지고 있다. 그 가운데 무엇을 위해서든, 우리 가운데 누구를 위해서든, 치료제는 단 하나다. 즉 화석연료 사용을 빠른 시일에 끝내는 것부터 시작해서 자연계의 번성을 복구해야 한다. 우리가 실질적인 진전을 이룬다면, 적어도 한동안은 일부 종과 개체에 대해 결정적인 역할을 할 수 있다. 그리고 그것은 좋은 일이다. 일부 사람들의 삶이나마 수천 년은 아니어도 좀 더 오랫동안 지속할 수 있게 돕는 것이 그렇게 하지 않는 것보다 훨씬 낫다. 몇몇 생물종이라도 구하는 것이 하나도 구하지 않는 것보다 훨씬 낫다. 우리 삶을 이보다 더 의미 있게 보내는 방법이 또 있을까?

"성사sacrament"라는 단어는 "거룩한 맹세solemn oath"를 의미하는 라틴어에서 유래했다. 흥미롭게도 초기 기독교인들은 그리스어의 "신비mystery"라는 단어를 이것으로 번역해 사용했다. 즉 성사는 가장 깊은 의미에서 거룩한 맹세이자 신비다. 성사는 그런 것이다. 우리가 거대한 어둠 속으로 들어가고 있으므로 우리를 인도하는 빛은 그 안에서 나와야 한다.

사랑하는 사람을 위해 목숨을 걸겠는가? 누군가에 좋은 삶을 살 기회를 주기 위해 매일같이 일하겠는가?

그렇다면 이제 무엇을 해야 할지 알 수 있을 것이다. 아직 세부적이진 않아도 반드시 해야 할 일 말이다.

그렇게 자주 *희망적*이라고 느끼기는 어렵다. 그러나 우리에게 주어진 재능과 과제는 화창한 기분보다는 훨씬 더 강력하다. 우리에겐 여전히 희망이 들어설 자리를 마련할 기회가 있기 때문이다. 우리 뒤에 올 이들에게 희망이 있기를 바라는 방식으로 행동할 수 있다.

물론 모든 사람이 이 일에 몰두할 수는 없다. 보살펴야 할 어린아이나 노부모가 있거나, 단지 먹거리를 마련하기 위해 60시간을 일하거나, 직장 근처 집값이 너무 비싸 매일 3시간씩 통근하는 등 일상의 어려움이 가득한 사람도 많다. 하지만 할 수 있다면, 세상은 지금 당장 당신을 필요로 한다. 올해나 내년의 행동은 10년 뒤의 행동보다 10배의 가치가 있기 때문이다. 인간은 아직 지나지 않았지만, 일부 다른 생명체는 위험할 정도로 가까워진 생태학적 티핑 포인트로부터 세상을 잘 보호하는 것보다 더 중요한 일은 없다.

직관적이지는 않지만, 이것은 우리를 지금까지 살아온 누구보다 강력하게 만든다. 지금까지 지구를 파괴한 여러 방식에서 이 말이 사실임을 쉽게 알 수 있다. 화석연료의 추출과 연소, 그리고 기업이 정상이라고 설득해온 풍요로운 소비문화만큼 우리 생태계를 위협하는 것도 없다. 비행기 탑승, 자동차 운전, 자연이 분해한 적 없는 물질로 만들어진 필요 없는 물건 구매 등 우리가 오염으로 물과 공기가 더럽혀지고, 동물이 도살되고, 플라스틱이 만들어지거나 버려지는 곳에서 멀리 떨어져 산다는 사실 때문에 더 쉽게 파괴하는 모든 것이 그러하다.

그러나 우리는 또한 과거에는 주어지지 않았던 놀랍도록 아름다운 선물도 받았다. 그것은 바로 인간과 동물의 생명을 다음 세기나 천 년 동안 이끌 수 있는 기회다. 그렇지 않으면 이들 대부분이 사라질 수도 있다는 걸 안다면 말이다. 이는 우리를 대단히 겸손하게 만드는 힘이고, 깊은 동기를 부여하는 특권이다. 어떤 면에서는 우리의 어둠, 즉 우리의 큰 노력 없이는 지구 생명체 대부분이 소멸할 것이라는 지식이 빛을 드러내는 것이고, 지구의 모든 생명체와 공유하는 생명과 가능성의 씨앗이며, 우리가 앞으로 나아갈 수 있게 하는 것이다. 좋든 싫든, 우리는 지식과 행동 사이의 교차점에 있다.

———

너무도 분명하게 엄청난 손실에 직면할 때면, 가끔 숨쉬기가 힘들다. 그러나 믿을 수 없을 정도로 드러나는 진실은, 지구상의 생명체는 내 슬픔에 관심이 없다는 것이다. 아이들의 생명과 자신의 집을 구하기 위해 애쓰는 사람들은 내가 슬퍼하든 활기가 없든 상관하지 않는다. 그들에게 필요한 것은 내가 무언가를 하는 것이다.

물론 우리가 할 수 있는 일은 우리의 감정과 어느 정도 관련이 있지만, 꼭 그것에 의해 좌우되는 것은 아니다. 나는 의기소침할 때조차 새로운 대중교통의 필요성을 증언하거나 새로운 파이프라인에 반대하기 위해 공청회에 참석할 사람들을 조직할 수 있다. 그렇게 하면 덜 의기소침해지는 것 같기도 하다. 변화를 일으키지 못할 거라는 의심이 들더라도 의원들에게 전화를 걸 수 있다. 탄소를 흡수하는 임업과 농업을 지원하도록 지역 공동체를 조직할 수도 있다. 비록 그것이 변화를 끌어낼 만큼 확산할 거라고 믿지 않더라도 말이다.

여기에는 두 가지 진실이 있다. 우선 우리 중 일부는 인간이 이 상황에서 살아남을 가능성이 매우 낮다고 느낀다. 하지만 우리가 제대로 대응한다면 *생존할 수 있다*는 것은 단순한 사실이다. 절망은 우리가 직면한 위험을 정확히 반영하지만, 미래를 예측하는 것은 아니다. 절망이란 지독한 근시안이다. 절망 너머를 보려 할 때, 즉 절망에서 가능성을 향해 나아가려 할 때, 우리에게 필요한 것은 이미 우리가 풍부하게 갖고 있는 것이다. 즉 사랑, 상상력, 성공할 보장이 없더라도 최선을 다해 세상을 보살피려는 의지 말이다. 이 중 어느 하나만 있어도 우리는 시작할 수 있다.

사람에겐 누구나 다양한 기량과 기질이 있다. 내성적인 나는 조직하는 일이 쉽지 않았다. 사실 지금도 그렇다. 그러나 내가 다른 사람들에게 기대고, 그들도 내게 기대게 함으로써 효율적인 방법을 배웠다. 우리는 다른 사람의 능력을 소중히 생각하고 지원함으로써 우리 능력을 최대로 이용할 수 있다. 내가 속한 '350 시애틀'에는 회계장부 업무에 매주 하루를 보내는 사람, 까다로운 데이터베이스 작업을 하는 사람, 감사편지를 도맡아 쓰는 사람 등 다양한 자원활동가가 있다. 심지어 활동가들에게 무료 마사지를 해주는 은퇴한 마사지 치료사도 있다.

지금 이 순간 모든 일이 매우 중요하다. 우리는 깊은 충족감을 주는 일이든, 즐겁지 않고 판에 박힌 일이든 모두 맡아서 겸손하게 해야 한다. 이 모든 일이 적절해서 한다고 믿을 필요도 없다. 다만 그 일을 하지 않는 것이 우리가 세상을 돌보지 않기로 결정하고, 우리가 가진 가장 위대한 힘을 포기했음을 의미한다고 이해하기만 하면 된다. … 그런데 그 일을 포기하고 무엇을 할 것인가? TV 시청? 요가? 멋진 앱 제작? 당신이 죽어가고 있고 세상도 마찬가지임을 깨달았을 때, 그렇게 선택한 것에 대해 어떤 느낌이 들까? 온 마을이 불길에 휩싸이고, "100년에 한 번 있을" 정도로 강력한 폭풍이 끔찍하게 자주 나타날 때는 또 어떤 느낌일까?

이 나라 인구의 10%가 일주일에 단 하루라도 진지하게 참여한다고 상상해보라. 우리의 가능성은 지금과 완전히 다를 것이다. 우리를 절망으로 몰아넣는 기존 시스템은 서로를 떼어놓는 방식에 전적으로 의존하기 때문이다. 기존의 시스템은 우리가 아끼는 것에 우리가 영향을 미칠 수 없다는 믿음에 근거한다. 그러니 차라리 개인의 성취에만 집중하라는 것이다. 하지만 개인의 성취마저도 사람들이나 자연세계와의 깊은 유대가 없다면 불가능하다.

우리가 느끼는 감정이 가장 고통받는 사람들에게는 중요하지 않더라도, 우리 자신에게는 중요하다. 절망에 빠지거나 감정 없는 로봇이 되는 것은 우리가 사랑으로 이 위대한 일을 하는 데 도움이 되지 않는다. 그러나 대부분의 경우 우리는 감정을 경험하면서도 여전히 해야 할 일을 할 수 있다. 감정이 운명일 필요는 없다.

어머니가 죽음을 앞두고 있을 때 나는 너무나 고통스러워서 전화조차 할 수 없었다. 그런 복잡한 감정은 당시 힘들고 바빴던 내 인생에서 감당하기 어려운 것이었다. 하지만 다음날이 되면 어머니에게 전화를 걸었다. 다음 날도, 그다음 날도. 자주는 아니었지만, 어머니를 만나러 가기도 했다. 회의 때든 차 안이든 시간이 날 때마다 뜨개질을 해 어머니에게 알파카 담요도 만들어드렸다.

우리는 두려움, 슬픔, 분노를 느낄 때도 있고, 때로는 회피하고 싶을 때도 있다. 그러면서도 여전히 세상의 가장 현실적이고 즉각적인 요구에 주의를 기울인다. 세상의 요구에 부응하는 것은 다른 사람들의 두려움, 슬픔, 분노의 무게를 가볍게 해주면서 내 삶에도 그런 효과를 지속적으로 가져온 유일한 것이기도 하다. 이상하게도 이 일에는 기쁨이 있다. 그 덕분에 무엇이 중요한지에 대해 명확한 관점을 갖고 더 깊이 있게 살 수 있었고, 나와 함께 세상을 돌보는 친구들에게 둘러싸일 수 있었다.

언제든 우린 나설 수 있다.

———

요즘은 "캠프장 규칙"에 대해 생각한다. 캠프장에는 장소든 흔적이든 원상복구 해놓고 떠나야 한다는 규칙이 있다. 일반적으로 인간이라는 생물종에게는 불가능한 일이다. 인구 80억 명이 플라스틱병 1개씩 보탤 경우, 우리가 생명의 그물을 파괴한다는 것이 자명하기 때문이다. 하지만 누구나 그렇진 않다. 수십억 명 중 대다수가 자연에 거의 해를 끼치지 않았으며, 해를 끼쳤다 해도 자신의 통제 범위를 넘어서는 일이었다. 가진 게 나무밖에 없어서 나무를 베어 요리했거나, 대중교통 수단이 없어서 유독물질을 내뿜는 자동차로 출퇴근했을 뿐이다.

미국에서 노동계급이나 그 상위계급(자가용으로 출퇴근하고 단독주택에서 사는 사람)이라면 나무를 심고 바다에서 플라스틱을 꺼내면서 남은 생을 보낼 수도 있겠지만, 개인으로서는 여전히 생명세계에 부채를 지는 것이다. 캠핑장 개울은 산꼭대기의 개벌이나 프래킹으로 오염되고, 항생제 내성이 있는 플라스틱과 동물 시체 더미가 쌓일 것이다. 개인의 행동은 그런 더미가 쌓이는 속도를 늦출 수는 있지만, 줄이기에는 역부족이다.

해를 끼치려 의도한 건 아니지만, 결국 우리는 거기에 동참했다. 신자유주의 지배와 화석연료 산업의 거짓말을 감안하면, 사회적 존재로 사는 것은 대체로 그런 동참을 요구한다. 그러나 바로 그 사회적 본성이 우리에게 새로운 것을 요구하고 있다.

그저 선하고 자연친화적 인간이 되는 것만으로, 심지어 죽어 없어지는 것만으로 그동안 우리가 저지른 일을 되돌릴 수 없다. 우리가 치유해야 할 것은 너무나 많고, 우리가 가는 길 또한 바꿔야 한다. 우리에겐 죽기 전에 해야 할 아름다운 일이 있다.

2015년 나는 셸의 북극 시추에 반대하는 #ShellNo 운동에 참여했다. 약 3년 전 셸의 굴착 장비가 마을에 들어왔을 때 친구와 함께 불침번을 섰다. 이번에 우리는 훨씬 규모가 큰 단체에 속해 있었고, 경험 많은 활동가들이 마을에 들어왔다. 그 젊은 여성들은 우리보다 많은 걸 알고 있었지만, 정말 겸손했다. 시애틀의 공공항만 측이 셸의 시추 장비인 폴라 파이어니어Polar Pioneer의 엘리엇 베이 입성을 환영한다고 밝힌 그 주에 *『네이처Nature』지는 "우리가 개입할 수 없는 에너지 프로젝트"라는 제목으로, 여전히 기후변화의 재앙을 피할 수 있기를 희망한다는 기사를 실었다. 북극 시추도 이 프로젝트의 일부였다. 이 기사에 고무된 나는 우리 말에 귀 기울일만한 항만 관계자와 취재진에게 두 가지 사안을 비교하며 이렇게 지적했다. "방금 이 일이 문명을 위협하는 프로젝트라는 걸 듣지 않았나요? 시애틀이 바로 그 문명을 파괴하는 일을 방조하고 있음을 정말 모르겠어요?" 우리는 공청회에 참석할 12명의 핵심 그룹을 구성하고, 해상 봉쇄에 대비해 카약 안전을 배우고, 이틀 동안 항구에 접근하는 육로를 봉쇄하고, 우리의 분노가 좋은 방향으로 이어지도록 사람들을 조직했다. 약 6개월 동안 나는 이 싸움에 매진했다.

내가 이 모든 일을 한 것은 거울 속에 비친 내 모습을 볼 수 있는 유일한 길이었기 때문이다. 이 일이 분명하고 즉각적인 "효과가 있을" 거라는 믿음은 없었지만, 중요한 문제가 아니었다. 하지만 "카약 활동가들"과 함께 시추선의 출발을 고작 1시간 지연시키는 선에 끝나자 마음이 무너졌다. 그 모든 일과 사랑이 무엇을 위한 것이었나 싶었다. 북극 시추의 위험성에 대해 세계적인 주목을 끈 게 의미 있다는 건 알지만, 시추 장비가 위태로운 추크치해를 향해 떠나는 걸 보니 심란했다.

그러다 몇 주 후 포틀랜드의 친구들이 시추 장비에 꼭 필요한 지원 선박을 40시간 동안 완전히 멈춰 세웠다는 소식을 듣고 기운이 났다. 그들은 타는 듯 더운 열기 속에 다리에 끈을 묶어 배에 매달렸고, 아래쪽 보트에서는 수십 명의 활동가가 지지를 보냈다. 지금까지 본 어떤 행동보다 아름답고 효과적인 소규모 집단행동이었다.

그러나 내 관점의 진정한 변화는 9월 말 셸이 북극 시추 탐사를 포기하겠다고 밝혔을 때 찾아왔다. 공식적으로는 운영상 문제 때문이라고 언급했지만, 셸의 관계자는 〈가디언〉에서 사측이 모든 반대행동에 상당히 놀랐으며, 기업 평판에 미칠 위험을 정확히 인식했다고 말했다. 그것은 바로 '우리'를 의미했다. 사람들이 밀집한 곳에서 멀리 떨어진 바닷속에 수년간 수십억 달러를 쏟아부은 프로젝트가 시애틀과 포틀랜드의 수십 명의 핵심 그룹과 한두 번 혹은 매번 참여한 수천 명 덕분에 서서히 멈췄다.

그것이 지렛대다. 아르키메데스는 알고 있었다. 우리에게 충분히 긴 지렛대를 주면 세상을 움직일 수 있다는 걸.

한두 달 동안은 내가 북극 시추를 막아낸 것처럼 느껴졌다. 우리가 용을 물리쳤고, 천하무적이 된 것 같았다. 이전엔 느껴보지 못한 감정이었다. 그렇다고 자만에 빠진 건 아니다. 사실 다른 사람들의 지혜와 기술, 그리고 함께할 사람들이 얼마나 많이 필요한지 잘 알고 있었다. 어쨌든 2년 전만 해도 나는 쓸데없는 불침번을 조직했다. 그러나 그 경험을 통해 내가 가진 힘을 이해할 수 있게 됐다. 그 힘은 사람들과 같이 행동하는 데 뿌리를 두며, 이를 통해 우리는 각자 힘의 총합보다 더 큰 힘을 발휘할 수 있다. 우리는 내면에서 솟아 나와 기꺼이 배우고자 하는 힘이 있다. 이 작은 그룹의 사람들과 함께하면서 나는 지렛대를 이용해 생태적 안전을 위한 유의미한 승리를 거뒀다. 한 그룹의 10여 명이 이 문제에 전적으로 집중하며, 일주일에 하루이틀 동안 다음 그룹의 수십 명을 돕고, 몇 주나 몇 달에 한두 번 나타나는 수백 명을 지원한다. 이렇게 사람들이 모이면, 많은 사람이 *관심*을 갖는 일이라는 게 분명해진다.

이후 우리는 그만한 마법 같은 승리를 얻지는 못했다. 종종 이기긴 했으나 엄청난 손실이 없는 정도의 승리였다. 에너지 산업 관계자들은 태평양 북서부를 "에너지 프로젝트가 사라지는 곳"이라고 언급하기도 했다.

우리는 약간의 시간을 벌었을 뿐이다. 어쩌면 최악의 프로젝트에 돈을 더 쓰게 만들고, 향후 몇 년 안에 일부 법안이 전향적으로 제정되도록 여론을 전환함으로써 수십 년 혹은 수백 년 동안 소박하게도 몇몇 종을 구했을지도 모른다. 그러나 우리가 저항의 유용성에 대한 일부 사람의 믿음을 변화시켰다는 것은 확실하다.

이 모든 것이 매우 훌륭하지만, 충분하지는 않다. 우리에겐 당신이 필요하다. 이 싸움에 필요한 일들은 우리만 하기에는 *너무*

나 거대하다. 우리는 지쳤고, 당신이 정말 필요하다.

그렇다면 세상을 (세상의 누군가를 혹은 무언가를) 사랑한다는 건 어떤 의미일까? 앞으로 다가올 수십 년이 세상의 종말처럼 보이기 시작할 때 우리는 사랑, 희망, 상상에 대해 생각할 수 있을까? 왜냐하면 세상은 그렇게 끝나게 될 것이다. 오스트레일리아 뉴사우스웨일스나 캘리포니아 파라다이스 같은 곳은 이미 그렇게 됐다.

제대로 만들어진 "기후변화에 대해 할 수 있는 일"의 목록은 중요하다. 그러나 희망과 의미에 대한 새로운 아이디어를 만들지 못하면, 우리가 괴로워하는 동안 참여와 개입 방법의 목록이 급격히 줄어들고, 그런 비탄 속에서 가능성을 찾거나 만들 기회를 잃게 될 것이다.

———

지난해 브리티시컬럼비아에서 지낸 시간은 *너무나 아름다웠다*. 내 마음 한편에서는 이 아름다움이 그저 감사하고, 사라져가는 이 세상을 사랑하는 것이 때로는 일종의 기도처럼 느껴질 수도 있다. 또 다른 한편에서는, 엄청난 인간의 고통부터 남부에 서식하는 범고래가 이제 73마리 남은 것처럼 특정 지역의 생물을 잃는 것까지, 어떤 일이 닥칠지 아는 슬픔에 압도된다. 너무나 비범하고 지적인 생명체이기에 그들과 생태 지역을 공유하는 것만으로도 특권을 느끼며, 그들을 지켜줄 수 없다는 사실에 부끄러워진다. 하지만 내 마음 깊은 곳에서는 시간을 거꾸로 돌리고 은유를 전환하기 시작했다. 그래서 잃는 것뿐 아니라 얻는 것도 있

다. 수백만 명이 사는 세상과 아무도 없는 세상, 현존하는 생물
종의 절반이 살아남는 세상과 5%(이 정도라도 절대적으로 싸울만한
가치가 있다)가 남아 있는 세상. 비록 비교적 온전한 시간인 지금,
앞으로 무엇이 사라질지 알면서도 수백만 명 혹은 절반의 생물종
과 기뻐하는 게 쉬운 일은 아니지만 말이다.

우리는 지금의 사라져가는 세상뿐만 아니라, 다시 말해 사라지지 않
도록 아직은 막을 수 있는 다른 많은 세상도 사랑해야 한다.

가속화되는 멸종을 생각하면 마치 소수만이 통과할 수 있는 끔찍한
모래시계의 좁은 공간을 보는 것 같다. 그래서 가끔은 생태적 분만 통로
같은 것을 빠져나가고 있는 나를 상상하곤 한다. 우리가 자연의 아름다운
것들 가운데 많은 것이 다음 시대로 가는 통로에서 살아남을 수 있도록
도울 수 있을까? 각각의 아름다운 존재는 우리가 세상에서 행동으로 지
켜낸 선물이 아닐까?

우리가 되고 싶은 건 그런 존재가 아닐까?

사회 변화를 위해 투쟁함으로써 우리가 바라는 세상을 그리고,
사람들이 문제와 가능성을 모두 볼 수 있게 도울 수 있다. 이것이
그레타 툰베리를 비롯한 청소년 기후활동가들이 지닌 힘이기도
하다. 그들은 이 위기에 대응하기 위해 우리 삶을 전부 바꿔야 한
다고 분명히 말한다. 그리고 그들이 이해하는 순수성이 우리에게
전해진다.

당신의 상상 세계에서는 물에 빠져 죽었을지도 모르는 아이들
과 불에 타버렸을 수도 있는 공동체가 안전하게 살아남아 있는
가? 그리고 우리의 여생 동안 싸워서 지켜야 할 존재로 이해하고

있는가? 우리는 생명의 그물에 다시 합류할 수 있다. 우리에게 마지막으로 남은 최고의 기회는 바로 지금이다. 그리고 수없이 많은 과업이 우리 앞에 놓여 있다.

그래서 어느 날 밤 피곤한 몸을 이끌고 집에 가는 길에 해야 할 모든 일이 머리에 떠오를 때, 혹은 일주일 뒤 이 간청이 흐릿해지고 누군가 당신이 하기 싫은 일을 부탁할 때, 혹은 몇 주 뒤 더 나은 방법으로 사람들을 모아 할 수 있는 일이 있음을 깨달았을 때, 그때 기억해주길 바란다. 언제든 우린 나설 수 있다.

우리는 이 아름다운 세상을 죽이도록 내버려둘 수 있다. 아니면 괜찮은 미래를 위한 공간을 만드는 아름다운 활동을 시작할 수도 있다.

인간으로 산다는 것

나이마 페니먼 NAIMA PENNIMAN

궁금하다, 태양도 새벽과 씨름하는지
어느 아침에는
수평선의 포근한 이불 아래서
침대에서 나와
떠오르고 싶지 않은 때도 있는지

하늘도 때로는
어디든지 동시에 있어야 하고
오락가락하는 날씨의 변덕스러운 기분에
적응하는 게 지치는지

구름도 한데 뭉치려 하면서도
흩어져 떠다니는지
조금이라도 오래 어슬렁거리려고
중력과 거래하는지

궁금하다, 비도 떨어지는 게
두려운지
보내주는 게
힘든지

눈송이도 매번
완벽해야 하는 게,
눈송이 하나하나가
특별해야 하는 게 지겨운지

궁금하다, 별도 죽기 전에
자신에게 소원을 비는지
빛나는 방법을
자기 아이들에게 가르쳐주는지

궁금하다, 그림자는 한 번만이라도
태양을 느끼고 싶은지
어디에서 왔는지 알지 못해
주목받지 못하기도 하는지

궁금하다, 일출과
석양은
한 번도 만난 적이 없으면서도

서로를 존중하는지

화산도 스트레스를 받는지
폭풍도 후회하는지
퇴비도 사후를
믿는지

궁금하다, 숨도 자살을 생각해본 적이 있는지
바람도 때로는
가만히 앉아서
세상이 흘러가는 걸 보고 싶은지

연기는 태어나면서부터
올라가는 법을 아는지
무지개도 자기 색이 서로 어울리는지 자신 없어
무대 뒤에서 부끄러워하는지

번개도 언제 칠지
시간을 맞춰 놓는지
강물도 흐르기를 멈추고
되돌아가려 생각해본 적이 있는지

개울물도 엉뚱한 바다로 흘러가기도 하는지

생生이 통째로 궤도를 벗어나기도 하는지
궁금하다, 하늘에서 내리는 눈도
검어지고 싶은지

흙도 자신이 너무 어둡다고 생각하는지
나비도 무늬를 숨기고 싶은지
바위도 자기 무게를 의식하는지
산도 자기 힘에 자신 없는지

파도도 낙담하는지
모래 위를 힘겹게 기어올랐지만
결국 시작했던 지점으로
다시 물러나야 할 때

땅도 누군가에게 밟힘을 느끼는지
모래도 자신이 매우 흔하다고 느끼는지
나무도 자신이 어디에 서 있는지 알려면
연인에게 물어야 하는지

나뭇가지도 어느 방향으로 자라야 할지 몰라
갈라져야 할 곳에서 망설이는지
나뭇잎은 새잎에 자기 자리를 내어줄지 알면서도
바람이 불 때면 춤을 추는지

궁금하다
달은 어디로 가는지
달이 숨을 때면
그곳으로 달을 찾으러 가고 싶다

바다가 멀리서 회오리치는 걸
보고 싶고
바다가 잠결에 뒤척이는 소리를
듣고 싶다

노력은 존재로 이어진다

적응하는 마음

수잔 C. 모저SUSANNE C. MOSER

귀를 기울이면, 대학 강의실, 농산물 직거래 시장, 교회 지하실, 회의의 부대 행사장, 직원들이 비밀리에 모이는 사무실 창고, 소셜미디어의 그룹방, 서점, 도서관에서 이상한 일이 벌어지는 소리를 들을 수 있다.

조용히 들어보면, 소리 없는 눈물이 흐르는 가운데 사람들이 분노와 두려움, 슬픔과 절망을 억누른 채 숨죽여 이야기하고 있다. 처음에는 애써야 이 소리를 들을 수 있다. 그러나 당신이 진동을 감지할수록 소리가 점점 커진다. 우리는 아파, 우리는 두려워, 우리는 지쳤어. 적어도 우리 중 누군가는 그렇게 말한다. 그리고 몇몇은 계속해서 말한다. 자세히 들어보니 이런 말이다. 당신은 혼자가 아니야.

점점 더 나는 그런 공간에 있는 나를 발견한다. 어느 일요일 오후, 멸종반란과 지금 당장 기후행동Climate Action Now 회원들이 조직한 "기후 청취 모임Climate Listening Circle"에 가입하기 위해 지역 교회에 갔다. 20여 명(대부분 여성으로, 20대에서 70대)이 모여 취약함, 걱정, 압박, 절망감을 나누고 있었다. 그들은 있는 그대로의 자신일 수 있는 공간을 찾아왔다. *기후변화 활동뿐 아니라, 누군가의 예리한 표현처럼 문화 전환 활동을 하러 온 것이다.*

그들은 둥글게 원을 그려 앉은 다음, 생태와 기후 비상사태의 한가운데에서 인간으로 산다는 것이 무엇을 의미하는지 이야기했다. 그중 한 명이 지점토로 만든 파란색의 커다란 귀 모형을 가져왔는데, 이는 모두가 듣고 증언할 준비가 됐음을 상징했다. 거기 모인 사람들은 지구, 정부, 경제 모델, 정신 모델의 문제점을 정확히 알고 있었다. 결국 그들은 자신의 내적, 외적 투쟁에 형제자매들이 함께함을 깨닫고 자리에서 일어났다.

다가오는 어둠을 향해 나서기

나는 그런 모임에 많이 참여하고 모임을 이끌기도 한다. 내가 그곳에 간 이유는 사회학자로서 사회 동향을 파악하고 싶기도 했지만, 사람들이 기후변화의 정신적 맹공격에 맞서는 법을 어떻게 배우는지, 이 세기의 변화 속에서 상호 지원을 위해 어떻게 자기 조직화하는지 알고 싶어서였다.

이 모임처럼 대부분 모임에는 기후활동가들이 함께한다. 하지만 지역 공동체가 기후변화의 영향에 대비하고 관리하도록 돕는 소위 적응 전문가(자원 관리자, 기반시설 기술자, 도시 계획자)나 기후과학자가 참여하는 경우는 거의 드물다. 이번에도 그런 전문가들의 참여는 없었다. 학문적 명성, 직업상 예의, 전문가의 공정성에 대한 기대, 좀처럼 감정을 표현하지 않는 것 등이 공인들의 참여를 가로막고 있다. 그렇다면 그들은 어디로 가는 걸까?

지난 몇 년 동안 나는 이 문제에 대해 많이 생각했다. *사람*들이 이 거대한 위기를 벗어나기 위해 무엇이 필요할까? 청정기술, 효과를 낼 만큼 높은 탄소 가격, 기민한 정책 같은 것을 말하는 게 아니다. 기후변화 문제에 대해 활동하는 *사람*들이 장기적이고 심리적으로 힘든 여정을 계속하기 위해 무엇이 필요할까?

결국, 매일 가속화되는 기후변화 문제는 새로운 과학 보고서, 뉴스 헤드라인, 우리 주변에 나타나는 결과를 통해 점점 더 분명해진다. 이제 인류는 다음의 세 가지 변화가 만연한 세상으로 향하고 있다는 인식이 커지고 있다.

지속적이고 가속화하는 변화로, 계절의 순환과 오랫동안 안전했던 익숙한 패턴에서 벗어나 불확실성이 만연하고, 기습적이며, 전혀 몰랐던 상황에 직면하게 된다.

정신적 외상을 남기는 충격적인 변화로, 푸에르토리코를 초토화한 허리케인 마리아, 휴스턴을 침수시킨 허리케인 하비, 캘리포니아 파라다이스를 집어삼킨 산불 캠프파이어 같은 대재앙을 초래한다.

전환적인 변화로, 우리가 살아가는 시스템의 깊고 근본적인 변화를 말한다. 이는 대규모 기술 개입, 경제 시스템 재구성, 근본적인 정책 변화, 사회문화적 변화, 생계를 꾸릴 방법에 대한 완

전한 변화, 거주할 수 없게 된 지역에서의 이주 및 정착 문제까지 관통한다.

정부, 학계, 기타 기관에서 이러한 대규모의 동시다발적 난제를 어떻게 소화할지 공식적으로 훈련받은 사람은 거의 없다. 또한 전례 없는 수준의 변화로 공무원, 지역 공동체 지도자, 도시계획자, 엔지니어, 응급구조대원, 보건 전문가, 의사결정권자의 시야가 제한된다.

격렬하게 분노해서든 맡은 업무여서든 이 같은 미래에 지역 공동체를 이끌고 지원할 사람들이 있을 것이다. 이 모든 사람이 눈앞에 흐릿하게 다가오는 어둠을 향해 나서려면 통찰력, 훈련, 지원이 필요하다.

적응하는 마음 기르기

기후 전문가들이 지속적으로 나서기 위해 필요한 것을 나는 "적응하는 마음adaptive mind"이라 부른다. 우리 모두에게 필요한 것일 수도 있다. 적응하는 마음가짐은 우리 모두가 그렇듯이 소셜네트워크나 기관 속에서 살아가는 개인이 위에서 설명한 종류의 스트레스 많은 변화에 민첩성, 창의성, 결단력, 회복력을 갖고 대응하게 해주는 일련의 성향, 역량, 기량으로 구성된다.

여전히 모호하지만, 이것이 출발점이다. 적어도 이것은 심리·사회적 회복을 위해 우리의 개인적이고 집단적인 역량을 어디서부터 기를지 보여주는 지도다.

2017년 동료들과 함께 "적응하는 마음" 프로젝트를 시작했다.

이러한 성향과 역량, 기량이 무엇인지 이해하기 위해 관련 지식과 실천 영역을 활용했다. 심리학, 군사 훈련, 비즈니스 관리, 교육, 지속가능성, 조직 개발, 생태계 관리, 리더십 연구, 예술 및 상상력, 사회자본 이론, 신앙과 영성, 긴급 대응 등의 분야까지 살폈다. 지금 우리는 이 중 어떤 것이 배울 만한지 살펴보고 있으며, 심리학자 및 기후 전문가 네트워크와 함께 훈련과 자원을 제공하고 동료들의 힘겨운 일상 업무를 지원하기 위해 피어그룹을 구축할 것이다.

이러한 지원이 없으면 번아웃되거나, 전문가의 기술이 가장 필요할 때 고도로 숙련된 전문가들을 잃을 가능성이 커질 수 있다.

*적응 전문가를 대상으로 한 최초의 설문조사에 따르면, 응답자 5명 중 4명이 번아웃을 겪는다고 대답했다. 조사 결과에는 어떤 태도와 감정이 일어나는지 속속들이 담겨 있다. 응답자들은 지역 공동체가 다가오는 변화에 대비하도록 돕고, 실현 가능하고 공정한 해결책을 찾도록 끈질기게 노력한다고 했지만, 일과를 끝내고 집으로 올 때면 자신의 활동이 충분하지 않다고 느꼈다. 어떻게 하면 그들이 재충전하기 위해 하루라도 휴가를 낼 수 있을까? 어떻게 하면 기운을 돋워 일터로 돌아갈 균형감을 잠깐이나마 찾을 수 있을까?

많은 사람이 그렇게 느끼지 않을까? 엄청난 문제에 직면하면 아무것도 하지 않는 것이 방법이라고 생각하지 않을까? 사실 무언가를 하는 것은 절망에 빠지지 않는 해독제 역할을 한다. 무엇이든 하면 희망과 목적의식을 가질 수 있지만, 그저 가만히 앉아 있으면 어두운 나락으로 떨어질 위험이 있다. 그리고 우리 사회가 어디에 서 있는지 생각하면, 전망은 어둡기만 하다.

기후과학을 이해한다는 것은, 사회가 마침내 온실가스 감축을 서두르더라도 더 나쁜 상황이 다가온다는 것을 의미한다. 그것은 이러한 기후과학이 공동체에 미치는 영향을 충분히 아는 것을 말한다. 그것은 정치, 제도, 재정, 사회에서 진정한 변화를 구현하지 못하게 하는 수많은 장애물을 정면으로 응시하는 것을 의미한다.

게다가 이러한 문제의 근원뿐만 아니라 영향과 대응 방식에도 사회적 부정의가 만연해 있다. 또한 깊이 얽힌 구조적 인종차별과 대부분 적응 전문가가 백인이자 특권층이라는 사실이 있다. 그래서 기후변화 문제를 다루는 일은 부정의를 치유하고 인종차별을 철폐하는 일과 분리될 수 없다.

이러한 투쟁의 열기 속에 서 있는 법을 배우려면, 자신의 변화와 리더십의 변화가 필요하다. 이는 적응하는 마음의 기본 구성 요소다.

심리적 스트레스에 대한 인식 제고하기

기후 전문가로 활동하며 느끼는 사회심리학적 문제에 관심을 갖자고 요청한다고 해서 동정심을 끌려는 것도 아니고, 점점 커지는 문제를 사람들이 무시한다고 불만을 표하려는 것도 아니다. 물론, 이 길을 가려는 누군가를 만류하는 것도 아니다.

요점은 바로 이것이다. 지친 사람들은 효율적으로 활동하기 어렵다. 번아웃되면 아플 수 있다. 그들이 그만두면 경험이 적은 사람들로 대체

된다. 탈진한 사람들은 불타는 지구를 위한 태세를 제대로 갖출 수 없다.

이처럼 어려운 변화의 시기 동안 공동체를 돕는 사람들이 보다 높은 역량의 지도자가 되기 위해서는 현명한 이기심을 가져야 한다. 일부 고용주는 번아웃을 막는 것을 그저 경제적 비용 절감의 문제로만 볼 것이다. (갤럽은 번아웃 때문에 미국 사회가 매년 막대한 비용을 치르고 있다고 밝혔다.) 변호사들은 번아웃에 드는 비용의 법적 책임을 피하는 문제로 생각할 수 있다. 단순히 배려의 문제 정도로 보는 사람도 있을 테고, 궁극적으로 어떤 사회에서 살 것인가의 문제로 보는 사람도 있을 것이다. 즉 황금률[44]이 적용되는 사회에 살 것인지, 누구도 타인의 안녕 따위는 신경 쓰지 않는 사회에서 살 것인지의 문제일 수 있다.

우리는 지역 공동체가 이 변화하는 시기에 대비하고 헤쳐나갈 수 있도록 돕는 현명하고 유능하며 회복력 있는 사람들이 필요하다.

심리학자와 정신과 의사들은 기후위기로 인한 심리적 고통의 물결이 다가온다고 10년 넘게 경고해왔다. 거의 모든 기사와 보고서는 직간접적으로 자연재해의 영향을 받은 사람들이 정신적 외상을 입을 수 있다고 인식한다. 그들은 충격, 슬픔, 두려움, PTSD와 같은 즉각적인 영향 외에도, 알코올 남용, 가정폭력, 성

---

44 그리스도교 윤리관의 핵심 중 하나로, 남에게 대접받고자 하는 만큼 남에게 대접하라는 예수의 가르침을 말한다.

적 학대와 같은 2차적 심리 문제에 대해서도 경고한다. 극심한 더위로 폭력과 자살이 증가한다는 주장도 있다. 그러나 최근에서야 심리학자들은 기후 우울, 생태 불안, 불안 장애, *외상 전 스트레스 장애*를 압도적인 현상을 의미하는 널리 퍼진 정서적 경험으로 인정하기 시작했다. 일부는 기후변화 전체를 "트라우마"로 분류하자고 제안했다.

그리고 이러한 도전들이 대중에게는 문제로 인식됐지만, 매일 대중을 대표해 기후변화 해결을 도모하는 사람들이 겪는 특정한 스트레스는 거의 관심을 받지 못했다. 두 가지 예외가 있다. 첫째, 감정에 좌우되지 않거나 객관적일 것으로 간주되는 사람들, 즉 기후과학자들이 겪는 감정노동에 대한 인식이 부상하고 있다. 둘째, 청년들이 짊어지는 감정적 부담과 더불어 애드보커시 운동가와 활동가에게 공통으로 나타나는 번아웃에 대한 글이 많아지고 있다.

응급구조대원과 소방관 같은 현장 초기 대응자를 제외하고는 더 넓은 범주의 기후 전문가들이 겪는 심리적 부담이 제대로 인식되지 않았다. 운이 좋은 소수만이 괜찮은 개인 상담 서비스를 만난다. 이 외에도, 기후변화가 기후 전문가들에게 미치는 정서적 타격을 다룰 자원이나 지원 시스템이 거의 없는 형편이다.

우리 자신을 돌보기

분명히 그러한 전문적인 지원은 매우 중요하다. 제대로 된 지원 시스템을 마련하기 위해서는 기후 전문가, 심리학자, 그리고 영향을 받는 사람들이 공동으로 개발해야 한다. 하지만 그것이 제자리를 잡기까지 우리가 할 수 있는 일도 많다.

당신은 '미친' 게 아니다. 그저 인간임을 인식하라. 기후변화는 물리적 세계를 아수라장으로 만들 뿐 아니라, 사람의 심리에도 영향을 미친다. 기후변화가 정신건강에 어떤 영향을 미치며, 생태 불안, 기후 우울, 트라우마가 어떤 것인지 알면, 그저 "미쳤다"고 느끼지 않도록 안심시키고 힘을 주며 도움을 줄 수 있다. 당신은, 우리는, 미치지 않았다!

자신을 돌보라. 이런 말은 고루하고 뻔하게 들리지만, 반복할 필요가 있다. 자신의 마음을 돌보는 것은 사치가 아니다. 스트레스에 지친 몸과 마음은 효율과 능률이 떨어지며, 조급해지고, 까탈스러워지며, 심지어 공격적으로 변하기도 한다. 또 스트레스가 만성적일 경우, 심신건강에 부정적인 결과를 초래해 고통스러울 수 있다. 반대로, 균형 있고 회복력 있는 정신은 다정하고, 연민을 느끼며, 기민하고, 생산적이며, 효과적이다.

휴식을 취하며 소소한 행복을 누려라. 활동, 일, 이메일, 뉴스 피드를 잠시 내려놓자. 잠시 심호흡하고, 점심시간에 산책하고, 휴대폰/앱/TV를 끄고, 꽃을 사고, 영화 보러 가고, 마사지를 받고, 아니면 전혀 다른 일을 해보자.

기쁨을 주는 일을 하라. 개와 함께 공을 쫓거나, 야간 경기를 보러 가거나, 혼자만의 댄스파티를 열어보자. 사진찍기, 정원 가꾸기, 볼링 같이 소홀했던 취미를 다시 해보는 것도 좋다.

건강한 일상을 유지하라. 충분한 잠, 운동, 가족 및 친구와 시간 보내기, 맛있고 건강한 음식 요리해 먹기 등이 포함된다. 요가, 단전 호흡, 명상도 고려해보길.

정신 위생을 도모하라. 최악의 경우를 상상하고, 나쁜 뉴스만 보고, 절망과 무력함을 강조하고, 자신과 타인의 행동이 부적절하다고 판단하지 않는지 자신의 사고 습관을 점검하자. 무엇이 되고 무엇이 안 되는지 알아차리기 위해 성찰을 통해 행동의 균형을 잡자. 진행 상황, 이정표, 긍정적인 변화에 초점을 맞추고, 현실에 기반한 희망을 키우자.

모든 것이 아니라 선택적으로 집중하라. 동료, 가족, 친구와 함께 업무와 책임의 우선순위를 정해 공유하고, 위임할 방법을 찾아보자. 가장 중요하지 않은 일은 포기하는 게 좋다.

감정적 대처 능력을 강화하라. 당신의 몸 어디에서 감정을 느끼는지 알아차리자. 혼자서, 그리고 안전한 환경에서 자기감정을 표현해보자. 자신의 감정 기복을 알아차리는 법을 배우고, 다정함과 연민을 다시 일깨우자. 많은 사람이 나와 유사한 경험을

하고 있으며, 당신이 혼자가 아님을 깨닫자.

스스로 영성을 길러라. 치유의식, 종교, 영적 공동체에 참여해
보자. 자연에서 시간을 보내거나 마음 챙김, 기도, 노래도 좋다.

사회적 지원을 찾아라. 재미있고, 당신을 보살펴주며, 응원하는
사람들과 어울리자. 멘토를 찾거나 자신이 선택한 공동체 사람
들과 시간을 보내자. 믿을 수 있는 친구, 가족과 걱정을 나누는
것도 좋다.

전문적인 지원을 받아라. 대다수 심리학자가 기후 현실과 그것
의 심리적 영향을 알지 못하며, 기후변화 활동가도 매일 직면
한 문제를 온전히 알지 못한다. 하지만 기후를 의식하는 심리학
자들의 핵심 그룹을 성장시키려는 새로운 노력이 진행되고 있
다. 기후 전문가들이 자기 관리, 트라우마 처방, 변화를 위한 역
량에 대해 세세히 공부할 필요는 없다. 또한 심리학자들은 그런
고통을 겪는 사람에게 가장 필요한 것이 무엇인지 배우기 위해
기후 전문가를 만나야 한다.

조직 문화를 바꿔라. 여기에는 복지 서비스, 정책 수립, 자기 관
리 촉진, 과로 금지, 교육 및 휴가 제공, 고통받는 동료 및 이해
관계자와의 상호소통에서 숙련도에 대한 기대치 설정 등이 포
함된다. 우리가 앞으로 계속 활동할 수 있도록 원기를 회복하는

휴식, 공동의 리더십, 상호 책임의 필요성을 인정하는 조직 문화를 조성하자.

저항 행동으로 나서기

기후변화의 원인과 영향을 다루는 것은 많은 시간과 노력이 든다. 개인적 위기, 기타 환경문제, 지속적인 사회불평등 같이 복잡하고 혼란스러운 문제로 인해 가끔은 기후변화를 바라보는 것조차 어렵다. 하지만 삶의 다른 영역에서 기쁨과 승리를 조금이라도 맛보면, 기후위기 대응에 함께하는 것이 더 쉬워질 수 있다.

이처럼 힘든 일을 지원하기 위한 나의 바람은, 이 일을 하는 사람들이 다가오는 도전에 효과적으로 대처하도록 동료와 조직의 지원과 더불어 심리적 기술과 역량을 갖추도록 돕는 것이다. 변화가 가속화되는 세상에서 우리의 마음과 영혼의 안녕이 의미 있고 필수적인 것으로서 제 위치를 찾아야 한다. 이는 우리가 오랫동안 잘못 방치했던 것을 부활시키고, 우리 안의 여성성을 되찾으며, 인간의 온전함을 회복하는 작업이다.

조직 및 제도적 차원의 혁신이 실현되려면 시간이 걸리겠지만, 우리 자신과 서로를 돕는 일은 당장이라도 시작할 수 있다. 도서관이나 농산물 직판장에 설치된 거대한 귀를 찾아보라. 교회 지하실과 카페 모퉁이에서 모임이 열리는지 살펴보라. 여정은 길고 번아웃은 고통스러우니, 필요하면 언제든 쉬시라. "미래를 위한 금요일"이 있다면, "온전한 정신을 위한 요일"이 없을 이유가 무엇인가?

우리 심장과 마음을 돌보고, 몸에 활기를 되찾고, 서로 다시 연결하고, 우리의 가장 깊은 목적에 몰두하는 것은 우리의 정신을 진지하게 받아들이는 것이다. 이는 영혼의 소멸에 저항하는 행위다. 이것 역시 기후변화 활동이며, 문화 전환 활동이다. 그리고 그것이 핵심이다.

집은 늘
그만한 가치가 있다

메리 아네즈 헤글러MARY ANNAÏSE HEGLAR

2006년 대학을 갓 졸업한 나는 남부 억양을 그대로 달고 뉴욕 중심가로 왔다. 나는 영어 학사학위를 받기 위해 열심히 공부했는데, 출판이나 저널리즘 분야에 취업하기 위한 유일하고 현명한 방법처럼 보였기 때문이다. 모두가 내게 뉴욕은 이 산업들이 쇠퇴하고 있고, 물가가 너무 비싸서 감당하지 못할 거라고 했다. 그러나 예전에 그들은 좋은 직장을 구하면 학자금 대출을 다 갚을 수 있을 테니 빚을 내서라도 비싼 엘리트 문과대학에 다니라고 조언했었다. 당시 그들이 틀렸다면, 지금도 틀릴 것이다. 나는 이런 도박이 마음에 들었다.

저널리즘 분야는 취업하기 어렵지만, 출판은 상대적으로 수월했다. 나는 선택지를 열어두기 위해 두 가지 일을 모두 했다. 낮에는 대학에서 출판일을 하고, 밤에는 지역 좌파 신문사에서 자원활동가로 일하면서 내 목소리를 "진정한 저널리즘" 틀에 맞추려고 애썼다. 하지만 성공하지 못했고, 지금은 그렇게 된 것에 만족한다.

그러다가 그리 애정 어린 표현은 아닌 "종말론자 녀석Doomer dude"이라 불리게 된 것은 바로 이 자원활동 뉴스룸에서였다. 주류 뉴스 방송국은 여전히 "지구온난화" 문제에 대해 귀와 입을 닫고 있었다. 당시만 해도 그 문제가 논란의 여지가 많고 의심스러운 것으로 알려져 조롱받았기 때문이다. 그러나 내가 일하던 소규모 신문사 〈인디펜던트The Indypendent〉는 수면에 떠오르는 지구온난화 위기를 6월호 전체 이슈로 다루면서 용감하게 침묵을 깨기로 결정했다.

매달 우리는 다음 호 이슈를 기획하기 위해 편집회의에서 자유롭게 질문을 던졌다. 이 회의는 독특한 자원봉사자들의 특이한 성향을 이끌어냈다. 알루미늄 성분이 없는 데오도런트 냄새가 공기 중에 퍼질 때, 나는 햇볕에 그을리고 헝클어진 머리에 카고바지를 입은 키 큰 백인 남성들에게 둘러싸여 있음을 깨달았다. 그들은 내 키보다 한참 위에서 우는소리를 했다. "이제 더 이상 의미가 없어. 인간은 끝장났어!" 그들의 목소리는 환희로 가득했다. 아마도 그들은 내 표정에서 두려움을 읽었을 것이다. 그들 중 한 명이 내 눈높이까지 키를 낮춰 위로랍시고 이렇게 말했다. "아, 걱정하지 마. 지구는 괜찮을 거야. 그냥 우리만 없어지면 되니까."

근심하던 그들이 자신의 죽음뿐 아니라 나와 다른 사람의 죽음을 무심코 받아들이는 모습은 위협적이고 당혹스러웠다. 지구가 우리를 없애버린다고? 좋아, 말이 되네. 그런데 내가 뭘 어쨌다고?

당시 나는 뉴욕에 온 지 거의 1년이 됐지만, 나를 가르치려 드는 남자들의 소용돌이에서 빠져나갈 방법을 알기엔 너무 어렸고 여전히 촌스러웠다. 나는 고개를 끄덕이며 미소를 지었지만, 집으로 돌아가는 내내 울었다.

그들은 나보다 훨씬 나이가 많았고, 내 꿈을 얼마나 짓밟고 있는지 알아차리지도 (또는 고려조차) 못하는 것 같았다. 그들에 따르면, 나는 성년에 접어드는 게 아니라 용광로로 진입하고 있었다. 의도한 건 아니겠지만, 그들의 즐거운 허무주의는 내 손이 닿지 않는 높은 선반 위에 환경주의를 올려두는 효과를 낳았다. 그래서 나는 경찰 폭력, 소득 및 교육 불평등, 노숙자 등 내 손이 닿는 범위의 문제에 집중했다. 세상이 불타는 동안 내가 할 수 있는 일을 바로잡자고 생각한 것이다.

그때는 어떻게 말해야 할지 몰랐다. 그들에게 시작도 하기 전에 이렇게 포기할 수 없다고 말하는 방법을 알지 못했다. 하지만 나는 성장했다.

병아리가 횃대에 올라서다

2014년 나는 기후정의 운동에 본격적으로 뛰어들었다. 그 이후로 수많은 종말론자 녀석들을 만났다. 그들은 책을 쓰고, 토론회 연사를 초청하며, 늘 트위터를 들여다본다. 그런 사람들이 주류다. 그리고 대부분 백인이다. 백인 남성만이 *자신*을 포기할 만큼 여유를 부릴 수 있기 때문이다.

나는 그들에게 "탈-허무주의자de-nihilists"라는 새로운 이름을 지어줬다. 그들은 모든 재난 포르노를 흡수해 최악의 시나리오를 통달하고, 황홀해하며 이 모든 걸 줄줄 읊었다. 그들은 우리 운명이 결정되어 있음을 받아들였을 뿐 아니라, 그런 사실에서 위안을 찾았다. 자신들은 아직 미완성된 이 이야기가 어떻게 끝날지 안다고 확신한 것이다. 영화관이었다면, 그들이 끊임없이 결말을 알려주려 하는 통에 정말 밉살스러웠을 것이다.

어느 정도는 이해한다. 적어도 더 이상은 우리 위기의 심각성을 부인할 수 없다. 더는 "미래 세대"에 이 위기를 미룰 수 없다. 더는 지구온난화를 "막을" 수 없다. 바로 여기 있다. 병아리가 횃대에 올라섰다.

기후위기의 가장 두려운 점은 불확실함일 것이다. 알지 못한다는 것. 그래서 흔들리고 불안하다. 확신하기 위해 무엇이든 손을 뻗는 것도 이해할 수 있다. 당신이 중독성 있는 남성성이라는 젖을 빨고 자라났다면, 미래를 명료히 볼 수 있는 방 안에 있다고 생각할 만도 하겠다. 무슨 일이 벌어질지 아는 사람. 그러나 그런 사람은 없다.

지구든, 몸의 열이든, 뜨거워지는 것은 단계별로 진행된다. 즉 1°C마다 모든 온도 단계가 중요하다는 뜻이다. 그리고 지금 우리가 행하는 모든 것이 중요하다는 의미다. 그야말로 우리에게는 허무주의에 낭비할 시간이 없다.

희망은 영원하지 않다

하지만 공정하게 말하자면, 기후 공동체가 그들의 내러티브와 메시지를 전달할 때 미친 듯이 강경해질 때도 있다. *희망을 가져야 해! 쓸데없이 불안만 조장할 순 없어! 우리는 명확함, 절박함, 아름다움을 버리고 엄격한 과학적 뉘앙스를 고수해야 해! 모든 과학적 토끼굴을 탐험해야 한다고! 뉘앙스, 뉘앙스, 뉘앙스.*

이런 식의 어조는 기후에 관한 진정성 있는 대화를 불가능하게 만든다. 과거에는 '지구온난화의 잠재적 영향'으로 알던 것이 이제 적절한 이름을 갖게 된 세상에서는 그렇게 해선 안 된다. 이론과 가설의 기후 모델은 허리케인 마리아와 도리안, 태풍 위투, 사이클론 이다이, 산불 캠프파이어의 형태로 다가왔고, 너무 갑자기 발생해서 미처 이름을 붙이지 못한 산불은 그저 "오스트레일리아" 산불이라 부른다.

우리는 이런 재난들이 하나의 연속 과정으로 혼합되는 것을 "정상"으로 인식하도록 안간힘을 써야 하는 시대에 들어섰다. 한편, 기후 공동체가 영원한 희망을 고집하는 것은 전혀 현실적이지 않게 들린다. 기껏해야 그것은 정서적 미성숙이고, 최악의 경우에는 완전히 반사회적이다.

이런 종류의 희망을 품으려면, 그 희망을 정당화할 해결책을 찾아내고 분명히 말할 수 있어야 한다. 그것은 특정 유형의 전문 지식을 선호하며, 기후 대화에 들어가는 비용을 천문학적으로 올릴 것이다. 우리는 이 모든 장벽과 문지기를 감당할 수 없다. 다시 말하지만, 우리에게는 시간이 없다.

물론, 이런 반사 반응은 산업계와 정부로부터 수십 년간 가혹하고 부당하게 받은 공격의 부산물이지만, 그 결과는 마찬가지다. 이런 것은 지치게 하고, 비효율적이며, 우리를 소외시킨다. 솔직히 탈허무주의와 크게 다르지도 않다. 둘 다 맨스플레인 mansplaining[45]의 천국이다. 이 세상은 완벽했기에 불완전한 세상은 구하거나 싸울 가치가 없다는 그릇된 믿음에서 비롯된 특권의 냄새가 난다.

얼마나 멋지고 불완전한 세상인가

하지만 과학적 뉘앙스를 정확히 이해한다고 자부하는 공동체는 감정의 뉘앙스를 받아들이는 법도 배울 수 있다. 문제 악화를 막는 데 최선을 다하면서도 끔찍하게 닥쳐올 재난에 대비하는 것은 분명 가능하다. 우리는 세상이 불타는 것을 볼 때 밀려오는 감정의 폭풍을 인정할 수 있다. 그런 감정을 겪으면서도 우리가 할 수 있는 최선을 다해 불을 끄기 위해 자신을 일으켜 세울 수 있다.

세상이 그만한 가치가 있기 때문이다. 그리고 우리도 그럴 가치가 있다.

한없이 낙천적이거나 숙명론적일 필요는 없다. 그저 인간일 수 있을 따름이다. 엉망진창이고, 불완전하고, 모순적이고, 망가질 수도 있다. 우리는 희망 없음hopelessness과 할 수 없음helplessness의 차이를 배울 수 있다. 만일 우리가 그동안 알던 것과 반대라면 어떻게 될까? 행동을 이끄는 것이 희망이 아니라면? 용기가 행동을 이끌고, 희망이 그다음에 오는 것이라면?

---

45   남성이 주로 여성에게 거들먹거리며 설명하는 것.

나는 완벽한 세상을 본 적이 없다. 앞으로도 그럴 것이다. 다만, 온도가 2℃ 올라간 세상이 3℃나 6℃ 올라간 세상보다 훨씬 낮다는 것은 안다. 그리고 내가 가진 모든 것을 걸고 그런 세상을 위해 기꺼이 싸울 것이다. 그게 내가 가진 전부이기 때문이다. 내가 사랑하는 사람과 장소를 구하기 위해 모든 것을 걸기 전에 성공을 보장받을 필요는 없다. 나 자신을 구하려 하기 전에도 마찬가지다.

내게 소중한 것을 한 조각만 구할 수 있다고 해도 그것은 내 일부이며, 나는 이를 소중히 여길 것이다. 풀잎 하나만 구할 수 있다면, 기꺼이 그렇게 할 것이다. 나는 그것으로 세상을 만들고, 그것을 위해 살 것이다.

나는 이 영화의 결말을 모른다. *지금* 우리는 시나리오 작가의 방에 있기 때문이다. 우리는 *바로 지금* 결정을 내리고 있다. 방을 걸어 나가는 것은 선택사항이 아니다. 우리는 포기할 수 없다.

이 행성은 우리가 가질 수 있는 유일한 집이다. 어디에도 이런 곳은 없다. 그리고 집은 언제나, 항상, 늘 그럴만한 가치가 있다.

7. 양분 주기

발밑의 해법들

제인 젤리코바JANE ZELIKOVA

우크라이나에서 자라면서 나는 흙에서 노는 것을 좋아했다. 오빠는 고작 숟가락을 삽으로 삼아 놀면서 이렇게 말했다. "깊게 파고 들어가면 미국에 닿을지도 몰라." 우리 가족은 비행기와 기차, 자동차를 번갈아 타고 이곳으로 이주했다. 대학에서 나는 과학 필수과목을 이수하기 위해 생태학 수업을 들었고, 흙에서 노는 것이 직업이 될 수 있음을 알게 됐다. 인류학과 러시아 문학에서 생태학으로 전공을 바꾸는 데에는 많은 고민이 필요하지 않았다. 실험실이 밖에 있었고, 우리에겐 훨씬 더 큰 숟가락으로 땅을 파볼 기회가 있었다.

나는 흙이 손에 묻어나는 느낌이 좋았다. 그래서 손톱 밑에 흙이 끼고 지문이 흙빛으로 물드는 프로젝트를 찾아다녔다. 신입 생태학자 시절에는 숲 재생 분야를 연구하며, 조지아 소나무숲을 거쳐 코스타리카에서 묘목의 수를 세고 측정했다. 대학원에서는 작지만 강력한 유기체인 개미로 관심을 돌렸다. 현장에서 맞이한 첫여름, 나는 숲 바닥을 기어다니며 휠러장다리개미winnow ants

441

가 눈치 채지 못하게 형광색을 칠했다. 개미가 숲을 이동하는 동안 이들이 뿌리는 씨앗에 무슨 일이 일어나는지 알 수 있도록 경로를 추적하기 위해서였다.

조사 결과, 휠러장다리개미가 기후변화로 인한 더 빈번하고 가혹한 더위를 피해 빠르게 북상하고 있고, 그들이 퍼뜨리는 식물의 씨앗도 줄어들고 있었다. 휠러장다리개미와 식물은 씨앗을 퍼뜨리는 공생관계를 맺고 있으며, 식물이 개미에게 더 많이 의존한다. 레이첼 카슨은 "자연에서 홀로 존재하는 것은 없다"라고 말했다. 생태학은 모든 관계에 관한 것이다. 유기체는 서로의 관계와 그들을 둘러싼 환경과의 관계 속에서 존재하며, 생명의 조건을 형성하거나 생명의 조건이 그들을 형성하기도 한다. 그리고 모든 관계가 그렇듯이 생태학은 복잡다단하다. 급변하는 기후 속에서 생태학은 기후변화의 영향을 연구하는 학문이기도 하다. 뜨거운 조지아에서 형광색 개미를 추적하면서 수천 년에 걸쳐 형성된 개미와 식물의 생태 관계가 수십 년 만에 무너지고 있음을 발견했다. 이런 우연으로 나는 기후변화 연구에 참여하게 됐다.

지난 20년 이상 나는 눈만 뜨면 기후 모델을 예측하고, 식물과 동물, 미생물이 어떻게 반응하는지 측정했다. 그리고 인간이 초래한 전 지구적인 기후 실험 속에서 살아가는 유기체가 보여주는 반응을 꾸준히 관찰하고 기록했다. 과학자로서 나는 수천 년간 진화한 생태학적 관계가 기후변화로 급속히 파괴되는 상황에 흥미를 느끼면서도 충격을 받는다. 그러나 과학은 우리가 무력하지 않음을 일깨워주기도 한다. 인간의 독창성과 용기로, 흙으로 덮인 신발 밑의 보이지 않는 수많은 존재의 도움으로 기후변화를 늦출 수도 있고, 어쩌면 멈출 수도 있다. 기꺼이 흙에서 놀 의향이 있다면, 우리 자신과 우리가 의존하는 지구를 구할 수 있다.

흙은 지구의 피부라고 묘사돼왔다. 흙은 모든 농업과 지구의 생물군계를 지탱하는 거대한 생태계다. 지구의 극히 얇은 토양층이 없다면, 인류는 존재하지 않을 것이다.

*지난 1만2,000년 동안 우리는 초원과 숲을 농지, 방목지, 도로, 도시로 바꾸면서 흙이 유실되어 이 땅에 존재하던 1,330억 톤의 탄소를 잃었다. 이러한 손실의 주요 원인인 쟁기는 농업에 혁명을 일으키며 인류 역사의 궤적을 근본적으로 바꿔놓았다. 수렵 채집 유목민은 농부가 되었다. 농부가 자기 가족이 먹을 양보다 더 많이 재배하게 되자, 지역 사회의 나머지 사람들은 다른 일을 전문적으로 할 수 있게 됐다.

오늘날 우리는 전 세계 78억 명의 식량을 재배하기 위해 지구 땅의 3분의 1 이상을 사용한다. 우리가 식량과 섬유 생산에 사용하는 땅은 러시아, 캐나다, 미국, 중국을 합친 면적과 맞먹는 5,000만 ㎢에 이른다. 영국은 수십 년 뒤면 모든 토양의 비옥함을 잃을지 모르고, 브라질, 중앙아프리카, 동남아시아 일부 등도 비슷한 곤경에 처해 있다. 금세기 중반이면 지구상 인구가 100억 명에 가까워질 것이다. 이들의 식량을 확보하는 것은, 그 가치를 제대로 인정받지 못하는 소중한 자원인 토양에 더 많은 압력을 가할 것이다.

토양을 되살릴 수 있는 기술적 혁신은 존재하지 않는다. 수천 년 동안 바위의 풍화와 생물학적 활동으로 이룬 것을 할 수 있는 기계는 없다. 토양을 회복하려면, 기술과 농약에 대한 의존을 근본적으로 재고하여 토양이 스스로 할 수 있는 일을 하게 해야 한다. 즉 생명을 부양하는 일 말이다.

토양을 되살리기 위해서는 미생물을 먹여 살려야 한다. 한 숟가락의 흙에는 수십억 마리의 미생물이 산다. 이 작은 박테리아, 곰팡이, 원생생물, 고세균이 흙 속에 존재하는 대부분 생물을 구성한다. 지구에는 1조 종에 달하는 미생물이 사는데, 그중 99.999%가 아직 발견되지 않았다. 육안으로 보이진 않지만, 미생물은 모든 동물을 합친 것보다 더 많은 탄소를 가지고 있다. * 수십억 톤의 탄소가 땅속에 있는데, 이는 대기 중의 탄소보다 3배 많은 양이다.

1670년대 네덜란드 과학자 안토니 반 레벤후크Antoni van Leeuwenhoek가 우물에서 떠올린 물에서 작은 유기체를 최초로 발견하고 극미동물wee beasties이라 이름 붙였다. 350년 뒤 분자와 컴퓨터의 급속한 혁신으로 마침내 이들의 삶을 엿볼 수 있게 됐다. 여전히 우리는 그들이 누구이며 어떻게 살아가는지 알지 못한다. 하지만 이 보이지 않는 대다수가 우리의 발밑에서, 우리의 마당, 공원, 농장, 목장, 그리고 전 세계의 자연적이고 인공적인 생태계에서 윙윙거리며 보이지 않는 엔진을 가동하고 있다.

미생물은 탄소 격리carbon sequestration의 원동력이다. 그들은 동식물의 유기물을 토양 유기 탄소SOC나 다른 영양소로 변형하는데, 이는 토양을 비옥하게 하고 대기 중 탄소를 끌어내려 토양에 가

두는 과정이다.

미생물은 어떻게 이런 연금술을 행할까? 미생물을 이해하려면, 식물을 이해해야 한다.

거대한 세쿼이아에서 미세한 남조류까지, 무성하게 우거진 해안 열대우림에서 황폐한 방목지까지 광합성 유기체는 지구에서 탄소의 가장 중요한 화학적 변형을 주도한다. 식물은 광합성을 통해 대기 중의 이산화탄소를 흡수하는 빨대로 널리 알려져 있으며, 이산화탄소를 물과 햇빛에 결합해 탄소화합물의 구성요소로 변형한다. 또 해가 뜨면 광합성의 속도를 최고로 올리고, 해가 지면 새벽까지 이산화탄소 흡수를 멈춘다. 이제 새로운 기구가 만들어지면서 지구의 일일 가스 교환 주기와, 수십억 명이 내뿜은 이산화탄소를 전 세계 모든 식물이 흡수해 광합성을 작동하는 최고점을 관찰할 수 있다.

식물은 광합성을 통해 포집한 모든 탄소를 자신의 성장을 위해 사용하지 않는다. 남은 탄소의 삼출물이 뿌리에서 토양으로 스며들면, 굶주린 토양 미생물이 이 물질을 섭취한다. 미생물은 탄소삼출물의 일부를 자신의 성장을 위해 사용하며, 남은 탄소는 땅속에 저장하고 일부는 대기로 돌려보낸다. 식물 뿌리는 미생물에 탄소를 직접 공급할 뿐만 아니라, 토양 입자와 덩어리 사이의 작은 틈인 공극을 만든다. 과학자들은 최근에야 토양의 공극이 탄소를 저장하는 데 얼마나 중요한지 발견했다. 탄소를 공극이나 흙덩어리에 가두면, 탄소가 미생물에 의해 소비되고 부분적으로 배출되는 것을 막는다. 저장된 탄소 대부분이 사실은 네크로매스necromass라고도 알려진 죽은 미생물임이 밝혀졌다.

토양에 탄소가 더 많으면, 변형 능력이 높아진다. 즉 수분 침투가 더 잘 되고, 영양분과 수분 보유 능력도 향상된다. 토양의 건강이 향상되면, 농경지는 요동이 심한 기후에도 회복력을 갖게 된다. 이런 회복력은 날씨가 변덕스러워져도 식물이 꾸준히 자랄 수 있도록 돕는다. 간단히 말해, 건강한 토양이 그 어느 때보다 중요하다.

토양에 더 많은 탄소를 공급할 수 있는 검증된 방법이 있다. 경운을 줄이고(땅 갈아엎기를 줄이고), 다양한 작물을 심고, 휴한기에 피복작물을 심어 토양이 덮인 상태를 유지하는 것이다. 이렇게 하면, 식물의 뿌리가 1년 내내 땅속에 살아 있을 수 있고, 탄소를 잔뜩 저장했다가 미생물에게 뷔페를 차려주며, 우리 발밑에서 윙윙대는 미생물 엔진에 동력을 제공할 수 있다. 이는 농부가 농장과 목장에서 비료와 관개 같은 값비싼 외부 투입물에 덜 의존해도 된다는 것을 의미한다. 더 건강하고 탄소가 풍부한 농토는 더 견고하고 지속가능한 농업을 지원한다. 즉 식량을 재배하는 사람들과 기후 모두에 원원이다.

다양성은 더 나은 토양을 위한 마법의 영약이다. *과학자들이 다양성의 중요성에 대해 일반적으로 동의하기까지 200년 이상의 연구와 토론이 필요했지만, 이제 마침내 명확해졌다. 다양한 식물 공동체가 뿌리를 통해 훨씬 더 다양한 탄소삼출물을 전달하고, 다양한 미생물을 먹여 살린다. 미생물이 더 많은 탄소를 변형하고 저장함에 따라, 건강한 토양이라는 혜택을 추가로 제공하고 식물 공동체가 다양해지고 번창하도록 지원하는 선순환이 계속

된다.

　미생물이 작용하는 규모는 현미경으로나 보일 정도지만, 이들은 매우 중요하다. 이 "극미동물"은 황폐해진 토양을 회복하고, 수 세기 또는 수천 년간 대기의 탄소를 흡수해 저장하기 위해 식물과 협업하는 능력이 있다. 이는 토양이 단순하지만 중요한 기후 해법을 제공한다는 것을 의미한다. 토양은 탄소를 원래 위치로 되돌리는 데 도움이 될 수 있다. 핵심은, 토양 손실을 되돌리고 광합성과 미생물의 마법을 이용할 수 있도록 식량 재배 방식을 바꾸는 것이다. *토양과 광합성의 힘을 합하면, 우리가 매년 배출하는 이산화탄소의 약 10%를 줄일 수 있다!

　그리고 이 기후 해법을 가장 잘 수행할 수 있는 사람이 바로 땅을 돌보고 우리 식탁의 먹거리를 만드는 이들이다. 농부와 목장주는 자연의 탄소 순환을 지원하고 협업하여 식량 재배 방식의 전환을 주도할 수 있다. 우리 앞에 놓인 도전에 대처하고 토양의 탄소 저장 잠재력을 최대한 활용하려면 갈 길이 멀다. 다행히 우리는 처음부터 시작하지 않는다. 과학자는 시간의 흐름에 따른 토양 탄소의 변화를 추적할 도구가 있고, 우리는 미생물의 비밀스러운 삶과 탄소 전환 능력에 대해 더 많이 알아가고 있다. 점점 더 많은 농부와 목장주가 자신의 땅을 재생하고자 한다. 농업 해법은 새로운 것이 아니며, 기술 혁신에 의존하지도 않는다. 더 나은 토양을 만들고 탄소를 끌어내리는 것은 만반의 준비가 되어 있으며, 당장 내일이라도 미국과 전 세계 수많은 땅에서 실행할 수 있다. 비전이 있는 기후 지도자들은 이것이 현실이 되도록 도울 수 있다.

너무도 오랫동안 우리는 발밑에 있는 해법을 간과하는 기후 영웅들의 천편일률적인 소리만 들어왔다. 다양성의 이점을 강조하긴 했지만, 기후운동은 대체로 부유층과 백인 중심이었다. 과학자로서 나는 다양성이야말로 견고하고 생산적인 생태계의 주요 요소임을 알고 있다. 기후를 해결하는 데 이것이 덜 중요할 이유가 있을까? 기후 해법을 다룰 때는 다양한 관점과 접근법이 기초가 되어야 한다. 독창성과 회복력을 기르기 위해서는 다양성이 필요하다. 다양성이 없다면, 혁신이 진부해지고 현 상태와 다를 바 없는 "변화"로 끝나고 말 것이다.

보수세력이 우리를 기후위기로 몰아넣은 것과 같은 사고방식을 밀어붙이는 동안, 강력한 리더십이 소리 없이 미시적으로 일어나고 있다. 미생물은 번성하는 생태계와 지속가능한 식량 시스템의 토대를 구성하는 생태적 관계를 만들고 유지하는 데 도움을 주고 있다. 기업가와 투자자들은 공기 중의 탄소를 뽑아낼 수 있는 거대한 기계를 꿈꾸지만, 이토록 오래 지구에 존재한 생태계를 두고 기술에 의존하는 오만함을 지적하지 않을 수 없다. 식물, 곰팡이, 지의류는 7억 년 전부터 공기 중에서 이산화탄소를 뽑아내고 있다. 미생물은 요란하거나 오만하지 않으며 지구의 탄소 순환을 조용히 이끌어오고 있다.

우리는 찾기 힘든 기술적 묘책을 찾는 데 너무 집중하느라 우리가 서 있는 곳에서 일어나는 변화, 즉 거의 모든 농장과 목장으로 확장될 수 있는 토양에 뿌리를 둔 기후 해법을 외면해왔다. 아마도 우리는 미생물과 그들이 지탱하는 생태적 관계로부터 한두

가지 교훈을 얻을 수 있을 것이다. 이 작은 존재들은 지구상에 생명체가 존재하기 시작한 이래로 식물에 의존해 생존하는 모든 유기체에 필요한 조건을 형성하면서 자신들의 일을 해왔다. 미생물은 우리가 사라진 뒤에도 오래도록 이곳에 존재할 것이다. 우리가 새로운 세대의 기후 챔피언을 키우고 광범위한 기후 해법을 충분히 활용할 때 세상이 어떤 모습일지 상상하기 힘든 날에는 겸손한 미생물에게서 영감을 얻는다.

기후 빅토리 가든[46]에서의 메모

루이즈 마허 존슨LOUISE MAHER-JOHNSON

재조정하기: 온실가스(이산화탄소, 아산화질소, 메탄, 수증기)와 광합성

인지하기: 식물은 증발, 지피식물, 그늘과 비를 통해 온도를 내린다.

옮겨심기: 과거 세계대전 때처럼 텃밭이 있는 잔디밭

재생하기: 나무-꽃-허브-목초지-동물 등 다양한 생물종이 있는 농장

복원하기: 대기에서 나온 탄소를 원래 있던 토양으로 돌려보내기

대체하기: 산업 단작농을 재생 퍼머컬처로 바꾸기

재검토하기: 소수의 공장형 농장이 아닌 다수의 소농으로 식량 생산

---

46 빅토리 가든은 세계대전 당시 부족한 식료품 공급을 해결하기 위해 시민들이 자발적으로 가꾼 텃밭으로, 연합군의 승리를 위한 중요한 활동으로 인식됐다. 기후위기 시대에 이를 재현하자는 취지의 활동이다.

거부하기: 화석연료 기반의 살충제, 플라스틱, 광고

재고하기: 건강한 생태계와 모든 생명체를 위한 경제

재지역화: 슬로우푸드, 슬로우 라이프스타일, 슬로우 경제

되살리기: 단순함과 선함, 천성과 양육, 생각보다 감정

다시 느끼기: 회전하는 해바라기와 별처럼 빛나는 반딧불이의 연관성

복구하기: 야생자연, 삼림지대, 습지, 야생동물, 수로

재건하기: 벌, 나비, 새, 박쥐, 딱정벌레의 건강 상태

존중하기: 수분受粉 작용과 생명을 재구성하는 곤충의 역할

기억하기: 모든 것이 연결되어 있다. 우리 모두는 강 하류에서 순풍을 맞고 산다.

다시 상상하기: 근본적인 보존, 협력, 공동체

다시 균형잡기: 자연은 알고 있다. 자연을 모방하자. 자연을 느끼자. 자연이 되자.

바다에서의 해법들

에밀리 스텐글EMILY STENGEL

나는 바다에 대해 말하려 한다. 하지만 땅에 견고하게 내린 내 뿌리부터 시작해보자.

내가 12살 때 처음으로 한 일은 펜실베이니아주 아미시의 농산물 직거래 시장에서 농산물을 파는 것이었다. 갓 수확한 달콤한 딸기, 옆 진열대의 크림버터와 잘 어울리는 적당하게 매운 무 같은 상품이 나를 사로잡았다. 하지만 그곳의 사람들과 일하는 방식이 훨씬 더 매력적이었다. 나는 3대째 가업을 이어온 업체에서 일했는데, 사업주인 멕스Mecks는 지역 공동체를 위해 식량을 재배한다며 자부심이 굉장했다. 그에게 그것은 직업이 아닌 천직, 즉 내가 깊이 열망하는 소명이었다.

내가 20대 초반에는 "농산물 직거래 운동"이 유행하기 전이었는데, 내 열망은 지역 농장과 식품 회사에서 공급받는 뉴욕의 가족 소유 회사에 식재료를 공급하는 것으로 이어졌다. 재배자, 요리사, 종업원, 고객과 함께 일하는 것도 좋았지만, 식량 시스템의 작동 방식을 더 깊이 알고 싶었다.

이후 농업 연구로 관심을 돌리고, 학문적 연구를 통해 전국 200명 이상의 농부를 인터뷰하며 농장을 성공시킨 요인을 이해하려 노력했다. 그리고 미국에서 가장 위험한 일을 하는 사람들이 건강보험이나 농촌에서 적절한 보육시설을 찾는 것과 같은 문제에 허덕이느라 생계를 유지하는 데 어려움을 겪고 있음을 알게됐다. 농업 인구는 승계 계획 없이 고령화되고 있었고, 농지는 젊은 농민들이 사기에는 너무 비쌌다. 농업은 종종 목가적인 생활방식으로 묘사된다. 하지만 내가 보고 들은 바대로라면, 젊은 농부, 초보 농부, 특히 여성 농부에게 지속되는 문제와 불공평함은 절망적인 상황이었다.

이러한 최악의 사회경제적 문제 외에도, 농부들에게 기후변화와 그것이 미치는 영향에 대해 들었다.

기후변화는 우리의 성장 방식과 식량 시스템 전체를 위태롭게한다. 산불은 오스트레일리아에서 캘리포니아까지 농지를 불태우고, 홍수는 미국의 곡창지대를 파괴하고 있다. *농업이 세계 담수 자원의 90%를 사용하고 증가하는 인구가 농경지에 압력을 가함에 따라, 물과 토지 부족은 식량 생산 비용을 꾸준히 증가시켜 현재의 농업 시스템을 점점 더 지탱할 수 없게 만들 것이다.

점점 커지는 기후변화의 파괴력과 암울함으로 인해 농업 공동체가 직면한 도전은 극복할 수 없는 것처럼 느껴졌다. 나는 도움이 될 만한 방법을 찾기 위해 고군분투했다.

그러는 동안 친구를 통해 짠내 나는 상업 어부였다가 지금은 코네티컷 해안에서 조개류와 해조류를 기르는 바다 농부 브렌 스미스Bren Smith를 소개받았다. 나는 그 산업에 종사하는 사람이나

'바다를 경작한다'는 게 뭘 의미하는지 알지 못했다. 그런데도 친구는 브렌이 새로운 농부들에게 자신의 모델을 가르치는 것을 내가 돕고 싶어 할지도 모른다고 생각했다.

브렌과 만나기 전에 그에 대한 기사를 읽었다. 〈뉴요커The New Yorker〉 인물 소개에 따르면, 그는 캠핑카 에어스트림Airstream에 살고 위스키병에 물을 담아 마셨다. 그와 함께 일하고 싶은지 확신이 서지 않았지만, 그를 만나고 싶었던 건 분명하다. 그와 나눈 첫 대화에서 농사를 훨씬 뛰어넘는 그의 희망찬 야망에 흥미를 느꼈다. 단순하지만, 해양과의 상호의존적 파트너십을 통해 기후변화를 완화하고, 생태계를 복원하며, 해안 경제를 되살릴 수 있다는 것이다.

나는 바다를 수영하는 곳 이상이라고 생각한 적이 없었다. 하지만 그는 땅에 뿌리를 둔 농업과 그것이 지탱하는 식량 시스템을 파괴하는 두 가지 위기, 즉 저렴한 농지에 대한 접근과 생태적 지속가능성 문제의 해결책으로 바다양식을 고려하라고 조언했다.

브렌이 재생 바다양식 모델을 알려준 덕분에 내 의심이 누그러지며 패러다임의 전환이 시작됐다. 바다에서 농사짓는 것이 내가 육지에서 목격한 문제를 해결할 수 있을까? 이제 막 시작한 초보 농부들에게 기회를 제공할 수 있을까? 그것이 오염을 일으키지 않고 식량을 생산할 수 있을까?

간단히 말해, 대답은 '그렇다'이다.

바다양식의 이점을 파악하려면, 기초부터 시작하는 것이 도움이 된다. 직사각형 모양의 수중 정원을 상상해보라. 맞은편 가장자리의 허리케인 방지 닻은 수면 아래 6피트(약 1.8m) 지점에 떠 있는 수평 밧줄로 연결되어 있다. 이 밧줄에 매달린 다시마와 해조류는 그물에 매달린 가리비와 그물 양말을 신은 홍합 옆에서 수직으로 아래로 자란다. 굴은 해저에 있는 틀 안에 있고, 조개는 바다의 진흙 바닥에 묻혀 있다. 이것은 물 위에서는 거의 보이지 않지만, 생계유지를 위한 설계다.

이러한 작물들은 담수. 동물 사료, 비료, 살충제가 전혀 필요 없다. 또한 회복력도 있다. 다시마와 같은 해조류는 흔히 "바다의 세쿼이아"라고 불리는데, 세쿼이아 나무 못지않게 탄소 흡수의 영웅이기 때문이다. 굴은 하루에 최대 50갤런(약 190리터)의 물을 여과함으로써. 육지 농업 유출수에서 바다로 스며들어 수중 데드존의 주요 요인이 되는 질소를 제거한다.

단순한 수중 밧줄 구조물은 저렴하고 구축하기 쉬워서 복제와 확장이 가능하다. 양식장 부지를 임대할 수 있으면, 2만 달러의 적은 투자로 1년 이내에 상업적인 규모의 농장을 운영할 수 있다. 바다양식 작물에 대한 수요는 계속 증가하고 있다. 해조류는 식품뿐 아니라 비료, 동물 사료, 바이오플라스틱에도 사용할 수 있다.

배우고, 연구하고, 숙고한 뒤 브렌이 이미 참여시킨 파트너들을 보니 나도 함께하고 싶어졌다.

2016년 나는 브렌과 함께 비영리단체 그린웨이브GreenWave를 출범시켰다. 우리는 4년 동안 바다양식에 대해 늘어나는 관심과 절실한 요구를 지원하는 조직을 구축했다. 지금까지 100개국 이상에서 5,000여 명의 농부가 관심을 표하며 지원을 원하고 있다.

바다양식 커뮤니티와의 직접적인 협력으로 이 분야를 성공적으로 만들 수 있음이 밝혀졌다. 물론 농부들은 저렴한 종자, 농장부지 임대 및 허가, 훈련 및 기술 지원, 구매자와의 연결과 같은 기본 사항이 필요하다. 그러나 우리는 농부 소유의 부화장, 공동가공 허브, 열성적인 도매 및 기관 구매자를 포함해 협력하고, 함께 배우고, 기반시설을 공유하는 수십 개의 농장 집단 속에서 성공한다는 것을 배웠다.

협력사들은 식품, 비료, 가축 사료, 바이오플라스틱 등 기후친화적 제품을 개발해 바다 농부의 작물 시장을 형성하고 있다. 그들은 다시마 부각, 미역 파스타, 음료 빨대 등 새롭고 친숙한 품목에 현지 해초 재료를 창의적으로 활용하고 있다. 해조류 비료와 퇴비 시장도 성장하고 있는데, 이는 바다의 탄소, 질소, 인 등을 육지로 돌려보내 토양 속에 가둬 격리하는 효과적인 양분 순환을 만든다. 또 해조류는 가축의 온실가스 배출을 해결하는 데 도움을 줄 수 있다. *한 연구에 따르면, 소량의 해조류로 가축 사료를 보충하면 소의 메탄 배출량을 절반 이상 줄일 수 있다.

재생 바다양식이 아직 초기 단계에 있기 때문에, 이를 제대로 발전시키면 새로운 청색-녹색 경제에서 기후 회복력과 형평성이 의사결정을 주도하는 미래를 만들 수 있다. 이는 누가 농사를 짓는지에 초점을 맞추고, 선주민과 여성을 비롯해 잘 드러나지 않은 공동체에 대한 기회를 늘리는 것을 의미한다. 청색-녹색 경제는 단순히 소비자가 요구하는 것이 아니라, 회복력 있고 생태적으로 지속가능한 것을 성장시켜야 한다. 또한 폐기물을 줄이고 귀중한 자원을 지속적으로 사용하는 순환 비즈니스 모델을 구축하고 협력함으로써 성공할 수 있다. 이는 자본의 공익적이고 정당한 임팩트 투자[47]를 통해 번영한다.

이 분야가 성장함에 따라 흥미로운 추세가 나타나고 있다. 여성들이 주도권을 잡고 있다는 것이다. 역사적으로 남성들이 해양 공간을 지배해왔지만, 이 새로운 재생 경제의 리더로 여성 농부, 여성 부화 기술자, 여성 과학자, 여성 기업가들이 부상하고 있다. 그들은 어업, 연구, 조개 양식, 과학기술, 출판, 마케팅 등 다양한 배경을 가지고 있다.

협력적이고, 총체적이며, 포괄적인 접근 방식은 분명히 여성적이다. 우리는 해안 지역 공동체를 새롭게 하고, 공공, 민간, 농업 파트너와 협력하며, 인간과 지구의 요구를 고려하기 위해 노력하고 있다. 이 기획이 시너지를 갖는 이유는 한 가지 문제만이 아니라 한 번에 많은 문제를 해결하는 것을 목표로 하기 때문이다. 서로 긴장 관계에 있는 이 모든 문제를 이해하고, 언제 어떤 지렛대를 당길지 파악하는 것이다. (나는 여성으로서, 그리고 최근에는 갓난아이와 남편, 일 사이에서 곡예하듯 살아가는 엄마로서 이 긴장감을 너무나 잘 알고 있다.)

---

47 재무상으로 수익을 창출하면서도 사회나 환경문제들을 해결하는 효과를 의도하는 투자를 말한다.

재생농법이 펼쳐지는 '바다 풍경'을 둘러보다가 회복력, 주도성, 통합성을 갖고 이끄는 여성들을 발견할 때면, 내가 그중 하나라는 것이 자랑스럽다.

기후변화에 직면하여, 우리는 빠르고 규모 있게 행동해야 한다. 재생 바다양식은 두 가지 모두를 제공할 수 있다. *최근 세계은행 보고서에 따르면, 미국 해역의 5% 미만에서 재생 생물종을 양식하면, 담수나 화학물질을 투입하지 않고도 치즈버거 3조 개에 해당하는 단백질을 생산하고, 5,000만 개 이상의 새로운 일자리를 창출하며, 매년 1,000만 톤의 질소와 1억 3,500만 톤의 탄소를 흡수할 수 있다. 현재 우리는 전체 연안 바다의 0.004%에서만 농사를 짓고 있다. 기회는 무궁무진하다.

우리는 바다와 협력함으로써 인간과 지구 모두를 풍요롭게 만드는 평등한 청색-녹색 경제를 건설할 수 있다. 또 건강한 식량을 생산하고, 플라스틱을 대체하고, 토지 기반 농업의 폐해를 줄일 수 있다. 우리는 여성을 중심으로 과감한 기후변화 대응 행동에 나설 수 있다. 그리고 바다가 제시하는 해법을 현명하게 추진할 수 있다.

생명의 특질

카밀 T. 던기 | CAMILLE T. DUNGY

과학자들은 무척추동물 5분의 1이 멸종위기에 처할 수 있다고
말한다.
— BBC Nature News

내게 달팽이를 대변하는지 묻는다면,
나는 그렇다고 답할 것이다
나는 땅속의 생명체와
이끼의 환대,
갑자기 생겨나는 생명체,
뒤로 물러나 잠시 기다리는 작은 생명체를 이야기한다

나는 실잠자리, 소금쟁이, 연체동물,
애벌레, 딱정벌레, 거미, 개미를 위해
목소리를 낸다
무척추동물이 눈살을 찌푸리기 이전부터

내게 달해파리를 대변하는지 묻는다면,
오늘 하나와 내일 다른 하나를 말할 것이다
그리고 나는 이 땅에 살아 있는 모든 것처럼
한결같을 것이다

나는 순풍에 따라 움직이는 해류처럼 움직인다
당신의 본성 가운데 어떤 부분이 당신을 움직이게 하는가?
당신의 작은 방에서
당신은 나를 이해해야 한다. 나는 종일 걸러 내고, 걸러 내고,
걸러 낸다

내게 앵무조개를 대변하는지 묻는다면,
선반 위에 놓인 앵무조개 껍질처럼 침묵할 것이다
그것이 내게 물어볼 전부라면, 나는 아름다우나 쓸모없을 것이다

내게 그리움에 관해 묻는다면,
밤에 피어나는 꽃과 초원 사이의 거리에 대해 말할 것이다
나는 반딧불이의
이룰 수 없는 희망을 말할 것이다

촛불 켠 식탁에
의자 하나만 있는 당신은
그러한 무언의 욕망을 이해해야 한다

그것이 마음이 없다고 말하면, 중요한 것을 놓치는 것이다

검은 황금

레아 페니먼LEAH PENNIMAN

디주르 카터Dijour Carter는 뉴욕 그래프턴 소울 파이어 농장의 자갈밭 진입로에 주차된 밴에서 내리기를 거부했다. 이 프로그램에 참여한 다른 10대들은 회의적인 반응을 보이면서도 나타났지만, 디주르는 후드를 쓰고 헤드폰을 낀 채 시선을 피하며 밴에 머물렀다. 그는 새 신발 조던에 진흙을 묻히지도, 흙먼지 나는 농사일로 손을 더럽히지도 않았다. 하지만 나는 그를 나무라지 않았다. 농장을 찾은 흑인 방문객에게 땅을 볼 때 가장 먼저 떠오르는 것을 물으면, 거의 예외 없이 '노예제'나 '대농장'이라고 답한다. 우리 가족은 그럴만한 이유로 황토가 가득한 조지아주를 떠났다. 노예제, 소작, 죄수 사역, 폭력에 대한 기억은 땅과의 관계와 관련이 있다. 선조들에게 공포로부터의 자유와 땅으로부터의 분리는 동의어였다.

여름 프로그램에 참여한 성인 멘토들은 식량 정의에 중점을 둔 흑인 농장 견학에 열광했지만, 디주르는 시큰둥했다. 그 땅이 비록 과거 '범죄의 현장'이었지만, 산코파 농장 관리자인 크리스 볼

든 뉴섬Chris Bolden Newsome이 말했듯이 땅은 죄가 없다고 디주르를 설득했으나 소용없었다. 하지만 투어를 떠나는 일행을 보자, 곰이 가득한 숲에 혼자 남겨지는 것이 흙에 대한 두려움을 이겼다. 그는 축축한 땅에 조던 운동화가 닿지 않도록 맨발로 땅을 밟았다. 전형적으로 금욕적이고 내성적인 디주르는 그날 마무리 모임에서 울음을 터뜨렸다. 그는 어릴 때 할머니에게 텃밭 가꾸는 법과 벌레가 가득한 한 줌의 흙을 부드럽게 쥐는 법을 배웠다고 했다. 수년 전 할머니가 돌아가신 뒤로는 이 가르침을 잊고 지냈다. 이곳에서 맨발로 진흙을 밟자, 할머니와 흙에 대한 기억이 발바닥을 거쳐 심장으로 전해졌다. 그는 "드디어 집에 온 것" 같다고 말했다.

땅과 선조들의 신성한 관계

수천 년간 땅과 신성한 관계를 맺어온 흑인들은 미국에서 노예로 246년, 소작인으로 75년 이상을 살았다. 대부분 흑인에게 땅에 기반한 이 공포의 시대는 땅과의 신성한 관계를 파괴했다. 우리는 선조들이 땅에서 겪은 예속을 땅 자체와 혼동해 압제자라 명명하고, 뒤돌아보지 않고 포장도로를 향해 달려왔다. 땅이 우리를 다시 속박할 거라고 생각하기 때문에 몸을 낮추지도, 땀 흘리지도, 수확하지도, 심지어 흙을 묻히지도 않는다. 땅과의 관계를 치유하는 일 중 하나는 땅을 숭배하라는 과거의 가르침을 다시 배우는 것이다.

흑인과 땅의 신성한 관계는 기원전 51년에 시작된 이집트의 클레오파트라 통치 시기까지 거슬러 올라간다. 클레오파트라는 지렁이가 토양의 비옥함에 기여한 점을 인정해 신성한 동물로 선언하고, 다산의 신이 노하지 않도록 포고령을 내려 농부를 비롯한 그 누구도 지렁이를 해치지 못하게 했다. 나일강 유역의 지렁이는 이집트 토양의 비옥함에 크게 기여한 것으로 여겨진다. 서아프리카에서 비옥한 인공 생성적인 토양의 깊이는 공동체의 나이를 나타내는 "미터자" 역할을 한다. 지난 몇 세기 동안, 가나와 라이베리아 여성들은 여러 유형의 쓰레기(요리 과정에서 나온 재와 숯, 뼈, 수제 비누 가공 부산물, 수확한 왕겨 등)를 결합해 아프리카의 검은 흙African Dark Earths을 만들었다. *이 검은 황금은 칼슘과 인의 농도가 높을 뿐 아니라, 이 지역의 전형적인 토양보다 200~300% 더 많은 유기 탄소를 함유하고 있다. 모든 세대의 농부가 검은 흙의 조성에 참여했기에, 오늘날 지역 공동체 노인들은 검은 흙의 깊이로 마을의 나이를 측정한다.

나미비아 북부와 앙골라 남부의 식민 정부는 오밤보Ovambo 농부들을 그들의 땅에서 쫓아내기 위해 더 나은 품질의 토양을 가진 동등한 면적의 토지를 주겠다고 제안했다. 농부들은 토양을 만드느라 고생했을 뿐 아니라, 새로운 지역이 기존 농장과 비옥도가 같을지 의문이라며 이주를 거부했다. 오밤보 사람들은 토양의 비옥도가 타고난 특질이 아니라, 성토와 배토, 동물의 배설물, 재, 흰개미가 만든 흙, 소의 오줌, 습지의 오물 등이 작용해 여러 세대를 거쳐 형성된 것임을 알고 있었다.

흑인과 땅의 이 신성한 관계는 노예가 된 흑인 토지 관리인과 함께 미국으로 건너갔다. 1900년대 초반 조지 워싱턴 카버George

Washington Carver는 재생농업의 선구자로, 미국에서 처음으로 콩과류 피복 작물, 영양분이 풍부한 멀칭mulching, 다양한 작물 심기 등의 방법을 옹호한 농업과학자였다. 그는 『미국 월간 리뷰The American Monthly Review of Reviews』에서 "토양의 질소 결핍은 농작물의 적절한 윤작, 콩과 식물 또는 깍지를 가진 식물을 가능한 한 많이 자라게 함으로써 완전히 대응할 수 있다"고 주장했다. 그는 농부들에게 시간이 날 때마다 낙엽을 긁어모으고, 숲에서 영양분이 풍부한 흙을 모으며, 습지에서 나온 거름을 쌓아 땅으로 가져오도록 조언했다. 또한 그는 "어떤 것에 불친절하다는 것은 그것을 정의롭지 않게 대한다는 걸 의미한다"고 믿었다. 그의 이 믿음은 사람과 토양 모두에 적용됐다.

우리가 땅으로부터 멀어진 결과

식민지화, 자본주의, 백인 우월주의가 기획한 일 중 하나는 땅과의 신성한 연결고리를 잊게 하는 것이었다. 그래야만 이윤을 위해 땅을 착취하는 것을 합리화할 수 있었다. 1800년대 유럽 정착민들이 북미 전역의 선주민을 이주시키고 나서 광대한 땅을 경작하는 데 처음으로 쟁기를 사용했다. *단 수십 년간 이뤄진 강도 높은 경운만으로 토양 속 유기물의 약 50%가 이산화탄소로 바뀌어 하늘로 방출됐다. 대평원의 농업 생산성은 유럽인이 경작한 지 불과 28년 만에 64%가 감소했다. 대기 중 이산화탄소 농도의 초기 상승은 경운으로 인한 토양 유기물의 산성화 때문이다. 이는 인간이 초래한 기후변화가 산업혁명뿐 아니라 토양 착취와 함께 시작됐음을 의미한다.

지구의 토양은 계속해서 위기에 놓여 있다. *매년 우리는 전 세계적으로 약 2,500만 에이커(약 10만km²)의 경작지를 토양 침식으로 잃는다. 그 손실은 토양 형성 속도보다 10배에서 40배 더 빠르며, 대기 중으로 탄소를 방출하고 세계 식량 안보를 위험에 빠뜨린다. 토양 손실만으로 향후 50년간 식량 생산량이 30% 감소할 수 있다.

토양을 부주의하게 다루면, 더 이상 우리 발밑의 안정된 땅조차 제공받지 못한다. 2018년 말 산불은 캘리포니아 일부를 태우고, 토양 유기물질과 산비탈을 지탱하던 초목을 파괴했다. 산불 캠프파이어에 이어 폭우가 쏟아져 불안정해진 진흙과 바위가 내리막길을 흘러내려 최소한 85명이 사망했고, 1만9,000개의 건물이 손상되거나 파괴됐다. 산불과 변덕스러운 강우량은 화석연료에 대한 우리의 탐욕과 인간에 의한 기후변화와 관련이 있다. 이와 함께 석탄 채굴과 프래킹을 통해 지구에서 화석연료를 추출하는 과정은 토양을 더욱 불안정하게 만들어 매리너 이스트 파이프라인과 연결된 펜실베이니아 체스터 카운티의 싱크홀과 같은 결과를 초래한다.

토양이 피해를 입으면, 식량 공급과 기후만이 위험에 처하는 것은 아니다. 땅과의 연결에서 멀어질수록 땅을 일구는 사람들을 무시하고 착취할 가능성이 더욱 높아진다. 웬델 베리Wendell Berry는 『감춰진 상처The Hidden Wound』에서 다음과 같이 썼다.

경제적 착취와 토지 소유라는 관념에 몰두한 백인은 파괴적인 힘과 생태적 재앙 속에 살 수밖에 없었다. 인종적으로 열등하다고 여긴 흑인이 땅을 잘 이해할 것이라고 판단해 육체노동을 부과했기 때문이다. 백인은 노동을 저평가하면서 땅과 자신들의 의미 있는 접촉 가능성을 파괴했다. 그들은 말 그대로 자신들의 전제와 편견에 눈이 멀었다. 백인은 땅을 알지 못했기에 자연의 풍요로움을 낭비하고, 고갈시키고, 더럽히고, 오염시키면서 완전히 파괴할 수밖에 없었다. 미국에서 백인이 땅을 사용한 역사는 수치다.

*현재 미국에서는 땅에서 일하는 사람들의 거의 85%가 히스패닉이나 라틴계이며, 다른 분야의 미국 노동자와 같은 법률적 노동 보호를 받지 못한다. 살충제 노출, 임금 착취, 무보수 초과 근무, 아동노동, 단체교섭 결여, 성적 학대는 오늘날 농장 노동자들에게 너무나 흔한 경험이다. 이들은 기후변화로 인한 기록적인 폭염으로 부상을 당하거나 사망하기도 했다.

사회의 토양과 대기 남용은 기후변화로 인해 일방적으로 피해를 입은 전 세계 유색인종 공동체에 끔찍한 결과를 초래했다. 파괴적인 허리케인은 미국 카리브해 섬과 해안 지역에 매년 정기적으로 상륙하고 있다. 몇몇 알래스카 선주민 공동체는 기온 상승으로 생태계와 야생동물이 타격을 입은 탓에 전통적인 방식으로 사냥과 낚시를 하는 데 어려움을 겪고 있다. 사하라 사막 이남의 아프리카는 기후변화의 가장 혹독한 영향을 받을 것으로 예상되는 지역 중 하나다. 기후활동가 안드레아 매닝Andrea Manning은 "만약 여러분이 오늘날 기후변화의 영향을 받지 않는다면, 그것 자체가 특권입니다"라고 말한다.

땅과 기후를 치유하는 흑인 농부들

그러나 기후 영향의 최전선에 있는 지역 공동체들은 기후 해법의 최전선에 있기도 하다. 새로운 세대의 흑인 농부들은 초기 유럽 정착민의 집중적인 경운으로 야기된 피해를 복구하기 위해 전통 농법을 이용하고 있다. 유럽 정착민의 관행 때문에 토양 속 유기물의 절반가량이 이산화탄소가 되어 대기로 방출됐다. *농업은 임업, 삼림 벌채, 기타 토지 이용과 함께 계속해서 기후에 지대한 영향을 미치며, 전 세계 온실가스 배출량의 24%를 차지한다.

이제 흑인 농부들은 배출량을 줄이고, 증가한 대기 중 탄소를 흡수해 토양에 가두기 위해 전통 농법을 이용하고 있다. 선조들의 전략은 서구 과학에 의해 뒷받침되는데, 프로젝트 드로다운Project Drawdown의 분석에서도 지구온난화에 대한 가장 실질적인 해법으로 꼽힌다.

임간축산silvopasture은 견과류, 과일나무, 사료, 풀을 통합해 가축에게 먹이는 토착 시스템이다. 또 하나의 해법인 재생농업은 토양 파괴 최소화, 유기농 생산, 퇴비 활용, 피복작물 사용, 작물 윤작을 포함한다. 두 시스템 모두 온실가스를 포획하기 위해 식물을 활용한다. 식물은 자연의 연금술사로, 대기 중 이산화탄소를 당류로 바꿔 원래 속해 있던 땅에 가둔다.

이러한 농법을 적용하는 여성 주도womxn-led48 농장 세 곳의 사례를 살펴보자.

조지아주 그레이선의 하이호그 농장

흑인 농가의 모든 사람이 <u>키샤 캐머런</u>Keisha Cameron처럼 섬유에 몰두하는 것은 아니다. 아프리카계 미국인이 노예 상태로 면화 산업에서 중요한 역할을 했던 것을 고려하면, 많은 농부가 섬유작물 재배를 꺼리는 편이다. 그녀는 이렇게 설명한다. "우리는 그 산업에 거의 참여하지 않습니다만, 이러한 농경 기술과 생활방식은 우리 유산의 일부입니다."

하이호그 농장에서 캐머런과 그녀의 가족은 과일나무를 인디고, 목화, 아마와 같은 다양한 작물로 둘러싸는 방식으로 수종 조합 시스템을 만들고 있다. 또한 통합된 임간축산 시스템에서 양, 염소, 토끼, 말, 토종닭, 지렁이를 기르며, 섬유와 고기를 판매한다. 그녀가 가장 좋아하는 품종 중 하나인 아메리카 친칠라 토끼는 염소보다 더 다양한 먹이를 먹는데, 그들의 분뇨가 목초지를 비옥하게 해준다.

그들의 목표는 농장이 필요로 하는 모든 비옥함을 농장 안에서 만들어내는 "닫힌 고리"다. 그들은 작은 공간에 많은 사업을 포진시킨다. 캐머런이 장난스럽게 말했다. "우리 땅이 5에이커(약 2

---

48 womxn은 여성을 뜻하는 woman과 남성을 뜻하는 man, 그리고 제3의 성까지 포함하는 신조어로, 철자에 녹아 있는 여성차별적 인식을 피하고자 사용되기 시작했다.

만㎡) 정도 되는데, 너무 커서 위험할 정도예요."

*에릭 토엔스마이어Eric Toensmeier는 저서 『탄소 농업 해법The Carbon Farming Solution』에서, 임간축산 시스템이 연간 1에이커당 2톤 이상의 탄소를 흡수할 수 있으며, 땅 위와 아래에 있는 풀, 관목, 나무의 생물량에 저장된다고 주장했다. 또 방목 동물이 배출하는 탄소는 잘 관리된 목초지가 격리하는 탄소와 상쇄할 수 있다고 믿었다.

임간축산은 기후를 치유하기도 하지만, 우선 즐거운 농법이기도 하다. "저는 양과 토끼와 함께 놀아요. 이보다 더 좋은 게 있을까요?" 캐머런이 포즈를 취하며 말했다.

뉴욕 그래프턴의 소울파이어 농장

소울파이어 농장의 공동 책임자 라리사 제이콥슨Larisa Jacobson은 "땅의 관리자로서 우리 의무는 달아난 탄소를 땅으로 다시 불러들이고, 흙의 생명을 집으로 데려오는 것입니다"라고 설명했다.

우리가 2006년 처음 그곳에 도착했을 때 땅은 매우 지쳐 있었다. 거의 모든 표토가 언덕 아래로 씻겨 내려가거나 연소되어 하늘로 날아갔다. 삽 끝부분을 단단한 회색 점토에 찔러 넣어 토양 검사를 해보니 겨우 3~4%의 유기 탄소만이 발견됐다. 역사적으로 땅을 빼앗긴 수많은 흑인 농부처럼, 우리도 운 좋게 경작에 부적당한 몇 에이커의 토지를 확보할 수 있었다.

알을 낳는 닭은 땅에 풍부한 거름을 쌓아 쪼고 긁으며 땅을 치유하는 일등공신이다. 우리는 나무를 심는 데 필요한 둔덕을 만들기 위해 퇴비, 숲의 잎사귀, 건초, 갈색 종이로 둔덕을 덮었다. 조지 워싱턴 카버가 주장했듯이, 우리는 맨땅이 발견되면 어디든 지 콩이 열리는 덮개작물을 심어 대기 중 탄소와 질소를 단단한 땅으로 옮겼다. 라리사의 지도하에 트랙터 경작을 최소화하고, 잡초를 막기 위해 빈 땅 위에 방수포를 까는 것과 같이 혁신적이지만 기술적으로 간단한 방법을 사용했다. 그 결과, 농장의 유기물이 과거 수준인 10~12%에 달했고, 고유한 생물 다양성이 회복됐으며, 토양이 검고 비옥해져 수확량이 늘어났다.

농장에서 내 별명은 "여러해살이 아빠"다. 내가 여러 계절에 걸쳐 생명 주기가 연장되는 식물을 사랑하기 때문이다. 1년 만에 자라나고 죽는 한해살이와는 달리, 여러해살이 식물은 긴 겨울을 견뎌내고 봄 해빙기에 다시 성장하는 방법을 알고 있다. 사과, 블루베리, 레몬밤, 민트, 딱총나무, 복숭아, 딸기는 땅 아래에 더 많은 탄소를 가두기 위해 심은 여러해살이 식물이다. 자연은 광활한 땅에 한 가지 작물을 키우는 단일 재배를 싫어한다. 대신, 자연은 관목, 잡목, 풀과 함께 나무를 심고, 그 시스템을 통해 동물들이 풀을 뜯게 한다. 우리는 자연의 기술을 모방해 기후에 가장 건강한 우리만의 임농업 시스템을 만들고 있다.

소울파이어 농장은 수천 명의 흑인과 황인 농부가 아프리카 선주민 재생농업 강의를 듣는 훈련센터다. 우리의 목표는 정의와 치유를 위해 헌신하고 기후에 민감한 새로운 세대의 농부들에게 활기를 불어넣고 지원하는 것이다.

우리 선조인 할머니들은 대서양 횡단 노예선에 강제로 승선하기 전에 미래의 땅에서 일어날 역경을 헤쳐나가기 위해 자신들의 머리칼에 씨앗과 희망을 땋아 품었다. 고난의 시기에도 그들이 후손인 우리를 포기하지 않은 것처럼, 우리도 믿음을 포기하지 않기 위해 씨앗을 심는다.

사우스캐롤라이나주 노스찰스턴의 프레시퓨처 농장

찰스턴으로 처음 이사했을 때 저메인 젱킨스Germaine Jenkins는 자신의 아이들을 먹이기 위해 긴급영양지원프로그램SNAP과 식료품 저장고에 의존했다. 그녀는 "먹고 싶은 음식을 고를 수 없고, 건강한 음식이 거의 없었어요. 줄 서는 것도 지겨워서 스스로 기르기로 결심했죠"라고 말했다.

젱킨스는 원예 마스터 과정, 그로잉 파워Growing Power 자격증 프로그램, 온라인 영상을 통해 먹거리 재배 방법을 배웠다. 그녀는 즉시 자신의 마당에서 먹거리를 기르기 시작했다. 그리고 로우컨트리 푸드뱅크에서 일하며, 먹거리가 부족한 고객에게 직접 재배하도록 가르쳤다. 2014년에는 혁신대회에서 우승해 지역 농장을 만들 종잣돈을 벌었다.

현재 프레시퓨처 농장은 치코라 마을의 0.8에이커(약 3,237㎡) 면적에서 농작물을 키우며 풀서비스 식료품점을 운영하고 있다. 젱킨스는 "우리는 식량 아파르트헤이트 아래서 살고 있어요. 그래서 이 마을에서는 모든 먹거리가 차등 지급 방식으로 분배됩니다"라고 설명했다.

그녀는 "대대로 내려오는 근육의 기억"에 의존해 재생농법을 지도한다. 프레시퓨처 농장은 바나나, 오레가노 허브, 씨 없는 귤, 비파나무 등의 여러해살이 작물과 콜라드, 땅콩 등의 한해살이 작물을 어울려 키운다. 농장은 게 껍데기와 같은 부산물을 이용해 대량의 퇴비를 생산하고, 농부는 두꺼운 판지와 나뭇조각으로 작물의 뿌리를 덮는다. 젱킨스는 이렇게 설명했다. "우리는 모든 것의 용도를 바꿨어요. 오래된 크리스마스트리는 덩굴나무용 시렁으로, 나뭇가지는 서리에 민감한 농작물 덮개로요." 그들은 닭장 울타리를 따라 포도 덩굴을 올려서 닭에게 시원한 그늘을 만들어주기도 한다.

젱킨스의 농법은 토양 속 유기물을 증가시키는 데 매우 성공적이어서 농장은 더 이상 관개가 필요하지 않다. 이 농법은 홍수에도 덜 취약하다. 그녀는 "2년 전 겨울에 4피트(약 1m)의 눈이 내렸지만, 우리의 땅이 모두 흡수했죠"라고 말했다.

토엔스마이어는 토양 유기물이 1% 증가할 때마다 1에이커당 약 8.5톤의 대기 중 탄소가 격리된다고 주장했다. 모두가 젱킨스, 제이콥슨, 캐머런처럼 농사를 짓는다면, 잠재적으로 3,000억 톤의 이산화탄소를 원래 속해 있던 토양으로 돌려보낼 수 있다. *온난화를 1.5℃로 제한하기 위해서는 급격한 배출량 감축과 함께 광범위한 탄소 격리가 필요하다. 프로젝트 드로다운에 따르면, 농업 관행을 바꾸는 것으로 15%를 감축할 수 있다.

땅과 치유

과거에 토양을 관리하던 이들은 건강한 토양이 식량과 기후안보에 필수적일 뿐 아니라, 문화적·정서적 안녕의 토대라고 인식했다. 나의 스승들이자, 가나의 오두마세 크로보 지역의 대모들은 이렇게 충고한다. "당신네 미국인들은 땅에 씨앗을 뿌리면서 기도도, 노래도, 춤도, 헌주도 하지 않죠. 그러면서 어떻게 땅이 여러분을 먹여 살리기를 기대합니까? 땅은 상품이 아닌 친척입니다. 그래서 당신들 모두가 병든 거예요!"

심지어 서양 과학조차 우리 질병의 일부가 토양으로부터 멀어진 것과 관련 있으며, 건강한 토양의 미생물군집에 노출되는 것이 항우울제에 비견될 정도로 정신건강에 이롭다고 주장한다. 이로운 토양 박테리아인 미코박테리아를 쥐에게 투여하자, 그들의 뇌는 기분을 조절하는 호르몬인 세로토닌을 더 많이 분비했다. 일부 과학자는 정신건강을 돌보려면 흙에서 놀아야 한다고 주장한다.

아프리카 선주민의 토양 재생 방법을 배우러온 청소년과 성인 참가자들의 이야기를 들어보면, 우리 농장의 흙이 어떤 이득을 주는지 알 수 있다.

교육 과정은 지렁이 수와 토양 유기물 사이의 상관관계와 같은 지루한 세부 내용을 주로 다루지만, 참가자들은 흙에서 시간을 보내는 것이 "치유"이며, 집착, 중독, 나쁜 식습관, 고된 노동 환경에서 벗어날 힘을 얻는다고 말했다.

우리 선조들은 이러한 치유 과정을 돕는 것이 단지 토양 박테리아만은 아니라고 가르친다. 아프리카 우주론의 일부는 선조들의 영혼이 지구에 남아 흙과의 접촉을 통해 우리에게 격려와 안

내의 메시지를 전달한다고 주장한다. 더 나아가 우리는 지구가 지혜를 전달하는 살아 있고 의식 있는 영혼이라고 믿는다. 한 줌의 숲속 토양에도 나무 사이에 당분과 메시지를 전달하는 균사체가 풍부하다는 걸 생각하면, 산림 초개체superorganism의 내부 세계와 공유하고 상호의존하는 그 세계의 비밀을 알 수 있다.

땅과의 관계를 치유하면서 우리는 기후와 우리 자신을 치유한다.

디주르와 마찬가지로 우리는 자아와 종의 경계를 넘어 확장되는 깊은 친밀함의 관계망으로 돌아와 환대받는다. 농장에 온 한 학생은 이렇게 회상했다. "예전에는 환영받지 못하던 땅과 나라에서 나무처럼 뿌리를 내린 느낌을 경험했어요. 흙과의 연결이 저의 주체성을 일깨워줬죠."

흙에 대한 헌시

샤론 올즈 SHARON OLDS

친애하는 흙, 당신을 무시해서 미안해요

나는 당신이 주인공들의

배경일 뿐이라고 생각했어요

식물과 동물, 그리고 인간에게요

마치 내가 별을 사랑했을 뿐

별이 빛날 공간을 준

하늘은 사랑하지 않았던 것처럼요

미묘하고, 다양하고, 예민한 당신은

우리 지형의 피부이자 우리의 민주주의예요

당신을 살아 있는 동등한 존재로 존경한 적이 없음에

나 자신이 부끄러웠어요

마치 나와 다르게 생긴 사람을

알아보지 못한 것처럼요

하지만 이젠 알아요

우리를 구성하는 기본 물질은 근본적으로 같다는 걸요

우리 모두는 무無에서 처음 폭발해 나온 기본 재료가
복잡한 방정식에 담겨진 거란 걸요
오 흙이여, 우리를 이끌어주시고
먹여 살리시고, 마지막엔 우리를 데려가
함께 순환하고, 흔들리고, 궤도를 돌게 해주신
당신을 위해 봉사할 수 있는 길로 인도해주소서

물은 동사다

주디스 D. 슈워츠^{JUDITH D. SCHWARTZ}

캐서린^{Katherine}과 마르쿠스 오트머스^{Markus Ottmers}는 서부 텍사스의 건조한 스텝지대에 살며 일한다. 비가 거의 내리지 않는 그곳에서 그들은 카사 데 마냐나^{Casa de Mañna} 가운데에 빗물과 이슬을 모을 건물을 설계했다. 그러나 물탱크 중 하나에서 밸브가 터진 어느 겨울날 아침, 그들은 이슬만으로 얼마나 많은 물이 모였는지 알 수가 없었다.

마르쿠스가 탱크에서 물이 솟구치는 걸 발견한 건 바깥에서 철제 작업을 할 때였다. "어이, 브래드!" 그가 동료에게 소리쳤다. "거기 물이 얼마나 들어 있는지 살펴봐. 가득 차 있을 리가 없는데. 4개월 동안 비 한 번 안 왔잖아." 비가 오지 않았을 뿐 아니라, 거기선 50마리 염소 떼를 키우고 있었고, 6~8명이 정기적으로 가벼운 샤워를 했다. 그들이 쓰는 물은 매일 50~70갤런(약 189~265리터) 정도였다.

그런데 브래드가 탱크를 확인해보니 물이 가득 차 있었다. 오트머스 부부는 다음날 새벽 4시 30분에 일어나 탱크를 계속 관찰했다. 일출까지는 아직 몇 시간이 남아 하늘에 별들이 가득했다. 인구가 적은 이곳은 밤하늘이 너무 깨끗해서 밝게 빛나는 별자리뿐 아니라, 흐리게 펼쳐진 먼 은하까지 볼 수 있다. 그리고 여기 빅벤드의 가장자리, 수년간 지속된 가뭄의 한 가운데에서 마르쿠스는 눈에 잠이 가득한 채로 하루에 약 60갤런(약 227리터)에 달하는 물이 탱크로 흘러들어온다는 걸 발견했다. 이는 그들이 필요한 거의 모든 물을 충족할 정도였다. 마르쿠스가 말했다. "저는 어떤 물의 요정이 이런 일을 해주는지 궁금했어요."

오트머스 부부는 공기 중에 항상 우리 위를 조용히 떠다니는 수증기가 있음을 깨달았다. 브라질의 과학자 안토니오 도나토 노브레Antonio Donato Nobre에 따르면, *아마존 열대우림 위의 "하늘로 흐르는 강aerial river"에 있는 물의 양은 아마존강에 흐르는 것보다 많다. 심지어 가장 건조한 지역에서도 수증기가 넘친다. 캐서린과 마르쿠스는 "빗물 곳간"을 계획하고, 서늘한 저녁 바람과 햇볕에 달궈진 금속 지붕 사이의 온도 차를 증폭시켜 수증기를 "포집"함으로써 이웃들이 물이 부족해 애가 탈 때도 충분한 물을 얻을 수 있게 했다. 그들은 안개에서 물방울을 포집해 섭취하는 나미브 사막 딱정벌레에게도 영감을 얻었다. 이 영리한 생물은 앞다리로 서서 물이 배를 타고 입으로 흘러들게 해 갈증을 해소한다. 레이첼 카슨이 "구름Clouds"이라는 에세이에 썼듯이, "저 위에는 또 다른 바다가 있다."

요점은 물의 작동 원리를 알면, 물의 요정이 필요없다는 것이다.

하늘을 흐르는 보이지 않는 수증기가 수원으로서만 중요한 것은 아니다. 그것은 열을 전달하기도 한다. *사실, 물의 위상 변화를 통한 열에너지 전달은 지구가 온도를 조절하는 주요 수단이기도 하다. 물은 일정한 흐름으로 공기를 통해 형태 사이를 이동하며, 기체에서 액체와 고체로, 그리고 다시 돌아가며 형태를 바꾼다.

이것은 숨 쉬고 움직이는 공기의 역동성을 엿볼 수 있게 해준다. 공기는 마치 주변 파도를 따라 움직이는 일종의 거울 바다와 같다. 수증기 줄기는 밤낮으로 대기권을 휘돌며, 무게도 없이 보이지 않게 지상의 환경을 변화시킨다. 이렇게 수증기는 우리 기후를 조성하고 바꾸는 필수적인 부분을 이룬다. 그러나 예측 가능한 방식으로 재순환하는 수증기로만 존재하지는 않는다. 수증기는 이동 중에 분산되고 변형되며, 식물의 존재와 생명 작용처럼 불가사의한 다른 요인에 의해 결정된다.

물과 기후를 연관지어 논의할 때면, 한 방향으로 흘러가는 경향이 있다. 기후변화가 다양한 방식으로 물에 영향을 미친다는 것이다. 예를 들어, 따뜻한 공기는 더 많은 물을 머금기 때문에 기온이 높아지면 더 많은 비와 더 강한 폭풍이 발생하고, 해수면이 상승하며, 가뭄의 빈도와 심각성이 높아진다. 이 이야기에서 빠진 것은 물이 기후에 미치는 영향이다. 이산화탄소가 열을 가두는 동안, 수증기는 열을 운반하고 순환하면서 열에너지를 유지하거나 방출한다. 그런 점에서 물이 가장 중요한 온실가스라고 생각할 수 있다.

이제 우리의 기후 전략에 물을 도입해야 할 때다. 물은 기후와 매우 밀접한 관계이기 때문이다. 물이 지형과 대기를 가로질러 움직이며 열 조절을 돕는 방식에 영향을 미치도록 우리가 할 수 있는 일이 많다. 오트머스 부부의 경험에서 알 수 있듯이, 물의 순환을 거스르거나 그 바깥에 있는 대신, 물의 순환과 함께할 방법은 많다.

나는 서부 경관 개선을 위한 연례회의인 키비라 동맹Quivira Coalition이 앨버커키에서 열렸을 때 캐서린을 만났고, 그녀가 물에 대해 말하는 방식에 바로 흥미를 느꼈다. 그녀는 응결 때문에 물 탱크가 넘쳤던 그날의 "집수기" 이야기를 들려줬다. 그녀에 따르면, 사막에서는 "비가 많이 내리지 않지만, '수분 이벤트'가 있다." 그녀는 "도로의 트럭조차 보이지 않는" 짙은 아침 안개인 "영양이 풍부한 안개"에 대해, 그리고 그런 이벤트가 어떻게 초목의 무언가를 촉발하는지 이야기했다. "식물은 적은 양의 수증기로도 훨씬 행복해져요." 그녀는 식물이 아침 그늘을 얻어 낮까지 이슬을 더 오래 머금도록 배치하는 방식을 설명했다. 나는 그녀의 영감을 자아내는 어휘력과 사물을 바라보는 특이한 방식에 매료됐다. 그녀는 이렇게 덧붙였다. "우리는 물에 매우 민감해서 공기 중 수증기의 작은 변화도 알 수 있어요. 그런 점에서 우리는 사막 식물과 비슷한 존재죠."

우리는 일반적으로 물을 장소에 매인 명사라고 생각한다. 즉 호수, 강, 저수지나 수도꼭지에서 나오는 것이라고 여긴다. 캐서린은 물이 동사이기도 하다고 주장했다. 물이 부피가 커지거나 줄어들면서, 땅과 태양과의 지속적인 대화로 상태를 변화시킨다는 것이다. 이는 명사냐 동사냐 하는 문제가 아니다. 물이 어떻게 작동하는지 이해하는 것이 많은 물 문제를 해결하는 데 필수적이다. 가뭄과 같은 물 부족과 씨름하든, 홍수와 같이 물이 넘치는 것과 씨름하든 마찬가지다. 그리고 물의 작용은 기후, 생물다양성, 식량 안보와 교차하기 때문에, 물의 과정에 집중하는 것은 우리가 세계의 주요 문제를 해결하는 데 도움이 될 수 있다.

물이 어떻게 움직이는지 간단히 살펴보자.

먼저, 흡수다. 건강한 지형에서 비는 땅속에 머물며 식물과 미생물의 생명을 지탱하거나 지하수 저장고로 천천히 여과되어 들어간다. 여기서 우리의 물 "기반시설"은 토양이며, 토양이 비옥할수록 좋다. *토양 유기물(대부분 탄소)이 1% 증가할 때마다 토양 속 물은 1에이커당 2만 갤런(약 7만5,700리터)이 늘어난다. 이 모든 물이 스며들면 홍수 발생 가능성이 훨씬 줄어들고, 비가 내리지 않는 동안에도 토양이 촉촉하게 유지되어 물을 끌어올 필요가 없다.

우리가 인식하는 물 부족 문제란 땅속에 물을 유지할 수 없다는 것인데, 이는 토양이 탄소를 잃었을 때 나타나는 현상이다. (대기 중 이산화탄소의 비중이 상당히 높은 것은 토양의 탄소가 고갈된 탓이다. 한 동료가 말했듯이, "자연은 자신의 탄소를 되찾기를 원한다.") 짐바브웨에서 리제너레이션 인터내셔널Regeneration International의 아프리카 코디네이터로 활동하고 있는 내 친구 프레셔스 피리Precious Phiri는 "아무리 비가 많이 와도 가뭄에 시달리는 곳이 있다"고 말한다. 관리된 동물의 영향처럼 토양 탄소 생성을 위한 간단한 접근법으로 땅의 물 저장 능력을 강화할 수 있고, 이는 다시 식량 안보를 증진한다. 나는 짐바브웨에서 프레셔스가 전체 시스템을 고려해 소 방목 훈련을 시킨 마을을 방문했다. 동물을 방목해 기른 들판에서 물 침투가 증가한다는 것은 1년 중 2개월이 아닌 7개월 동안 식량을 재배할 수 있음을 의미한다. 이는 마을 사람들이 자급자족할 수 있느냐, 아니면 국제 식량 원조에 의존해야 하느냐의 차이를 낳는다.

오트머스 부부의 물탱크로 흘러든 물 이야기로 돌아가면, 대기 중의 그 많은 물이 어디에서 오는 것인지 궁금할 수 있다. 그 원천은 수역과 지표면에서의 증발이 결합된 것이지만, 80~90%는 증산으로부터 온다. 이는 물이 식물을 통해 공기로 이동하는 것이다. 식물이 "땀 흘리는 것"이라고 보면 된다. 잎의 숨구멍(풀의 경우에는 잎)은 수분을 유지하거나 배출함으로써 식물의 열을 내린다. 중요한 점은 이것이 냉각 메커니즘이라는 것이다. 이는 태양에너지를 수증기에 머무는 잠열로 변환하는 것인데, 이 잠열은 뜨거운 도로와 같이 우리가 감지할 수 있는 열과는 다르다.

예를 들어, 여름 오후에 그 아래 앉아 있을 만한 잎이 무성한 큰 나무를 생각해보자. 햇빛이 내리쬐는 화창한 날, 우리의 나무는 26갤런(약 98리터) 이상의 물을 방출할 것이다. (노브레는 나무를 "간헐 온천geysers"이라 부르곤 한다.) 이 나무는 태양에너지를 흡수해 소모한다. *체코의 식물 생리학자 얀 포코니Jan Pokorny에 따르면, 화창한 날 나무 한 그루의 증산 작용이 지닌 냉각 능력은 5성급 호텔방 냉방 시스템의 3배에 달한다. 우리가 숲의 온화한 서늘함을 즐길 때, 이는 그늘뿐 아니라 포코니가 "세상에서 가장 완벽한 에어컨"이라 부르는 모든 나무의 증산 작용 덕분이다.

우리는 주로 식물이 물을 받는 존재라고 여기지만, 식물은 물이 어디로 가고 무엇을 하는지를 결정하는 핵심 요소다. 즉 초목, 특히 나무는 날씨와 기후 조절을 돕는다. 건조한 대륙에서 물을 최대한 활용하기 위한 토지관리 접근법인 자연 연쇄 농법Natural Sequence Farming 개발자 피터 앤드루스Peter Andrews는 이 점을 강조한다. 그는 자신의 책 『벼랑 끝에서 돌아오다Back from the Brink』에서 다음과 같이 주장했다. "모든 식물은 태양에너지로 모든 생명이 의존하는 유기물질을 생산하는 공장이다. 또한 공장을 계속 가동하기 위해 땅에서 물을 끊임없이 끌어올리는 펌프이기도 하다."

낮에는 식히고 밤에는 숨구멍을 닫아 열을 보존하는 식물의 온도 조절 능력은 기후 논의와 정책에서 고려되지 않는다. 그럼에도 불구하고 앤드루스는 이렇게 말한다. "지구는 매일 일정한 양의 열을 흡수하며, 이 열을 어떻게든 관리해야 한다. 과거에는 수십억 개체의 식물이 열 관리를 도왔다. … *이제 지구의 약 4분의 1에서 거의 모든 초목이 사라졌다. 즉 지구의 4분의 1이 온도 조절 능력을 상실했다. 우리 경관의 모든 주요 문제가 초목 부족이라는 공통된 원인을 가지고 있다는 것은 공통의 해법도 있음을 의미한다."

마지막으로, 오트머스 부부가 빗물 곳간에서 관리하던 물의 작용인 응결이다. 간단히 말해, 응결은 물이 기체 형태에서 액체로 변하는 과정이며, 과학자들은 이를 "상전이phase transition"라고 부른다. 응결은 우리 주변에 있다. 여름날 시원한 음료를 마시면 컵에 물방울이 맺힐 때, 이른 아침 풀밭을 걸으면 발이 젖을 때다. 응결은 따뜻함과 차가움이 충돌할 때, 즉 햇볕으로 따뜻해진 연못 표면 위로 밤의 공기가 맴돌며 안개둑이 형성될 때, 혹은 저녁 바람이 햇볕에 달궈진 지붕과 오트머스 부부 곳간 밑의 그늘진 평면 사이를 순환할 때 발생한다.

응결은 증산의 반대, 증산의 기상학적 거울로도 볼 수 있다. 증산은 잠열을 흡수하고, 응결은 이 숨은 열을 방출한다. 이것이 반드시 온도 상승을 의미하는 것은 아니다. 오히려 주어진 열은 구름이 모이고 상승하는 데 기여한다. 물이 액체에서 기체로 바뀔 때 분자는 퍼져나가고, 수증기가 액체가 될 때는 분자가 수축하며 서로 더 가까워진다.

이 과정은 비나 눈이 올 때마다 작동한다. 여기에서도 식물이 중추적인 역할을 담당한다. 노르웨이의 열대림 생태학자 더글러스 실Douglas Sheil은 "식물이 우리 행성에 물을 주는 방법"이라는 제목의 글에서 이렇게 썼다. "육지에 사는 생명체 대부분은 빗물에 의존하지만, 육지에 내리는 빗물의 상당 부분 또한 생명체에 의존할지 모른다." 왜 그럴까? 우선, 비의 원천은 주로 식물에서 증산된 물이다. 그러나 식물은 비를 내리는 것도 돕는다.

비는 응결의 산물이지만, 물 혼자서는 할 수 없다. 빗방울을 생성하려면, 물 분자가 응결할 표면이 필요하다. "응결핵"이라고 검색해보자. 응결핵은 그 둘레에 수증기가 응집되는 미세먼지 입자로, 주로 얼음 결정, 소금, 꽃가루, 식물에서 생성된 향기로운 화합물 등이다. 노브레는 열대우림에서 나뭇잎이 비를 유발하는 휘발성 유기화합물을 방출한다고 말한다. 그는 이것을 "숲의 향기" 또는 자신의 두 딸이 좋아하는 애니메이션에서 영감을 받아 "요정 가루"라고 부른다.

물의 이러한 변화는 서로 얽혀 있다. 물은 수증기를 형성하기 위해 솟아올랐다가 비로 되돌아와 원래 있었던 영역을 다시 채운다. 이론상으로 수증기는 사용 및 재사용되어 하천과 강, 그리고 마침내 바다로 흘러간다. 물이 토양에 침투해야 식물이 자랄 수 있고, 궁극적으로 비를 내리게 할 순환을 시작할 수 있다. 또한 식물은 탄소를 토양으로 보내 미생물에게 먹이를 주고, 물을 붙잡는 스펀지 역할을 하여 동식물의 생명을 유지한다.

이러한 순환이 깨지면 상황이 악화되고, 자연경관은 가뭄, 홍수, 산불에 취약해진다. 전 세계 많은 생태계의 취약성을 파악하고, 그것들이 더욱 훼손되는 모습을 실시간으로 지켜보는 것은 불안하다. 특히 브라질의 삼림 벌채는 그 지역과 주변에서 물을 순환시키고 열을 조절하는 나무의 역할을 생각하면 특히 그렇다. 중서부 농장 지역의 심각한 홍수는 토양의 질이 저하된 결과이자, 이후 표토 손실의 원인이 된다. 마찬가지로, 오스트레일리아의 자연경관을 관리하는 방법ー대부분 권리가 박탈된 선주민 공동체가 오랫동안 알고 있던 지식ー을 이해하지 못한 것이 최근 파괴적인 산불의 원인이 되었다.

환경에 끼친 피해를 인정하는 것은 매우 고통스럽다. 이 어려운 순간에 우주에서의 우리 위치와 우리가 통제할 수 없는 것을 받아들이는 것이 필수적이다. 하지만 우리가 영향력을 가지고 있는 부분을 인식하는 것 역시 중요하다. 물의 순환은 우리가 엄청난 영향력을 가질 수 있는 것 중 하나다. 이는 주로 초목과 토양 상태에 따라 움직인다. 우리가 지금까지 기후 관리에서 생태계의 기능을 소홀히 했음을 환기하는 것이 중요하다. 물의 순환을 유지하며 열을 관리하는 것이 건강한 환경이기 때문이다.

아름다운 것은 우리가 "조작"할 필요가 없다. 자연이 우리를 위해 조작한다. 기본적으로 우리에게 필요한 것은 생명이다. 물을 운반하고 열을 조절하는 생명체, 비를 뿌리는 생명체, 물이 침투할 수 있도록 이동 속도를 늦추는 생명체 등. 지렁이, 쇠똥구리, 비버, 프레리도그 등 다양한 생명체가 물이 자연경관에 남아 스며들도록 구불구불한 길을 만든다. 미생물은 식물에 영양분을 공급해 토양을 풍부하고 안정되게 한다. 버펄로가 한때 미국의 비옥한 목초지를 만들었듯이, 적절하게 관리하면 소와 양 같은 초식동물이 탄소를 고정하는 데 도움을 줄 수 있다.

우리는 기후 빅토리 가든에 참여하거나, 꽃가루 매개자를 유인하는 식물을 위해 밭 한 구간을 남겨두거나, 살충제 없이 농작물을 재배하는 농부들을 지원하는 것을 통해 생물이 번성하도록 도울 수 있다. 지구에 대한 우리의 사랑을 실천하는 것은 즐거운 일이다. 또한 모든 규모의 개선이 중요하다. 나뭇잎이 무성한 한 그루 나무에서 얼마나 많은 물이 생산되고 열이 분산되는지 생각해보라.

텍사스의 캐서린 오트머스는 자연에서 물과 함께 일하는 것이

보람 있고 창의적이라고 말한다. "저는 카사 데 마냐나를 하나의 큰 예술 프로젝트로 생각하고 싶어요. 황량한 땅은 우리의 캔버스가 되죠." 그녀가 세상의 상태에 대해 순진하다는 게 아니다. 그녀는 인간이 지구를 변화시키고 있다는 사실을 탓하기보다 이러한 변화에 대한 책임을 받아들여야 한다고 믿는다. "우리는 자연에서 담을 짓는 비버 같은 존재가 될 수 있어요. 핵심종 말이죠." 그녀는 자신들의 토지 복원 프로젝트를 "오아시스화"라고 부른다. 메마르고 상처 입은 자연경관에 물과 생명을 불어넣는다는 의미다. 빗물 곳간 입구의 표지판에는 "네가 심겨 있는 자리에서 꽃을 피우라"라고 적혀 있다.

자연은 스스로 치유하고 싶어 한다. 기회만 주어져도, 혹은 살짝 팔꿈치를 밀며 방향만 잡아줘도 그렇게 할 것이다.

땅속의 씨앗

재니스 레이 JANISSE RAY

농업은 이야기를 기반으로 하고, 지역 공동체에 의지하며, 땅을 사랑하는 사람들을 만들어냈다. 그것은 내가 종들의 시대Age of Bells라고 부르는 것, 즉 소의 목에 거는 종, 식사를 알리는 종, 꽃의 종 같은 종들이 언덕과 평원 전역에서 다시 울리는 시대에 농업은 우리에게 유리한 출발점이 되었다. 우리는 더 잘 준비된 농업과 함께 새로운 시대에 접어들고 있다. 즉 작물 재배에 관한 지식이 있고, 적은 자원으로도 할 수 있고, 지역 공동체에서 행복을 찾고, 성 평등과 인종 평등에 확고한 신념이 있는 등 더 건강한 상태다. 나는 유기농과 로컬푸드 운동이 활기차고 생기 있는 문화를 재창조하는 데 앞장서고 있다고 믿는다. 우리가 지금 농업에서 목격하고 있는 것은 혁명이나 다름없다.

또한 이는 우리가 불확실한 경계, 사실상 수많은 경계에 서 있음을 의미한다. 불확실한 경계를 생각할 때 나는 현대 화학농업이 파괴하고 있는 울타리 근처의 땅이 먼저 떠오른다. 이곳은 새들이 야생 체리 씨앗을 배설해 야생 벚나무가 자라고, 일하다 지친 노동자들이 그늘에 앉아 이야기를 나누는 곳이다. 또 외로운 농부가 흉내지빠귀의 지저귐을 바라보는 곳이다.

우리는 숲과 들판 사이의 경계에 있는데, 이곳은 세상에서 가장 흥미로운 장소다. 우리는 야생의 필요와 사람들에게 영양을 공급할 필요의 균형, 도시 식생활의 균형, 인간 건강에 대한 우려와 생산성의 필요 사이의 균형을 잡아야 한다. 또 생산량 대비 투입량을 따져보고, 생태와 경제 모두에 기초한 결정을 내리는 등 여러 경계 위에서 고민한다.

우리 모두가 서 있는 심리적인 경계도 있다. 세상이 황폐해지고 있지만, 한편으로는 생명의 아름다움과 힘으로 충만하다. 우리는 파괴 행위에 연루됐음을 알면서도 긍정적인 기여를 하기로 결심하는 경계에 살고 있다. 지금 일어나는 현실을 생각하기엔 너무 고통스러워서 행동과 무관심 사이를 스치듯 지나간다. 그리고 슬픔과 두려움에 따른 마비 상태와 행동 사이를 오간다. 생명을 유지하는 것이든 파괴하는 것이든, 우리가 내려야 하는 모든 결정은 경계에 있다. 우리의 마음은 도피와 합류, 원칙을 버리는 것과 반격하는 것 사이의 경계에 있다. 한 명도 빠짐없이.

그 경계는 위험하고 무서운 곳이며, 그곳에서는 혼자가 아님을 아는 것이 중요하다. 그 경계는 지적인 힘뿐 아니라, 엄청난 양의 생태적, 문화적 힘을 담지한다. 우리는 그것에 익숙해져야 한다.

어떻게 살아야 할까? 마치 우리가 미래를 믿는 것처럼. 마치 우리 각자가 씨앗인 것처럼. 당신이 알다시피 그것은 신성하다. 나의 가장 허황된 꿈에서 모든 종의 씨앗이 내게 소리치며 말한다. *땅 위의 모*

든 헐벗은 자리에 우리를 심고 자라게 하세요. 모든 경계에 씨앗
을 심으세요.

8. 일어나기

어른들에게 보내는 편지

알렉산드리아 빌라세뇨르ALEXANDRIA VILLASEÑOR

친애하는 어른 여러분,

이제 기후활동가가 될 때입니다.

저는 15살이고, 전화 회의, 이메일 보내기, 공개 발언, 시위에 많은 시간을 쏟고 있습니다. 당신이 제 나이 때 만들던 추억과는 아마도 다른 것들이겠죠. 그러나 우리 청년들은 지금 우리의 목소리를 내야 한다는 걸 알고 있습니다. 우리 세대가 기후의 영향을 가장 크게 느끼게 될 테니까요. 과학자들은 기후변화의 돌이킬 수 없는 파국적인 영향을 막으려면, 앞으로 10년 동안 전 세계 온실가스 배출량을 절반가량 줄여야 한다고 말합니다.

기후위기는 가장 큰 세대 불평등입니다. 이전 세대들은 지금의 청년보다 자연과 천연자원을 훨씬 많이 누릴 수 있었습니다. 우리는 깨끗한 물을 풍족하게 갖는 대신, 가뭄으로 인해 악화되는 세계적인 물 위기에 직면해 있습니다. 기후 붕괴는 폭풍, 해일, 가뭄 등으로 식량 재배를 더 어렵게 하기 때문에 세계 식량 공급을 위협합니다. 전 세계적으로 매년 약 900만 명이 대기오염으로 사망합니다. 청년들이 넘겨받는 이 지구는 재앙으로 찌들어 있죠. 이건 불공평합니다.

하지만 우리는 생태계와 기후 시스템이 무너지는 걸 그저 앉아서 지켜보진 않을 겁니다. 청년들은 지역 사회와 환경에 발생하는 피해 때문에 활동가가 되고 있습니다. 저의 활동은 제가 태어나고 자란 캘리포니아 북부의 친지를 방문한 2018년 11월에 시작됐습니다. 역사상 가장 치명적인 산불이 일어났기든요. 파라다이스 마을 근처에서 일어난 이 대형 산불은 캠프파이어라 불렸습니다. 200제곱마일(약 518㎢) 이상이 불탔고, 1만4,000채의 가옥이 폐허가 됐습니다. 제가 갔을 때 공기질 지수가 350이 넘었는데, 이는 천식을 유발하는 위험한 수준입니다. 저는 결국 매우 아팠습니다. 제 건강을 걱정한 가족들은 저를 뉴욕으로 돌려보냈습니다.

저는 고향에서 일어난 일에 너무 화가 났습니다. 화재의 원인이 무엇인지 알고 싶었죠. 저는 기후변화와 캘리포니아 산불의 연관성을 조사하기 시작했습니다. 그리고 기후과학자들이 파라다이스 산불과 같은 사건에서 기후변화 신호를 계산할 수 있다는 걸 배웠어요. 이 신호는 기후변화가 산불뿐 아니라 다른 기상 현상을 심화시킨다고 일러줍니다. 우리 행성에 무슨 일이 벌어지고 있는지 알게 되자, 저는 이를 무시할 수 없었습니다.

몇 주 후, 저는 12월 14일 기후를 위한 학교 파업에 참가해 제 목소리를 내기로 결심했습니다. 그때부터 매주 금요일마다 파업에 함께하고 있고요.

여러분도 잘 아시겠지만, 기후파업 운동은 스웨덴의 한 10대 소녀에 의해 시작됐습니다. 당시 15세였던 그레타 툰베리는 기후위기에 대한 행동을 촉구하기 위해 매주 금요일 스웨덴 의회 앞에서 파업을 벌였습니다. 이것이 전 세계로 빠르게 확산했고, 현재 학생들은 매주 금요일마다 기후행동을 하고 있습니다. 그레타는 파업을 시작하면서 전 세계 청년이 목소리를 내도록 격려했어요. 그녀의 인상적인 호소가 저를 자극했죠.

이 글을 쓰는 현재, 저는 투표권이 없습니다(물론 이것은 바뀌어야죠). 그들이 내리는 결정에 제가 영향을 받음에도 불구하고, 누구를 권력에 앉힐지 결정할 수 없다는 말입니다. 그래서 저는 행동에 나서 다른 방식으로 변화를 요구하고 있습니다.

전 세계 젊은 활동가들이 기후위기에 목소리를 내기 위해 할 수 있는 모든 일을 하고 있습니다. 저항과 시민 불복종 행동뿐 아니라, 정치 지도자에게 기후행동에 나서라고 로비도 벌이고 있어요. 지방정부, 시민사회 지도자, 교사, 학교에도 압력을 가하고 있습니다. 지역 사회의 기후행동과 학교에서의 기후 교육을 요구하면서요.

우리는 법적 행동도 벌이고 있습니다. 2015년 미국 전역에서 21명의 청년이 원고가 되어 '줄리아나 대 미국'이라는 기념비적인 소송을 제기했어요. 이 소송에서 우리는 미국 정부가 기후변화를 부추기고 있으며, 청년의 생명과 자유, 재산권을 침해한다고 주장하고 있습니다. 원고와 변호사들이 이 힘겨운 싸움을 계속하고 있습니다. 2019년 10월에는 캐나다 전역에서 15명의 청소년이 정부의 화석연료 산업 지원이 캐나다 시민으로서 자신들의 권리를 침해한다며 소송을 제기했고요.

저도 청원인으로 자랑스럽게 참여한 국제적 법률 소송도 있습니다. 2018년 9월 23일 그레타 툰베리를 비롯한 14명의 청소년이 UN 아동권리위원회에 제소했습니다. 이 '청소년 대 기후위기' 소송을 통해 현재의 국가 주권이라는 관념에 문제를 제기하고, 인류가 직면한 기후위기의 지구적 성격에 대한 인식을 일깨우려 합니다. 이 획기적인 소송에서는 아르헨티나, 브라질, 프랑스, 독일, 터키가 기후위기에 제대로 대처하지 않음으로써 아동권리협약을 위반하고 있다고 주장합니다. 세계에서 가장 널리 비준된 이 협약은, 아동이 생명과 자신이 성장할 우호적 환경에 대한 고유의 권리를 갖는다고 언급하고 있습니다. 우리는 이 다섯 나라가 선례가 되는 각국의 기후행동을 이끌기 시작할 뿐 아니라, 전 세계가 해결책을 마련하기를 바랍니다.

저는 "여느 10대들과 다른 것 아니야?"라는 질문을 많이 받습니다. 맞아요. 저도 극장에 가고, 배구도 하고, 친구들과 어울려 놀고 싶습니다. 하지만 기후위기는 제 미래의 모든 측면을 위협합니다. 그러니 다른 선택의 여지가 없잖아요. 이 지구를 위해 싸우는 것은 도덕적 책무입니다. 기후행동을 위한 저의 싸움은 지구와 모든 사람이 안전해질 때까지 끝나지 않을 겁니다.

이미 사람들은 홍수, 허리케인, 산불 때문에 고향을 떠나야 했습니다. 이미 사람들은 지구온난화로 인해 악화된 질병을 감내하고 있어요. 이미 사람들의 식량 공급은 가뭄, 홍수, 병충해로 위협받고 있고요. 우리는 더 이상 기후변화가 지구 전체에 엄청난 파괴를 일으키고 있다는 사실을 무시할 수 없습니다.

제 마음을 아프게 하는 것은 이와 동시에 생태학적 붕괴를 겪고 있다는 것입니다. *멸종률은 지난 1,000만 년 동안보다 수십 배에서 수백 배까지 높아졌고, 이는 기후위기로 더욱 심각해질 거예요. 특히 제가 안타까운 건 제왕나비의 멸종입니다. 캘리포니아 북부에서 자란 저는 어디서든 이 나비를 볼 수 있었어요. 제왕나비가 여기저기 날아다니며 꽃꿀을 홀짝이는 모습을 보는 것은 언제나 저의 봄의 하이라이트였죠. 나비농장에 갔을 때 제가 내민 손가락에 앉던 모습도 기억나요. 한 쌍은 제 머리 위에 앉기도 했어요. 이 천상의 곤충을 보는 것이 너무도 행복했습니다.

*2018~2019년 겨울에 서부 제왕나비의 개체수가 3만 마리 아래로 줄었습니다. 1년 사이 86%나 감소한 거죠. 서식지 감소, 살충제, 기후변화로 제왕나비는 곧 멸종위기종 목록에 포함될지도 몰라요. 이런 운명에 직면한 건 제왕나비뿐만이 아닙니다. 나중에 제 아이들이 지금 우리가 누리는 생물종다양성을 경험하지 못할까 봐 걱정됩니다.

청년들은 기후위기에 대한 "양심과 윤리의 목소리"를 내며 생존 가능한 미래를 향해 한 걸음씩 나아가고 있습니다. 그것이 우리가 전 세계의 중요한 의사결정 공간에 지속적으로 개입하는 이유입니다. 우리는 기업 및 정부 지도자, 그리고 모든 어른에게 옳은 일을 하도록 촉구하기 위해 여기에 있습니다. 우리가 이렇게 하는 이유는 단지 과학이 그렇게 말해서가 아니라, 단지 우리가 생태와 지구의 붕괴로 향하고 있어서가 아니라, 우리가 인간이기 때문입니다.

1년 동안 매주 지역 기후파업을 진행하고, 세계적인 대규모 파업을 조직하며, 국제적 법률 행동에 참여하면서 기후행동주의에 대해 많은 것을 배웠습니다. 가장 중요한 것은, 변화를 빨리 일으키려면 모든 사람이 활동가가 되어야 한다는 걸 배웠다는 겁니다!

사람들이 행동하지 않는 가장 큰 이유는 기후위기에 대해 모르거나 이해하지 못해서입니다. 우리 세대는 우리가 직면하는 특별한 위기와 취약성을 알아야 합니다. 그것이 우리 교육의 일부여야 하고요. 대부분 학교가 이렇게 하지 않는 탓에, 저는 상호 간 기후행동을 중심으로 하는 비영리 단체인 지구 반란Earth Uprising 활동을 시작했습니다. 어른들이 학교 커리큘럼 개선을 위해 나설 때까지, 청년들은 지구에 무슨 일이 일어나고 있는지, 그리고 기후위기를 완화하는 방법을 서로에게 알려줄 겁니다.

시위나 회의에서 저를 만난 어른들이 말하더군요. 이런 청년운동을 만나기 전에는 미래에 대한 희망이 없었지만, 이제 우리 세대가 지구와 인류를 구할 사람들이 될 것이라 믿는다고요. 여러분 중 많은 분이 이 짐을 우리 어깨에 올려준 것에 대해 미안하다고 말합니다. 이전 세대가 저지른 잘못을 바로잡는 것이 우리의 책임이 되어선 안 된다고 말이죠.

하지만 결국 우리 세대의 일이라는 게 현실입니다. 은퇴 후 더 많은 시간을 할애할 수 있는 분, 더 이상 보살필 아이들이 없는 분, 또는 쓸 만한 자원을 가진 분이라면 기후활동가가 되는 걸 고려해보면 어떨까요? 어린이와 조부모가 함께 이끄는 운동이 얼마나 아름다울지 상상이 가시나요?

우리 자신과 미래 세대를 위해 지구를 구하고 지키는 책임은 짐이 *아닙니다*. 이것은 축복이고, 우리가 이 일을 할 수 있는 사람이기에 맡게 됐다고 생각해요. 역사상 이런 특별한 순간에, 우리는 우리 미래를 구하기 위해 함께해야 합니다. 우리의 행동, 파업, 두려움 없는 목소리를 통해 세계의 청년들은 어른들에게 이곳에 존재하는 모든 찬란한 생명을 돌볼 것을 요청합니다. 너무 늦기 전에, 지금 말이죠.

기후위기는 인류가 직면한 가장 큰 도전입니다. 우리 청년들이 할 수 있는 모든 걸 다 하고 있으니 우리와 함께해주세요. 당신의 도움이 필요합니다.

봉기에 오신 것을 환영합니다!

알렉산드리아

과학자들은 너무 늦지 않았다고 말하지만,
우리는 변화를 만들기 위해 매일 함께 열심히 노력해야 합니다···
우리가 어디에서 끝날지 알 필요는 없어요.
우리가 어떤 길을 가고 있는지 아는 게 중요하죠.

– 킴 코브KIM COBB

바이유로부터 온 제안

콜레트 피천 배틀COLETTE PICHON BATTLE

루이지애나 홍수 지도를 처음 본 건 허리케인 카트리나가 몰아닥치고 2년쯤 지난 뒤였습니다. 이 홍수 지도는 과거의 토지 손실과 앞으로 예상되는 토지 손실을 보여주는 데 활용됩니다. 지역 공동체 모임이 있던 이 특별한 날에, 이 지도는 허리케인 카트리나가 동반한 30피트(약 9m)의 폭풍 해일이 제가 사는 사우스 루이지애나 지역 공동체와 미시시피, 앨라배마 해안의 지역 공동체를 얼마나 물에 잠기게 했는지 보여줬습니다. 장벽 섬과 습지대처럼 우리가 잃어가는 땅이 바다로부터 완충 역할을 했다는 사실도 드러났습니다. 시간에 따른 변화를 나타낸 그래프는 사우스 루이지애나에서 엄청난 토지 손실과 더불어 잠식하는 바다를 보여줍니다. 하지만 특히나 이 그래프는 제가 속한 지역 공동체와 사우스 루이지애나의 많은 공동체가 금세기가 끝나기 전에 사라질 것을 나타냅니다.

저는 사우스 루이지애나 지역 공동체의 흑인, 선주민, 가난한 주민들과 함께 그곳에 있었습니다. 우리는 2년째 재난 복구에 매달리고 있지만, 이제는 기후변화로 인한 해수면 상승으로 우리 공동체가 사라지지 않을 거라고 확신시키는 불가능한 임무를 지고 있습니다. 저는 친구, 이웃, 가족, 지역 공동체가 늘 거기 있을 거라고 믿었어요. 대지, 나무, 늪지, 강 하구 습지인 바이유 bayous 등 이 모두가 수천 년 동안 그래왔듯이 언제나 거기 있을 거라고요. 그러나 제 생각이 틀렸고, 이후 제 삶은 영원히 바뀌었습니다.

우리 지역 공동체에 무슨 일이 벌어지고 있는지 이해하기 위해 저는 전 세계의 다른 지역 공동체들과 이야기를 나눴습니다. 주정부가 인정한 사우스 루이지애나의 연합 부족인 호우마족 United Houma Nation과 함께 사우스 루이지애나에서 시작했죠. 알래스카 시쉬마레프의 젊은 활동가는 그들의 장벽 섬이 급속히 녹아내려 바다로 쓸려가고 있다고 전했습니다. 베트남 해안의 여성 어민들, 피지의 기후 투사들, 토레스 해협의 고대 문화 속에서 태어난 새로운 지도자들도 만났습니다. 수천 년간 지구에 존재했던 지역 공동체들이 같은 운명에 처해 고통받고 있었고, 모두가 앞으로 50년을 어떻게 살아남을지 고민했습니다.

다음 세기 말까지 기후변화로 인해 2억 명이 삶터를 잃을 것으로 예상되며, 사우스 루이지애나에서는 그럴 여유가 있는 사람들이 이미 떠나고 있습니다. 사우스 루이지애나는 세계에서 가장 빠른 속도로 땅이 사라지고 있죠. 땅의 소실은 제가 사는 바이유 공동체나 다른 해안 지역 공동체가 공통으로 겪는 문제입니다. 기후변화의 영향을 실감하게 해주는 이 문제에 맞서 전 세계 지역 공동체가 싸워야 합니다.

저는 기후위기의 직접적인 영향을 받은 지역 공동체를 지원하며 지난 15년을 보냈습니다. 이들은 기후 재난 복구에서 벌어지는 차별에 맞서는 한편, 새로운 시작의 기회를 찾아 밀려온 사람들과 대규모 이주민 사이의 균형을 맞추기 위해 노력하고 있어요. 기후 재난으로 집을 떠나는 사람들은 국경을 넘기 전에도 "난민"이라 불립니다. 타자, 피해자, 여기 있으면 안 되는 사람을 지칭하기 위한 이 잘못된 용어는 경제회복, 사회통합, 기후위기 및 기후 트라우마에서 요구되는 치유에 장벽이 됩니다. 단어는 중요합니다.

재난 때문에 국경을 넘는 사람들을 어떻게 대하느냐도 중요합니다. 가까운 미래에 이주할 권리를 행사하는 이들이 자신이나 자신이 사랑하는 누군가일 수 있다는 이유에서라도, 피난처와 안전을 찾는 사람들이 어떻게 대우받는지 관심을 가져야 합니다.

이제부터 지구적 이주를 준비해야 합니다. 그것이 현실이니까요. 우리의 도시와 지역 공동체는 준비되어 있지 않습니다. 사실, 우리의 사회 및 경제 시스템은 재난과 이주하는 사람들로부터 이윤을 만들 준비만 되어 있죠. 기후 재난 이주는 기후 젠트리피케이션을 야기할 것이고, 대개는 노동착취와 차별을 통해 사람들의 이동에 불이익을 줄 것입니다.

예상되는 해수면 상승 때문에 일어나는 기후 젠트리피케이션은 마이애미 같은 곳에서 볼 수 있습니다. 마이애미에서는 해안가에서 멀리 떨어져 높은 위치에 있는 지역에 터무니없는 가격이 매겨지고 있어요. 그곳은 원래 가난한 흑인 이민자들이 살던 곳이죠. 이제 자원을 가진 사람들이 기후변화가 해변에 미치는 장기적 영향을 피하기 위해, 가난한 지역 공동체들이 생존에 필요한 사회 및 경제 시스템을 떠나도록 강요하고 있습니다.

기후 젠트리피케이션은 재난 이후에도 발생합니다. 수많은 사람이 한 장소를 오랫동안 떠나 있을 때, 다른 사람들이 들어와 권리를 주장합니다. 게다가 파괴된 집들이 '녹색 주택'으로 재건축되어 높은 가격이 매겨질 때도 기후 제트리피케이션을 볼 수 있습니다. 결국 이 집들은 삶터로 돌아오길 원하는 유색인종이나 가난한 이들의 것이 될 수 없으니까요. 임대료와 집값 폭등은 지역 공동체로 돌아올 권리를 행사할 수 있는 사람들과 저렴하고 외떨어진 곳에 재정착해야 하는 사람들의 차이를 의미합니다.

기후위기는 이산화탄소 배출을 줄이는 것보다 훨씬 더 큰 이야기이며, 단지 극단적인 날씨와는 매우 다른 이야기입니다. 우리는 지구적 현실의 모든 측면에서 변화에 직면해 있습니다. 기후이주는 아주 작은 부분에 불과하지만, 해안과 내륙 도시 모두에 파급 효과를 가져올 것입니다.

따라서 우리는 어떻게 해야 할까요? 제게 몇 가지 아이디어가 있습니다.

우리는 이 문제에 대해 이해하는 프레임을 다시 짜야 합니다. 기후변화는 문제가 아닙니다. 기후변화는 우리의 천연자원부터 인간 노동의 결실까지, 지구와 인간으로부터 모든 귀중한 가치를 소수의 사람이 추출하도록 만들어진 경제 시스템의 가장 끔찍한 증상입니다. 이 시스템이 이 위기를 만든 거죠.

우리가 너무 많이 가져갔음을 인정하는 용기를 가져야 합니다.

우리는 전 세계가 소수의 특권과 안락을 위해 대가를 치르고 있다는 사실에 눈을 감아선 안 됩니다. 세계적 불균형에 이르도록 소비를 조장한 시스템에 사회 전반의 변화를 줄 때입니다. 우리의 사회적·정치적·경제적 채굴 시스템은 지구를 되살리고 인간의 자유를 전 세계적으로 증진하는 것으로 전환해야 합니다. 기술이 우리를 구원할 거라는 생각은 오만입니다. 우리가 이 행성에 살아남기 위해 이 부당하고 착취적인 접근을 계속한다고 생각하는 것은 자아도취일 뿐입니다.

인류가 다음 단계에서 살아남기 위해서는 집단적인 회복력을 발전시키도록 사회 및 경제 시스템을 재구성해야 합니다. 사회적 재구성은 수 세대 동안 수탈과 범죄의 대상이 되어온 지구와 지역 공동체를 살피고 복원하는 것이어야 합니다. 이것이 최전선이고, 우리가 출발해야 할 지점입니다.

우리는 이주를 개인의 특권에 대한 위협이 아니라, 지구적 생존을 위한 자연적 필요라는 공익으로 바라보는 새로운 사회적 태도를 갖춰야 합니다. 집단적 회복력은 그들이 누구인지, 어디서 왔는지에 상관없이 주택, 식량, 물, 의료, 폭압으로부터의 자유를 제공할 도시를 발전시키는 것을 의미합니다.

우리가 지금 기후 이주를 계획하기 시작한다면, 그것은 무엇을 의미할까요? 확장하거나 쇠퇴하는 도시는 이를 정의와 공정에 기초한 사회적 기반시설과 생태계를 복원하고 보전하는 물리적 기반시설을 재건할 기회로 볼 수 있습니다. 실제로 공공병원에 더 많은 재정을 투자해 더 친환경적인 방식으로 재건을 돕고,

상실과 이주로 인한 트라우마 등 기후 이주를 통해 닥칠 일에 대비할 수 있습니다. 우리는 정의에 더 많은 투자를 해야 하지만, 일시적인 이익을 위해서가 아닙니다. 예산 부족을 메우기 위해서도 아닙니다. 그것은 장기간의 변화를 위한 것이어야 합니다.

이미 가능한 일입니다. 그럼요.

허리케인 카트리나 이후 미국 전역의 대학과 고등학교가 학생들이 학기나 학년을 놓치지 않고 학업을 마칠 수 있도록 도왔습니다. 그 학생들이 지금 지역 공동체들의 생산적 자산이 되었습니다. 이제 학교, 기업, 기관이 그 일을 해야 합니다.

따라서 우리가 문제를 더 진실한 방식으로 재설정하고, 사회 시스템을 더 정의롭게 재구성하면, 남은 일은 자신의 역량을 일깨우고 가장 오래된 종류의 힘을 불러내는 것뿐입니다.

이것은 필연적으로 우리가 특정 지역의 리더십과 전통 지식을 따르는 법을 배워야 한다는 것을 의미합니다. 그리고 새로운 사회가 나아가야 할 근본적인 출발점으로 생태적 형평성, 기후정의, 인권을 기본 기준으로 삼아야 함을 뜻합니다.

이 모든 것은 우리 자신보다 더 큰 힘과 앞으로 살아갈 것보다 더 긴 삶을 인식할 것을 요구합니다. 즉 우리가 알지 못할 만큼 충분한 특권을 누리고 있음을 깨달아야 합니다.

우리는 자연의 권리를 존중해야 합니다. 모두를 위한 인권을 향상해야 합니다. 한 번 쓰고 버리는 일회용의 개인 사회에서 집단적이고 장기적인 인간성을 바라보는 사회로 전환해야 합니다. 그렇지 않으면 우리는 해낼 수 없습니다. 우리 중 가장 뛰어난 이

들조차 부정의한 제도에 얽매여 있으며, 당신의 생존을 위해서는 우리가 함께 해방될 수 있는 방법을 알아내야 합니다.

좋은 소식은 우리가 강력한 사람들에게서 나왔다는 겁니다. 우리는 어떤 식으로든 살아남은 이들에게서 왔습니다. 이는 충분히 싸울 이유가 됩니다. 그리고 사우스 루이지애나 친구의 말을 들어보세요. 가장 힘든 싸움이야말로 가장 할 만한 싸움입니다. 지구의 다음 단계를 아름답게 만들기로 선택합시다. 모두에게 정의롭고 공정하게 우리가 만들어봅시다.

———

우린 할 수 있어요. 그럼요. 우리는 할 수 있어요. 그래야만 하니까요. 우리는 해야만 해요, 그렇지 않으면 지구와 우리 자신을 잃을 테니까요. 일은 여기서 시작합니다. 우리가 함께요. 제 제안을 받아주셔서 감사합니다.

모든 위대한
어머니를 부르며

앨리스 워커 ALICE WALKER

우리는 다르게
살아야 합니다

그렇지 않으면
죽게 될 겁니다

과거와 같은 방식으로

그러므로
나는 지구상의
모든 위대한 어머니를 부릅니다
모습을 드러내어
세계를 이끌며
당신의 자리를 지키라고

부엌
바깥으로
밭
바깥으로
미용실
바깥으로
텔레비전
바깥으로 나오라고

앞으로 나아가
당신이
부여받도록
창조된 그 역할을
맡으라고
인류와
건강과 행복
& 온전함을 위해
이끌어 달라고

나는 지구상의
모든
위대한 어머니와
& 모든 사람의

생명을
존중하고
&
미래를
이끌어갈
젊은이들을
수호하려는
정신을 지닌
모든 이를
부릅니다

우리 종의
생명은
거기에
달려 있으니까요

& 나는
지구상의 모든 남자에게
말합니다
공손하게
기꺼이

어머니들 곁에 서라고

& 그리하여 그들이

(우리가)

필요한 일을 하라고

전환을 위한
현장 지침서

레아 카다모어 스톡스LEAH CARDAMORE STOKES

나는 세계 곳곳으로 뻗어나가는
원 안에서 인생을 살아간다.

– 라이너 마리아 릴케RAINER MARIA RILKE

나는 에너지를 보게 된 그때부터 10여 년을 환경 활동가로 살았다. 그것은 자동차를 위한 연료, 식량을 위한 비료, 식료품점의 플라스틱, 우리 집을 밝히는 전기 등 곳곳에 퍼져 있었다. 우리는 모든 것을 화석연료에 의존하고 있다. 내가 그것을 볼 수 있게 되자, 어디를 가든지 화석연료를 찾을 수 있었다. 그들의 해악도 쉽게 보였다. 석탄, 석유, 천연가스는 사람들을 병들게 하고, 대기와 물에 오염물질을 뿜어댔으며, 대기 중 탄소 농도를 높여 위험한 기상 현상으로 이어졌다. 정부 정책이 이러한 기후위기를 초래했음을 이해하는 데는 오랜 시간이 걸렸다. 정치인들은 청정에너지를 가로막으며 화석연료에 보조금을 댄다. 우리는 이것을 뒤집어야 한다. 화석연료 채굴을 중단할 수만 있다면, 기회가 있을 수 있다고 생각했다.

하지만 이것을 쉽게 깨달은 건 아니다. 나의 첫 번째 환경행동은 에너지 정책을 바꾸는 것이 아닌 소박하고 직접적인 것이었다. 초등학교 5학년 때 아마존의 벌목에 대해 알고 나서 열대우림의 말하는 소가 그려진 티셔츠를 만들었다. 그들은 "저를 먹지 마세요"라고 말했다. 점심시간에 받는 작은 우유팩이 학교에서 재활용되지 않음을 알게 됐을 때는 친구들과 함께 우유팩을 잘라 평평하게 펴서 집으로 가져갔다. 우리는 몇 주 동안이나 이 일을 하는 데 시간을 보냈다.

10대 때는 행동이 더 커져서 나 자신을 넘어서기 시작했다. 나는 지역 식료품점 주인들에게 위기종인 칠레산 농어를 팔지 말라고 편지를 썼다. 가족 모임에서는 일회용 접시를 쓰지 못하도록 했다. 허머 자동차나 연료를 엄청나게 먹어대는 트럭을 보면, 공개적인 항의의 표시로 가운뎃손가락을 들어보이곤 했다. 하지만 고등학교 지리 선생님은 기후변화를 설명하면서 그것이 현실이 아닐 거라고 주장했다. 화석연료가 기후변화의 핵심에 있음을 알기까지 몇 년이 걸렸다.

대학에 들어가서야 기후위기에 대해 제대로 배우는 기회를 갖게 됐다. 생물학과 심리학 수업을 들으면서 에너지 시스템이 문제의 근원임이 분명해졌다. 나는 더 많은 사람이 에너지 사용 방식을 바꾸게 하는 방법을 찾으려 노력했다. 다른 학생 및 교수진과 협력해 수천 명의 학생과 직원이 캠페인에 참여하도록 했다. 그들에게 에너지 절약이 왜 중요한지 설명하고, 승강기 대신 계단 이용하기 등의 실천을 요청했다. 어떤 이들은 열정적이어서, 사람들이 변기에 앉아 있어도 화장실 불을 끌 정도였다. 이 캠페인의 효과로 대학 기숙사가 에너지 소비를 10%가량 줄이는 데 성공했다. 졸업 전에는 캠퍼스의 대규모 태양광 프로젝트 구축을 도왔는데, 그 수익은 학생 장학금으로 쓰일 것이다. 나는 에너지 시스템을 바꾸는 것이 기후위기를 해결하는 열쇠임을 확신했다. 그리고 그 변화를 추동할 수 있는 모든 것을 하리라 마음먹었다.

그러나 결과는 충분히 만족스럽지 못했다. 나는 더 큰 규모를 원했다. 행동의 변화는 제도의 변화만큼 강력하지 않았다. 그래서 이후 10년 동안 사람들이 기후위기에 대응하기 위해 에너지 정책을 어떻게 변화하려 하는지 이해하려고 노력했다. 이제 릴케 Rilke의 말처럼, 내가 어떻게 범위를 넓혀가며 살아왔는지 이야기하려 한다. 에너지 시스템에 좀 더 깊이 다가가 더 큰 변화를 이끌어내기 위해 매년 내가 어떻게 노력했는지.

이 이야기를 하는 이유는 당신도 똑같이 할 수 있다는 걸 알기 때문이다.

———

기후위기는 지금 여기에 있다. 어떻게 우리는 이 지경이 됐을까?

한 가지 통상적인 답변은 우리 모두의 잘못이라는 것이다. 승용차를 탈지, 자전거를 탈지, 걸을지, 비행기를 탈지, 또는 물건을 살지 말지 등 일상적인 선택을 통해서 말이다. 기후변화를 포함한 환경문제가 대부분 우리 자신의 행동 문제라고 생각하는 이유를 쉽게 알 수 있다.

무언가를 살 때 우리는 미래를 형성하는 결정을 내린다. 플라스틱 빨대를 사용하는 것과 같이 작은 선택에 함몰되기 쉽다. 그래서 어떤 차를 살지, 또는 차를 살지 말지와 같이 더 큰 영향을 끼치는 선택을 망각할 수 있다. 기차편이 없어서 인근 도시로 가는 기차를 타는 것처럼 어쩔 수 없는 선택을 잊는 건 더 쉽다.

우리에게 다른 선택지가 있을 수도 있었음을 보기 시작하면, 일상생활에서 정치권력의 역할을 알 수 있게 된다. 무엇보다 우리가 고를 수 있는 선택지는 누가 정하는가?

제도는 우리가 할 수 있는 선택을 결정한다. 사회의 일부 행위자는 우리 경제가 어떻게 건설되고 연료를 공급받을지 결정하는 데 다른 사람보다 더 많은 권한을 가진다.

에너지 시스템의 경우, 화석연료 기업과 전력회사가 우리의 선택을 제한해왔다. 지난 100년간 이들은 혁신에 저항했다. 그들은 화석연료를 캐고, 팔고, 태우는 일을 잘하는 방법을 배웠고, 이를 계속하기를 원한다. 1800년대 후반 백열전구가 처음 발명됐을 때, 새로운 산업은 근본적으로 혁신적이었다. 예를 들어, 토머스 에디슨Thomas Edison은 석탄에서 벗어나 풍력과 태양 에너지로 전환하고자 했다. 그러나 1920년대에 들어와 이러한 혁신이 기업 경영자들의 손에 넘어가면서 쇠퇴하고 말았다. 그들은 기존의 기술에 초점을 맞췄고, 더욱 큰 석탄화력발전소를 건설했다. 그리고 에너지 시스템이 더 적은 폐기물을 만들도록 하는 효율적인 기술을 약화시키기 위해 노력했다.

이들 기업이 기후위기를 초래하는 데 주도적인 역할을 한 방법은 혁신을 억제한 것만이 아니다. 화석연료 기업과 전력회사는 기후 과학을 부정하는 활동도 조직했다. 든든한 재원이 뒷받침된 캠페인이 끊임없는 북소리를 울리며 전개됐다. 고등학교 때 기후변화를 처음 접한 기억을 떠올리면, 다른 방면에선 그렇게 뛰어난 선생님이 왜 이 주제를 논쟁으로 제시했는지 궁금해진다. 당시는 화석연료 기업과 전력회사가 기후과학자들에 대한 신뢰를 떨어뜨리기 위한 캠페인에 주력한 지 10년이 지난 때였다. 1980년대부터 지금까지 그들은 기후변화에 대한 과학적 합의를 부정하는 조직에 수십억 달러를 쏟아부었다. 이런 노력은 크게 성공해서 기후부정론자의 보고서에 사용된 언어가 대중 담론에 스며들어 언론과 대통령 연설문에도 수시로 등장하게 됐다.

1990년대와 다음 세기 첫 10년 동안, 청정에너지 지지자들이 이에 맞서 싸웠다. 그들은 다수의 주에서 재생가능 에너지를 늘리기 위한 법률이 제정되도록 분투했다. 하지만 우리가 에너지 시스템의 더러운 방식을 정화하기 시작하자, 그들은 기후정책에 대한 공격을 개시했다. 내 저서 『단락의 정치Short Circuiting Policy』에서 썼듯이, 화석연료 기업과 전력회사는 지난 10년간 우리가 지금까지 시행해온 몇 안 되는 기후정책을 공격해왔다.

미국의 많은 주가 청정에너지 목표를 가지고 있지만, 전국의 전력 시스템 변화 속도는 전반적으로 거북이걸음이다. *2018년 미국 전력 공급 중 겨우 36%만이 풍력, 태양광, 수력, 핵발전 등의 청정에너지원에서 나왔다. 2009~2018년 재생가능 에너지의 연간 성장률은 0.7%포인트에 불과했다. 한편, 최근 몇 년 동안 천연가스 확장은 재생가능 에너지를 앞질렀다. 한 걸음 전진하고 한 걸음 후퇴하는 이런 점진적인 발전으로는 다가오는 수십 년 사이에 100% 청정에너지 달성이 불가능할 것이다.

가정, 사무실, 자동차에 공급되는 청정 전력 설비를 확충해야 한다는 것을 깨닫게 되면, 우리의 과제는 더욱 복잡해진다. 물론 에너지 효율에 투자하면, 전체 수요를 감소시키기 때문에 새로운 에너지 공급을 많이 늘릴 필요가 없다. 이는 에너지 시스템이 여전히 더러운 화석에너지로 구동되는 현재 특히 중요하다. 우리가 덜 쓰면, 화석연료도 덜 태울 것이다. 안전한 핵발전소를 가능한 한 오래 가동하면, 더 쉽게 진보를 이룰 수 있다. 현재 핵발전은 청정 전력의 절반 이상을 공급한다. 당장 핵발전소가 퇴출당하면, 더러운 에너지원으로 대체되곤 한다.[49] 어느 쪽이든 에너지 시스템을 바꾸기 위해서는 우리가 훨씬 더 빨리 움직여야 한다.

하지만 화석연료 기업과 전력회사는 우리에게 필요한 변화를 추진하도록 돕기는커녕 새로운 청정에너지 법안 통과를 막았고, 이에 많은 주가 에너지 목표를 마련하지 못하고 있다. 또한 그들은 상정된 청정에너지 법안을 철회하거나 약화시키기 위해 노력

---

49 핵발전은 세계 여러 곳에서처럼, 미국의 환경운동에서 찬반이 존재하는 이슈다. 일부 기후운동가는 핵발전 이용을 찬성하지만, 미국은 1979년 스리마일 핵발전소 사고 이후 새로 추진된 핵발전 프로젝트가 없으며, 수명을 다해 폐쇄되는 핵발전소가 많아지는 상황이다. 이는 민간 회사에도 핵발전이 더 이상 이윤이 되는 사업이 아니며, 반면에 재생에너지 시장이 급속하게 커지고 있기 때문이다.

했다. 이런 전략이 실패할 경우, 전력회사와 오염 유발 기업은 기후정책의 진전을 막기 위해 대중, 정당, 법원을 이용해 더 큰 싸움을 벌였다. 이런 필사적인 지연 작전의 결과로, 대부분의 주가 에너지 시스템을 정화하는 데 한참 뒤쳐져 있다.

정치 시스템을 마음대로 쥐락펴락함으로써 화석연료 기업과 전력회사는 기후위기를 초래했다. 거대한 오염 기업들은 오늘날 우리가 할 수 있는 선택을 심각하게 제한했다. 따라서 우리 모두에게 똑같이 책임이 있는 깃은 아니다.

———

기후 문제가 에너지 문제이고, 우리의 에너지 문제가 제도적이고 정치적이며 함께 맞물린 것임을 알게 되면, 기후행동 역시 동일한 형태여야 한다는 것도 알 수 있다.

"비행 수치flight shaming"를 예로 들어보자. 이는 사회적 압력을 이용해 사람들이 비행기를 타지 못하게 하는 운동이다. 비행을 하려면 많은 화석연료가 필요하기 때문에 "하면 안 된다"는 것을 알고 있을 것이다. 비행기를 탄 뒤 온라인 탄소발자국 계산기로 측정해본 적이 있다면, 비행이 지금까지의 개인 탄소 배출량 중 가장 큰 몫을 차지한다는 걸 발견할 것이다.

주요 도시 간에 기차가 운행되는 동부 해안에 산다면, 비행기 대신 기차를 탈 수도 있겠다. 혹은 아예 여행을 가지 않기로 결정할 수도 있다.

하지만 다른 나라에 가족이 있거나 업무상 비행기를 타야 할 때는 죄책감을 덜기 위해 다른 곳에서의 배출량을 줄이려고 노력했을 것이다.

그러나 세금을 내고 국가의 군비 예산에 기여했다고 해서 당신을 비난한 사람이 있었는가? 그런 일은 절대 없었을 것이다. *미국 군대는 에너지 하마다. 세계에서 가장 많은 화석연료를 소비하는 기관이다. 실제로, 그들의 탄소 배출량은 많은 국가의 탄소 배출량보다 크다. 최근 몇 년 동안 미국 군대는 덴마크보다 더 많은 온실가스를 배출했다.

군대의 연간 배출량은 상업용 항공기의 배출량과 비슷하다. 그러나 개인의 탄소발자국 계산기는 이 부분을 개인 발자국으로 간주하지 않기 때문에 군대의 배출량에 대한 기여도를 상쇄하기 위한 버튼이 존재하지 않는다.

당신이 일하는 사무실을 짓는 데 사용된 철강의 배출량을 쉽게 계산하거나 상쇄할 수도 없다. 당신이 먹는 식량을 재배하는 데 사용된 화석연료 비료를 상쇄하기도 힘들다. 당신이 더 많이 보게 될수록, 화석연료가 모든 곳에 있음을 더욱 분명히 알게 될 것이다.

*평균적으로 미국인 1명이 매년 약 15톤의 탄소 오염을 배출한다. 자신의 배출량을 줄이기 위해 열심히 노력하겠지만, 어느 날 잠에서 깼을 때 미국 전체가 매년 약 60억 톤을 배출한다는 것을 깨닫게 될 것이다.

누구도 일방적으로 저탄소 경제를 선택할 수는 없다.

목표는 자기 정화가 아닌 구조적 변화다. 빌 매키번Bill McKibben

이 말했듯이, "자신의 삶을 완벽하게 만드는 것이 아니라 시스템을 바꾸는 것이 중요하다. '위선'은 이 전투에 참가하는 입장료다."

간단한 사고 실험이 이 점을 밝히는 데 도움이 될 수 있다. 만약 당신이 내일 죽는다면, 탄소 배출량이 얼마나 줄어들까? 그다지 많지 않다. 사회는 하던 대로 계속 오염물질을 뿜어낼 것이다.

이것은 심지어 가설이 아니다. 우리는 코로나 팬데믹 상황이던 2020년에 실험을 진행했다. 몇 달 동안 비행기를 타거나 운전하거나 집을 떠나는 사람이 거의 없었다. *하지만 배출량은 고작 8% 정도 감소한 것으로 나타났다. 온난화를 1.5℃로 제한하려면, 2030년까지 매년 배출량을 그만큼 감소해야 한다. 개별적 행동만으로는 절대 도달할 수 없는 수치다.

하지만 자신보다 더 큰 무언가, 즉 에너지와 오염의 관계를 장기적으로 깨뜨리는 무언가를 만들거나 기여한다면 어떨까? 그것은 당신의 생애를 넘어서까지 계속될 것이다.

간단히 말해. 개인적인 노력만으로는 기후 문제를 충분히 진전시킬 수 없다. 우리의 노력을 조직해야 한다. 그것은 현대적이고 건강한 민주주의의 핵심 기능 중 하나인 협력과 조정이다.

그레타 툰베리는 사람들이 할 수 있는 가장 중요한 일을 묻는 질문에 이렇게 대답했다. "존재하지 않는 정치운동을 추진해보세요. 이를 바로잡는 정치가 현존하지 않으니까요. 그래서 저는 개인으로서 해야 할 일이 민주주의의 힘으로 목소리를 내고, 권력자들이 이를 무시하지 못하게 하는 것이라고 생각해요."

또한 우리가 모두를 끌어들이지 않는다면, 빨리 움직이지 못할 것이다. 우리는 전용기를 가진 유명인사와 비행기를 타본 적 없는 사람들 모두가 필요하다. 육식주의자와 채식주의자가 필요하다. 전력 에너지 믹스가 전국에서 두 번째로 더러운 웨스트버지니아 주민과 캘리포니아 주민이 필요하다. 에너지 시스템에서 우리가 만들어야 할 변화의 속도와 규모는 전례가 없다. 이 싸움에 우리 모두가 필요한 이유다.

———

에너지 시스템을 변화시키는 데 참여하기로 결정했다면, 작은 것부터 시작할 수 있다. 이 첫 번째 원에서는 에너지 시스템을 이해하고, 어떻게 변화시킬지 학습한다.

방을 나갈 때는 불을 끄는 것이 좋으며, 다른 사람들도 그렇게 하도록 상기시키는 표지판을 세우는 것도 좋다. 아니면, 방을 나서기 전에 큰 소리로 "마지막에 나온 사람이 불을 꺼주세요"라고 말해도 좋다. 이런 종류의 행동은 가장자리에서 에너지를 절약하는 데 도움이 될 수 있다.

지속적인 행동 변화에 의존할 때의 문제는 사람들이 선택을 해야만 한다는 것이다. 때때로 사람들은 그냥 잊어버린다. 따라서 구조적이고 되돌리기 어려운 변화를 목표로 하는 것이 훨씬 더 효과적이다.

당신이 살고 있는 건물은 아마도 천연가스 연료를 사용할 것이다. 천연가스는 요리하고, 물을 데우고, 방을 따뜻하게 한다. 이 화석가스는 메탄으로, 땅에서 파낼 때 엄청난 양의 방사능 폐기물을 생성한다. 집에서 사용하면 새어나와 병을 일으킬 수 있다. 드문 경우지만, 폭발의 원인이 될 수도 있다. 화석가스 유출은 당신 가족에게만 해로운 게 아니라, 이산화탄소보다 훨씬 더 강력하게(100년 동안 약 30배 이상) 지구를 가열한다.

하지만 이대로는 안 된다. 우리는 깨끗한 전기를 사용해 인덕션 스토브, 전기온수기, 전기난로, 열펌프 등에 전력을 공급할 수 있다.

따라서 일상생활에서 무언가를 바꾸고 싶다면, 집 전체를 전기화하면 된다. 지금 그 변화를 위한 계획을 시작하자. 돈을 모으고, 계약자를 물색하고, 당신의 도시가 어떤 인센티브를 제공하는지 확인하자. 자가自家가 아니라면, 집주인, 친구, 부모, 조부모와 이 변화를 어떻게 만들지 상의해도 좋다.

집에서 화석가스를 제거하는 데 성공했다면, 잔디밭에 "내 100% 전기 주택에 대해 물어보세요"라고 써 붙이자. 당신이 무엇을 했고 왜 그랬는지 친구와 이웃에게 이야기하자. 그리고 더 많은 사람이 당신과 같은 선택을 할 수 있게 재정 프로그램을 마련하도록 도시, 카운티, 주정부에 로비해보자.

에너지 시스템 변화는 자신의 삶에서 시작할 수 있다. 하지만 그게 끝이어선 안 된다는 점을 기억하자. 당신은 더 넓은 원을 계속 찾아야 한다.

다음 원은 공동체에서 찾을 수 있다. 우리 각자는 다른 사람들과 연결되어 있다. 이러한 관계는 우리가 믿는 것보다 더 큰 힘을 준다. 우리가 행동할 때 공동체를 변화시킬 수 있다.

기후위기에 대해 사람들과 이야기하는 것으로 시작할 수도 있다. 사소하게 느껴질 수 있지만, 실제로는 크다. 수많은 미국인이 점점 위험해지는 기상 시스템에 대해 거의 듣지 못하며, 이 문제에 대응할 해결책은 더더욱 없다. 캐서린 헤이호가 말했듯이, "우리가 할 수 있는 가장 중요한 일은 우리가 하지 않는 바로 그것에 대해 이야기하는 것이다."

나는 하루에 한 번 고양이가 아닌 다른 누군가와 기후변화에 대해 이야기하려 한다. 가끔은 가뭄이나 폭염에 대한 날씨 이야기로 시작한다. 그러다 보면 어느새 기후위기에 대해 말하고 있다.

내가 이 주제를 꺼내면 다양한 반응이 있다.

택시에서 대화한 한 남성은 이 문제에 대해 들었지만, 화산이 원인이라고 믿었다. 나는 그에게 화석연료가 주범이라고 설명했고, 헤어질 때쯤 그는 우리가 처한 곤경을 더 잘 이해하게 됐다.

나이가 많고 아이가 없는 또 다른 남성은 더위 때문에 견딜 수 없다고 했다. 나는 그에게 앞으로 더 나빠질 거라고 말했다. 그는 그것이 사실이겠지만, 상황이 더 나빠지기 전에 죽을 테니 걱정하지 않는다고 했다. 이런 반응은 특권이다. 인류의 끊임없는 투쟁에서 벗어나는 것, 누구에게 언제 무엇이 닥칠지 걱정하지 않는 것. 왜냐하면 당신은 오래전에 떠났을 테니까.

이는 심리적으로 자신을 보호하려고 노력한다는 징표이기도 하다. 많은 사람이 슬픔이나 두려움을 느끼지 않도록 기후위기를 멀리하려 하며, 이 문제로 골머리를 앓고 싶지 않아 한다.

웬델 베리가 말했듯이, "우리를 반쯤 혹은 반 이상 미치게 하는 것은 우리 삶 내부 세계의 파괴다."

이런 대화가 사람들에게 불러일으킬 감정을 고려한다면, 해결 책에 대해서도 이야기하는 것이 중요하다. 우리 정부(시, 주, 연방 정부)가 다른 선택을 하게 만들 수 있음을 상기시키자. 이 이야기 는 아직 끝난 게 아니라고.

요즘 나는 우리의 에너지 시스템이 어떻게 기후위기를 몰고 오 는지 사람들과 일대일로 이야기하지 않는다. 대신, 기자와 이야 기하고, 팟캐스트를 하고, 교회와 대학에서 강의하고, 정치인에 게 연설한다. 내 이야기를 듣고 싶어 하는 누구에게나 할 수 있는 한 많은 이야기를 들려준다. 모든 대화가 민주주의를 일깨우는 기회이기 때문이다.

지역 공동체에서 계속 일하다 보면, 조직에 결합하는 것이 도움이 될 수 있다. 이런 단체들은 기후행동의 다음 단계로 무엇을 할 것인지 이해 하는 데 도움을 준다. 350.org, 시민 기후 로비Citizens' Climate Lobby, 그 린피스, 시에라클럽, 선라이즈 무브먼트, 서프라이더 재단Surfrider Foundation 등 가입할 만한 훌륭한 단체가 많다. 당신의 지역 공동 체에서 지역 지부가 있는 단체를 찾아보자. 일부 지역에는 뉴욕 의 WE ACT, 남부 주들의 도그우드 동맹Dogwood Alliance, 캘리포니 아의 환경정의 동맹처럼 환경정의에 초점을 두는 지역 단체도 있다. 이런 단체 등에 활동 자금을 후원할 수도 있다.

조직과의 연계는 활동 반경을 넓히는 데 도움이 된다. 금요일 화재 대피 훈련을 시작한 제인 폰다Jane Fonda가 말했듯이, "조직된 사람들은 정책을 바꿀 수 있다. 전략적 목표를 중심으로 단결되고 조직된 사람들은 무엇이든 바꿀 수 있다."

———

우리는 정책 변화라는 가장 넓은 원을 향해 다가가고 있다. 이는 쉽지 않으며, 혼자서 할 수 있는 일도 아니다. 하지만 우리는 현재의 에너지 시스템에 갇히게 하는 법안을 조금씩 깨뜨릴 수 있다. 천천히 함께 활동하면서 우리는 이 법을 새로운 형태로 바꿀 수 있다.

연구자로 일하면서 나는 에너지 정책을 바꾸기 위해 노력하는 150여 명의 지도자를 인터뷰할 행운을 누렸다. 내가 가장 존경하는 사람들은 그 노력에 자신의 아이디어를 활용하는 이들이다. 낸시 레이더Nancy Rader라는 여성은 1990년대 초에 "재생에너지 포트폴리오 표준RPS"이라는 아이디어에 관한 석사 논문을 썼다. 전국의 수많은 뛰어난 활동가의 노력 덕분에, 이 정책은 현재 대부분의 주에 존재한다. 시에라클럽의 메리 앤 히트와 그녀의 팀은 미국에서 신규 석탄화력발전소를 중단시키고 기존의 것을 폐쇄하는 아이디어를 냈다. 그녀가 주도한 프로그램은 200개 이상의 발전소 건설 중단과 300개 이상의 퇴출을 도왔다. 나오미 오레스케스Naomi Oreskes는 화석연료 기업들로부터 괴롭힘을 당한 뒤 그들을 조사하기 시작했다. 이는 주요 석유 기업들에 기후 부정론의 책임을 묻는 소송으로 이어졌다. 알렉산드리아 오카시오 코르테스는 취임 선서를 하기도 전에, 선라이즈 무브먼트의 바시니 프라카시 같은 젊은 활동가들과 함께 국회 앞에서 농성하며 그린 뉴딜을 외쳤다. 그로부터 1년도 채 되지 않아 대선에 출마한 민주당의 주요 후보들이 모두 이 정책 아이디어를 지지했다.

물론 이 여성들이 혼자서 정책을 바꾸는 것은 아니다. 그들에게는 공저자, 동료, 후원자, 친구가 있다. 하지만 그들 각각은 우리의 에너지 시스템을 전환하기 위한 노력에서 꼭 필요한 인물이 되었다. 그들은 중요한 일을 하는 사람들이다. 그리고 그들이 넓은 범위에서 활동하기 때문에, 그들의 행동이 자신의 삶뿐 아니라 에너지 시스템을 바꿀 수 있는 것이다.

어떤 정책에 대한 활동을 시도할 수 있을까? 당신이 속한 주에서 신규 화석연료 프로젝트를 중단시키거나 가동 중인 석탄과 천연가스 발전소를 폐쇄하기 위해 노력할 수 있다. 재생가능 에너지 설비에 대한 재정 지원 정책을 지지함으로써 더 많은 재생가능 에너지 프로젝트를 도울 수도 있다. 노후 차량을 매입하고 신차 구매비용을 지원하거나 충전 시설에 투자하여 전기자동차 보급을 가속화하는 주정부나 연방정부의 정책을 지지할 수도 있다. 지역 수준에서는 대중교통이나 자전거 전용도로를 지원하는 활동을 할 수도 있다. 새 건물에 천연가스 사용을 금지하도록 시에 압력을 가할 수도 있는데, 이는 전국의 도시가 시작한 일이기도 하다. 또 주정부가 주택을 전기화하거나 에너지 효율을 높이는 사람들에게 금융 인센티브를 제공하도록 요구할 수도 있다. 전력회사에 책임을 묻기 위해 주정부가 공익을 대변하는 이들에게 인센티브를 주는 "중재자 보상 프로그램"을 통과시키도록 노력할 수도 있다. 그리고 연방 정부 의원들에게 선진 연구 프로젝트 기관–에너지ARPA-E 프로그램 등의 연구 개발에 더 많은 재정을 지원하도록 요청할 수도 있다.

활동하고 싶은 정책을 찾기 위해 당신이 가입한 조직에 의지해도 좋다. 뛰어들 만한 캠페인이 있는지, 또는 다른 이들을 끌어들여 시작할 방법이 있는지 살펴보자.

화석연료 기업과 전력회사의 정치적 지배 구조에 효과적으로 도전하는 정책이 자리 잡지 못한다면, 수십억 명의 인류, 공동체, 생물종, 생태계가 심각한 위험에 처할 것이다.

———

20세기는 파괴와 기만의 시대로 기억될 것이다. 바다는 플라스틱으로, 우리의 폐는 독으로, 마음은 기후 부정으로 채웠던 시대로.

모두의 노력과 더불어 21세기는 치유의 시대가 될 수 있다. 우리는 이번 세기에 탄소 오염을 줄이고 배출 곡선을 아래로 향하게 할 수 있다. 또 친구와 이웃, 바다 건너편 사람들과 미래 세대가 오염 없이 살아갈 정책을 시행할 수 있다.

쉽진 않을 것이다. 매일 일어나 조금씩 해결해나가야 한다. 나 자신을 다잡기 위해 늘 떠올리는 메리 올리버Mary Oliver의 말이 있다. "내가 우주라는 집의 가장 작은 못 하나일 뿐일 수도 있지만, 그것은 작지만 필요한 것이다." 우리 각자는 화석에너지 시스템을 조금씩 깨뜨리는 하나의 못이 될 수 있다.

더 넓은 공동체와 정책 영역에서 활동하기 전에, 가장 작고 개인적인 영역이 순수해야 한다고 요구할 필요는 없다. 그런 날은 절대 오지 않을 테니까. 시스템을 변화시키기 위해 오늘 땅을 파헤치자. 그리고 내일도, 모레도.

내 생이 끝나갈 무렵, 내가 초래한 것보다 더 많은 탄소 배출을 막았다는 걸 보여주고 싶다. 나 혼자만의 활동으로는 그런 일을 만들 수 없다.

나의 상쇄offset 계획은 행동주의다.

블랙워터에서의 아침

메리 올리버 MARY OLIVER

수년 동안 매일 아침
블랙워터 연못의 물을 마셨어요
떡갈나무 잎의 향, 그리고 틀림없이
오리 갈퀴의 향기도 났죠

그 물은 언제나 저를 달래줬어요
아주 오래되고 마른 그릇에 담겨

제가 말하고 싶은 건
과거는 과거이고
현재는 당신의 삶이며
당신은 현재가 무엇이 될지
선택할 능력이 있다는 거예요
친애하는 시민 여러분

그러니 연못으로 오세요
아니면 당신의 상상 속 강으로,
당신이 그리워하는 항구도 좋겠죠

당신의 입술을 세상에 대어보세요
자신의 삶을
살아보세요

기후 이주

사라 스틸만 SARAH STILLMAN

탐사보도 기자인 나는 보도자료, 공식 기록, 반쯤 채워진 노트 등 쓸모없는 종이 더미를 식탁에 쌓아두는 습성이 있다. 때로는 몇 달 또는 몇 년이나 내버려두기도 한다. 이번 겨울에 그것을 치우는 거사를 치르려다가 허리케인 카트리나로 인해 나를 괴롭힌 이야기가 담긴 두꺼운 파일을 발견했다. 거기엔 "시그널"이라는 라벨이 붙어 있었다. 버린 줄 알았던 이 파일은 오래된 민사소송 자료가 포함된 수백 건의 기록이었다. 그중 하나를 읽었는데, 소니 술레카Sony Sulekha라는 남성의 법정 진술이었다.

그의 진술문을 읽으니 세세한 내용이 다시 떠올랐다. 이 소송은 미국 역사상 가장 큰 노동자 인신매매 사건 중 하나였다. 590명의 주장에 기반한 소송이었는데, 이들 중 다수가 폭풍 이후 걸프 연안의 석유 굴착 장치 재건을 돕기 위해 2006년 말에 인도에서 왔다. 술레카도 그중 한 명이다. 그는 보석과 가족의 땅을 팔아 더 나은 미래를 만들어보자고 아내를 설득했다. 그가 미시시피주 파스카굴라에 도착했을 때 상황은 생각과 달랐다. 그곳에서

533

그와 동료들은 앨라배마 소재의 시그널 인터내셔널이라는 해양 건설 회사에 의해 사기, 강압, 폭행, 이유 없는 수감, "고의적인 정서적 가해" 등을 당했다.

술레카의 증언을 읽는 것은 카트리나가 지나간 해안에서 메시지가 담긴 병의 마개를 여는 것처럼 느껴졌다. 이 메시지는 초대형 폭풍, 매년 경험하는 "100년 단위" 홍수, 산불처럼 우리가 헤쳐나가야 하는 세계, 우리의 환경뿐 아니라 인간 이주의 본질마저 비꿔놓는 세계에 관한 이야기였다. 나는 파일을 샅샅이 살펴보며 밤을 보냈다. 마침 바로 그 이름대로였다. 시그널, 경고의 이야기 말이다.

———

기후위기의 끄트머리에서 일어날 인류의 주거지 박탈 규모는 상상하기조차 어렵다. 내부 난민은 한 출발점이다. 대다수의 기후 난민이 국경을 넘지 않고 재정착할 것이다. 내부 난민 모니터링 센터에 따르면, 2016년 산불, 허리케인, 폭염 등 "돌발적 sudden-onset" 재해로 인해 분쟁이나 폭력사태보다 3배나 많은 사람이 주거지를 잃었다. *세계은행 보고서는 향후 30년 동안 사하라 이남 아프리카, 남아시아, 라틴아메리카 등 가장 취약한 세 지역에서만 1억4,300만 명이 쫓겨나게 될 것이라고 추산했다.

구호 활동가들은 이런 사람을 "내부 난민internally displaced persons"을 뜻하는 "IDPs"라 부르곤 한다. 하지만 나는 이주 문제가 이슈가 된 10여 년 동안 자신을 이런 약어로 부르는 사람을 단 한 명도 만나지 못했다. 대신에, 그들은 허리케인이 오기 전에 뒷마당에서 기르던 유실수의 종류, 또는 가뭄으로 땅이 메말라 더는 살 수 없을 때까지 가족이 경작하던 방식으로 자신을 정의한다. IDP로서의 삶이 갖는 특징은 불확실성이다. 당신이 집을 비우는 건 며칠일까, 아니면 수십 년일까? 전자의 집단이라면, 2018년 샌프란시스코까지 몰아닥친 캘리포니아 산불의 연기를 피해 갓 태어난 아들과 4살배기 딸을 포대기에 싸서 북쪽으로 데려간 내 형제가 떠오른다. 그의 귀환은 예상대로 빠르고 간단했다. 하지만 돌아올 수 있다는 기약이나 기회도 없이 집이나 지역을 영원히 떠나야 하는 가족들이 점점 늘어나고 있다.

기후 때문에 거주지를 잃은 집단은 후자의 경우다. 종종 "기후 난민climate refugees"이라 불리는 이들은 기후 요인으로 인해 국경을 넘는다. 2008년 이후 약 2,500만 명이 매년 재앙적인 기상 현상으로 거주지를 영원히 박탈당했다. 또 다른 이들은 사막화, 해수면 상승, 토지 황폐화, 지속적인 가뭄 등 생존에 영향을 주는 "천천히 일어나는slow-onset" 변화 때문에 고국을 떠났다. 이들 중 일부는 트럼프 행정부가 가능한 모든 방식으로 장벽을 건설하려한 미국과 멕시코 국경에서 구호를 요청했다.

난민 자격을 누가 평가할 것인지는 논쟁거리다. 국제법상의 답은 협소하고, 심지어 시대에 뒤떨어져 보인다. 1951년 UN 난민 협약은 "인종, 종교, 국적, 특정한 사회집단 소속 또는 정치적 견해"라는 5가지 특정 근거와 관련된 위협 때문에 피해의 "근거가 충분한 두려움"에 직면한 이들을 포함하도록 부분적으로 보호받는 법적 범주를 최초로 규정했다. 이러한 승인된 범주는 협약을 만든 이들이 살았던 인지되는 위협의 시대에는 적합했다. 그러나 현대의 다양한 집단에 이 지위는 구멍이 가득한 안전망이며, 갱단의 폭력, 젠더 기반 폭력 또는 여타의 덜 분명한 위협을 피해야 하는 이들에게는 불확실한 보호를 제공할 뿐이다. 망명 신청자에 대한 보호는 미국 이민법원에서 사건이 심리되는 관할권이나 심지어 어떤 법정이냐와 같은 임의적 요소에 달려 있다. 기후변화를 피헤 온 사람들에게 현행법은 제공할 수 있는 것이 거의 없다.

"난민"의 법적 구성을 현대화하는 것은 보호의 근거를 더 광범위하게 만들거나 최소한 우리 세기의 위협을 더 잘 반영하기 위해 논의돼야 할 문제다. 하지만 정치적 움직임은 다른 방향으로 움직였고, 난민협약 조항들을 재협상하려는 시도를 커다란 도박으로 만들었다. 전 세계적으로 포퓰리즘 지도자들이 장벽 건설, 난민 재정착 수용소 감축, 2차 대전 이후의 농르풀망nonrefoulement 원칙 제외 같은 의제와 함께 부상하고 있다(농르풀망은 프랑스어로 "비귀환nonreturn"을 의미하며, 죽음이나 박해를 피해 망명한 사람을 다시 그 나라로 송환해서는 안 된다는 원칙이다). 이른바 기후 난민은 부유한 나라보다 기후변화 원인에 훨씬 덜 기여한 나라의 출신들이다. 그러나 현재의 법률적 틀이 지닌 한계로 인해 그들은 부당한 비용을 치르고 있다.

일부 이주 가족은 법정에서 "기후 난민"으로 인정받기 위해 싸웠다. 대표적으로, 태평양의 키리바시공화국을 떠나 뉴질랜드에서 난민 지위를 얻고자 했던 이오안 테이티오타Ioane Teitiota의 사례가 유명하다. 그는 고국의 해수면 상승과 기타 기후변화 현상이 자신의 생명권을 침해했다고 주장했다. 뉴질랜드가 2015년 그의 주장을 기각하고 그와 가족을 추방하자, 테이티오타는 UN 인권위원회에 소송을 제기했다. 이후 2020년 1월 위원회는 기념비적인 판결을 내렸다. 비록 뉴질랜드 법원이 테이티오타의 특정 문제에 대해 그의 권리를 침해하지 않았지만(이는 부분적으로 키리바시가 주거 불가능 상태가 되기까지 10~15년 정도 남은 것으로 여겨졌기 때문이다), 앞으로 기후변화가 망명의 잠재적 근거를 제공한다는 것이었다.

"내부 난민"이나 "망명자"라는 범주에 정확히 들어맞지 않는 이들에게는 세 번째 범주가 필요하다. 수백만 명의 이주 이야기가 탈출이라는 내러티브로 환원될 수 없는 방식으로 기후변화에 의해 다시 쓰이고 있다. 시그널 인터내셔널의 술레카와 그의 동료들이 그런 그룹에 해당한다. 앞으로 수십 년 동안 수많은 이주노동자가 환경 변화나 기상 이변이 닥칠 때 지역 공동체 재건을 도울 것이다.

소니 술레카는 미시시피주 파스카굴라에서 바로 그 일을 할 계획이었다. 2005년 그는 미국에서 숙련된 금속노동자를 찾고 있다는 지역 신문 광고를 발견했다. 흥미를 느낀 그는 인도 케랄라의 집에서 200마일(약 321㎞) 이상 떨어진 코친시에서 열린 구인 행사에 참여했다. 시그널의 웹사이트에는 잘 꾸며진 숙소 사진과 함께 "세탁기, 냉장고, 전자레인지가 있는 멋진 방"이라고 설명돼 있었다. 흥분한 그는 1만3,000달러가 넘는 엄청난 직업 소개비를 내기 위해 대출까지 받았다.

2006년 11월 19일 자정 무렵에 술레카는 뭄바이를 떠났다. 그는 30여 명의 동료와 함께 비행기를 타고 뉴욕, 애틀랜타를 거쳐 앨라배마 모빌로 향했다. 그리고 그곳에서 미시시피행 버스를 탔다.

만약 그가 파스카굴라를 둘러볼 수 있었다면, 그곳에서도 기쁨을 느꼈을 것이다. 이 도시에는 리조트, 자전거 도로, 해변과 더불어 그가 감동했을지도 모를 시민권 저항의 역사가 있었다. 그러나 시그널 인터내셔널의 안내원을 따라 들어간 새 서처는 너무나 충격적이었다. 그의 법정 증언에 따르면, "숨이 턱 막힐" 정도였다. 24명의 남자가 2개의 화장실이 있는 싱글룸에 몰아넣어졌다. 그는 "그런 끔찍한 숙소는 난생처음이었다"고 회상했다. 남성들의 숙소는 철조망 펜스로 둘러싸여 있었다. 그는 "감옥에 갇힌 것 같았다"고 말했다.

업무 자체도 위험했다. 술레카는 비산먼지에 노출되는 바람에 병을 얻었다. 회사가 월급에서 정기적으로 "건강보험" 비용을 공제했지만, 그는 적절한 의료 혜택을 받을 수 없었다. 시그널은 철조망으로 둘러싸인 노동 감시 수용소에 사는 비용으로 매달 1,050달러를 청구했다. 그는 그곳에서 "매우 고립되고", "점점 우울해지는" 느낌을 받았다고 했다.

파스카굴라에서 함께 일하던 술레카의 동료들도 비슷한 이야기를 전했다. 텍사스주 오렌지에 있는 또 다른 시그널 사업장에서 일한 수백 명의 인도인 이주노동자도 마찬가지였다. 이들은 기후 이야기를 하고 있었다. 대부분은 차마 듣기도 힘든 이야기였다.

———

허리케인 카트리나는 이 나라에서 일어날 대규모 기후 이주에 대한 충격적인 예고편을 보여줬다. 이 폭풍으로 뉴올리언스에서 10만 채 이상의 주택이 파괴됐고, 최소 80만 명을 삶터에서 밀어 냈다. 이는 기회균등의 이주가 아니었다. 뉴올리언스에서 사회경제적 지위가 낮은 흑인 가정은 장기간의 고통을 감내해야 했다.

폭풍이 몰아치고 몇 년 후, 여성정책연구소는 이 도시의 가장 큰 공공주택 단지 4곳에 살던 184명의 흑인 여성을 인터뷰했다. 대다수가 집으로 돌아가길 원했지만, 시와 연방정부 관료들이 건물을 철거해서 그럴 수 없다고 말했다. 그들은 더 비싼 주택으로 내몰렸고, 때로는 인종차별적 위협을 가하는 이웃들과 살아야 했다. 루이지애나 주립대학 공공정책연구소에 따르면, 폭풍이 몰아친 지 10년 후 뉴올리언스의 백인 주민 5명 중 4명이 "거의 회복됐다"고 답했지만, 흑인 주민 5명 중 3명은 그렇지 않다고 밝혔다.

카트리나의 또 다른 피해는 엄청난 노동력 부족이었다. 걸프 연안 전역이 석유산업의 재건을 위해 분주했다. 시그널 인터내셔널은 미시시피와 텍사스 등에서 해저 석유 시추 시설을 보수한 경험이 있었다. 그들은 석유 기업들이 효율적으로 사업을 재개하도록 도우면 이윤이 급증할 것이라는 사실을 깨달았다. 이를 위해서는 숙련된 금속노동자들이 많이 필요했다. 그래서 농산업 이외의 기업이 해외 이주노동자를 데려올 수 있는 H-2B 이주노동자 프로그램을 활용했다. 하지만 이 프로그램은 이주노동자들을 취약하게 만들었는데, 그들의 비자가 단일 고용주에게 얽매이는 결과를 낳았기 때문이다.

이러한 불공정한 제도의 결과 중 하나는 착취였다. 현장의 산업재해, 언어폭력, 임금 착취가 다반사였다. 이는 시그널 인터내셔널에서만 그런 게 아니었다. 당시 뉴올리언스 인종 정의노동자 센터를 이끌던 사켓 소니Saket Soni는 "카트리나 이후 모든 대규모 고용주가 노동자를 얻기 위해 경쟁했다"고 말했다. 그러나 고용된 노동자들은 상품처럼 취급당했다며, "그들은 입국 조건에 관여하거나 그에 따른 권한을 보장받지 못했다"고 설명했다.

이주노동자 외에도 미등록 노동자와 일부 망명 신청자까지 모든 유형의 이주노동자가 카트리나 이후 걸프 연안 재건 사업에 참여했다. 최근의 재난 이후 이주 건설노동자들은 필수불가결한 존재로 판명됐다. 이에 대해 린 마누엘 미란다Lin-Manuel Miranda는 연극 〈해밀턴〉에서 "이민자: 우리가 그 일을 해냈다"라고 명료하게 요약했다.

최근 사켓 소니는 허리케인 마이클 이후 플로리다 팬핸들의 재건을 돕는 노동자들을 만났다. *그는 부서진 지붕을 수리하는 노동자 중 90%가 미등록 노동자라고 말했다. "카트리나 이후의 뉴올리언스, 구스타브 이후의 배턴루지, 하비 이후의 휴스턴, 허리케인 플로렌스 이후의 노스캐롤라이나를 재건한 노동자 대다수가 동일한 사람들입니다." "우리는 아일랜드인 여행자들처럼 새로운 떠돌이 노동력이 있습니다. 배회하는 일군의 건설노동자들이죠." 그리고 이렇게 덧붙였다. "라틴계 이민자와 미등록 이민자가 재난과 기후 피해 지역에 훨씬 더 많이 집중되어 있다고 봐도 무방해요."

———

오늘날 많은 복구 노동자가 기후변화의 흔적이 남은 나라에서 왔다. 술레카가 인도 케랄라를 떠나 미시시피로 향한 지 몇 년 후, 그의 고향 마을은 혹독한 몬순과 가뭄으로 타격을 입었다. 2018년 케랄라는 한 세기의 홍수를 겪었고, 1년 뒤에는 몬순이 더욱 치명적인 홍수와 산사태를 일으켜 20만 명의 삶터를 앗아갔다. 이 혼란은 기후변화의 영향과 회복력 계획의 필요성에 대한 정부의 논쟁을 촉발했다. 인도 기상청 관계자는 〈인디아 투데이 India Today〉에서 "몬순의 달력이 바뀌었고, 강도도 달라졌다"고 말했다.

많은 지역 주민이 좁아진 생존의 폭 사이에서 분투할 것이다. 일부는 산림 재조성, 홍수 예방, 임시 폭풍 대피소 건설 등에 땀을 쏟을 것이다. 하지만 다른 이들은 불가피하게 날씨와 관련된 이유로 떠날 것이다. 세계는 이들을 "경제적 이주자"라 부르며, 임의로 선을 그어 "자격이 없는" 쪽에 분류할 것이다. 최근 나는 텍사스 리오그란데 계곡의 이주민 수용소에서 노동 허가도 없이 홀로 국경을 넘은 '리벳공 로지' 티셔츠를 입은 남인도 출신의 10대를 만났다. 그는 고향에 있는 가족이 자신의 여정을 위해 무려 4만 달러의 빚을 졌다고 했다. 아들이 돈을 벌어 먹고사는 데 보탬이 되리라는 희망에서였다. 대다수 이민자가 그렇듯이, 그는 인디애나에서 주유소 일자리를 찾겠다는 단순한 이유로 이 여정을 택한 게 아니다. 식량 불안정은 기후변화로 악화되는 복잡한 상황 중 한 요소다.

이는 최근 몇 년 동안 미국 남부 국경에 도착한 수십만 명의 이민자에게도 해당된다. 이들 중 대다수가 중미의 "북부 삼각지대"(과테말라, 온두라스, 엘살바도르) 출신으로, 이 지역의 "건조 지형"에 사는 주민들은 가뭄과 폭우처럼 점점 더 불규칙해지는 기상 패턴을 감내하고 있다. 갱단의 폭력과 부패 또한 온두라스와 엘살바도르를 떠나 망명지를 찾는 큰 이유다. 2019년에는 온두라스에 닥친 가뭄으로 불안이 가중되어 정부가 비상사태를 선포하기도 했다. *과테말라 서부 고원지대에서는 이제 기후변화가 이주의 주요 요인으로 간주된다. 악천후가 농작물 수확량을 떨어뜨려 광범위한 식량 불안정을 초래했다. 세계식량계획WFP에 따르면, 5세 이하 과테말라 어린이 중 거의 50%가 만성적인 영양실조 상태로 여겨지며, 많은 농촌 지역에서는 70%를 넘어선다. 2019년에는 과테말라 전체 인구의 1% 이상이 미국 입국을 시도했다.

남부 국경 등지에서 망명 신청자들에게 말을 건네며 깨달은 점이 있다. 기후 이주가 단일한 변수로 환원되기 어렵다는 것이다. 최근 소말리아 모가디슈에서 젊은 여성과 이야기를 나눴는데, 자신의 남편 아메드 살라Ahmed Salah가 텍사스 남부 관문에서 망명 신청을 하고 있다고 했다. 그의 문제는 매우 복잡했다. 그는 가뭄으로 식량 불안이 가중되고 무력분쟁이 빈번해진 소말리아에서 도망쳤다. 아프리카의 다른 지역에서 안전한 곳을 찾다가 마땅치 않아 라틴 아메리카를 가로질러 수천 마일을 여행한 끝에 자유에 대한 최선의 희망으로 미국에 도달했다. 하지만 거기서 체포되어 구금됐고, 결국 망명 거부율이 100%인 루이지애나 판사 앞에 섰다. 그날 판사는 법정에서 자기 앞에 놓인 모든 망명 신청을 기각했다. 살라도 다르지 않았다. 판사는 그의 망명 신청을 기각하고, 그를 소말리아로 돌려보냈다. 2020년 3월, 그곳에서 그는 자동차 폭탄 테러로 사망했다.

기후변화는 이주를 촉진할 뿐 아니라, 기존의 이주민 공동체를 극한 날씨에 더 많이 노출시킨다. 컬럼비아 언론학교의 세계 이주 프로젝트 책임자인 나는 3명의 대학원생으로 구성된 팀과 함께 이런 경향을 기록했다. 우리는 200명 이상의 기후과학자, 이주 전문가, 법학자, 5개 대륙의 이주민 공동체와 이야기를 나눴다. 이런 불평등한 영향에 대해 우리가 발견한 몇 가지 이유는 명백했다. 보스니아에서 케냐와 방글라데시까지, 난민들은 텐트촌과 판잣집, 임시 캠프 같은 취약한 거주지에 사는 경우가 많았다. 결과적으로 그들은 운에 맡겨지곤 한다. 미등록 이민자 공동체는 폭풍이나 화재가 발생해도 체포나 추방이 두려워 당국의 도움을 구하기 어렵다. 재난 이후 지원도 마찬가지다.

하지만 다른 곳에서 우리는 놀라운 일을 발견했다. 세계 이주 프로젝트팀은 2019년 9월 허리케인 도리안이 강타한 바하마를 방문했다. 아바코 제도의 폐허 한가운데서 우리는 기록적인 폭풍으로 황폐해진, 이른바 판자촌에 사는 수많은 아이티 이민자를 만났다. 정부는 그들에게 안전한 피난처와 지원을 약속했다. 그러나 몇 주 만에 이민 당국이 수백 명의 미등록 아이티 생존자를 검거, 체포, 구금하고, 정치와 기후 불안정에 직면한 나라로 돌려보냈다. 많은 여성이 그 과정에서 성폭행과 언어폭력을 겪었다고 토로했다. 일부는 임신 중이거나 수유 중이었고, 한 번도 가본 적 없는 아이티로 강제 추방된 바하마 출신의 아이들을 돌보고 있었다. 우리는 기후 난민의 시대에 살고 있으며, 기후 추방자의 출현을 목격하고 있다.

———

이러한 규모의 위협에 대처하려면 법률적, 문화적, 정치적, 언어적으로 새로운 틀이 필요하다. 토니 모리슨Toni Morrison은 1993년 노벨문학상 수상 연설에서 "언어는 그 자체로 이름 없는 두려움으로부터 우리를 보호한다"라고 말했다. 그러나 어디에서 이런 언어를 찾을 수 있을까?

지배 그룹은 이주 논쟁의 틀을 잡기 위해 오랫동안 떼, 쇄도, 무리 등 자연세계의 위협적인 비유를 사용해왔다. 동물을 암시하는 이런 비유는 정복을 합리화하고 생존을 범죄화하는 명사의 선택지를 제공한다. 트럼프 대통령은 남부 국경의 망명 신청자들을 향해 마치 물고기라도 되는 양 "잡았다가 풀어줬다"고 욕을 퍼부었다. 백악관 역시 보도자료를 통해 "MS-13의 폭력적인 동물들"이라며 그들을 비난했다.

이 오랜 비인간화의 역사는 자연으로부터 인간 이주에 대한 교훈을 찾는 것을 주저하게 한다. 하지만 동물의 세계는 모욕의 부록보다 더 많은 것을 알려준다. 최강의 계절 이주자인 제왕나비를 생각해보자. 수년간 그들은 이민자 권리 운동에 시각적 언어를 알려준다. 제왕나비는 빛의 각도를 방향타로 삼아 멕시코에서 캐나다까지 매년 2,000마일(약 3,218㎞) 이상을 이동한다. 그들은 통제받지 않고 조직화된 이주의 가능성을 입증했다. 예술가 파비아나 로드리게스는 "인류는 제왕나비처럼 살아남기 위해 국경을 넘나든다"고 지적한다. 중미 가족들과 함께 멕시코 이민길을 이동하다 보면, 이주자와 망명 신청자들이 타는 기차인 "라 베스티아La Bestia" 선로 근처의 이주민 수용소 담벼락에 그려진 제왕나비 그림을 볼 수 있다.

하지만 최근 몇 년간 제왕나비의 이동 패턴은 경고의 역할을 하기도 했다. 제왕나비는 지리적 범위가 넓어 기후 적응에 매우 능숙하다. 그러나 기상 패턴이 변화하면서 그들의 기온에 대한 민감성이 이동 경로와 번식을 불안정하게 만들었다. 세계자연기금WWF은 제왕나비의 개체수가 급격히 감소하고 있다고 보고했다. 지난 20년간 제왕나비는 1억6,500만 에이커(약 67만㎢)의 서식지를 잃었다. 일부 제왕나비의 초국가적 이동은 "멸종위기에 처한" 것으로 여겨진다.

———

고래는 또 다른 기후 이주 이야기를 들려준다. 2018년 여름, 나는 텍사스주 매캘런에서 국경의 이산가족 문제를 취재했다. 연방법원에서 자녀와 헤어진 부모들이 "불법 입국" 혐의로 쇠사슬에 묶인 채 형사처벌을 받는 모습을 지켜봤다.

취재를 마친 뒤 부모님이 사는 태평양 북서부 오르카스섬에서 휴식을 취했다. 아버지는 7월이면 20마리 이상의 정주성 범고래 가족인 "J 무리"를 보기 위해 그늘진 데크 아래 떡갈나무 의자에 앉아 계신다. 이 무리는 살리시해의 넓은 바다가 멈추는 산후 안섬을 오래도록 여름철 거처로 삼았다. (겨울철에는 더 남쪽으로, 때로는 캘리포니아 몬테레이까지 가서 연어를 사냥한다.) 하지만 최근 몇 년 동안 이 고래를 보기가 더 힘들어졌다. 이들이 멸종위기에 처한 것은 먹이인 치누크 연어를 더 이상 찾을 수 없게 된 이유가 크지만, 보트 사고, 독성 물질, 수온 상승 등의 위협도 함께 작용했다. 이에 그들은 먹이와 안전함을 찾아 이동 경로를 바꾸고 있다. 동물이든 인간이든 이주의 기본적 나침반은 생존이다.

부모님 집 건너편 바다에서 어미 고래 한 마리가 울고 있었다. 연구자들에게 탈레쿠아Tahlequah라고 알려진 이 고래는 J 무리의 일원이다. 7월 24일 탈레쿠아가 새끼를 낳았지만, 30분 만에 죽고 말았다. 이 죽음은 더 큰 사회적 위기를 반영했다. 지난 3년간 남부 정주성 범고래는 단 한 번도 성공적인 출산을 하지 못했다. 탈레쿠아는 죽은 새끼가 가라앉지 않도록 물 위로 계속 밀어 올렸다. 그 의식은 다음 날까지 이어졌다. 일주일 후 이 이야기는 세계적인 드라마가 되었다.

산후안의 한 주민은 새끼가 죽은 후 몇 시간 동안 탈레쿠아가 6마리의 암컷 범고래에 둘러싸여 달빛 아래에서 촘촘한 원을 그리며 이동하는 것을 목격했다. 그리고 나서 J 무리는 몇 주 동안 탈레쿠아와 죽은 새끼를 따라 이동했다. 그녀가 지치면 다른 고래들이 그녀의 일을 대신했다. 탈레쿠아는 17일 동안 1,000마일(약 1,600㎞) 이상을 이동하며 이 일을 계속했다.

한편, 범고래는 모계 사회를 이룬다. 할머니는 그룹의 생존에 필수적이다. 『미국국립과학원회보PNAS』의 연구에 따르면, 범고래는 먹이가 부족할 때 가장 나이 많은 암컷 고래가 핵심 기술을 이용해 무리를 이끈다. 이 폐경 후 여성들은 수십 년간 삶의 경험에서 끌어낸 "생태적 지식"에 의지한다. 고래 무리는 함께 전략을 세우고, 실마리를 찾기 위해 문화와 역사를 활용하며, 서로의 빈틈을 메우고 먹을 것을 공유한다.

상실에 대한 J 무리의 대응은 개인 및 집단 행동을 통해 기후위기가 불러올 두려움과 슬픔에 대처하는 하나의 모델이다. 인간에게도 이런 재능이 있다.

———

파스카굴라에서 시그널 이주노동자들은 철조망 뒤에 숨어 있지 않았다. 소니 슐레카와 몇몇 노동자는 비공식 회의를 열어 열악한 임금, 주택, 식량 문제를 논의했다. 이들이 불만을 제기하자, 시그널 대표는 "인도인은 동물이나 마찬가지"라고 말했다. 또 시그널 직원들은 이들을 추방하겠다고 위협했다.

이주노동자의 조직화가 진행되면서 긴장이 고조됐다. 회사의 인사 담당자는 이 "불평분자"를 해고하는 방법에 대해 미국 이민

세관집행국ICE에 조언을 구했다. 2007년 3월에는 시그널의 사설 경호원들이 새벽에 급습해 리더 역할을 맡은 노동자 몇 명을 체포하고 구금했다. 그중 한 명인 사브럴 비자얀Sabulal Vijayan은 강제 추방이 두려워 손목을 그어 자살을 시도했다.

술레카와 동료 몇 명이 비자얀을 병원으로 데려가 보살폈다. 비자얀이 회복한 뒤 그들은 공개적인 저항을 시작했고, 뉴올리언스 인종정의 노동자센터의 도움으로 워싱턴 DC에서 1개월간 단식투쟁을 전개했다. 비자얀은 언론에 자신들이 "우리에 갇힌 돼지나 마찬가지였다"고 폭로했다.

술레카와 비자얀은 민사소송도 제기했는데, 이는 1866년 민권법 및 기타 조항에 따라 제기된 역사상 가장 큰 인신매매 사건 중 하나였다. 영향력이 있는 남부빈곤법률센터, 미국시민자유연맹, 소수의 유명 로펌 등이 노동자들을 무료로 대변했고, 책임감이 마을을 사로잡았다. 시그널은 고소를 취하하려 분투했지만, 판사가 소송이 계속되도록 했다.

여러 민사소송 중 첫 번째인 시그널 관련 파일을 읽으며 힌두 우주론에서 나온 개념인 인드라의 그물망이 떠올랐다. 그것은 모든 보석이 다른 보석과 연결된 그물. 각각의 보석이 다른 모든 보석을 서로 비추며, 홀로 고통받지도 홀로 도드라지지도 않는 상호 연결성을 묘사한다. 인드라는 힌두교의 가르침 속에서 적을 잡기 위해 그물을 사용한다. 촘촘하게 짜인 사회적 그물망에 대적할 만큼 강한 것은 흔치 않다.

허리케인 카트리나와 뒤따른 폭풍에 대한 많은 희망적인 대응이 이런 생각을 확인시켜줬다. 가장 중요한 재건은 자신의 물리적 구조뿐 아니라 사회적 구조를 강화하는 최전선 공동체에서 나왔다. 예를 들어, 콜레트 피천 배틀이 이끄는 걸프 연안 법률정책센터GCCLP는 "기후정의와 생태적 형평성을 향한 구조적 변화"를 추진한다. 미국 최남단 지역의 많은 사람이 해수면 상승으로 삶을 위협받는 지역 사회 내에서 존엄한 이주 계획을 세우고 있다. 또한 석유 및 가스 산업 등 기후변화를 유발한 주요 세력에 책임을 묻기 위해 노력하고 있다.

2015년 시그널 인터내셔널에 불법으로 고용된 이주노동자들은 이 산업의 작은 부분을 상대로 승리를 거뒀다. 4주간의 재판 끝에, 뉴올리언스 배심원단은 시그널과 공동 피고인에게 불리한 판결을 내리며, 원고에게 1,400만 달러의 손해배상금을 지급하라고 선고했다. 또한 인도에서 온 수백 명의 시그널 이주노동자 소송 11건에 대해서도 2,000만 달러를 배상하도록 했다. 시그널은 파산을 선언하고 공식 사과문을 발표했다. "시그널은 잘못을 범했습니다. 이주노동자들이 응당 받아야 할 존경과 존엄성을 보장하지 못했습니다."

나는 시그널 폴더를 간직하기로 했다. 홍수와 화재, 복구가 되풀이되는 한가운데에 있는 노동자들의 이야기가 자주 생각난다. 살림살이를 등짐 정도로 줄인 채 뉴올리언스를 향해 걸어가는 가족, 희망을 가득 품고 케랄라를 떠나 허리케인 카트리나의 폐허를 향해 서쪽으로 날아가는 소니 술레카의 모습이 떠오른다. 노동자 조직화에 대한 보복으로 습격받은 후 자살을 시도한 동료를 병원으로 데려가는 모습, 거리에서 구호를 외치며 대중과 함께하는 모습도 보인다. 법정에서 자신들의 법적 권리를 조목조목 주장하며 석유 굴착 회사를 파산시키는 모든 그룹이 머릿속에 떠오른다.

최근 시그널 노동자들의 경험은 사켓 소니와 동료들이 새로운 조직인 리질리언스 포스Resilience Force를 만들도록 자극한 여러 요인 중 하나였다. 이 조직은 앞으로의 재난 재건에 대한 도전을 분명하게 지향한다. 소니는 내게 "현재 미국은 기후변화가 초래할 내부 이주와 국경을 넘는 기후 난민에 대해 전혀 순비돼 있지 않습니다"라고 말했다. "지역 사회 차원에서는 가능합니다. 지역 사회는 기후변화와 이주에 대비할 수 있고, 언제 어떻게 어디로 가고 싶은지에 대한 견해를 가질 수 있습니다." 그는 리질리언스 포스가 이러한 사전 계획을 수립하고, "재난 대비, 대응, 복구 및 재건에 대한 더 효과적이고 평등한 접근"을 만들도록 돕는다고 했다.

소니는 카트리나의 교훈을 바탕으로, 기후 회복력을 보장하기 위해 활동하는 가장 광범위한 동맹을 꿈꾼다. 선주민 공동체, 이주노동자, 지역에 깊은 뿌리를 둔 노동자, 집을 재건하거나 이주하기 위해 애쓰는 모든 가족. 그들은 모두를 감싸고 반영할 만큼 방대한 그물을 꿰매기를 희망한다.

급격히 변화하고 요동치는 시대,
우리는 한 세계에서 다른 세계로 넘어가는 문턱, 현관,
또는 보이지 않는 다리를 건너고 있다.
이 다리는 우리 아래에서 무너지거나,
한 문명이 다른 문명에 자리를 내주는 긴 여명의 시간 동안
우리가 함께 걷도록 해줄 수도 있다.

— 제닌 마리 호겐*GENEEN MARIE HAUGEN*

공동체는
최선의 기회다

크리스틴 E. 니브스 로드리게스 CHRISTINE E. NIEVES RODRIGUEZ

허리케인 마리아가 푸에르토리코를 강타하기 이틀 전, 나는 주유소에 줄을 서 있었다. 주유를 기다리는 줄이 거리를 따라 이어져서 끝이 보이지도 않았다. 그래도 이 주유소에는 사람들을 각 주유기로 안내하는 직원이 있었다. 기다리는 동안 나는 어머니에게 전화를 걸었다. 어머니의 목소리가 떨렸다. 그녀는 이 허리케인이 재앙이 될 것을 알고 있었다. 어머니는 두려움을 내비치는 대신, 내게 왜 푸에르토리코에서 시간을 허비하고 있는지 물었다. 이곳을 벗어나 출세하려고 그렇게 노력해놓고 돌아가지 않는 게 의아하다는 것이었다.

나는 대답 없이 전화를 끊었다. 주유기로 다가가는데 눈물이 흘렀다. 어머니가 두려워서 그랬다는 걸 알아차렸어야 했는데, 그때는 무엇이 다가올지 몰랐다. 그저 내가 그렇게 잘못한 건가 싶어 서러웠다.

나는 18살에 푸에르토리코를 떠났다. 여기엔 미래가 없다고 확신했기 때문이다. 한 세기 이상 계속된 미국의 식민지 상태가 끝났지만, 이 섬은 내게 전혀 매력적이지 않았다. 아름답지도 않고, 씁쓸하기만 했다. 부패한 정부와 극심한 불평등 속에서도 안락해 보이는 엘리트 가족과 기업, 해변과 거리의 쓰레기, 끊임없이 훼손되는 유적지, 제대로 정비되지 않는 공공장소에 대한 경멸은 모두가 되뇌는 주문이 되었다. 우리가 게으르고 부패해서 좋은 일이 일어날 수 없다는 주문 말이다. 많은 푸에르토리코인이 그랬듯이, 나도 서구 세계에 대한 열등감을 안고 이곳을 떠났다. 그리고 푸에르토리코와 전 세계에 내 가치를 증명하기로 다짐했다.

나는 내게 채워진 족쇄를 풀고 싶었다. 그래서 사람들에게 세상을 여는 정보를 제공하고 변화를 만들기 위해 아이비리그 교육 과정에 매달렸다(하지만 그때는 그것이 무엇을 의미하는지 몰랐다). 나는 지식에 대한 갈증을 정신없이 채워나갔다. 내게 없는 권력을 이해하려고도 애썼다. 이후 TV 프로그램 진행자, 보조금 지급자, 교직원으로 일했고, 마침내 가르치는 일이 내 천직임을 발견했을 때 이상한 일이 일어났다. 오른쪽 어깻죽지에 극심한 통증이 생긴 것이다. 그래서 여러 물리치료사를 찾아다녔는데, 그중 한 명이 이렇게 말했다. "이 통증은 당신이 공동체가 없다고 느끼는 것과 관련이 있습니다." 결국 이 통증은 고향으로 돌아가라는 부름이 되었다.

푸에르토리코에 돌아가고 싶다는 충동을 느낄 때마다 끊임없이 되뇌었다. '나는 아직 돈을 많이 벌지 못했어, 집안이 좋은 것도 아니고. 그런데 왜 고민하는 거야?' 나는 선택의 여지가 없다고 생각했다. 하지만 통증이 나아질 기미가 보이지 않았다. 결국 강력한 부름에 귀를 기울여 조상 대대로 내려오는 공동체와 다시 연결되기 위해 돌아왔다. 허리케인이 강타하기 딱 9개월 전이었다. 그리고 마리아가 상륙하기 이틀 전, 혼자 겁에 질린 채 주유소에서 줄을 서 있었다.

폭풍은 부모님 집이 있는 바로 그곳, 마리아나라고 불리는 섬의 남동쪽 산간 마을로 진입할 예정이었다. 사촌 루이스는 "설령 여기서 최악의 상황이 벌어진다 해도 우리에겐 공동체가 있어. 사람들은 먹을 게 어디에 있는지, 서로 어떻게 보살펴야 하는지 알거든"이라며 나를 안심시켰다. 이 섬에서 두 번째로 큰 도시인 폰세에서 자란 사람처럼, 나는 그 말이 무슨 뜻인지 알지 못했다. 실은 상상조차 할 수 없었다.

2017년 9월 19일 밤 11시, 유리가 깨지는 소리에 잠을 깼다. 바람과 물이 밀려들자 루이스와 나는 안전한 곳으로 황급히 대피했다. 우리는 강아지와 함께 작은 욕실에 몇 시간 동안 숨어 있었다. 거기서 나왔을 때는 세상이 변해 있었다. 나무들은 발가벗겨져 막대기처럼 보였고, 많은 나무가 사라졌다. 낙엽조차 보이지 않았고, 아무 소리도 나지 않았다. 아래쪽 오두막집도 완전히 파괴됐고, 콘크리트 지하실로 몸을 숨긴 노부부만이 간신히 살아남았다. 모든 것의 색깔도 사라졌다. 햇빛이 통과할 수 없어 잿빛이 된 하늘과 잿빛 풍경은 거의 차이가 없었다. 폭탄이 터진 것처럼 지붕, 온수기, 창문, 대문이 여기저기 흩어져 있어 우리 눈을 믿을 수가 없었다.

우리는 즉시 그곳을 떠나야 했다. 우리에게 일어난 일을 이해하려 애쓰느라 며칠 동안 혼란스러웠다. 우리는 조금 더 아래쪽에 있는 사촌의 집으로 갔다. 전기가 끊기고, 가스레인지도 쓸 수 없었다. 하지만 다행히도 마당 창고에서 녹슨 캠핑 장비를 발견했다. 세탁실에 작은 조리대를 만들고, 얼마 남지 않은 음식으로 끼니를 해결했다.

며칠이 지나자 지역 공동체 사람들이 나타나기 시작했다. 그들은 깊은 산속에서 나와 도로를 청소하고 잔해를 치웠다. 그리고 입소문으로 전해지는 소식을 들었다.

첫 며칠간은 방송을 내보내는 라디오 방송국이 하나뿐이었다. 처음에는 10명이 사망했다고 했지만, 이후 시신보관소에 신원 미상의 시신이 가득 차 있다고 했다. *(현재 공식 사망자 수는 2,975명이다.) 푸에르토리코 통신사에 가입한 구식 유선전화만 터졌고, 핸드폰은 전혀 쓸모가 없었다. 우리는 그렇게 고립됐다.

하지만 뭔가 변화가 일어났다. 그 후 며칠 동안 우리는 이웃과 가족이 됐음을 깨달았다. 막힌 도로를 만나면, 사람들은 마치 예행연습이라도 한 것처럼 차 안에서 나와 칼을 들고 나무를 베어 길을 뚫었다. 사람들은 무엇을 해야 하는지 알고 있었다.

슈퍼마켓을 통해 배급이 시작됐지만, 냉장고와 전기가 부족해 식량 문제가 해결되지 않았다. 4일째 되는 날 나는 일기장에 이렇게 적었다. "우리 부엌을 개방하기로 했다. 우리 집을 사람들의 식사 공간으로 바꿀 것이다. 테이블과 의자가 필요하다."

음식도 물도 없었지만, 우리에겐 공동체가 있었다. 우리는

1982년부터 마리아나에서 활동해온 ARECMA(마리아나 드 후마카 오 지역 공동체 레크리에이션 교육협회)를 찾아갔다. 이 조직은 수십 년간 이 지역의 경제적 기회를 높이기 위해 축제를 열어왔다. 우리는 그들에게 편의시설을 이용할 수 있는지 물었다. 그들은 흔쾌히 승낙했다. 요리사인 이웃은 식사 준비를 맡겠다고 했고, 예술가는 흔쾌히 표지판을 그려주겠다고 했다. 뭐라도 해야겠다고 생각한 친구들은 청소를 도와달라는 요청에 기꺼이 이곳으로 달려왔다.

닷새 만에 우리는 "상호부조 프로젝트"인 Proyecto de Apoyo Mutuo를 시작했다. 열흘째 되는 날부터는 월요일부터 금요일까지 300명에게 음식을 제공했다. 우리가 스스로 조직하고 조성한 자금으로 이룬 일이었다. 기부금도 들어오기 시작했지만, 가장 중요한 것은 식재료, 기술, 돈 등 무엇이든 기여하고 쉼 없이 일한 현장의 사람들이었다. 그 자리가 존경과 연대로 가득차도록 그들은 자신의 모든 것을 바쳤다. 그리고 그 소문이 널리 퍼졌다.

더 먼 지역에서 사람들이 도착하기 시작했다. 얼마 지나지 않아 구급대원, 간호사, 의사도 생겨났다. 우리는 사람들에게 필요한 것을 조사해 배급 시스템을 만들었다. 집에서 나올 수 없는 사람들을 위해 우선순위도 매겼다. 그리고 이런 과정을 통해 절망하는 대신 치유할 수 있었다.

그것은 다음과 같이 진행됐다. 오전 9시 30분에 아이들이 와서 테이블을 정돈하고 체스를 둔다. 오전 11시 15분이 되면, 먹을 것이 필요한 수백 명이 마리아나와 인근 지역에서 도착한다. 그리고 우리는 병상에 누워 있는 60명에게 식사를 배달한다.

　우리가 하는 일을 전해 들은 한 청년이 우리를 멈춰 세우고 물었다. "잠깐만요, 정말 사람들을 돕고 있나요? 다른 이들도 함께 하고요?" 우리는 말했다. "그럼요! 당신도 오세요." 그는 다음날 나타났다. "저는 여러분과 같은 사람들이 더 이상 없는 줄 알았어요. 아버지가 이제 좋은 사람은 존재하지 않는다고 말씀하셨거든요." 이후 그는 계획을 바꿔 푸에르토리코에 머물며 공부하기로 했다. 이곳에 다른 가능성이 있음을 믿게 됐기 때문이다. 이에 우리는 새롭고 더 나은 푸에르토리코를 만들고 있음을 깨달았다.

　우리가 이곳을 다시 짓는 이유는, 모든 것이 무너졌을 때 무엇이 진짜 기반이고 무엇이 허무맹랑한 외관인지 너무나 분명히 드러났기 때문이다. 모든 것이 무너졌을 때 생명을 구하는 기반은 서로의 기술에 대한 지식, 서로에 대한 믿음, 이웃을 용서하는 마음, 이웃과 함께 일하고 동원하는 능력이다. 현금 지급기, 물, 식량, 석유, 통신수단 등 모든 것이 무너지면, 신뢰, 존엄, 상호주의라는 이미 존재하는 시스템을 활용해야 한다.

　재난이 닥쳤을 때 바로 눈앞에 있는 사람이 당신을 살아남게 할 최선의 기회다. 그때 우리는 이를 깨달았다. 우리가 마주하게 될 시대가 요구하는 것은 우리 주변에서 가장 중요한 것이 공동체임을 깨닫는 것이다.

　그 집단적 토대로부터 우리는 건설할 수 있다. 마리아나에서 우리는 통신수단, 태양광 설비, 지속적인 물 공급이 필요했다. 상수도가 복구되는 데 6개월이 걸렸고, 전기가 들어오는 데는 9

개월이 걸렸다. 하지만 그것이 우리를 가로막진 못했다. 우리는 소셜미디어에 접속해 섬 바깥으로 메시지를 전하기 위해 도움을 요청했다. 이 소식은 우리를 돕고자 하는 영향력 있는 기술 분야 여성들에게 전달됐다. 통신 시스템을 요청한 지 일주일 만에, 허리케인 샌디에 대응한 전직 미국 해안경비대에 자금을 지원한 한 여성의 응답을 받았다. 그들은 24시간 만에 마리아나에 와이파이 장비를 설치했다. 그리고 우리는 스스로에게 물었다. 전체 공동체를 위해 무료 와이파이를 만들 순 없을까? 우리민의 라디오 방송국을 갖는 건 어떨까? 사람들은 자신들에게 필요한 것을 금방 알아차렸다. 우리는 그저 귀를 기울이기만 하면 됐다. 그래서 강에서 손빨래를 한 여성들의 붉어진 손을 보고 태양열 세탁소를 만들기로 했다. 우리는 자연재해에 맞설 만큼 건강하고 조직적인 공동체가 무엇을 의미하는지에 대한 모델을 만들어냈다.

우리의 목표는 공동체가 극한 기후 조건에 대한 인간의 적응을 지원할 수 있는지 파악하는 지표를 공유하는 것이다. 이른바 소외된 공동체는 인권이라는 기본 서비스의 부재로 인해 대안적인 생존 방식을 만들어야 했다. 잘 조직하고 제대로 투자한다면, 이런 공동체들은 모든 기반시설이 붕괴할 때에도 잘 대응할 수 있다.

우리는 앞으로의 재난에 대비하고 더 나은 삶을 살도록 도와준 전 세계 수백만 명에게 빚을 지고 있다. 기후변화로 부당한 짐을 짊어지게 될 세대와 우리를 이곳으로 오게 한 선조들에게도 마찬가지다. 그리고 허리케인 마리아로 사망한 3,000여 명의 푸에르토리코인에게도 빚을 지고 있다.

나는 대대로 이어진 거짓 이야기가 무너지는 것을 지켜봤다. "푸에르토리코는 망했다"는 거짓이며, 새롭게 등장한 이야기는 전혀 다르다. 이 새로운 이야기는 지금도 여전히 최전선의 활동가, 조직가, 공동체 지도자에 의해 실천되고 있다. 진실은 푸에르토리코 공동체가 헤아릴 수 없을 만큼 강력하다는 것이다. 언론의 헤드라인을 장식하지는 않지만, 우리는 관대하고 협력적이다. 우리는 세상에서 인간의 적응을 위한 가장 중요한 혁신을 만들 것이다. 우리의 삶이 그것에 달렸기 때문이다.

우리는 사람들이 왜 죽었는지 알고 있다. 그것은 자연재해가 아닌 정치적이고 인위적인 재해였다. 즉 해결할 수 있다는 뜻이다. 허리케인 마리아 이후 내가 속하게 된 곳처럼, 많은 푸에르토리코인이 자기 조직적인 공동체에 살았다면 살아남을 수 있었을까?

미래는 도전적일 것이다. 우리 주변 곳곳에서 해수면이 상승해 사람들은 집을 잃을 것이다. 점점 더 고립되고, 더 많은 정신건강 문제로 고통받을 것이다. 미국과 푸에르토리코 정부가 우리를 거듭 실망시킨 것처럼, 국가는 국민을 보호하지 못할 것이다.

하지만 내가 경험한 공동체들은 항상 책에서 지워진 역사를 들려주고, 특히 식민지를 위해 가장 급진적인 일을 하며, 존엄과 풍요, 자기애에 기반한 토대를 쌓고 있다. 이것이 바로 우리가 추구해야 할 사례고, 재건해야 할 기반시설이다.

나는 스스로 일어서기 위해 이 섬과 모든 아름다움을 떠나야 한다고 생각했었다. 그리고 나와 같은 많은 사람이 생존을 위해 짓눌리고 명망과 권력 추구에 지친 나머지 공동체를 떠나야 했다.

공동체는 말 그대로, 그리고 은유적으로, 인간이 거대한 폭풍을 이겨내게 하는 가장 중요한 힘이다. 기후위기는 더욱 심각해지겠지만, 우리의 공동체는 계속 성장할 것이다. 그들이 언제나 그렇게 서 있었기 때문이다.

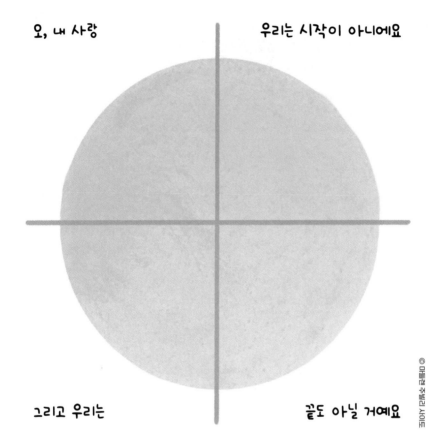

오, 내 사랑

우리는 시작이 아니에요

그리고 우리는

끝도 아닐 거예요

앞으로 계속

앞으로 계속

아야나 엘리자베스 존슨, 캐서린 K. 윌킨슨

자연은 순환한다. 자연은 선형적인 길을 거의 이용하지 않고, 곡선을 그리며 회전한다. 그런 의미에서 이 책의 마무리는 다시 시작begin-again이다.

다시 제목으로 돌아가보자. *우리가 구할 수 있는 모든 것.* 이 책의 폭과 깊이, 여럿의 목소리를 담은 성격을 고려할 때, 그 내용과 미래지향성을 포괄적이고 광범위하게 담는 제목을 붙이기가 쉽지 않았다. 에이드리언 리치의 1977년 시 "천연자원Natural Resources"이 이 책에 딱 맞는 제목을 떠올리게 해줬다. "내가 구할 수 없는 모든 것에 마음이 움직인다." 우리도 그렇다. 우리가 할 수 있는 모든 것에 의해.

단어 하나하나가 강력하다. 우리가, 구할, 수 있는, 모든 것.

"모든 것all"은 전체를 말한다. 하나도 빠짐없이 각각의 것과 모두를. 이 책의 여러 곳에서 말하듯이, 모든 것은 연결되어 있다. 이는 세계의 지혜로운 전통과 점점 더 과학적인 발견에서도 진실이다. 어떤 하나의 사물도, 어떤 종이나 생태계도, 공동체나 문화도, 불안정한 상태로 있을 때는 안전하지 않다. 우리는 하나의 실타래로 풀리거나 하나로 재생된다. 물론 우리가 사는 데 관여된 모든 것과 그 일부인 축소된 오늘은 지난해의 모든 것과 동일하지 않다. 기후운동이 시작된 1990년대의 모든 것, 화석연료 산업이 위험에 처했음을 알게 된 1970년대 후반의 모든 것, 유니스 뉴턴 푸트가 이산화탄소와 지구 온도 사이의 관계를 밝혀낸 1856년의 모든 것은 동일하지 않다. 그러나 우리가 최선을 다해야 할 만큼 많은 것이 남아 있다. 따라서 "모든 것"은 필요한 노력의 수준을 말하기도 한다. 즉 어떤 것도 포기하지 않고 노력하는 것이다. 기후변화와 그로 인한 피해가 없는 세상에 우리의 희망을 설정하는 것은 순진한 일이다. 수많은 희망을 무시하는 것 또한 그렇다. 하지만 그것이 우리가 그만둬야 한다는 걸 의미하지는 않는다. 미래를 걸고 위험한 도박을 하는 사람들에게 이를 양보해서도 안 된다. 10분마다 1℃ 상승, 1㎝씩 해수면 상승 등 점점 증가하는 모든 자연재해, 모든 종, 모든 생명, 모든 것이 중요하다.

"우리we"는 집단, 협력, 공동체에 대해 말한다. 인류가 직면한 가장 큰 문제인 기후위기에 대한 대응은 모두와 관련 있다. 소녀와 여성, 그리고 당신을 포함해야 한다. 지도자뿐 아니라 모든 계층의 추종자, 행동가, 제작자, 양육자들을 진정한 협력 속에 포함해야 한다. 기후운동은 이제 3세대에 걸쳐 깊어진다. 많은 현명한 조언과 젊은 에너지, 다양한 전문지식과 관점을 활용해야 한다. 가난한 공동체, 유색인종 공동체, 선주민이 함께할 뿐 아니라 변화의 중심에 서도록 이 광범위한 집단을 굳건히 지켜야 한다. 분열되고 불완전한 *우리*여선 안 된다. "우리"는 정의에 대해 말하고, 어떻게 실천하고 어떤 기여가 가치 있는지 말한다. 혼자선 할 수 없고, 혼자 해서도 안 된다. 함께할 수 있는 것보다 개인으로서 할 수 있는 일에만 집중한다면 실패할 것이다. 이 책에 강력히 등장하는 주제는 *공동체*다. 실제로, 해법을 중심으로 공동체를 구축하는 것이 가장 중요하다.

"할 수 있는can"은 굳은 결의를 말한다. 아직 끝난 게 아니라는 뜻이다. 기후 해법과 온도 추이에 대한 데이터 분석에 나타났듯이, 모든 난관에도 불구하고 지속되는 생명에 각인돼 있듯이, 가능성은 여전히 존재한다. 우리는 기적이다. 우리의 임무와 기회는 불가능해 보이는 도전에 직면하고, 가능한 모든 것으로 행동하는 것이다. 그래서 *나는 무엇을 할 수 있는가?* 이는 점점 더 자주 등장하는 질문이다. 매우 좋은 질문이지만, 제공되는 답변은 진부하고 소비주의적이며 불완전하다. 우리는 다음과 같은 질문을 해야 한다. 우리가 무엇을 할 수 있는가? 이 위험한 길을 어떻게 벗어날 수 있는가? 이는 우리의 남은 삶 동안 매일같이 해야 할 질문이다. 우리 주위에서 어떤 좋은 활동이 전개되고 있는지, 우리가 어떤 초대를 받았는지, 우리가 더 깊이 주어야 할 선물이 무엇인지 고려하며 그 질문에 답할 수 있다. (그리고 거듭하여 대답할 수 있다.) 개인적인 행동에서 전문적 역량과 정치적 참여에 이르기까지, 우리 행동의 층위는 우리가 아는 것보다 훨씬 더 심오하다. 우리의 선택과 목소리, 네트워크, 돈, 투표, 기술과 창의력, 이 모든 것이 할 수 있음의 시작이다. 우리가 할 수 없는 것을 말하는 건 이미 충분하다. 할 수 있음은 파괴에 굴복하지 않는 이들, 생명의 힘으로 다시 일어선 이들의 북소리다.

"구하기save"는 자연, 생태계, 생물종, 그리고 서로를 보호해야 하는 우리의 기회와 의무를 말한다. 우리는 서로의 수호자다. "구하기"는 이미 얼마나 많은 것이 사라졌는지, 얼마나 많은 것을 잃게 될지 알게 해주는 말이기도 하다. 우리는 이제 "구하는 것"이 정언명령이 되는 거대한 불균형의 지점에 있다. 고대 프랑스어 saveur(보존하다, 보호하다, 구하다)에서 온 이 단어는 복원하고 재건하며, 우리가 다시 노력할 기회를 부여한다. 그러나 "구하기"는 현재 시스템을 답습하거나 고수함을 의미하지 않는다. 이와는 정반대다. 그것은 소외되고 억압된 삶의 방식과 존재를 되찾는 것을 의미한다. 이는 엄격한 임무를 뜻하지 않는다. 생명의 원리에 부합하고 지구의 생명 시스템을 돕는 인간 사회를 즐겁게 건설함을 의미한다. 예언자 레이첼 카슨이 『침묵의 봄』에서 말했듯이.

우리는 지금 두 개의 갈림길에 서 있다. 하지만 로버트 프로스트Robert Frost의 유명한 시에 나오는 것과 달리, 두 길의 결과는 다르다. 우리가 오랫동안 걸어온 길은 너무도 쉽고 빠른 속도로 나아갈 수 있는 평탄한 고속도로지만, 그 끝에는 재앙이 기다리고 있다. 다른 갈림길, 즉 "아직 발길이 닿지 않은" 길은 지구 보호라는 목적지에 도달할 마지막이자 유일한 기회를 제공

한다.

결국 선택은 우리 몫이다.

자, 이제 어디로 가야 할까? 우선, 심호흡을 해보자. 길은 정말 많다. 그리고 어떤 면에서 인간은 이처럼 거대하고 포괄적인 위기에 대비하도록 설계되지 않았다. 다른 의미에서 우리는 이 순간을 위해 만들어졌다. 지금 우리가 하는 일은 꿈이다. 과학과 공동체를 기반으로 우리가 살고 싶은 미래, 물려주고 싶은 미래를 상상하고, 그 꿈이 현실과 가까워지도록 매일 무언가를 해야 한다.

재생농업, 재생가능 에너지, 생태계 복원, 교통의 재설계, 재료 및 구조 등 우리는 필요한 해법을 이미 보유하고 있다. 새로운 기술이나 관행을 기다릴 필요가 없다. 해법을 가로막는 장애물을 제거하고, 실행을 가속화하며, 범위를 확장해야 한다. 동시에 화석연료 발전소, 채굴과 유정, 파이프라인과 정유소, 보조금과 법률상 허점, 생태계 파괴 등 이 위기의 근원을 적극적으로 멈추면 된다. 중앙정부가 나서지 않는 곳에서는 지방, 도시, 주정부의 행동이 더욱 중요하다.

소매를 걷어 올리자. 누구에게나 해야 할 역할이 있다. 아직 자신의 역할을 찾지 못했다면, 이 책의 다채로운 목소리와 이야기를 통해 상상해보기를 바란다. 해야 할 일이 너무 많고, 앞으로도 계속 그럴 것이기 때문이다. 지금은 변혁의 시대이며, 우리는 행동하는 세대다. 아무도 당신을 기후운동에 초대하지 않았다면, 이것을 따뜻한 환영 인사라고 생각해주면 좋겠다. 그리고 아무도 당신의 노고에 감사해하지 않았다면, 우리의 감사 인사를 들어주면 좋겠다. 이 순간 당신은 중요한 존재이며, 꼭 필요한 사람이다.

이 일은 힘들고 불확실하지만, 우리는 투쟁 정신을 품고 앞으로 나아가며 모든 걸음마다 서로를 보살필 것이다. 때로는 지도에 없는 길을 그려나가며 비틀거리기도 할 것이다. 실수를 용서하고, 서로 공감하며, 우리의 길을 친절하게 인도하자. 에이드리언 리치의 더욱 사무치는 구절로 말하자면,

우리가 울 때 곁에 있어주는 사람, 그리고도 여전히 전사로 봐주는 사람이 틀림없이 있을 것이다.

우리는 이 책이 그런 친밀한 그룹의 모습을 구현했기를 바란다. 이 책의 글들을 관통하는 하나의 주제가 있다면, 그것은 서로에 대한, 지구에 대한, 모든 존재에 대한, 정의에 대한, 생명을 주는 미래에 대한 맹렬한 사랑이다. 정복이 아닌 사랑을, 오만이 아닌 겸손을, 경직된 전제가 아닌 관대한 호기심을 품고 전진하자. 이토록 중요한 순간에 살아 있다는 것은 엄청난 일이다. 열린 마음으로 진실을 찾고, 용기를 북돋우고, 해법에 집중하며 나아가자.

감사의 말

먼저 우리의 선배들, 우리 이전에 왔던 여성들, 높이 자란 풀을 밟아 눌러준 이들에게 감사드린다. 이 책에 글을 실어준 작가들, 이 작업에 이르는 길을 비춰준 모든 기후운동가, 아름답고 지혜로운 예술로 페이지를 멋지게 장식해준 마들렌 주빌리 사이토Madeleine Jubilee Saito, 영혼이 실린 단어로 감정을 느끼게 하고 혼자가 아님을 깨우쳐준 시인들, 특히 열정과 재능으로 이 책을 풍성하게 해준 원 월드One World 편집자 니콜 카운츠Nicole Counts와 책의 방향을 잡아준 편집장 크리스 잭슨Chris Jackson, 우리를 든든하게 지켜준 문학 에이전트 앤서니 마테로Anthony Mattero, 매의 눈을 가진 메건 데이비스Megan Davis와 꼼꼼히 편집해준 클로에 앵갈Chloe Angal, 사소한 것까지 확인하고 검토해준 에밀리 크레이거Emily Kreiger, 제임스 게인스James Gaines, 우단 얀Wudan Yan, 기고자에게 충분한 원고료를 지급하고 이 책이 제대로 만들어지도록 따뜻한 숨을 불어넣어준 후원자들, 우리에게 격려와 공감과 간식과 인내와 애정을 주고 좋은 아이디어가 나올 때까지 기꺼이 들어주며 이 책을 진

569

심으로 지지해준 사랑하는 벗들, 특히 루이즈Louise와 리Lee, (그리고 변함없이 내 발밑에 있어준 강아지 아서Arthur) 미래가 어떤 모습일지 보여주고 이미 그것을 구축하고 있는 이들, 평생 이 일을 해온 이들과 지금 시작하는 이들, 우리가 집이라 부르는 이 찬란한 별, 그리고 그것이 품고 있는 모든 생명에게 감사드린다.

기후 해법

"드로다운Drawdown"은 대기 중 온실가스 수준이 상승을 멈추고 꾸준히 감소하기 시작하는 시점을 말한다. 이는 지구의 생명체에게 결정적인 전환점이며, 열을 가두는 배출을 멈추는 동시에 탄소가 토양으로 되돌아가도록 자연의 탄소 흡수를 도와야만 도달할 수 있다. 프로젝트 드로다운에 따르면, 여기에 열거된 해법을 이용함으로써 금세기 중반까지 드로다운에 도달할 수 있다. 이 해법들 모두가 현재 이용 가능하다. 그것들은 전체 생태계 구성이 중요하기 때문에, 영향별로 순위를 매기는 대신 해당 부문과 하위 그룹으로 분류했다. (* 표시는 해법이 둘 이상의 부문에 속함을 나타낸다). 이 목록은 광범위하나 완전하지는 않으며, 계속 늘어나고 있다. 이러한 기후 해법과 촉매에 대한 더 자세한 내용은 Drawdown Review 및 drawdown.org를 보라.[50]

---

50 이 프로젝트의 자세한 내용은 폴 호컨 엮음, 이현수 옮김, 『플랜 드로다운: 기후변화를 되돌릴 가장 강력하고 포괄적인 계획』, 글항아리사이언스, 2019 및 https://drawdown.org를 보라.

1. 배출원 감축: 배출량을 제로로 만들기

전기

효율 향상

- 단열 ✳
- 고성능 유리 ✳
- 다이내믹 글라스 ✳
- 그린 앤 쿨 루프 Green and cool roofs ✳
- 스마트 온도조절장치 ✳
- 건물 에너지관리 자동화 시스템 ✳
- LED 조명
- 지역난방 ✳
- 고효율 히트펌프 ✳
- 태양열 온수 ✳
- 절수장치 ✳
- 물 분배 효율화

생산 전환

- 집중형 태양력 발전
- 분산형 태양광 발전
- 유틸리티 규모 태양광 발전
- 소형 풍력발전
- 육상 풍력발전
- 해상 풍력발전
- 지열 발전
- 소수력 발전
- 해양 발전
- 바이오매스 발전
- 핵발전
- 폐기물 에너지화 ✳
- 매립 메탄 포획 ✳

효율 향상과 생산 전환

- 건물 개보수 ✳
- 넷제로 빌딩 ✳

시스템 개선

- 분산형 에너지 저장
- 유틸리티 규모의 에너지 저장
- 그리드 유연성
- 마이크로 그리드

식품, 농업, 토지 이용

폐기물과 식생활 접근

- 채식 위주 식단 ✳
- 식품 폐기물 감축 ✳

생태계 보호

- 산림 보호 ✳
- 선주민의 토지 이용과 보전 ✳
- 초지 보호 ✳
- 이탄층 보전과 재습윤화 ✳
- 해안 습지 보호 ✳

농법 전환

- 보존형 농업 ✳
- 재생형 연 단위 재배 ✳
- 시비 관리
- 농장 관개 효율화
- 쌀 생산 개선 ✳
- 벼 재배 강화 시스템 ✳

- 소농을 위한 지속가능한 강화 *

산업

물질 개량
- 대체 시멘트
- 바이오 플라스틱

폐기물 활용
- 퇴비화
- 리사이클링
- 재활용 종이
- 폐기물 에너지화 *
- 매립 메탄 포집 *
- 메탄 분해조 *

냉매 다루기
- 냉매 관리 *
- 대체 냉매 *

교통

교통 대안으로 전환
- 걷기 좋은 도시
- 자전거 기반시설
- 전기 자전거
- 카풀
- 대중교통
- 고속철도
- 화상회의

효율 향상
- 하이브리드카
- 고효율 트럭
- 고효율 비행기
- 고효율 선박

전기 차량
- 전기 자동차
- 전기 열차

건물

효율 향상
- 단열 *
- 고성능 유리 *
- 다이내믹 글라스 *
- 그린 앤 쿨 루프 *
- 스마트 온도조절 장치 *
- 건물 에너지관리 자동화 시스템 *
- 절수 장치 *

에너지원 전환
- 지역난방 *
- 고효율 히트펌프 *
- 태양열 온수 *
- 바이오가스 이용 조리
- 개선된 청정 쿡스토브

효율 향상과 에너지원 전환
- 건물 개보수 *
- 넷제로 빌딩 *

냉매 다루기
- 냉매 관리 *
- 대체 냉매 *

황폐화된 토지 이용
- 버려진 농장 복원
- (황폐한 토지의) 조림
- 대나무 생산

2. 흡수 돕기: 자연의 탄소 순환 향상

토양 흡수

폐기물과 식생활 접근
- 채식 위주 식단 *
- 식품 폐기물 감축 *

생태계 보호와 복원
- 산림 보호 *
- 선주민의 토지 이용과 보전 *
- 온대림 복원
- 열대림 복원
- 이탄층 보전과 재습윤화 *

농법 전환
- 보존형 농업 *
- 재생형 년 단위 재배 *
- 관리된 방목
- 임간축산
- 다층적 혼농임업
- 간작
- 다년생 주곡 재배
- 다년생 바이오매스 작물 재배
- 쌀 생산 개선 *
- 벼 재배 강화 시스템 *
- 소농을 위한 지속가능한 강화 *

해안 및 해양 흡수원

생태계 보호와 복원
- 해안 습지 보호 *
- 해안 습지 복원

기술적 흡수원

탄소 제거 및 저장
- 바이오 숯 생산

3. 사회 개선: 모두를 위한 평등 증진

보건과 교육
- 양질의 교육 및 건강보험에 대한 보편적 접근

촉매들: 해법을 진전시키기
1) 문화 형성하기
2) 역량 구축하기
3) 목표 설정하기
4) 규칙과 정책 바꾸기
5) 자본 전환하기
6) 행동 변화하기
7) 기술 향상하기

참고 문헌

여기 수록된 목록을 포함해 전체 참고 문헌 목록은 다음 사이트에서 볼 수 있다. www.allwecansave.earth

Atkin, Emily. HEATED. www.heated.world.

Benyus, Janine M. *Biomimicry: Innovation Inspired by Nature*. New York: Harper Collins, 2009.

Berry, Wendell. *The Hidden Wound*. Berkeley: Counterpoint, 2010.

brown, adrienne maree. *Emergent Strategy: Shaping Change, Changing Worlds*. Chico, CA: AK Press, 2017.

Bullard, Robert, and Beverly Wright. *The Wrong Complexion for Protection: How the Government Response to Disaster Endangers African American Communities*. New York: New York University Press, 2012.

Butler, Octavia E. *Parable of the Sower*. New York: Warner Books, 1993.

Carson, Rachel. *Silent Spring*. New York: Houghton Mifflin, 1962.

Chenoweth, Erica. "The Success of Nonviolent Civil Resistance." Filmed November 4, 2013, at TEDxBoulder, Boulder, CO. Video, 12:33.

Collins, Patricia Hill. *Black Feminist Thought: Knowledge, Consciousness, and the Politics of Empowerment*. New York: Routledge, 2000.

"A Feminist Agenda for a Green New Deal: Principles and Values." No date. www.feministgreennewdeal.com/ principles.

Foote, Eunice. "Circumstances Affecting the Heat of the Sun's Rays." *American Journal of Science and Arts* 22 (1856): 382 – 83.

Goodell, Jeff. *The Water Will Come: Rising Seas, Sinking Cities, and the Remaking of the Civilized World.* New York: Little, Brown, 2017.

Green America and Kiss the Ground. "Climate Victory Gardens." No date. www.greenamerica.org/ climate–victory–gardens.

Hayhoe, Katharine. "The Most Important Thing You Can Do to Fight Climate Change: Talk About It." Filmed November 30, 2018, at TED Women, Palm Springs, CA. Video, 17:04.

Intergovernmental Panel on Climate Change. "Global Warming of 1.5° C." Edited by Valérie Masson–Delmotte et al. Special report, 2019. www.ipcc.ch/sr15.

Kimmerer, Robin Wall. *Braiding Sweetgrass: Indigenous Wisdom, Scientific Knowledge, and the Teachings of Plants.* Minneapolis: Milkweed Editions, 2013.

Klein, Naomi. *On Fire: The (Burning) Case for a Green New Deal.* New York: Simon & Schuster, 2019.

Kolbert, Elizabeth. *The Sixth Extinction: An Unnatural History.* New York: Henry Holt, 2014.

Leiserowitz, Anthony, et al. *Climate Change in the American Mind.* New Haven: Yale Program on Climate Change Communication, 2019.

Luxemburg, Rosa. *The Accumulation of Capital.* New York: Routledge & Kegan Paul, 1951.

Macy, Joanna, and Chris Johnstone. *Active Hope: How to Face the Mess We're In Without Going Crazy.* Novato, CA: New World Library, 2012.

Mitchell, Sherri. *Sacred Instructions: Indigenous Wisdom for Living Spirit-Based Change.* Berkeley, CA: North Atlantic Books, 2018.

Moms Clean Air Force. "Breath of Life: Bible Study Curriculum." No date.

Ocasio−Cortez, Alexandria, and Avi Lewis. "A Message from the Future with Alexandria Ocasio−Cortez." Illustrated by Molly Crabapple. Presented by Naomi Klein and The Intercept, April 17, 2019. Video, 7:35.

Oreskes, Naomi, and Eric M. Conway. *Merchants of Doubt: How a Handful of Scientists Obscured the Truth on Issues from Tobacco Smoke to Global Warming.* New York: Bloomsbury, 2010.

Penniman, Leah. *Farming While Black: Soul Fire Farm's Practical Guide to Liberation on the Land.* White River Junction, VT: Chelsea Green, 2018.

Project Drawdown. *The Drawdown Review: Climate Solutions for a New Decade.* Edited by Katharine Wilkinson. San Francisco: Project Drawdown, 2020.

Ray, Janisse. *The Seed Underground: A Growing Revolution to Save Food.* White River Junction, VT: Chelsea Green, 2012.

Robinson, Mary. *Climate Justice: Hope, Resilience, and the Fight for a Sustainable Future.* New York: Bloomsbury, 2018.

Robinson, Mary, and Maeve Higgins. *Mothers of Invention* (podcast). Produced by Doc Society. www.mothersofinvention.online.

Schwartz, Judith D. *Water in Plain Sight: Hope for a Thirsty World.* White River Junction, VT: Chelsea Green, 2019.

Sellers, Sam. "Gender and Climate Change in the United States: A Reading of Existing Research." Women's Environment and Development Organization and Sierra Club, 2020.

Shelley, Mary. *Frankenstein; or, The Modern Prometheus.* London: Lackington, Hughes, Harding, Mavor, & Jones, 1818.

Simard, Suzanne. "How Trees Talk to Each Other." Filmed June 29, 2016, at TEDSummit, Banff, Canada. Video, 18:11.

Smith, Bren. *Eat Like a Fish: My Adventures as a Fisherman Turned Restorative Ocean Farmer.* New York: Alfred A. Knopf, 2019.

Southwest Network for Environmental and Economic Justice.
"Jemez Principles for Democratic Organizing." 1996. www.
climatejusticealliance.org/ jemez-principles.

Stokes, Leah Cardamore. *Short Circuiting Policy: Interest Groups and the
Battle over Clean Energy and Climate Policy in the American States*.
New York: Oxford University Press, 2020.

Sturgeon, Amanda. *Creating Biophilic Buildings*. Seattle: International
Living Future Institute, 2017.

Thunberg, Greta. *No One Is Too Small to Make a Difference*. New York:
Penguin Books, 2019.

Toensmeier, Eric. *The Carbon Farming Solution: A Global Toolkit of
Perennial Crops and Regenerative Agriculture Practices for Climate
Change Mitigation and Food Security*. White River Junction, VT:
Chelsea Green, 2016.

U.S. Congress. Recognizing the Duty of the Federal Government to Create
a Green New Deal, H.R. 109, 116th Cong., § 1 (2019).

United States Global Change Research Program. "Fourth National Climate
Assessment." 2017 and 2018. nca2018.globalchange.gov.

Warren, Elizabeth. "Climate Plans." elizabethwarren.com/ climate.

Westervelt, Amy. *Drilled* (podcast). Produced by Critical Frequency.
criticalfrequency.org/ drilled.

Williams, Terry Tempest. *Erosion: Essays of Undoing*. New York: Farrar,
Straus and Giroux, 2019.

수록된 시

Bass, Ellen. *The Human Line*. Port Townsend, WA: Copper Canyon, 2012.

Dungy, Camille T. *Trophic Cascade*. Middletown, CT: Wesleyan University
Press, 2017.

Fisher-Wirth, Ann, and Laura-Gray Street, eds. *The Ecopoetry Anthology*.

San Antonio: Trinity University Press, 2013.

Garcia, Alixa, and Naima Penniman. *Climbing Poetree*. Seattle: Whit, 2014.

Harjo, Joy. *An American Sunrise: Poems*. New York: W. W. Norton, 2019.

Hirshfield, Jane. *Ledger: Poems*. New York: Alfred A. Knopf, 2020.

Hopper, Ailish. *Dark~Sky Society*. Kalamazoo, MI: New Issues, 2014.

Kane, Joan Naviyuk. *Another Bright Departure*. Missoula, MT: Cutbank Books, 2018.

Limón, Ada. *The Carrying: Poems*. Minneapolis: Milkweed Editions, 2018.

Olds, Sharon. *Odes*. New York: Alfred A. Knopf, 2016.

Oliver, Mary. *Devotions: The Selected Poems of Mary Oliver*. New York: Penguin Press, 2017.

Pierce, Catherine. *The Tornado Is the World*. Philadelphia: Saturnalia Books, 2016.

Piercy, Marge. *Circles on the Water: Selected Poems of Marge Piercy*. New York: Alfred A. Knopf, 2009.

Rich, Adrienne. *The Dream of a Common Language: Poems 1974–1977*. New York: W. W. Norton, 1978.

Rilke, Rainer Maria. *The Selected Poetry of Rainer Maria Rilke*. Edited by Stephen Mitchell. New York: Vintage International, 1989.

Smith, Patricia. *Blood Dazzler: Poems*. Minneapolis: Coffee House, 2008.

Tuckey, Melissa, ed. Ghost Fishing: An Eco-justice Poetry Anthology. Athens: University of Georgia Press, 2018.

Walker, Alice. *Hard Times Require Furious Dancing*. Novato, CA: New World Library, 2010.

수록된 글의 출처

다음 글들을 수록하게 해준 것에 감사드린다.

Bass, Ellen: "The Big Picture" from THE HUMAN LINE, copyright ©2007 by Ellen Bass. Used by permission of The Permissions Company, LLC, on behalf of Copper Canyon Press, coppercanyonpress.org. • Battle, Colette Pichon: "An Offering from the Bayou" is evolved from the following TED Talk: "Climate Change Will Displace Millions. Here's How We Prepare," filmed at TEDWomen in December 2019. Used by permission of the author and TED. • brown, adrienne maree: "What Is Emergent Strategy?" from EMERGENT STRATEGY: SHAPING CHANGE, CHANGING WORLDS, copyright ©2017. Used by permission of AK Press. • Dungy, Camille T.: "Characteristics of Life" from TROPHIC CASCADE, copyright ©2017 by Camille T. Dungy, published by Wesleyan University Press, Middletown, CT, and used by permission of the publisher. • Harjo, Joy: "For Those Who Would Govern" from AN AMERICAN SUNRISE: POEMS, copyright © 2019 by Joy Harjo. Used by permission of W. W. Norton & Company, Inc. • Hirshfield, Jane: "On the Fifth Day" from LEDGER: POEMS, copyright ©2020 by Jane Hirshfield. Used by permission of Alfred A. Knopf, an imprint of the Knopf Doubleday Publishing Group, a division of Penguin

이 책의 글 중 일부는 이전 간행물의 재수록이나 일부 발췌를 포함한다.

Elizabeth: Some material in "Onward" was originally published in "There Is Nothing Naive About Moral Clarity," originally published on *Medium*, September 27, 2019. Used by permission of the author. • Johnston, Emily N.: "Loving a Vanishing World" originally published in different form on Medium, May 9, 2019. Used by permission of the author. • Klein, Naomi: "On Fire" originally appeared in slightly different form in ON FIRE: THE (BURNING) CASE FOR A GREEN NEW DEAL, published by Simon & Schuster, 2019. Used by permission of the author. • Marvel, Kate: Some material in "A Handful of Dust" was originally published in "This Was the Decade We Knew We Were Right," *Scientific American*, December 30, 2019. Used by permission of the author. • Miller, Sarah: "Heaven or High Water" was originally published in different form in *Popula*, April 2, 2019. Used by permission of the author. • Penniman, Leah: Some material in "Black Gold" originally appeared in "By Reconnecting with Soil, We Heal the Planet and Ourselves," Yes! February 14, 2019, and "Black Farmers Embrace Practices of Climate Resiliency," *Yes!* December 18, 2019. Used by permission of the author. • Sanders, Ash: "Under the Weather" was originally published in different form in *The Believer*, December 2, 2019. Used by permission of the author. • Schwartz, Judith D.: Some material in "Water Is a Verb" originally appeared in WATER IN PLAIN SIGHT: HOPE FOR A THIRSTY WORLD, published by Chelsea Green, 2019. Used by permission of the author. • Toney, Heather McTeer: Some material in "Collards Are Just As Good As Kale" was originally published in "Black Women Are Leaders in the Climate Movement," *New York Times*, July 25, 2019. Used by permission of the author. • Westervelt, Amy: "Mothering in an Age of Extinction" was originally published in different form in *Drilled News*, December 19, 2019. Used by permission of the author. • Wilkinson, Katharine: Some material in "Begin" was originally published in "The Woman Who Discovered the Cause of Global Warming Was Long Overlooked. Her Story Is a Reminder to Champion All Women Leading on

Climate," *Time*, July 17, 2019, and "Women, Girls, and Nonbinary Leaders Are Demonstrating the Kind of Leadership Our World So Badly Needs," *The Elders*, December 6, 2019. Used by permission of the author.

필자 소개

에밀리 앳킨
EMILY ATKIN

환경기자상을 받은 리포터이자 작가. 일간 기후변화 뉴스레터 〈HEATED〉의 설립자이며, 〈MSNBC〉에 칼럼을 기고하고 있다.

엘런 바스
ELLEN BASS

미국 시인아카데미 총장으로, 퍼시픽대학 순수예술 석사 과정을 강의하고 있다. 최근 저서로 『인디고Indigo』가 있으며, 그녀의 시는 〈뉴요커〉에 자주 실린다.

시예 바스티다
XIYE BASTIDA

기후 해법의 전면에 선주민과 청년의 목소리를 전하는 기후활동가. 멕시코에서 자랐고, 펜실베이니아대학에 진학했다.

콜레트 피천 배틀
COLETTE PICHON BATTLE

인권 변호사, 비영리단체 임원, 그리고 바이유bayou의 딸이다. 기후재난 영향 전문가로, 그린 뉴딜을 위한 걸프 사우스Gulf South for a Green New Deal의 공동 설계자이기도 하다.

제이니 K. 바비시
JAINEY K. BAVISHI

기후변화의 영향을 대비하는 뉴욕시의 노력을 이끌고 있다. 이전에는 뉴올리언스, 루이지애나, 하와이 호놀룰루에서 활동했다.

제닌 베니어스
JANINE BENYUS

생물학자이자 혁신 컨설턴트. 자연-영감의 디자인 운동에 불을 붙인 책 『생체모방Biomimicry』의 저자로, 생체모방 3.8과 생체모방 연구소의 공동 설립자다.

에이드리엔 마리 브라운
ADRIENNE MAREE BROWN

『쾌락 행동주의Pleasure Activism』 저자이자 〈옥타비아 브루드Octavia's Brood〉의 공동 편집자. 팟캐스트 "세상의 종말에서 살아남는 법How to Survive the End of the World"과 "옥타비아 우화Octavia's Parables"의 공동 진행자이기도 하다.

레진 클레망
RÉGINE CLÉMENT

사회와 환경의 대의에 관심이 많은 브루클린 기반의 기업가이자, 지속가능한 해법에 대한 자본 투자를 다루는 조직 CREO의 CEO.

애비게일 딜런
ABIGAIL DILLEN

지구정의Earthjustice 의장. 이 조직은 500명 이상이 참여해 기후 해법을 강화하는 법률 활동을 조력하고, 건강한 공동체와 생태계를 보호하는 일을 무료로 돕고 있다.

카밀 T. 던기
CAMILLE T. DUNGY

시인, 학자, 에세이스트, 4권의 시집을 낸 저자로, 가장 최근에 펴낸 『연쇄작용Trophic Cascade』은 콜로라도 북어워드를 수상했다. 2019년 구겐하임 펠로우십 선정.

리아나 건 라이트
RHIANA GUNN-WRIGHT

정책 전문가이자 그린 뉴딜 개발을 돕는 시카고 토박이. 루스벨트연구소에서 기후정책을 담당하고 있으며, 2013년 로즈 장학생Rhodes Scholar이었다.

조이 하조
JOY HARJO

국제적으로 유명한 예술가이며, 머스코기 (크릭) 부족의 작가로서 2019년 23대 미국 계관시인으로 이름을 올렸다. 가장 최근 선집으로 『아메리칸 선라이즈An American Sunrise』가 있다.

캐서린 헤이호
KATHARINE HAYHOE

기후 과학자이자 UN 지구환경대상 수상자UN Champion of the Earth. 기후변화가 왜 중요한지, 우리가 무엇을 할 수 있는지에 대해 대중 강의를 하고 있다.

메리 아네즈 헤글러
MARY ANNAÏSE HEGLAR

작가이자 커뮤니케이션 전문가로, 뉴욕에 근거를 두고 팟캐스트를 진행한다. 기후위기, 정의, 감성 사이의 관계를 탐색하고 있다.

제인 허시필드
JANE HIRSHFIELD

그녀의 9번째 시집 『장부Ledger』는 생태계 위기와 사회 붕괴를 정면으로 다룬다. 2019년 미국예술과학아카데미 회원으로 선출됐다.

메리 앤 히트
MARY ANNE HITT

시에라클럽의 전국 캠페인 담당자로, "석탄을 넘어" 캠페인을 이끌었다. 팟캐스트 "집만한 곳은 없다No place like Home"의 공동 진행자이며, 웨스트버지니아에 거주한다.

엘리시 호퍼
AILISH HOPPER

시인이자 분과를 뛰어넘어 활동하는 예술가, 교사, 작가. 가장 최근 시집으로 『다크스카이 소사이어티Dark-Sky Society』가 있다.

타라 후스카 자보웨퀘
TARA HOUSKA―ZHAABOWEKWE

카우치칭 선주민인 오지브웨족으로, 변호사, 환경 및 선주민 권리 운동가. Giniw Collective 설립자이며, 미네소타 파이프라인 반대 캠프에 거주한다.

에밀리 N. 존스턴
EMILY N. JOHNSTON

시인이자 에세이 작가이며, 시애틀 350의 공동 설립자다. 저서 『그녀의 동물들Her Animals』은 2016년 워싱턴주 북 어워드 최종 결승까지 올랐다.

조안 나비유크 케인
JOAN NAVIYUK KANE

7권의 책, 시와 산문집의 작가로, 최근에는 『또 다른 밝은 출발Another Bright Departure』을 출간했다. 2018년 구겐하임 펠로우십, 2014년 아메리칸 북 어워드를 수상했다.

나오미 클라인
NAOMI KLEIN

여러 상을 받은 언론인이자, 『쇼크 독트린The Shock Doctrine』과 『이것이 모든 것을 바꾼다This Changes Every Thing』 등의 베스트셀러 작가. 인터넷 언론 〈인터셉트〉의 전문 기자이며, 러트거스대학 교수로 재직 중이다.

케이트 크누스
KATE KNUTH

기후 시민이자 전환 연구자. 유한회사 민주주의와 기후Democracy and Climate 설립자이며, 미네소타 하원의원을 역임했다.

아다 리몬
ADA LIMÓN

현재 구겐하임 펠로우이며, 5권의 시집을 펴냈다. 『The Carrying』은 전국책비평가회 시 부문 상을 받았다.

루이즈 마허 존슨
LOUISE MAHER-JOHNSON

매일같이 자연 속에서 지성과 아름다움을 발견하는 재생 농부다. 자신의 기후 빅토리 가든에서 암탉들이 자유로이 돌아다니도록 하는 전통이 멋지다며 웃음 짓는다.

케이트 마블
KATE MARVEL

기후과학자로, 뉴욕에서 글을 쓰며 산다. 천체물리학 박사로서 지구가 우주 전체에서 가장 좋은 곳임을 알고 있다.

지나 매카시
GINA MCCARTHY

백악관 국가 기후 자문. 그전에는 국가자원보호위원회NRDC 의장과 미국 환경보호청EPA 수장을 역임했다.

앤 헤이븐 맥도널
ANNE HAVEN MCDONNELL

뉴멕시코 산타페의 미국 인디언예술연구소에서 창조적 글쓰기와 기후정의를 가르친다. 가장 최근 출판물로 소책자 『늑대와 살아가기Living with Wolves』가 있다.

사라 밀러
SARAH MILLER

작가. 캘리포니아 네바다 카운티 거주. 〈뉴욕타임스〉, 〈더 컷The Cut〉, 〈Popula.com〉, 〈NewYorker.com〉, 〈아웃라인The Outline〉, 〈코뮌commune〉 등에 글을 싣고 있다.

셰리 미첼 웨나 하무 크와셋
SHERRI MITCHELL—
WEH'NA HA'MU KWASSET

선주민 미국인 변호사, 교사, 활동가, 변화 창출가. 저서로 『신성한 가르침: 살아 있는 영성 기반의 변화를 위한 선주민의 지혜Sacred Instructions: Indigenous Wisdom for Living Spirit-Based Change』가 있다.

수잔 C. 모저
SUSANNE C. MOSER

사회과학 연구자, 컨설턴트, 작가, 연설가. 미국 기후 적응 분야의 리더로, 서부 매사추세츠에서 개인 연구와 함께 컨설팅 회사를 운영하고 있다.

리나 오델
LYNNA ODEL

낱말을 사랑하는 환경 공학가. 기후정의가 영성적 주제라고 생각한다.

샤론 올즈
SHARON OLDS

시와 관련한 많은 책을 펴냈다. 그중 『사슴의 도약Stag's Leap』은 퓰리처상을, 『죽은 자와 산 자The Dead and the Living』는 전국책비평가회상을 받았다.

메리 올리버
MARY OLIVER

저명한 미국 시인으로, 구겐하임재단의 펠로우십, 국립예술기금, 퓰리처상, 내셔널 북 어워드 등 많은 명예로운 상을 받았다.

케이트 오르프
KATE ORFF

건조환경에서 기후 적응과 생물종다양성에 초점을 두는 설계자. 조경건축실행조직SCOPE 설립자이자 컬럼비아대학 교수다.

재키 패터슨
JACQUI PATTERSON

연구자, 정책 분석가, 조직가, 활동가. NAACP 환경 및 정의 프로그램 수석 책임자이자, 유색인 여성연합의 공동 설립자이기도 하다.

레아 페니먼
LEAH PENNIMAN

아이티 혈통의 흑인 농부, 작가, 식량정의 운동가. 식량 시스템에서 인종주의 종식을 목표로 소울 파이어 팜Soul Fire Farm을 설립했으며, 토지에 대한 선조들의 연결성을 강조한다.

나이마 페니먼
NAIMA PENNIMAN

다차원적 예술가, 활동가, 치유사, 재배사, 그리고 지구의 건강과 공동체 회복력에 전념하는 교육가. 〈CLIMBING POETREE〉의 공동 창립자이자 공동 미술 감독이기도 하다.

캐서린 피어스
CATHERINE PIERCE

시인이며, 미시시피 주립대학에서 영어를 가르친다. 국립예술기금 수여자이자 푸시카트 문학상 수상자로, 4권의 시집을 냈다. 가장 최근의 저서로 『위험의 나날들Danger Days』이 있다.

마지 피어시
MARGE PIERCY

19권의 시집과 17권의 소설을 출간했으며, 대표작으로 〈뉴욕타임즈〉 베스트셀러인 『군인이 되었다Gone to Soldiers』, 시집 『길에서 벗어나면, 라이트를 끄세요On the Way Out, Turn Off the Light』가 있다.

켄드라 피에르 루이스
KENDRA PIERRE-LOUIS

〈뉴욕타임즈〉, 〈파퓰러 사이언스Popular Science〉, 〈인사이드 클라이밋 뉴스Inside Climate News〉 등의 기후 리포터로 활동하고 있다. 저서로 『그린 워시드Green Washed』가 있다.

바시니 프라카시
VARSHINI PRAKASH

정의롭고 야심 찬 그린 뉴딜을 통해 기후변화를 멈추고 모두를 위한 경제적 번영을 이루기 위해 활동하는 청년운동 선라이즈 무브먼트의 공동 설립자이자 집행위원장이다.

재니스 레이
JANISSE RAY

작가, 자연주의자, 활동가, 종자 보전 운동가. 저서로 『땅 밑의 씨앗The Seed Underground』, 『핀훅Pinhook』을 비롯해 〈뉴욕타임즈〉의 주목할 만한 도서로 선정된 『크래커 차일드후드의 생태학Ecology of a Cracker Childhood』 등이 있다.

크리스틴 E.
니브스 로드리게스
CHRISTINE E. NIEVES RODRIGUEZ

어머니, 연설가, 작가, 신진 전략 실행가. 기후변화 리더십 조직인 푸에르토리코 부흥Emerge Puerto Rico의 공동 설립자이자 집행위원장이기도 하다.

파비아나 로드리게스
FAVIANNA RODRIGUEZ

다수의 상을 받은 미술가이자 문화 전략가. 사회변화 주체로서의 예술가에게 투자하는 전국 조직인 문화권력센터 의장이기도 하다.

캐머런 러셀
CAMERON RUSSELL

모델, 작가, 조직가이자, 모델 마피아Model Mafia의 공동 설립자. 변화를 촉진하기 위해 창조적 협업과 공동의 스토리텔링을 활용해 작업하고 있다.

마들렌 주빌리 사이토
MADELEINE JUBILEE SAITO

매사추세츠 서머빌 왕파노아그족의 땅에서 사는 만화가이자 디자이너. The All We Can Save Project의 크리에이티브 디렉터이며, 기후정의와 신성한 것에 관해 작품 활동을 하고 있다.

애쉬 샌더스
ASH SANDERS

작가, 오디오 제작자, 기후활동가. 현재 브루클린에 거주하는 자랑스러운 유타인이다.

주디스 D. 슈워츠
JUDITH D. SCHWARTZ

버몬트에 근거를 둔 작가이자, 지구의 환경적 도전에 대한 자연 기반 해법에 관해 글을 쓰고 발언하는 언론인이다. 최근 저서로 『순록 연대기The Reindeer Chronicles』가 있다.

퍼트리샤 스미스
PATRICIA SMITH

8권의 시집을 낸 작가로, 저서 『방화 예술Incendiary Art』은 킹즐리 터프츠 포우잇트리 어워드, 〈로스엔젤레스 타임즈〉 북 어워드를 수상했고, 퓰리처상 본선에 올랐다.

에밀리 스텐글
EMILY STENGEL

기후변화 시대에 재생 바다양식을 훈련하고 지원하는 비영리 조직 그린웨이브GreenWave 공동 설립자.

사라 스틸만
SARAH STILLMAN

〈뉴요커〉 전속 기자. 컬럼비아 저널리즘 학교에서 글로벌 이주 프로젝트를 개설했다. 예일대학에서 가르치며 글을 쓰고, 맥아더 펠로우MacArthur Fellowship 수상자이기도 하다.

레아 카다모어 스톡스
LEAH CARDAMORE STOKES

산타바바라 캘리포니아대학 교수이자, 에너지 및 기후변화 분야의 정책 전문가. 저서로 『단락 정책Short Circuiting policy』이 있다.

아만다 스터전
AMANDA STURGEON

수상 경력이 있는 모트 맥도널드Mott MacDonald의 건축가로, 건물에 생기를 불어넣어 사람과 자연을 연결한다. 저서로 『바이오필릭 빌딩 건축Creating Biophilic Buildings』이 있다.

매기 토머스
MAGGIE THOMAS

백악관 국내 기후정책 사무국의 수석 임원. 2020년 대선 민주당 예비선거 동안 제이 인슬리 주지사의 기후정책 자문으로 일했고, 이후 엘리자베스 워런 상원의원을 도왔다.

헤더 맥티어 토니
HEATHER MCTEER TONEY

미시시피 델타 출신. 청정 공기를 만드는 엄마들Moms Clean Air Force의 전국 현장 책임자이며, 전직 환경청 지역 담당자다. 미시시피 그린빌에서 최초의 아프리카계 미국인 시장으로 일했다.

알렉산드리아 빌라세뇨르
ALEXANDRIA VILLASEÑOR

10대 기후활동가, 공동체 조직가, 뉴욕시의 대중 연설가. 지구 반란의 설립자이자 집행위원장이기도 하다.

앨리스 워커
ALICE WALKER

인기 있는 작가, 시인, 활동가이며, 7권의 소설과 다수의 에세이와 시를 책으로 펴냈다. 1983년 픽션 부문에서 퓰리처상과 내셔널 북 어워드를 받았다.

에이미 웨스터벨트
AMY WESTERVELT

수상 경력이 있는 기후 저널리스트로, 팟캐스트 네트워크인 크리티컬 프리퀀시Critical Frequency의 설립자다. 기후 팟캐스트 "드릴드Drilled"의 리포터 · 진행자 · 제작자, 팟캐스트이자 뉴스레터인 핫테이크Hot Take의 공동 진행자로 활동하고 있다.

제인 젤리코바
JANE ZELIKOVA

기후변화 과학, 정책, 커뮤니케이션의 교차점에 관해 연구하는 생태학자. 탄소180Carbon180의 수석 과학자이자, 500인의 여성과학자500 Women Scientists의 공동 설립자이기도 하다.

옮긴이의 말

실제 무게뿐 아니라 담고 있는 메시지도 묵직한 이 책에 옮긴이들의 말을 굳이 더 얹어야 할지 고민했다. 어떤 복잡한 해설이나 홍보 문구 없이 글 하나하나를 그냥 읽고 느껴도 충분하기 때문이다.

이 책을 나눠 번역하면서 우리는 제목의 단어들이 의미하는 바를 점점 더 이해하게 되었다. 혼자가 아닌 우리가, 비록 전부가 아니어도, 구할 수 있고 도울 수 있고 회복할 수 있는, 그리고 나누고 견딜 수 있는 모든 것 말이다. 이 책을 관통하는 관점과 서술 방식을 여성환경주의 또는 에코페미니즘이라고 이름 붙이거나, 여성성 및 여성주의 시각과 반드시 결부시킬 수 있는지 학술적으로 따져 볼 수도 있을 것이다. 그것이 우리가 함께 겪어가야 할 기후위기 앞에서 필요한 논의임이 분명하지만, 이 책을 채우고 있는 여성 저자들은 이를 목소리를 높인 주장이 아니라 결과로써 보여준다. 퀼트처럼 짜인, 또는 향모처럼 땋인 이 다채로운 그림들을 보라고 요란하지 않게 말하는 것이다.

이 책의 글들은 제3세계의 목소리도 담고 있지만, 북미의 필자가 다수이고 서술의 맥락도 그렇다. 인종 차별과 지역 소외, 북미 선주민이 경험한 억압과 그들이 나눠주는 지혜 같은 이야기들은 조금 낯설기도 할 것 같다. 그러나 북미의 특수성에서 오히려 한국의 우리는 어떤 보편성을 발견할 수도 있을 것이다. 우리가 처한 곳에서 '우리가 구할 수 있는 모든 것'을 찾아보면 어떨까?

이 책의 글들을 만나는 독자들은 아마 우리처럼 많은 이의 얼굴이 떠오르리라 짐작한다. 건축가, 사회복지 종사자, 마을 활동가, 농민, 기상학자, 언론인, 패션모델, 영화 제작자, 환경부처 공직자, 기후 난민과 이주노동자, 청년 기후활동가, 시인과 화가 모두가 기후위기 앞에서 자신들의 일을 하고 있다. 우리는 그들을 통해 위안을 받고 영감과 용기를 얻었다. 그리고 우리가 떠올리는 많은 이에게 이 책을 건네주며 힘을 북돋아주고 싶었다. 독자들도 그러리라 믿고 또 바란다.

책의 분량과 구성상 무척 힘들었을 출간 작업을 맡아 해주신 나름북스 편집자들에게 누구보다 큰 감사를 보낸다. 기후위기의 최전선과 대응의 현장에서 분투하는 모든 이, 이 책을 통해 더 크고 넓은 '우리'가 될 모든 이에게, 그리고 스스로에게 격려의 인사를 전한다.

김현우, 민정희, 박미숙, 신혜정, 최선형

우리가 구할 수 있는 모든 것

2022년 6월 1일 초판 1쇄 발행
2022년 8월 8일 초판 2쇄 발행

엮은이	아야나 엘리자베스 존슨, 캐서린 K. 윌킨슨
옮긴이	김현우 · 민정희 · 박미숙 · 신혜정 · 최선형

편집	조정민, 최인회
디자인	이경란
인쇄	도담프린팅
종이	페이퍼프라이스

펴낸곳	나름북스
등록	2010.3.16. 제2014-000024호
주소	서울시 마포구 월드컵로15길 67 2층
전화	(02)6083-8395
팩스	(02)323-8395
이메일	narumbooks@gmail.com
홈페이지	www.narumbooks.com
페이스북	www.facebook.com/narumbooks7

ISBN 979-11-86036-73-0 03300
값 22,000원